中國學術思想研究輯刊

五編

林慶彰 主編

第6冊

太極
——船山《易學》〈乾〉〈坤〉並建理論新探

吳龍川 著

花木蘭文化出版社

國家圖書館出版品預行編目資料

太極——船山《易學》〈乾〉〈坤〉並建理論新探／吳龍川 著
— 初版 — 台北縣永和市：花木蘭文化出版社，2009〔民98〕
目 4+302 面；19×26 公分
(中國學術思想研究輯刊 五編；第6冊)
ISBN：978-986-254-035-0（精裝）
1.（清）王夫之 2.學術思想 3.易學 4.研究考訂
121.17 98014768

ISBN - 978-986-2540-35-0

中國學術思想研究輯刊
五 編 第六冊 ISBN：978-986-254-035-0

太極——船山《易學》〈乾〉〈坤〉並建理論新探

作　　者 吳龍川
主　　編 林慶彰
總 編 輯 杜潔祥
出　　版 花木蘭文化出版社
發 行 所 花木蘭文化出版社
發 行 人 高小娟
聯絡地址 台北縣永和市中正路五九五號七樓之三
電話：02-2923-1455／傳眞：02-2923-1452
網　　址 http://www.huamulan.tw 信箱 sut81518@ms59.hinet.net
印　　刷 普羅文化出版廣告事業
封面設計 劉開工作室
初　　版 2009年9月
定　　價 五編20冊（精裝）新台幣33,000元

太極——船山《易學》〈乾〉〈坤〉並建理論新探

吳龍川　著

作者簡介

吳龍川，馬來西亞檳城人。國立台灣大學動物系畢業，中央大學中文所碩士、師範大學國文所博士。目前任教於清雲科技大學通識中心。著有《劉逢祿公羊學研究》（花木蘭文化出版社，2008 年 9 月）。

提　　要

船山晚年總括其《易》學，直言〈乾〉〈坤〉並建乃《易》學綱宗。綱宗也者，即根本、總要義。總括雖短，詳細分析，明確可見〈乾〉〈坤〉並建涵蓋之廣；故說卦爻，敘天道，立聖學，駁異端，一依並建之旨。凡論船山《易》學，必及〈乾〉〈坤〉並建；然談論方式，多從太極之氣化兼述〈乾〉〈坤〉並建，對船山以卦爻演示並建，論述較少。

然船山既以並建為綱宗，卦爻重要性不言而喻。此是本文進路。是以在卦爻層次上分析〈乾〉〈坤〉並建，固力求精細正確，亦探深拓廣，擴充基礎，作為後續論述的助力。因此，本文表面似以卦爻為主論述〈乾〉〈坤〉並建，實際目的乃在談論並建的通貫之理，那就是「隱顯」。〈乾〉〈坤〉並建說的是隱顯之理，由隱顯才能展現《易》之神妙、不測。

不管如何理解〈乾〉〈坤〉並建，大致承認船山《易學》的關懷是道德。因此，本文主力一方面論述船山如何以卦爻整理出並建的模式，另一方面同時說明道德實踐之所以可能的緣故。文中雖然觸及道德議題，但主要視角還是限制在由《易》學角度詮明「為何」道德實踐是可能的，而不是專論「如何」實踐道德。

道德實踐之所以可能的基礎，就是「隱」的存在。「隱」，表示人無法完全「掌握」世界——他以「神妙」「不測」等語概括這種情況——是以知憂知懼；而知憂知懼，正是君子實踐道德的基礎。文中「掌握」一詞之義，基本上概括了「認知」與「體知」（實踐之知）兩種型態，而以體知統攝認知。

他認為邵雍、京房等之《易》學，只有「顯」而無「隱」，神妙不存在，顯示世界是可被完全掌握的。人們不是變成肆無忌憚的小人，就是認為一切都是注定。若是如此，道德的實踐就失去基礎，努力成為徒然。正是在這種情況下，船山《易》學經由並建之隱顯，要強調神妙存在的必然，它是區別成為君子或淪為小人的關鍵。

〈乾〉〈坤〉並建展示的隱顯之理，從最高的角度概括，就是「太極」。任一物都有太極，乃因任一物不管大小——大至天地，小至秋毫——都有可為人掌握的部分（顯），也有不能（尚未能）掌握的方面（隱）。因此，物物一太極，不是物天生具有太極，而是人去掌握才有太極，隱顯合一是它最基本的性質。而所謂掌握，主要指道德的實踐；這就把太極與道德實踐關聯起來。此外，本文指出，太極不僅是氣，氣只是太極其中一種面貌。這與學者大多從氣論、或認為太極即氣不同。若此論成立，或許對僅視太極為氣者進一解。

人永遠無法完全掌握世界，不是否定仁心當幾朗現、物非全顯，而是船山更要求顯之持恆。從其知識與道德兩行的立場看，聖人只是心性通體透明，並非對世界亦然，以是不能自外於隱所造成的神妙、不測。如此，則神妙不止是道德實踐的基礎，同時挑明：實踐的道路沒有終點，君子之學惟有效法健順之不息；成聖不存在一可達臻的終點，滿街不可能全是聖人，而是透露出實踐無盡的艱難與莊嚴。於是，太極（隱顯）永在，神妙恆存，《易》乃成其為《易》。

文章的開展，是由第二章開始。首論〈乾〉〈坤〉之所以必須「並建」，以及為何是「〈乾〉〈坤〉」而非他卦並建之由。〈乾〉〈坤〉在德、象、數三方面，都表現出純陰、純陽的特質，方成並建之兩卦。接下來比較複雜的第三章，談論如何在卦爻上表現〈乾〉〈坤〉並建的問題，是開展後面幾章重要的轉捩點。過程中，同時鋪陳並建理論如何展現其涵蓋範圍之廣。此外，對

〈乾〉〈坤〉並建的理論合理性，亦提出質疑，並由此確定，隱顯方是船山論說並建的鵠的，因隱顯與神妙有密切聯繫。

第四、五章由船山卦變，論神妙如何藉卦變表現；這是初步涉及神妙問題。第六章專談錯綜與神妙的關聯。以錯綜為專章論述，乃因錯綜亦船山《易》學最重要觀念之一。從中方了知，神妙乃因隱存在之故。從體用言，體即錯卦，用即綜卦；有體之全，才有用之神妙。

第七章才處理一般把太極視為氣的看法。由於它常與絪縕、太虛、太和混淆，故先由此辨析其異同，進一步確定了太極「陰陽均衡，一隱一顯」的性質——實即〈乾〉〈坤〉並建表現在卦爻的情況。其後第八章即闡明：卦爻如何可以展示掌握事物無窮盡之理。同時詳細說明一般人與聖人掌握隱顯方式的差異。最後則強調，不管掌握能力之高低，無損太極永遠存在、事事物物皆有太極的事實，由是通達物物一太極之真義，即在：神妙永在，而人之實踐恆無止境。

目次

凡　例

本文所引船山資料，皆出自嶽麓書社出版《船山全書》，共一十六冊。每冊大致收錄其著作至少二種或以上。一般作法，僅標明《船山全書》冊數、頁數，無法得知所引著作確切名稱。故本文引用，以標書名爲主；爲避冗贅，製下列簡稱表。

《周易內傳附發例》: 簡稱《內傳》

《周易外傳》: 簡稱《外傳》

《周易大象解》: 簡稱《大象解》

《周易稗疏附考異》: 簡稱《稗疏》

《張子正蒙注》: 簡稱《正蒙注》

《讀四書大全說》: 簡稱《大全》

第一章　緒　論

第一節　船山《易》學綱宗

王夫之（明萬曆47年至清康熙31年，1619-1692），字而農，號薑齋，湖南衡陽人；晚居湘西蒸左石船山（今衡陽縣曲蘭），學者稱船山先生。船山廿八歲始有志讀《易》，作《周易稗疏》。三十七歲成《周易外傳》，其《易》學規模大致底定。五十七歲著《周易大象解》；六十八歲完成《周易內傳》十二卷及《發例》一卷，乃晚年最重要的《易》學著作。

船山在《發例》（第25）分析《內傳》與《外傳》、《大象解》的分別，以爲「《外傳》以推廣於象數之變通，極酬酢之大用，而此篇守〈彖〉、〈爻〉立誠之辭，以體天人之理，固不容有毫釐之踰越。至於《大象傳》，則有引伸而無判合，正可以互通之。」（《內傳・發例》684）話雖如此，其在《易》學總括中，仍明銳標舉貫穿其《易》學核心觀念的線索：

> 大略以〈乾〉〈坤〉並建爲宗；錯綜合一爲象；彖爻一致，四聖一揆爲釋；占學一理、得失吉凶一道爲義；占義不占利，勸戒君子、不瀆告小人爲用；畏文、周、孔子之正訓，闢京房、陳摶日者黃冠之圖說爲防。(《內傳・發例》第25，683)〔註1〕

「錯綜合一」說明他對《易》象主要看法；「彖爻一致、四聖一揆」表達他對《易》學傳承的理解；「占學一理」乃統合占筮與學《易》的努力；「占義不

〔註1〕本論文船山《易》學資料，皆據嶽麓書社《船山全書》。《周易內傳・發例》原無編碼，該書編委皆一一編號。凡此，本文皆沿用。

占利」是堅持君子用《易》的傳統；而最末，聲明將以上述理念爲正軌，批判違背這些理念的《易》學。這其中最重要的是「〈乾〉〈坤〉並建」，乃貫穿諸多關節的一條線。借用船山的說法就是：「〈乾〉〈坤〉並建，爲《周易》之綱宗」，因此他於《內傳》、外傳》皆「廣論之。」（《內傳・發例》第 7，657）

於是，不止論卦爻之錯綜結構，不能離開它；欲由占、學究明《易》道，它也是關鍵——能明此說，自能了然君子占義不占利之理。京、陳之流，正因不明此理而割裂〈乾〉〈坤〉，以臆說解《易》，理應是駁斥的主要對象。

實際強調〈乾〉〈坤〉並建的重要性，船山有兩方面的作法。第一是從歷史的淵源斷定它是諸聖一脈相傳；此乃較外圍作法。第二是直接作全面的理論建構，這是〈乾〉〈坤〉並建的核心內涵。

從歷史上斷定並建淵源，是要取得聖人的支持：

（1）伏義以八卦生六十四卦，而文王統之於〈乾〉〈坤〉之並建，則尤以發先聖之藏。（《內傳・說卦傳》619）

> 伏義平列八卦，而〈乾〉君〈坤〉藏之象已著；文王並建〈乾〉〈坤〉以統《易》，亦善承伏義之意而著明之耳。（《內傳・說卦傳》626）

（2）〈乾〉〈坤〉並建而捷立，《周易》以始。（《外傳・序卦傳》1091）

〈乾〉〈坤〉，謂《易》所並建以統卦爻者。（《內傳・繫辭下傳》12 章，614）

> 大哉《周易》乎！〈乾〉〈坤〉並建，以爲大始，以爲永成，以統六子，以函五十六卦之變，道大而功高，德盛而與眾，故未有盛於《周易》者也。（《外傳・繫辭上》第 1，989）

〈乾〉〈坤〉並建由文王承繼、抉發伏羲畫卦之意而產生（第一則）。由於「四聖一揆」，所以，〈乾〉〈坤〉並建是四聖一脈所傳。〔註 2〕於是，〈乾〉

〔註 2〕船山否定有先天、後天之《易》，以爲「伏義始畫卦，而天人之理盡在其中矣」。文王「即卦象而體之，乃繫之〈彖辭〉，以發明卦象得失吉凶之所繇。周公又即文王之〈彖〉，達其變於爻，以研時位之幾而精其義。孔子又即文、周〈彖〉〈爻〉之辭，贊其所以然之理，而爲〈文言〉與〈彖〉、〈象〉之傳；又以其義例之貫通與其變動者，爲〈繫傳〉、〈說卦〉、〈雜卦〉，使占者、學者得其指歸以通其殊致。蓋孔子所贊之說，即以明〈彖傳〉、〈象傳〉之綱領，而〈彖〉、〈象〉二傳即文、周之〈彖〉、〈爻〉，文、周之〈彖〉、〈爻〉即伏義之畫象，四聖同揆，後聖以達先聖之意，而未嘗損益也，明矣。」（《內傳・發例》第 1，

〈坤〉並建進一步的內容，即它是《易》道以始、《易》道變化的根本——以統六子，以函五十六卦之變（第二則）——這樣的概括，即不僅是平面說明，而是同樣有了歷史的依據。

當然，歷史裁定是加重〈乾〉〈坤〉並建正確性的外圍說法，可不深究。但正視船山對〈乾〉〈坤〉並建的闡發，確實可以發現，〈乾〉〈坤〉並建的是其《易》學綱宗，因此論其《易》學，則不止包括錯綜等卦爻結構，以及由卦變所生諸般神妙變化——乃至太極等形上概念、相關論點，都必須從〈乾〉〈坤〉並建的角度加以詮釋。這些環環相扣的部分，就是本論文的核心論題。

第二節 前人研究成果回顧

凡提船山《易》學，自然注意〈乾〉〈坤〉並建，而論其理亦多與太極聯結。大致而言，台灣學者偏向從氣的角度看待它，唐君毅、勞思光、羅光、曾昭旭諸先生如此。大陸學者則側重由「對立統一」的觀點闡明它，從初期馮友蘭、任繼愈、蕭箑父至蕭漢明、朱伯崑諸先生，大體方向亦頗一致。〔註3〕

唐先生的船山著述，主要見其《中國哲學原論．原教篇》（下），總共四章，近一百五十頁，說到〈乾〉〈坤〉並建的篇幅並不多，在此標題下只有兩頁。他直接從太極的論述，接續到〈乾〉〈坤〉並建。唐先生說太極，以為「陰陽二氣之渾合，言其實涵二氣之合，則謂之太極」。「太極含陰陽之氣，即復含陰陽之理。純陽之理為〈乾〉，純陰之理為〈坤〉。故船山又謂『太極者〈乾〉〈坤〉之合撰』」。「太極為理氣所充凝，然就太極以言陰陽二氣，乃渾合而無

649）換言之，自伏羲始畫卦，所有天人之理已備，文、周、孔的撰述，不過是抉發其卦爻深蘊罷了，並無損益；此之謂「四聖一揆」。「揆」即道理、准則；蓋謂四聖之道同也。故所謂「未嘗損益」者，不是指任何形式方面的損益，乃是專指「道」而言。是以〈乾〉〈坤〉並建雖由文王提出，此亦伏羲六十四卦所本具（《內傳．說卦傳》619）。

〔註3〕關於太極與〈乾〉〈坤〉並建，見唐君毅《中國哲學原論．原教篇》（下）522-527。勞思光《中國哲學史》（三下）694-701。羅光《中國哲學思想史》（清代篇）150-159、174-184。曾昭旭《王船山哲學》57-66、339-353；又見《在說與不說之間——中國義理學之思維與實踐》58-63。馮友蘭、任繼愈、蕭箑父著作見《船山全書》第十六冊收錄。馮說原見《中國哲學史新編》第五冊，北京：人民出版社，1988第一版。任說原見《中國哲學史》第四冊，北京：人民出版社，1979初版。蕭說原見《船山哲學引論》，江西人民出版社，1993第一版。蕭漢明則參《船山易學研究》，朱伯崑說法見《易學哲學史》（四）。

間之氣。就二氣之渾合無間言，無二氣之分別，亦無陰陽之理之分別。」（522-523）「惟船山以太極爲〈乾〉〈坤〉之合撰，陰陽之渾合」，故「〈乾〉〈坤〉並建而後有《易》有太極」（526）。

總言之，由於太極即「陰陽二氣之渾合」、「爲理氣所充凝」，純然是氣，全然一理，因此這裡的〈乾〉〈坤〉並建，也是由理氣的角度釐定。然太極之爲一氣或一理，並非脫離萬物而存在，而是合同而化於天地萬物之中，所以「太極之體之爲天地萬物所自生之名所以立」（525）。由於如此，「任何器物皆有此〈乾〉〈坤〉合撰之太極，以爲其蘊」（526）。

於是太極爲陰陽之渾合，太極不離萬物，而萬物皆備有陰陽（或皆有太極）。這個說法——暫且不管說多道少，各層面之理解的正確與否等等——大致是學者共識。而且凡談太極，必論〈乾〉〈坤〉並建。勞思光先生謂：「陰陽之『兩相倚而不離』，亦正是『〈乾〉〈坤〉並建』之理據也」，所以「所謂『器』者亦正是此陰陽合運之顯現」（《中國哲學史》（三下）697）。羅光先生云：「太極不在陰陽之上，只是陰陽未分時稱爲太極……實際上太極就是陰陽，就是〈乾〉〈坤〉；因此王夫之『〈乾〉〈坤〉並建』的主張，成爲他思想的特點。」（《中國哲學思想史．清代篇》175）

相對而言，曾昭旭先生對〈乾〉〈坤〉並建的論述較多。曾先生首先提到從隱顯角度去說明太極，引船山從卦爻說隱顯之例，以明「一切〈乾〉〈坤〉、陰陽、動靜、天地、道器、性情，皆實只是一物」而之所以又有「〈乾〉〈坤〉之二元」的緣故，乃因「天地之全體，人不可一舉而盡見，而只能見其半。於是渾淪之天體，乃依於人而分爲隱顯兩面矣」。不過，其重點在指出「太極則全體具在」，「雖當前只有一幾發見，而實則宇宙之全體即於此一幾而具在。此即船山『〈乾〉〈坤〉並建』說之最深義蘊。據此，船山乃進一步切言每一幾之現前皆是〈乾〉〈坤〉全體之『捷立』，蓋捷立者，即當幾發見之謂也。」（58-64）

其次，解釋「渾然一氣之體與氣化所成一一個體間之關係」，以爲「個體之所以自見其爲一孤立隔離之存在而不悟其實與宇宙同體，則實因宇宙全體之呈現而爲『我』，本即只現其一端，一端外之其他，雖復呈爲宇宙之無窮形色，然於『我』言則可不爲我所有，不爲我所知，而於我言爲隱者，然『陰陽有隱現而無有無』，不現端於我，非不存在也，尤非即不可屬於我也。吾人前言此渾然一氣是一無盡之密藏，吾人之性亦是一無盡之密藏，吾人眼前之形色，實吾性此無限密藏，刹那密移，運化不已之呈現。於是人乃不可執此現前之形色為我，而人之有限亦實通於無限之義亦明矣。此即船山『十二位陰陽嚮背，半隱半現」之說之實義也。』」

此實即延續上述「太極則全體具在」的概念，致力於說明「個體之存在，當下即具道之全體」，「而人之性亦是一與大宇宙並不隔之小宇宙矣」（342-345）。

相較於勞、羅二先生，唐先生較明確點出物物太極的端倪（談論並建的兩頁中，物與太極關聯的部分，即佔一頁以上），而曾先生則就此發揮，說明物物如何具此太極全體的道理。

大陸學者馮友蘭、任繼愈、蕭箑父諸先生對〈乾〉〈坤〉並建、太極的評述，篇幅不長，不過幾頁。由於從對立統一角度評述，故皆擺在辯證法標題之下。蕭漢明及朱伯崑二先生則闢專節討論，蕭先生較游離，而朱先生的論述則集中而有分量。

馮友蘭先生談辯証法時說到太極，以為「陰陽是對立的，陰陽對立的統一成為太極」。此外，他亦認為船山肯定「任何事物都有太極」，即「任何事物都具有天地萬物之理的全體」，「任何事物都是對立面的統一」（1126-1127）。不過百字左右的說法，卻指出了此後大陸學者分析〈乾〉〈坤〉並建與（或）太極的方向。任繼愈（1303-1304）、蕭箑父（1343-1344、1431）二先生對太極說法，大致是資料加詳，基本論點與馮說相類。

蕭漢明先生的說法，比較明確提到太極作為氣的面向。「〈乾〉〈坤〉並建也就是絪縕渾淪之太極」，「渾淪之太極就是〈乾〉〈坤〉的對立統一體」，〈乾〉〈坤〉並建「是一種均衡的矛盾形態」（《船山易學研究》109）。他認為，船山把太極分為「『未有形器之先』與『既有形器之後』兩種形態，前者無象無形、陰陽渾淪合一；後者則為前者之展開，有形有器，表現為萬有之化生」。

相對以上說法，蕭先生以為《內傳》所論太極，內涵明顯側重在「未有形器之先」這一點。由是認為「太極被看成是一個陰陽混淪未分而又至足皆備的物質實體。既然有聚而成形成器的內在因素，因而不可割裂對待；既然包含了天下的一切差異與多樣性的因素，因而不能看作是某種已經成形成器的實物。它只是一種潛在的矛盾形態，一切有待展開的矛盾因素都蘊藏其中，而且只是蘊藏其中，捨此別無他所。因此太極展開所生出的兩儀、四象、八卦云云，本來都是它自身固有的，是它的潛在性的外化。故太極所生之兩儀、四象、八卦，亦可合而稱之為太極。」（《船山易學研究・前言》5）其說法觸及了兩儀、四象、八卦與太極的關聯。

蕭先生一方面從本體或氣說太極，一方面以陰陽對立統一論個體。後者是之前馮、任、蕭三位學者論述的重點。而到朱伯崑先生，則不止囊括上述諸說，同時提到「隱顯」，闡述〈乾〉〈坤〉並建與太極。朱先生《易學哲學史》（四）論清代《易》學，船山佔了二分之一強，論述涵蓋其《易》學各個方面，可說是此方面的力作。其中〈乾〉〈坤〉並建及太極，都各有專節論述（分見 62-104、185-215），前者主要談論卦爻層面示現的〈乾〉〈坤〉並建之理，後者則從氣的視角探論太極。可以說朱先生對前人未給予足夠重視的這兩個面向，都做了綰合，對太極之氣以及太極之一一在於個體，有了充分的發揮。

第三節　研究動機及預期成果

壹、〈乾〉〈坤〉並建與隱顯

本文寫作動機，實因閱讀〈乾〉〈坤〉並建相關論述之後，疑惑不減反增使然。尤其——是從朱伯崑先生的論述中所產生的疑惑。此因相較其他文章，朱先生處理卦爻層面之並建，已是最詳者，可是閱讀過程中，總有無法釋疑之處。而船山既言〈乾〉〈坤〉並建乃其《易》學綱宗；綱宗也者，用船山的話說是：

> 言有綱，道有宗；綱宗者，大正者也。故善言道者，言其宗而萬殊得；善言治者，言其綱而萬目張。循之而可以盡致，推之而可以知通，傳之天下後世而莫能擿其瑕璺。（《宋論・高宗》220）

然〈乾〉〈坤〉並建如何貫穿其《易》學成為「綱宗」？問題縈繞腦際，盤桓不去。朱先生文章之鋪展、詳析，使盤繞之疑惑，有了附麗之地，得以一一具顯、落實。他總結〈乾〉〈坤〉並建理論為三點（94-97），分從體用、隱顯、分合說明。「體用」也者，謂以〈乾〉〈坤〉為體，六十二卦為用，以邏輯上的涵蘊關係解釋〈乾〉〈坤〉與六十二卦的關係。「隱顯」則云任何卦都有隱顯兩面，無孤陰或孤陽之象；一方面說明卦爻都有兩重性，一方面表示陰陽只有消長而無生滅。「分合」是說同一與差別相互依存，不可分割，論証六十四卦乃一整體。

可是貫穿這三者的，背後仍是「對立統一」。其最後概括謂「王夫之的〈乾〉〈坤〉並建說，其所辯論的主題，雖然是《易》學中關於六十四卦的邏輯結構問題，但他反對了陰陽相生說和陰陽相分說，以六十二卦爲〈乾〉〈坤〉十二陰陽自身的展開，這一理論思維對其哲學起了深刻的影響……正是通過其〈乾〉〈坤〉並建說的思維路線，完成了氣學派的本體論的體系，即以陰陽二氣爲對立統一體，認爲天地萬物皆此統一體自身的展開，從而在哲學上作出了重大貢獻。」（103）

接著，在專論太極一節時，朱先生把太極定爲陰陽渾合之氣（191）。且進一步說：由於物物皆有此氣，此氣即太極，故物物有太極。如此，對立統一之物，其陰陽是如何統一的？換言之，實體之物與其內所含蘊的太極（氣），如何才能對立、統一起來、而成爲太極呢？其實萬物之有陰陽，與萬物之有太極，並不盡然等同。因爲世上任一物，不管可見或否，依船山觀點，都是有陰有陽，它們本即是陰陽合一，只是陰陽之分劑不均而已。而物之陰陽不均，按朱說，並不即符合對立統一的說法，要加上物的氣（太極）才是。所以，虛靈之氣究竟要擺在那裡呢？其陰陽比例要如何看待？以便與實體之物成爲對立統一？

倘若脫離了人的掌握來談太極，就會出現上述情況。由此思考的結果，發現「隱顯」才是太極成立的關鍵。物物皆有太極，要從隱顯看才能成立，而隱顯則從人之掌握產生：惟有立足於人的角度，才能說某物爲隱，某物爲顯。但上述以對立統一結穴時，朱先生所提到的隱顯，即被消融了。因對立統一，不須從隱顯的角度給出，而是任一物直接即是對立統一的。所以，朱先生雖提到隱顯，但隱顯卻讓位給了「對立統一」。依朱說，隱顯自有它的作用，即表示陰陽有往來無生滅之理，但它在朱先生的說法中，卻和太極關聯較爲疏遠。

這是本文研究太極的切入點。我們從卦爻層面詮明：〈乾〉〈坤〉並建本從隱顯的模式詮說；亦即它是在隱顯的模式上成立的。因此，不能取消「隱顯」來界定〈乾〉〈坤〉並建。至於太極與〈乾〉〈坤〉並建的關係，船山說：

(1)〈乾〉〈坤〉並建，爲《周易》之綱宗，篇中及《外傳》廣論之，蓋所謂『《易》有太極』也。（《內傳・發例》第7，657）

(2)《周易》〈乾〉〈坤〉並建，以統全《易》：陰陽之至足，健順之至純，太極本然之體也，而用行乎其間矣。（《內傳・既濟》490）。

如是，太極亦屬隱顯模式的產物，不能脫離人的掌握角度來談。而所謂「掌握」，概括「認知」與「體知」兩型態（詳下第參小節）；即謂總體而言，人終究無法完全看透這個世界，世界或萬物總是一半隱一半顯（概括言之），所以太極自然亦是如此。這是物物一太極的說明。

那麼就太極之作爲氣，要如何看待呢？確實，氣是無形、不可見的。可是船山卻從聖人、君子經由心思的作用（存神之知），瞭解、歸納氣的某些規律、性質。這些瞭解，就是人所掌握的「理」，而凡「理」即是「顯」。當然，氣還有很多方面是我們所不能、未能掌握的，它們就是「隱」。因此，氣是在有隱有顯的基礎上，被稱爲「太極」。

經由隱顯，對〈乾〉〈坤〉並建是《易》學綱宗的緣故，可以提供某一角度的說明。

而關鍵始終在於隱顯，是表現並建的惟一模式；不由隱顯，並建是無法展現的。落實並建隱顯之理，必然要以卦爻的錯綜結構來展現。因此「錯綜合一之象」，不外於〈乾〉〈坤〉並建。換言之，錯綜即是「具體」表現出隱顯，表現〈乾〉〈坤〉並建之理的卦爻結構，此其根本設計。在動態過程中，卦爻不斷或隱或顯，即成爲卦爻變化「神妙莫測」的惟一原因。於是，通過卦爻之錯綜，展現不斷隱顯之理，同時即是呈顯了《易》卦變化之神妙莫測——《易》之變化神妙，藉卦爻作出具體的示現。總之，不由隱顯，無法充分詮明神妙如何產生；而神妙既是《易》的主要性能，也是太極之所以爲太極的關鍵。

貳、神妙：道德實踐的基礎

所以，《易》在船山言不止是變易、變化而已，他更強調的是變化之「神妙」、「不測」。就其源頭而論，神妙是由並建、隱顯而自然具有；換言之，神妙是並建的結果，不能脫離並建來談。這樣就把並建與作爲《易》的變化神妙牽合起來：從並建（太極）——隱顯——錯綜——神妙，環環相扣。神妙成爲貫穿其《易》學綱宗的主要線索之一。以下即循此敘述。

我們先回頭去看《內傳・發例》（第 25）。「象爻一致，四聖一揆爲釋」——「象爻一致」是實際解《易》經卦辭、爻辭的原則，屬於解經範圍，與《易》的變化關係較遠。〔註 4〕「四聖一揆」，則是船山肯定其所有《易》學道理，

〔註 4〕 在此只是對比的說法。在解《易》過程中，船山還提出「不可典要」作爲原則，「不可典要」即與神妙同義，即解《易》不是僵固的，而應採變化的觀點。

皆四聖（伏義、文王、周公、孔子）所傳，以強化其《易》學論述。

而「占學一理、得失吉凶一道爲義；占義不占利，勸戒君子、不瀆告小人爲用；畏文、周、孔子之正訓，闢京房、陳摶日者黃冠之圖說爲防」，則與「神妙」關係密切。可以說無有「神妙」，則無有《易》。四聖傳承，神妙即《易》之爲《易》的關鍵：「文王之卦，伏羲之卦也。文王取其變易神妙之旨而名之曰《易》，是故周公之爻辭得以興焉。」（《內傳・發例》第 2，650-651）。〔註 5〕而「神妙」與否，正是君子學《易》與小人讀《易》分野所在。

簡言之，綱宗引文雖長，但不外「立」與「破」兩端。「立」是立君子學《易》之道，這是前半段；「破」是破小人之用《易》，這是後半段。君子、小人學《易》的主要不同，即在於君子《易》神妙，而小人之《易》——在此以京房、陳摶（實際指宋代邵雍）爲代表——則否。君子之所以占義不占利，只明「得失」，而不理會或在意「吉凶」，其故在於《易》本「神妙」。這些方面在《內傳・發例》皆論之甚詳，以下約略敘述，以明其故。

「《易》爲君子謀，不爲小人謀。君子之謀於《易》，非欲知吉凶而已，所以知憂知懼，而知所擇執也。」（第 16，671）「《易》爲君子謀，不爲小人謀」出自張載《正蒙・大易》。君子占筮、學《易》，不單爲知吉凶，而是要知「得失」，它才是君子所以「知憂知懼，而知所擇執」的緣故。吉凶與得失不同——簡言之，知吉凶是小人之所尚，知得失是君子之所懼。船山說：

> 自愚者言之，得失易知也，吉凶難知也。自知道者言之，吉凶易知也，得失難知也。所以然者何？吉凶，兩端而已。吉則順受，凶無可違焉，樂天知命而不憂。前知之而可不憂，即不前知之，而固無所容其憂。凶之大者極於死，亦孰不知生之必有死，而惡用知其早暮哉！唯夫得失者，統此一仁義爲立人之道，而差之毫釐者謬以千

《內傳・發例》第 13（668-669）、14（669-670）、第 17（672）有較集中的論說，其《內傳》解《易》亦頗有稱述。又參第六章第一節。

〔註 5〕其評漢宋以來諸家《易》，稱述王弼「一以道爲斷」，「《易》乃免於鬻技者猥陋之誣，而爲學者身心事理之要典。唐、宋之言《易》者，雖與弼異，而所尚略同。」即使蘇軾「出入於佛、老，敝與弼均，而間引之以言治理，則有合焉。程子之《傳》，純乎理事，固《易》大用之所行，然有通志成務之理，而無不疾而速、不行而至之神。張子略言之，象言不忘，而神化不遺，其體潔精微之妙，以益廣周子《通書》之蘊，允矣至矣，惜乎其言約，而未嘗貫全《易》於一揆也」（《內傳・發例》第 3，652-3）。可見《易》單言「理」並不足，更須論「神」。

里，雖聖人且有疑焉。一介之從違，生天下之險阻，其初幾也隱，其後應也不測，誠之必幾，神之不可度也……故聖人作《易》，以鬼謀助人謀之不逮，百姓可用，而君子不敢不度外內以知懼，此則筮者筮吉凶於得失之幾也。（第 4，653-4）

小人以爲得失易知，吉凶難知；但就知道者言則相反。吉凶不過兩端，吉則受，凶若不可違，亦樂天知命而不憂。而且凶之大者不過一死，生必有死何必知其早晚？得失則不然。仁義之道，一有差失，即謬以千里，即使聖人猶有疑懼。此因踐仁行義，要不違於道，但人、事變化之幾兆，存於幽隱之地，此即「神妙」之所在。由其不易爲人察知，是以君子履仁踐義，不得不「懼以終始」。聖人所以不廢占筮，不過借之究明仁義得失之幾罷了，吉凶非所措意。故君子之占，則以「學」，占學是一體的（參〈發例〉第 5）。

簡言之，初幾之「隱」，後應之「不測」——這些都是神妙的同義詞——是行仁踐義的背景或根本，沒有這個根本，意味世界即是可被完全掌握。若如此，則人不須進德修業，因爲可以完全掌握他的世界，貫徹他所有的意志，爲所欲爲。小人即是如此。小人以《易》爲可被完全掌握者，神妙並不存在，以是可不知憂、知懼而肆無忌憚。這在第 13 則中言之甚詳。其文前半，仍闡述《易》之神妙與君子學《易》的關聯：

《本義》繪邵子諸圖於卷首，不爲之釋而盡去之，何也？曰：周流六虛，不可爲典要；《易》之道，《易》之所以神也，不行而至也，陰陽不測者也。邵子方圓二圖，典要也，非周流也，行而至者也，測陰陽而意其然也……天地之化，至精至密。一卉一木，一禽一蟲，察於至小者皆以不測而妙盡其理；或寒或暑，或雨或晴，應以其候者抑不可豫測其候。故《易》體之，以使人行法俟命，無時不懼，以受天之祐。故〈乾〉〈坤〉並建，即繼之以〈屯〉：陰陽交而難生，險阻在易簡之中，示天命之靡常也。〈泰〉而旋〈否〉，〈剝〉而旋〈復〉，有〈恆〉而〈遯〉，明已夷而可閑於有家：神之格不可度，而矧可射也？故曰百物不廢，懼以終始。君子之學《易》，學此焉耳：有疑焉而以問，問此焉耳：固法象自然必有之變化也。（668）

後半則直批邵子之《易》以人意測天，乃至完全掌控天化的狂妄與荒謬：

邵子之圖，如織如繪，如飣如砌，以意計揣度，域大化於規圓矩方之中。嘗試博覽於天地之間，何者而相肖也？且君子之有作也，以顯天道，即以昭人道，使崇德而廣業焉。如邵子之圖，一切皆自然排比，乘除增減，不可推移，則亦何用勤勤於德業爲耶？疏節闊目，一覽而盡，天地之設施，聖人之所不敢言，而言之如數家珍，此術數家舉萬事萬理而歸之前定，使人無懼而聽自始自終之術也。將無爲偷安而不知命者勸耶？於〈彖〉無其象，於爻無其序，於〈大象〉無其理，文王、周公、孔子之所不道，非聖之書也。（668-9）

文中另外指出的是，若天可被完全掌握，則是鼓勵一切前定，故亦不須辛勤於德業，靜待命運安排即可。一種是積極掌握天地，一種則消極靜待造化安排，態度不同；但關鍵都由同一個觀點導出：即天地變化（《易》）可被完全掌握。

〈發例〉或船山《易》學著述，凡評京房、邵雍，乃至漢宋諸術數家之《易》等，大要不出此。彼等之《易》或卦爻變化，都是可被完全掌握者，也就等於《易》之神妙消失。如此，《易》將淪爲火珠林等覆射之陋術，爲小人所宗。船山評定〈序卦傳〉非聖人之書（見〈發例〉第 20，及《外傳・序卦傳》），大爲人注意，所據之理實於此同。攻駁「經營砌列爲方圓圖者」（651），是他《易》學「破」的主要目標之一，他自己也常有「篇中廣論之」（653）「篇中詳辨之」（669）等語。而其所「立」，即標舉《易》之神妙。因此，「神妙」與君子學《易》，總是關聯著一起被提起的；有神妙，君子方能「知懼」，仁義方有依附之地，崇德廣業方能於是而具，即此而成。以是，神妙是道德實踐的基礎，確然無疑。

此外，船山在此比較沒有明白說出的、神妙另一關鍵意義是：神妙不止是君子道德實踐的基礎，同時，神妙確定了道德實踐之路，沒有一特定的終點，成己成物恆在一無止境的歷程之中（下小節有進一步闡述）。

參、「神妙」與「掌握」

最後這一節要對神妙稍作界定，同時闡明神妙可以恆在之因，以及它與實踐無止境的關聯。

概括而言，以〈乾〉〈坤〉並建作爲隱顯的模式而顯神妙，神妙是從人所掌握不到處說。而成爲人所掌握的，一般傾向指外在之物，如此，似指人對物所掌握不到處，方有神妙。的確，就船山思想系統來說，「陰陽不測之謂神」（《繫辭上》第 5），是神妙最根本的界定。它之所以產生，恆與有一掌握者的存在相關。

船山認爲，人的覺知、感知實生發於心物交接之際：「形也，神也，物也，三相遇而知覺乃發」（《正蒙注・太和》33）。形神指人之形神，物則指外物；覺知、感知必須結合形、神、物三者才能生發。如此一來，自然沒有獨立於人之外的神妙存在。只是在說法上，有時似偏外在地說罷了，如「陰陽之消長隱見不可測焉」（《正蒙注・太和》24）、「自其變化不測則謂之神」、「神則生萬變之質而不窮」（《正蒙注・可狀》359），以及之前「陰陽不測之謂神」等，都可歸入此類；但這類說法中，一個潛隱的掌握者，是始終存在的。

接下來要確定的是：「神妙」是屬於認知的結果；對道德實踐（體知）來說，沒有神不神妙的問題。我們且從船山常稱述心性備具神妙之理，頻顯神妙之用來進行說明。這種神妙與上述有何關聯呢？其實，心性神妙之義，也是隸屬神妙根本界定——「陰陽不測」——的範圍。而這，一樣是從認知視角看得出的結果，爲何如此？

或許我們以爲，其故在仁心發用屬於體知，〔註6〕而此當下一機，稍縱即逝，雖體知其爲天理，卻無法全然體知其所以然，故稱神妙。的確，在船山論述中，心性之神理妙用，君子無法完全體知其「所以然」，只能用其「當然」，由用以知體，由顯以知隱。惟聖人義精仁熟，存神盡性，窮神知化，故全然體知天理之所以然，盡顯其性理之神妙。

那麼，仁心感而遂通，不行而至，不疾而速之「神」，是從那一點說呢？其實，「神妙」非仁心所察知，亦非由仁心之體知直接產生，我們只能體知仁心之用，由用而體知性體。單就仁心言，沒有神妙與否的問題。神妙，是人於此反思仁心——仁心如一物，被觀察、被審視——的結果，是跳開一步認知仁心當下應感之妙，而此妙處卻是認知要描述而難以盡述者，故以神妙稱之。

故神妙是認知的結果，它是言說的產物。即使聖人盡知天理之所以然，要談論其所盡知，必然要用認知的語言來表述，其餘人等的體知經驗亦然。於是，體知所得只能以言語做部分的描述，無法盡知，這種對仁心詮說不全的情況，就稱仁心之用爲「神妙」。

此外，從整體來看，實踐亦有君子所未能到、所未豁顯之境，並屬隱，亦以神妙稱之。這兩點——表示體知內涵的難以盡述，或體知猶有不足之處

〔註6〕以「體知」一詞等同「實踐之知」、「德性之知」，杜維明先生有較詳討論，參《儒家傳統的現代轉化》一書〈論儒家的體知——德性之知的涵義〉（501-516）。今爲精省，多用「體知」一詞。

——是與體知相關，而使用神妙來稱述的主要方面。不管是那一方面，體知都是被認知的對象。所以，「神妙」屬於認知概念，不屬體知；神妙並非體知的用語，而是認知的說詞。

而綜上所述，乍看神妙似分客觀世界與心之神妙兩種，其實「神妙」——恆以一掌握者立場，從認知視角對其所掌握不到、掌握不全的稱述，只是對象在此一爲外在之物，一爲內在之心罷了（廣義地說，被認知的心亦是物，在此取狹義說法，參第九章第二節）。

而從儒家對知識（「物」）、實踐（「心」）的區分來看，「物」屬認知，「心」屬體知。不過，船山堅持實踐必然及物，因此物其實亦是體知的一環，不單是認知層面上事（詳下）。如此，心（道德實踐）和物（客觀知識），都有認知所不能盡述的範疇、內涵。同樣的，從體知角度說，君子之道德實踐猶有未達、未顯之境；而由體知必及物這一點看，客觀世界也有體知所未能掌握的部分。這些未知、未能之境，依「認知」的角度稱述，就是「神妙」。

簡潔地說，人們的認知、人們的體知，不管對象是心或物，都有所不知。「神妙」是對認知、體知所未完全掌握之內涵的「認知性用語」。對象的不同，掌握的方式不同，無妨「神妙」皆指無法完全掌握的、屬於隱的那一面。〔註 7〕這種理解，完全符合船山神妙即「陰陽不測」的說法，也是本文對「神妙」一詞的根本定義，貫徹所有神妙的相關論述。

此外，由於本文討論的對象，主要指君子，就更須強調：不管是認知或體知，隱、神妙都是必然存在的事實。即使聖人體知天理之所以然（對體知有完全的掌握，此爲君子所不及），但對客觀世界的認知，仍有囿限。而要成就道德事業（外王），不能單憑實踐之知，還要對客觀世界有不斷的新理解。就此而言，聖人猶有不足。此即船山所言：

（1）道之在天下也，豈有窮哉！以一人之身，藐然孤處於天地萬物之中，雖聖人而不能知、不能行者多矣。（《內傳・謙》168）

〔註 7〕所謂的隱、不測、神妙不必然是變化的。同時，也不是凡變化即不測，嚴格來說，變化可分爲可掌握的、規律的變化，和不可掌握的、不測的變化（參第六章第四節）。然而，船山亦有言神「非變幻無恒也」、「絕乎人而不可測」（《正蒙注》68、92）。聖人能存神而感天地變化之神妙，但神妙是否即不存在呢？這一點，詳細留待第八章第三節。此外，變化不窮非謂變化必須繫屬於外物之動靜，才叫變化，請參第八章第一節。神妙的相關討論，還可參見第六章第四節、第七章第二節、第八章第三、五節等。心性等本體之神妙，其要在「至虛而誠有」，見第八章第三節。

（2）雖聖人無所不明乎？而有所不能知者焉。故前之聖人已開示無餘，而後之君子又有日新之義，然則其可知者將焉有窮乎……雖聖人無所不能乎?而有所不能行者焉。(《四書訓義・中庸二》131)

（3）聖人可以言誠者，而不以言天道。非謂聖人之不能如天道，亦以天道之不盡於聖人也。(《大全・中庸》532)。

（4）率性之道，自唐、虞以前未有異；修道之教，至成周而始隆。所爲道有顯微，不可揜而抑不可盡，非一聖人之知能所能竟也。(《大全・中庸》509)

第四則非謂聖人未臻率性之境；而指聖人所傳心性之學的客觀化表現，即落實於教化或禮制部分，不能盡於一聖，因運有推遷，世有隆替，聖人知能之所制作，不能因應百世而不變。也就是說，當前世界的變化，昔之聖人不在此境，自難預知而有相應制作，故說非聖人知能所能竟；此大略偏於對客觀世界認知層面事。職是之故，聖人雖能體知心性神妙之所以然，卻無法窮盡客觀世界之理。「隱」仍是存在的；若否，則聖人即自外於《易》之神妙，無須有憂患之心了。〔註8〕

即便聖人亦屬有限，那麼，君子的認知、體知自然更有隱在。而且，更進一步說法是，聖人雖體知性理之所以然，卻不表示其體知不能藉由認知，而有更深、更廣的拓展，這就必然要談到體知與認知相互促成的議題。於是，此中仍可細部分說。

以下即以實踐爲立足點，分爲相關聯的兩個方面詳述：(一）實踐之當前一幾與實踐之不息的差別。(二）體知可藉認知得到深化、拓廣。這兩點，都爲點出實踐的無盡。第二點涉及到傳統格物、致知（知行）範圍，但本文關注者仍是隱、神妙之所以必然存在的主軸，不是針對格物、致知作專門討論，故僅及與神妙相關部分。以下先說明第一點。

就「體知」而言，仁心當下全體朗現，此時，心與性無二，性不再是隱的，而是全顯而無隱。這一點船山並不否認。但他同時清楚，心物交接之際，心固然可以成物，亦可能陷溺於物。瞭解了當幾的兩面性，他知道無法保証

〔註8〕有關聖人的論述，最集中者見《正蒙注》。至於天道不盡於聖人，則是船山一貫秉持「天人之分」的觀點，其詳可參許冠三《王船山的致知論》第一章、曾昭旭《王船山哲學》第三編第三章、陳贇《回歸眞實的存在》第六章。本文凡提及天人界限部分，皆請參閱上述三書。

仁心必然在當下朗現（參曾昭旭《王船山哲學》405-418、485-488）。職是之故，仁心之當幾朗現，固然是實踐的契幾，但對其「全面性」他相對不突顯。其思想明確強調的，是如何延續此當前一幾，成爲健順不息之良能，遂置仁心當幾朗現於不息的脈絡下，當幾成爲因應不息的目標所做的積累工夫，不息才是道德實踐的終極鵠的。

其《易》學著作，頻頻突顯健順之意；在幾乎所有著作中都會提到的「誠」，義同此。「誠」除了主要的「實」、「實有」之意外（《尚書引義・說命上》306；《正蒙注》360、372 等）；另一重要意思即是「不息」，如「蓋誠原不息，息則不誠」（《正蒙注・可狀》380）、「誠不息，神無間」（《正蒙注・天道》70）即是。以是，健順、不息、誠等關鍵語詞，皆可相互訓釋。它的確是船山著作中被大量標舉的一個概念。〔註 9〕

於是，他對陽明也有這方面的批評。船山評陽明處不少，重點之一即陽明過於強調仁心當前一幾的「全面」，導致在知行問題上，陽明有消行於知的危險：「其所謂知者非知，而行者非行也。知者非知，然而猶有其知也，亦惝然若有所見也。行者非行，則確乎其非行，而以其所知爲行。以知爲行，則以不行爲行，而人之倫、物之理，若或見之，不以身心嘗試焉。」（《尚書引義・說命中二》312）陽明的問題在於「以知爲行」。「既然一念發動就已經是行，那麼，行就可以在內在意識狀態中加以理解了。行所具有的『有成跡』特徵被瓦解了」（陳贇《回歸眞實的存在》380）。這種缺行之知，即使所知內涵或當下所起爲仁心，就船山來看已非體知，而與「認知」無異，因爲他沒有行動，「不以身心嘗試」。

然而，必須注意的是，不強調當幾非謂他反對實踐的關鍵即在當下，而是過度強調它的全面性，易導致實踐可在心念完成的誤解，如此，行就缺席了。船山認爲，實踐之契機誠然一念，但此一念必以實踐（及物）方算道德

〔註 9〕不直接把「誠」與「不息」連結成「誠不息」句，而是比較間接點出誠與不息關係的例子，在《正蒙注》中更是常見，如「人之所以繼天立極，與日月貞明同其誠而不息；能無喪焉，斯聖矣」、「體神之誠，始終不間，則極乎悠久無疆矣」、「天不息而大公，一於神一於理一於誠」（《正蒙注》55、70、149）等皆是。此是本乎《中庸》「至誠無息」之旨，船山專論，參《大全・中庸》第廿六章（558-561）。必須注意的是，「實有」與「不息」之分，是言說上的區別，實存上是合一的。這正如氣的特色，是「至虛而實有」：「虛」謂其不滯，故恆動而不止；「實」謂其生化、創造之實。此二特點自然含蘊於一氣之中。對誠不息義，船山特地標舉，有較全面的闡述發揮，乃其心性學特色之一。

的圓成。因此，爲了避免陽明說良知，易犯以知代行的毛病，船山少用「良知」一語，多說「良能」。「良能」強調的是行，實踐則必然與物聯結，必然有「跡」，不能僅靠心念完成，此即「能有跡，知無跡」（《外傳・繫辭上》第1，989）。

而以上強調知必與行緊密聯結，其實已同時點出任何當下的實踐，都只有當下的對應，只是一個點，既非成己的保証，更非已臻聖賢境界。此因實踐要求的是一條線，仁心能持續發用，才是成聖、成賢的不二之途。職是之故，船山相對不強調當幾，只能看成學者論道各有偏重；由此形成其心性論的特色，即是突顯實踐不息。

他提倡隱顯，強調神妙，劃分天人、人永遠無法與天同其大；乃至道大善小、性日生日成、天地無終始等論；其實都爲突顯實踐無止境這一面向，當下的全面性自然相對減弱。而惟有不息，才能逐步深切體認實踐的幽微潛隱，由是眞正掌握心性神妙之所以然。「世豈有一言之悟而足爲聖之徒，俄傾之化而令物皆善哉」（《內傳・漸》427），此乃船山評異教語，以之評王學之弊亦通。〔註 10〕因此，滿街聖人等類似論調，不見於船山敘述，非常明確表明這種態度。

此外，君子之所以不息，更重要的原因是：船山瞭解認知與體知都有隱在，皆無法窮盡。認知固然可以不斷獲得進展；體知亦藉認知得到深化、拓廣。聖人無法自外於此，何況君子？此歷程之無窮盡，便是接下來第二點所要談的。而這，須先說明他對認知與體知的看法。船山對此的基本觀點是，認知與體知的確有分別；但從儒家立場看，體知較具優越性，它可以統攝、融通認知，進而轉化它成爲體知。在轉化的同時，體知的深度、廣度亦得到提升。以是當以體知爲主，認知爲從，二者必須兩行而相濟，不可偏廢。而就君子言，此二者的實踐、學習，都難以窮盡，故成己、成物即是一無止境的歷程。以下論述，大要不出此。

〔註 10〕離行以爲知，即是求悟（頓），船山因是以爲陸王與釋氏同調，稱之爲「異學」。其言謂：「離行以爲知，其卑者，則訓詁之末流，無異於詞章之玩物而加陋焉；其高者，瞑目據梧，消心以絕物，得者或得，而失者遂叛道以流於恍惚之中。異學之賊道也，正在於此。而不但異學爲然也，浮屠之參悟者此耳。抑不但浮屠爲然也，黃冠之煉己沐浴，求透簾幙之光者亦此耳。皆先知後行，劃然離行以爲知者也。而爲之辭曰：『知行合一』，吾滋懼矣。」（《尚書引義・說命中二》314）

關於體知與認知有別，來自船山的觀察。他認爲，從「知」的來源上說，「吾心之知，有不從格物而得者」；例如孝子之所以爲孝，不須「將我與父之所以相親之故去格去致」。孝是「求諸己而自喻」，乃「不學而知，不慮而能」。同樣的，「慈者不學養子而後嫁」，人母之慈，亦非事先學習而後有。孝、慈屬於體知，是天性本有之事。然事物亦有「物格之而知可至」者，如「大惡人不可與交，觀察他舉動仔細，則雖巧於藏奸，而無不洞見；如砒毒殺人，看《本草》，聽人言，便知其不可食」之類。此屬認知，須經後天的學習方可。

接著，他用了孟子「梓匠輪輿，能與人規矩，不能使人巧」之說，表明他不偏廢格物與致知的觀點：「規矩者物也，可格者也；巧者非物也，知也，不可格者也。巧固在規矩之中，故曰『致知在格物』；規矩之中無巧，則格物、致知亦自爲二，而不可偏廢矣。」雖不偏廢，畢竟有主從，致知自是爲主；故說「必待格盡天下之物而後盡知萬事之理，既必不可得之數」，強調「致知者，亦以求盡夫吾心之全體大用，而豈但於物求之哉？」最後總結謂：

> 大抵格物之功，心官與耳目均用，學問爲主，而思辨輔之，所思所辨者皆其學問之事。致知之功則唯在心官，思辨爲主，而學問輔之，所學問者乃以決其思辨之疑。「致知在格物」，以耳目資心之用而使有所循也，非耳目全操心之權而心可廢也。（《大全・大學》404）〔註11〕

綜上所述，必須注意船山說兩行而相濟，非謂認知與體知如鳥之雙翼，因這樣說，兩者沒有主輔之分。從儒家立場說，主從仍是極爲重要的：有認知而無體知，較不受重視；但單有體知，則獲得認可。也就是說，雖謂致知格物兩行而相濟，但致知並不必然依賴格物，自能獨具價值。如此，致知可以單獨進行，不必然非與格物兩行不可。格物雖同樣可以單獨進行，其價值卻相對不受肯定。那麼，格物的重要性何在呢？

原來，說不必然兩行，不表示致知不可經由格物而得到深化。就船山言，體知被賦予獨立價值，惟一原因是它屬於道德的緣故。所謂獨立價值，意謂不依賴知識而其道德的特質並不減損。但認知則否。它必須轉化爲體知，或知識必須以道德實踐爲導向，才是認知、知識眞正價值所在，所以說「不以

〔註11〕類似說法又如：「夫知之方有二，二者相濟也，而抑各有所從。博取之象數，遠證之古今，以求盡于理：所謂格物也。虛以生其明，思以窮其隱，所謂致知也。非致知，則物無所裁而玩物以喪志。非格物，則知非所用，而蕩智以入邪。」（《尚書引義・說命中二》312）

欲修、欲正、欲誠之學爲本」，則「格非所格、致非所致」(《大全·論語》619)。而且，知識必以實踐爲惟一導向，不是憑空的認定，而是船山以論証確認知識能助成、深化道德而做出的結論。因是，認知的地位便提升了，這是他與朱子、陽明的區別（又詳註13）。

於是，一方面兩行相濟，一方面分主從；這是其知行觀的特點。而「主從」與「兩行相濟」，不是略無關涉，實有內在聯繫。這個聯繫是：主從乃兩行相濟的基礎——也就是說，經由主從，才有兩行相濟可說，達到相互加成的效果。而確立主從的根本，即在於船山認爲，格物所運用的是耳目，而致知所運用的是心（道德心）。所以，耳目與格物，心與致知兩兩同義。它們的性能，有根本的區別，藉由論証，他判定耳目爲「一曲」，心則是「全」。「全」自然可以統攝「一曲」，亦即「體知可以統攝認知」：這是奠立體知爲主，認知爲從的關鍵所在。耳目與心較詳細的區別，見下引船山對孟子小體、大體的闡述：

> 然則孟子之以耳目爲小體，何也？曰：從其合而言之，則異者小大也，同者體也。從其分而言之，則本大而末小，合大而分小之謂也。本攝乎末，分承乎合，故耳目之於心，非截然而有小大之殊。如其截然而小者有界，如其截然而大者有畛，是一人而有二體。當其合而從本，則名之心官，於其分而趨末，則名之耳目之官。官有主輔，體無疆畔……合其所分，斯以謂之合。末之所會，斯以謂之本……蓋貌、言、視、聽，分以成官，而思爲君，會通乎四事以行其典禮……合之則大，分之則小，在本固大，逐末則小。故耳目之小，小以其官而不小以其事。耳以聰而作謀，目以明而作哲者，惟思與爲體。孟子固未之小也。思而得，則小者大，不思而蔽，則大者小。(《尚書引義·洪範三》，355-6)

耳目爲小體之故，乃因耳目的性能是「分」，分司視、聽、言、動等職。而心之爲大體，其故在它以「合」爲本。當心能收攏耳目之末，以合於一本（道德之一本），就叫做心官。此時，耳目與心雖有主從，卻屬同一體，此即「官有主輔，體無疆畔」。所以，耳目天生各有職司，但這種「分」，原不礙道德的實踐，關鍵只在耳目之分能否以心爲統合而已，只要視、聽、言、動一以心爲主，則道德於此實現。就此，耳目（感官）反是實踐道德的根本憑藉，而非障礙。

反之，當心不能綰合耳目，而使耳目分而趨末，即叫耳目之官（認知心）。這時耳目只分而不合，心乃一曲之認知心，彼此之間各自區隔。船山曾如此描述：「耳困於聲，目困於色，口困於味，體困於安，心之靈且從之而困於一物，得則見美，失則見惡，是非之準，吉凶之感，在眉睫而不知；此物大我小，下愚之所以陷溺也。」（《正蒙注・大心》152）總之，心不為耳目之主，則下與耳目同等，屬於「分」，非復統合之「全」，生命即陷溺而不能挺立。

道德心能會耳目之一曲，融通而成「全」。所以，「智者引聞見之知以窮理而要歸於盡性；愚者限於見聞而不反諸心」。此因智者知曉「耳目見聞皆其所發之一曲，而函其全於心以為四應之真知。知此，則見聞不足以累其心，而適為獲心之助，廣大不測之神化無不達矣。此盡性知天之要也」（《正蒙注・大心》147、148）。若以道德為導向，則不僅能正確引導知識的方向，同時能助成體知的「廣大不測」（廣度與深度）。由於具備會通之能，故其所知遠比認知來得深、來得廣，乃能成其全，統於一，而能盡性知天。

心與耳目之別，除了主從（分合、本末等）之外，從另一角度看，耳目所認識者為「象」，心之統合而獲致者為「理」。這樣的區別，其實仍在主輔的範圍內，只是以象、理作為延伸的論述罷了。不過，其中也有小小的不同。這正如以大小體、主從、本末、分合等界定耳目與心的關係，大小體、主從、本末只是替道德為主定調，其義大致無別，但分合的應用，則判別了耳目與心的不同，其詮釋效力較為具體、細致。象、理的情況也與此類似。

船山注張載「由象識心，徇象喪心」說：「物之有象，理即在焉。心有其理，取象而証之，無不通矣。若心所不喻，一繇於象，而以之識心，則徇象之一曲而喪心之大全矣。」（《正蒙注・大心》145）注「知象者心，存象之心，亦象而已，謂之心可乎」時，又有申辨：「知象者本心也，非識心者象也。存象於心而據之為知，則其知者象而已；象化其心而心唯有象，不可謂此為吾心之知也明矣。聞見所得者象也，知其器，知其數，知其名爾。若吾心所以制之之義，豈彼之所能昭著乎！」（同上，145）聞見取象而據之為知，甚至據之以為此即是「心」。其實，當其所知為象而非象之理時，都不是心，只是耳目之用罷了。

「心有其理」才能取象而通。若心無其理，任由象主宰，則得象之一曲，而失心之大全。這裡的理，指的是仁義之理。仁義之理，「不從格物而得」，屬於不學而知者。以此為主，象為從，象才能成為道德實踐之對象。因此，不是物有象，即有其理；必須以仁義之心視之，其象方有「理」。

然而，象與理的區分如此，不表示象不重要。象其實是理的載體，是理的基礎；捨棄了象，則無理可得。因此，應該這樣說：當象與理「對立」時，說耳目對應於象，心對應於理，只是表示不能停留在這個基礎之上，必須進求其理。但若站在凡象皆有理的角度——站在儒家角度來看象，則象自然是有理的——理還可再分為固然之理與所以然之理。〔註 12〕耳目對應的是固然之理，心所對應的是所以然之理。此因心與耳目的性能不同，即使面對同一事物（象），所獲致之理卻性質有別。簡言之，固然之理是表象之理；所以然之理，是根源的、本源性之理，即天理，是道德創造之所以生發，故道德屬於所以然之域。如此判定心與耳目的區別，船山更突出主從之義，說明：惟有經由心的創造，固然之理才可轉化為所以然之理，進入所以然之域。

所以，船山誠然以為致知有不待聞見者，可直探物理之所以然。但此不待聞見之知，不止不排斥聞見加入以強化實踐效果，有些甚至須以聞見為基礎（格物），才能由此更進求所以然（致知）。總之，整個過程是雙向的：一方面固然之理轉化為所以然之理，另一方面體知同獲認知之助，而有更深廣的開拓。對此，曾昭旭先生曾有分析如下：

> 以心貫意，工夫畢竟在一身之內，但須心能自強，情意之從之也亦易。此即孟子所謂「求則得之」，「求在我者」也。故但須發其思誠之工夫即足。至正物新民之事業，則所求者不在一身之內矣。物自有其理勢，人自有其情意，吾心雖誠，彼未必即能見從者也。此即孟子所謂「求之有道，得之有命」而「求在外者」也。故於此即須另有一套格物工夫，以順應物之理勢，善導人之情意，而後可見功焉……故一求之在己，一求之在外，一但以誠意正心為主，一則更賴格物之功；船山即以此立為兩綱。（《王船山哲學》476）

是在這種情況下，致知不止不廢聞見，而且聞見「適為獲心之助」（前引）。職是之故，格物可與致知不相離；只要以致知為主，反能利用格物所得，拓展致知到更深、更廣之境地。曾先生對上述《大全・大學》（404）所引學思

〔註 12〕「耳目」其實可有兩層意思，一是單指感官，其所攫取的第一印象，物稱為象。第二指認知心。通過感官攫取而以認知心獲致的知識，其所獲致之理，叫固然之理（參第九章第二節）。這兩者與心對照時，就有上述區分。此外，象不是僅僅指物象、形象，同時亦指心象（參第八章註解 14），這些都必須分辨。又「理」更深入的討論，另參第九章第二節。

並行之論，亦有論析，可見船山如何融會格物與致知，同時點明認知被轉化爲體知，以使體知達臻更愼密、高廣之境，其言曰：

> 按此分三步。第一步格物，即此心已遇一物而欲推致其誠以貫於此物矣，於此即須先求對此物之認識瞭解，即所謂學問也。學問自非逐物之事，而必以此心固有之仁義之思爲其本，故曰「思辨輔之」，所思所辨皆其所學問之事也，此爲以對象爲主，而對之求瞭解之階段。第二步致知，即此心已瞭解此物，已能將此物理圓融地納於吾心之全體大用中而無扞格矣，於是心思復居主位，學問者只以配合，故云「所學問者乃以決其思辨之疑」也。此爲能所貫通，末合於本之階段。第三步致知在格物，即此心已能直貫於此物，而主動自由地運用之以成道德事業矣。故曰「以耳目資心之用，而使有所循也」，此爲本貫於末，而德業完成之階段。綜此三步，即外王學之工夫次第也。按前賢於格物致知，未有作如此解者，唯船山能於內聖工夫規模大成之後，能開此生面也。(《王船山哲學》476-477)

心對某事、某物瞭解不深之前，容或有仁心之發用，但道德之圓成，不單靠一片仁心，其發用並無法保証實踐的完滿，有時，它須要認知來助成。簡單的說，體知的廣度，其效用在實踐上能盡量做到合宜、周全。深度即指藉由認知把握到對象的特質，對它更瞭解，以是仁心的發用，更加深沈、細膩。所以，船山論「思」(即「致知」)時，認爲賢者「其有所過思也必有所不及思，或極思之深而不能致思之大，或致思之大而不能極思之深，則亦有所不思而不得爾。深者大以廣之，大者深以致之，而抑以學輔之，畢竟思爲主。以善其用，而後心之官乃盡也學亦藉思。」(《大全・孟子》1095)文中「深」、「大」，同這裡的「深度」、「廣度」。

回過頭去看「聖人而不能知、不能行者多矣」、「道有顯微，不可揜而抑不可盡，非一聖人之知能所能竟也」(「知能」即「知行」)等句，可知聖人不能知、行，或知能不能竟之故，殆指認知所造成的限制。原本經由認知，再一轉即可爲體知；但因認知這一前沿斷絕了，以是無從轉化。這不止表明認知對於實踐，有促成的作用；同時，確實說明有些體知，必須以認知爲條件、爲前導，方有實踐的可能。以聖人之能，當其有知，應即能行。今則因其不能知，故不能行，以致知能有所未竟。這不能，主要不是道德的不能，而是知識的不足。這種不足，是無法窮盡的，聖人亦然。而君子的重點更在不止認知如此，其體知之境，與聖人義精仁熟、窮神知化對比，亦望塵莫及。這就保証了隱、神妙存在的必然。

於是，對格物（認知、耳目、聞見之知）與致知（體知、心、德性之知）之別，可略綜合作一小結。其總原則是「耳目一曲，體知則全」。認知的特色在執取而凝滯，故限於「分」，是耳目一曲，一一的認知。其所知爲物固然之理，所積累者爲知識（包括道德的知識）。它是末、是輔，其知有界（分）。體知則是虛靈不昧之良能，故通於「合」；是全體大用，感應而通於一、達於全。其所知爲物所以然之理，是當下道德的創造。它是本、是主，其應無畛（全）。

由於有此主從——或者說——有船山這樣的主從觀點，才能恰如其分地，達到格物與致知兩行相濟的目標，不招引偏知或偏行的弊病。而且船山論析的重點在於提出體知具有比認知更深、更廣的特質。當然，此觀點不必然是定論，但在船山思想體系中，要証成這一點的企圖頗爲明顯。換言之，儒者通常的觀點是體知直接在道德優先情況下，比認知來得高超。船山卻比前人多花力氣，試圖經由多方論証，判定體知原本就比認知具有更深廣的本質。是在這種認定下，體知優於認知而能統攝認知、提升認知。與此同時，體知才能吸納認知的助力，由是增加體知的深度、廣度。

因此說格物、致知「兩行而相濟」，不是只有知識有助成道德之效，同樣的，實踐亦有助於認知的提升。如此，二者相互激蕩，相互加深、拓廣。此即船山主張知行相濟的核心所在。知行之相濟而不偏廢，船山的論証，確實比前人詳密而徹底，具有頗強的說服力。對二者的結合所獲致的結論，相對圓融而信實。〔註13〕

不過，有時爲了強調知識與實踐有互相促成的功能，船山設喻，會強調它們是並重的。譬如以之前的「規矩」與「巧」來看，規矩比喻認知；巧比

〔註13〕這部分的對比，可詳參曾昭旭《王船山哲學》第三編第一章（292-321）、第四章（470-483）；陳贇《回歸眞實的存在》第九章〈在知行過程中回歸眞實的存在〉（368-432）。儒家自無純知識的態度，差別僅是於如何在道德之下、把知識作一恰當的安排。船山認爲朱熹偏重，陽明偏輕，都非諦當；而船山論格物致知、知行合一等問題，兩不偏廢，相濟以成，都是他的基本態度。因此船山固反王學滿街聖人之弊，亦反朱子一旦豁然貫通之故，即在突出實踐之不息。有關反程朱陸王部分，請參上二書，曾文集中於上引第四、五節（299-312）；陳書除第九章外，又見第四章（153-157）。至於體知的本質與認知不同，進一步的論述，參第八章第一、三節。

喻體知。而巧可以貞規矩之用，卻無法單獨使用，因它須與規矩相聯屬；這與體知可獨立有所不同。由此可知，這個比喻只是說明規矩與巧，具有不離而並重的關係，並沒有突出巧的獨立價值。

總之，經由上述區分體知與認知的特色，而知體知統攝認知，培養了我們的洞察力，可以更清楚各種比喻是從那個立足點上提出。同時，對於船山在理論上消融認知於道德，以道德爲主通貫知識，但仍認眞、恰當地對認知留一餘地，甚至強調「三達德（智仁勇）皆有知行之二用，且不得以知屬知，行屬仁」（《大全・中庸》521）。我們知道，這不單純是爲了會通各家對格物、致知解釋的偏頗，而是回歸到船山始終關注的主題。一如船山在之前《內傳・謙》後半的說法：君子知「道之在天也，豈有窮哉」，因是：

> 念道之無窮而知能有限，故學而知其不足，教而知困，歉然望道而未之見，其於天下也，則匹夫匹婦勝予是懼，而不忍以驕亢傷之。故雖至於聖，而不自聖，以求進德於無已，而虛受萬物以廣其仁愛。（168）

這種態度，是君子與小人分野所在，所以他接著批評的是「老聃之教，以私智窺天地鬼神之機」，「若無忌憚之小人」（同上，169）。此因小人置天於私智之下——亦即天爲我所掌握——則不須如君子之不息。船山既強調：聖而不自聖，仍求進德而無已，何況君子？那麼，這個主題的內涵，就昭然若揭了，那就是：惟有隱和神妙的永在，方能保証君子健順以不息。格物與致知相濟，才保証了隱永遠存在的可能性。它們是兩個主要的限制條件，聖人得其一（體知天理），但認知則否；君子則仍致力於此二途。若限制條件只有一個，聖人即自外於神妙，完全可以宰制天地，這與小人以火珠林等掌握世界無別。因此，認知與體知既分主從，兼且兩行而相濟，必須說到隱、神妙，才觸及船山關注的核心，那就是：實踐無止境。

因爲這個緣故，本文談論對世界的「掌握」——此一詞語，除非特別聲明，基本上即含括認知、體知兩方面。若以「理解」、「瞭解」等語詞取代「掌握」，則易誤以爲偏向「認知」；若每事必書「認知」、「體知」則稍嫌累贅。而傳統的格物、致知二詞，一般以前者對應「認知」，後者對應「體知」，但若使用於說明人們掌握「世界」的情況，亦嫌冗贅，難與「世界」一語恰當配合，亦即很難以格物、致知加諸於「世界」之上。因文中使用「掌握」，除頻率頗高的掌握「世界」、「事物」外，有時謂：「《易》之神妙可被完全掌握」，或「神妙是從人所掌握不到處說」(俱見本章),若套上格物、致知來使用,不免彆扭。不得已,遂用「掌握」一詞,一方面其適用性較寬;二方面限定它作爲兼含認知、體知兩方面的專門語詞,不須每事必書「認知」、「體知」,亦收簡潔之效。

最後——大致而言——本文神妙的相關論述,主要從主客、心物之間說,不特地放在由心顯性的過程上。一方面,學者有關心性的論述不少,知以隱顯看待心性,自可通貫。二方面是相對之下,對〈乾〉〈坤〉並建作爲隱顯的模式,論述較少,故本文乃以建立〈乾〉〈坤〉並建是一隱顯模式爲主軸,以展現神妙爲鵠的,同時,並不偏離它與道德實踐關聯密切這個方向。

是以至第六章止,文中若論掌握的對象,大致都以卦爻爲例。至七、八章,方論及氣及他物。而心性之神與以心顯性等心性問題,大體僅作爲隱顯之例而觸及。換言之,心性——正如其他卦爻、卉木禽蟲諸物——只是作爲隱顯模式的例子而被運用,並不特別討論。此因就船山道德與知識兩行相濟的態度而言,文中所論之卦爻、諸物,不離道德心爲體而貫知識之末的正軌。隱、神妙固令君子知憂知懼,但欲知隱、神妙,其實必藉「顯」才能臻至,「顯」是君子知隱的基礎。而把「顯」說實,即指物、象;固然之理、所以然之理,都由此產生。因而立足於「顯」的基礎,才能成就君子成己、成物無窮盡的歷程。所以,文中偏於主客、心物之間的論述,不專以心性爲題,非謂置隱顯模式於知識的討論,不及道德也。

其實,船山心性論的基本觀點,可以說是暗合《易》學之隱顯、神妙的。雖然,除其《易》學著作外,船山在《大全》等著作中,很少談論隱顯。他以卦爻演示、談論隱顯,在《易學》上表現最明確,張載論《易》所提的「大《易》不言有無,言有無諸子之陋也」,應是隱顯的濫觴。總之,說船山之隱顯乃出自《易》的體會與發揮,不爲過。

但我們卻可進一步說,要爲船山心性論定調,沒有比隱顯更合適的了。這個基調就是:隱顯(神妙)既是實踐的基礎,同時表明了實踐的無止境。這兩點是密切聯結的,成爲其心性學的根本。所謂根本,指仁義等論說,惟有在這個基礎上才能落實。缺乏這個基礎,再怎麼樣談論天人性命之理,都沒有意義,都被架空了。同時,惟有當此根本確立,實踐無止境的論調也才能展開。

綜言之,立足於「神妙」,一方面「破」,一方面「立」,可以說是船山《易》學的核心關注之一,其闡述既有廣度亦有深度。而就「破」的部分,朱伯崑先生談了不少（165-178）。可是就「立」的部分，朱先生的「神妙」並非從卦爻、而是從氣化層面談論，這固然是神妙的一面；但船山神妙之「立」，其實是以卦爻為基礎的。換言之，卦爻變化如何展現神妙，是《易》談論神妙的根本。而卦爻神妙的根本，即建立在〈乾〉〈坤〉並建的隱顯模式上。

之前由於回顧前人闡述並建與太極，故多述氣化層面之太極，但本論文卻從卦爻層面開始，由〈乾〉〈坤〉並建講到卦爻之神妙、卦爻之太極，逐步開展，同時緊扣中間的關鍵，即「隱顯」，最後才談到氣化層面的太極。因此，本文期許達到的目標有二，一是經由隱顯，試圖闡明〈乾〉〈坤〉並建是《易》學綱宗的緣故；這是本文主力。二是經由卦爻部分的探討，對理解氣化層面的神妙、太極，提供可能的新視野，由此兼及它與道德實踐的密切關聯；這是本文延伸的目標。

第二章　〈乾〉〈坤〉並建

第一節　並建的意義

在還沒專就〈乾〉〈坤〉並建諸般性質作深入探討前，首先要闡明的，是船山提出並強調〈乾〉〈坤〉並建的理由。我們可從兩個層面說明：第一、船山認爲〈乾〉〈坤〉必須並建的原因；這是本節的重點。第二、船山之所以選擇〈乾〉與〈坤〉，而非其他兩卦「並建」的緣故；這是下一章的主題。

船山認爲〈乾〉〈坤〉必須並建之故，與他對陰陽的看法密切相關。他在《內傳》解說〈乾〉〈坤〉二卦，對並建與陰陽的關聯，都有直接論述。以下且引〈坤〉卦部分，作爲開端（文長，分爲四段）：

（1）隤然委順之謂〈坤〉，陰柔之象也。此卦六爻皆陰，柔靜之至，故其德爲〈坤〉。凡卦有取象於物理人事者，而〈乾〉〈坤〉獨以德立名；盡天下之事物，無有象此純陽純陰者也。

（2）陰陽二氣絪緼於宇宙，融結於萬彙，不相離，不相勝，無有陽而無陰、有陰而無陽，無有地而無天、有天而無地。故《周易》並建〈乾〉〈坤〉爲諸卦之統宗，不孤立也。

（3）然陽有獨運之神，陰有自立之體；天入地中，地函天化，而抑各效其功能。故伏羲氏於二儀交合以成能之中，摘出其陽之成象者，以爲六畫之〈乾〉，而文王因繫之辭，謂道之「元亨利貞」者，皆此純陽之撰也；摘出其陰之成形者，以爲六畫之坤，而文王因繫之辭，謂道有「元亨利牝馬之貞」者，唯此純陰之撰也；

爲各著其性情功效焉。

（4）然陰陽非有偏至之時，剛柔非有偏成之物。故《周易》之序，錯綜相比，合二卦以著幽明屈伸之一致。〈乾〉〈坤〉並立，〈屯〉〈蒙〉交運，合異於同，而經緯備；大小險易得失之幾，互觀而益顯。〈乾〉〈坤〉者，錯以相應也；〈屯〉〈蒙〉者，綜以相報也。此《周易》之大綱，以盡陰陽之用者也。餘卦放此。（《內傳・坤》74）

〈乾〉〈坤〉都以其德性而立名。德性，乃謂〈乾〉以「純陽」（六爻皆陽）、〈坤〉以「純陰」（六爻皆陰）故而具健、順之德（詳第二節）；這是和諸卦不同之處（第一段）。然而，絪蘊於宇宙、融結爲萬物的陰陽二氣，其實是相互依存的；萬物皆備有陰和陽，沒有孤立的陽或陰存在。船山舉天地例強調了這一點。「陰陽不孤行於天地之間」（《外傳・說卦傳》1089），這樣的觀點，散見於船山著作，是他對陰陽最基本、最核心的看法之一。所以，〈乾〉〈坤〉二卦純陽、純陰之體，也遵循這個法則，必須並建，以示不孤立，亦以是而能統宗諸卦（第二段）。

陰陽雖相互涵蘊，但同時保有各自的性能。「二儀交合以成能」，「二儀」指陰陽；「交合以成能」指交融而發揮陰陽功能。這裡其實隱含「惟有」交融方可成能之意，因孤陰、孤陽沒有成能之效。但陰陽雖須「交合以成能」，不表示陰陽沒有擁有各自的功能。嚴格而言，船山之意爲陰陽各自的功能，必須在交融中才能產生，若孤陰、孤陽，就完全沒有所謂「各自的功能」存在。此所以〈乾〉〈坤〉並建成爲必然。

而伏羲從陰陽二氣的交相涵蘊中，瞭解到「陽」的功能，把它具體化，作爲〈乾〉卦，使它備具陽的特性，而〈乾〉也成爲陽氣在《易》中的代表。同樣的，把他所瞭解到的「陰」之功能，具體化爲〈坤〉卦的性能，代表自然界中的「陰氣」。文王隨之把〈乾〉〈坤〉二卦的性能，用文字作了表述，一個是「元亨利貞」，一個是「元亨利牝馬之貞」，都擁有各自不同的性情功效（第三段）。

最後，船山強調不會出現陰陽偏至（指純陰、純陽）之時；或剛柔偏成（剛柔就卦性言，指純〈乾〉純〈坤〉）之物。之前說陰陽必「交合以成能」，是正面提法；現在否定所謂純陰（〈坤〉）、純陽（〈乾〉）之時、之物存在，雖是反面立論，卻同樣是要加強陰陽交融的必然。關於無純〈乾〉純〈坤〉的情況，他曾數度強調（見《外傳・震卦》946-9、《外傳・繫辭下》第 12，1068）。不過，其論証的脈絡，可以下例代表：

> 有純〈坤〉之一時，抑有純〈乾〉之一時，則將有未有〈乾〉、未有〈坤〉之一時，而異端之說，由此其昌矣。（《外傳・震卦》949）

換言之，若可以單獨出現〈乾〉，或單純出現〈坤〉，表示〈乾〉〈坤〉可以分開，既然可以分開，那麼自然就會有〈乾〉〈坤〉皆不出現的機率——〈乾〉〈坤〉不是必然的一時並起。船山曾以此批駁老子「恍兮惚兮」的陰陽觀點：

> 故純〈乾〉純〈坤〉，無時有也。有純〈乾〉之時，則形何以復凝？有純〈坤〉之時，則象何以復昭？且時之空洞而晦冥矣，復何而紀之哉？夏至之純陽非旡陰，冬至之純陰非旡陽。黃壚青天，用隱而體不隱……純〈乾〉純〈坤〉，終無其時，則亦有杳冥恍惚之精，亦因乎至變，相保以固其貞，而終不可謂之「杳冥」「恍惚」也。（《外傳・震卦》946-7）

〈乾〉賦予萬物以性，不以形；性屬象的層次，是比形更隱微之物。形象之別是形顯而象微；形象的關聯是：由象方有形。由象而有形，則須藉助〈坤〉。因〈坤〉賦予萬物以形，不以性。因此，若有〈乾〉而無〈坤〉，則形不成。若有〈坤〉無〈乾〉，則象既不能顯，形亦無以成。〔註 1〕故若有純〈乾〉純〈坤〉之時，則此時無形無象，空洞而晦冥。船山把他所理解的《老子》之言陰陽，概括爲「分析而各一之也」：

> 以爲分析而各一之者，謂陰陽不可稍有所畸勝，陰歸於陰，陽歸於陽，而道在其中。則於陰於陽而皆非道，而道且游於其虛，於是而老氏之說起矣。觀陰之竅，觀陽之妙，則陰陽瓦解，而道有餘地矣。（《外傳・繫辭上》第 5，1002-3）

《老子》之陰陽即可以分開者，與船山必交合成能，又各有所司的陰陽不同。依船山觀點，自然有上述無形空洞之時，那時老子何所據而知陰陽存在呢？

〔註 1〕形與象有相同（結合）的用法，亦有相對（分立）用法。相同用法，形、象都指有形，一般直接寫成「形象」。相對用法，象其實接近無形，只是有細微的徵象而已，且此徵象不一定爲耳目所覺知，而是爲心所感知者。形象之別，見《正蒙注・參兩》「象者，未聚而清；形者，已聚而濁。清者爲性爲神，濁者爲形爲法。」（46）所謂「聚」指氣之聚，聚至某一程度形體乃顯乃成。又可參第八章第三節提到形象部分。〈乾〉〈坤〉各自的功能不同，則參第二節「〈乾〉〈坤〉的特質」。

所以，他說夏至即使純陽但非無陰，冬至純陰非無陽，這與天地的情況類似。天地之用，是相互依存方有其「用」。看到天之用，而不知地之成天之用，地之用即「隱」。同樣的，看到地之用，而不知天有成地之用，則天之「用隱」。實際的情況是天因地而有天之用，地因天而有地之用，二者相互爲體，不可分離，此即「體不隱」。

不過，船山「用隱」一語，亦可理解爲隱含批判意味。以夏至爲例，「用」，指夏至之呈顯。「用隱」，指不知「夏至是陰陽交合而成」者而言，夏至被理解爲單純「純陽」之作用。其所理解、掌握之「用」，不符合實際情況，猶之其所見之用如「隱」，故稱。至於「體不隱」，則指知「夏至之純陽非無陰」者，其所理解的夏至乃陰陽兩體共同的作用，故「體不隱」。而知「體不隱」者，自然其「用」亦不「隱」。其「用隱」者，其「體」自然亦「隱」。船山互文見意，意蓋如此。

若知此理，則老子以爲「杳冥」「恍惚」之境，即「道之爲物，惟恍惟惚，惚兮恍兮，其中有象；恍兮惚兮，其中有物；窈兮冥兮，其中有精，其精甚眞，其中有信。」（《老子》廿一章）其中所述，亦不外陰陽兩體之用，只是人依靠感官無法理解，遂斷定「恍兮惚兮」爲虛無罷了。若知陰陽相依不離以成用之理，自然不會有此看法。〔註2〕

不過，以上否定純〈乾〉、純〈坤〉之時，嚴格言是反面立論，而正面說明陰陽如何密切依存，也還只停留在口頭說法上。因爲再怎麼看，〈乾〉〈坤〉之德都是純陽、純陰；〈乾〉就是偏陽之極致，〈坤〉就是偏陰之極致。要說它們非有偏至、偏成，實在沒有道理。因此，船山在第四段引文後半，提出錯綜卦，進一步說明之所以不偏成、偏至之理。此外，船山亦另舉較具體之例，設喻說明。以下即分從這兩點，正面說明陰陽如何密切依存，以交合而成能。

從卦爻的角度看，〈乾〉〈坤〉並建的表現就是錯卦，亦即錯卦可以很恰切的表現〈乾〉〈坤〉並建的道理。錯卦是兩卦之間，爻位對應的爻，爻性完全相反，如〈乾〉䷀䷁〈坤〉、〈屯〉䷂䷱〈鼎〉、〈蒙〉䷃䷰〈革〉。綜卦是兩卦對比，爻的位置完全顚倒，如〈屯〉䷂䷃〈蒙〉、〈鼎〉䷱䷰〈革〉。〔註3〕

〔註2〕這一段有關純〈乾〉純〈坤〉的解釋，亦參見《周易外傳鏡銓》（下）495-6。

〔註3〕船山錯綜的界定是：「錯者，鑢金之械器，汰去其外而發見中者也；綜者，繫經之線，以機動之，一上一下也。卦各有六陰六陽，陰見則陽隱於中，陽見

六十四卦每一卦皆有對應的錯卦，分爲三十二對。所以，我們所見的任一六畫卦——可見稱「明」、稱「伸」——其背後都隱含它的錯卦，只是沒有顯現出來罷了，由於不可見故稱「幽」、「屈」。單看一六畫卦——在此船山以錯綜對比，指「綜卦」——無法看出這個道理。如單看〈乾〉卦，就是六陽爻（乃陽之偏至）；單看〈坤〉卦，就是六陰爻（屬陰之偏成）。同樣的，〈屯〉〈蒙〉卦四陰二陽，偏陰；〈鼎〉〈革〉卦二陰四陽，偏陽。但從彼等之錯卦，兩相對照，就可得出六陰六陽的結果；六陰六陽就是陰陽均衡爲體的証明，猶如天地交互爲體一般。

這說明陰陽相互依存，沒有偏至、偏成，實質上都爲六陰六陽。我們從六畫卦（綜卦）所見的偏至、偏成，只是「用隱」，即不爲所見之故，而非陰陽之體有偏至之實。若不能以〈乾〉〈坤〉並建看《易》，就會誤以爲有所謂純陽（〈乾〉）純陰（〈坤〉）之時、之物，而不知從錯卦（並建）看來，沒有一個卦是單純的陰卦或陽卦，即連〈乾〉、〈坤〉都不是，則遑論其餘。

因此，第四段引文的「合異於同」，「異」即指各六畫卦（綜卦）卦象之異；「同」謂通過錯卦的對照，諸卦陰陽無偏至、偏成之「同」。如此，船山認爲錯與綜，即構成《易》卦的經與緯。

這是從錯綜角度，解釋〈乾〉〈坤〉並建作爲《易》道開始、變化的根本。因爲〈乾〉〈坤〉並立，就是錯，錯而有應；〈屯〉〈蒙〉交運是綜，綜而「相報」。「報」亦「應」之意，只是其應與錯卦之應不同。錯卦之應，是一幽一明，即可見與不可見之應。綜卦之應，是可見與可見之應。舉例而言，指可見的六畫卦〈屯〉，與另一可見的六畫卦〈蒙〉，有某些外在聯繫。從卦爻結構來說，指兩卦之間，其爻完全顛倒這種聯繫。簡言之，「相應」、「相報」，只是啓動變化的描述用語，表示卦爻由純〈乾〉純〈坤〉而往來錯綜，發生一連串變化而已，《易》道於焉而生。而卦爻的變化，就是「陰陽之用」；陰陽之大用，要言之，即是變化。

此外，船山亦設喻說明〈乾〉〈坤〉並建的密切聯繫。下引兩段原文即是典型例子。第一則針對陰陽與剛柔言；陰陽指二氣，剛柔指〈乾〉〈坤〉之卦

則陰隱於中。錯去其所見之陰則陽見，錯去其所見之陽則陰見，如〈乾〉之與〈坤〉、〈屯〉之與〈鼎〉、〈蒙〉之與〈革〉之類，皆錯也。就所見之爻，上下交易，若織之提綜，迭相升降，如〈屯〉之與〈蒙〉，五十六卦皆綜也。」（《稗疏》788）。相似說法，又見《內傳・繫辭上》第10，553。

性。目的在說明陰陽、剛柔這兩對概念的依存關係，是相同的：

> 夫陰陽者呼吸也，剛柔者燥濕也。呼之必有吸，吸之必有呼，統一氣而互爲息，相因而非相反也。以燥合燥者，裂而不得剛；以濕合濕者，流而不得柔，統二用而聽乎調，相承而無不可通也。呼而不吸，則不成乎呼；吸而不呼，則不成乎吸。燥之而剛，而非不可濕；濕之而柔，而非不可燥。合呼吸於一息，調燥濕於一宜，則既一也。分呼分吸，不分以氣；分燥分濕，不分以體，亦未嘗不一也。（《外傳・說卦傳》1074）

船山以呼吸比擬陰陽、以燥濕比擬剛柔；說的是一樣道理。且先看陰陽與呼吸之例。呼吸的概念，其實是從有呼、有吸而來。如果沒有把呼氣叫「呼」，就不會把吸氣動作叫「吸」，「呼吸」的概念不能單靠任一動作而有，而須二者配合方能產生。只呼不吸，或只吸不呼，不會把呼氣動作叫「呼」，把吸氣動作叫「吸」。「呼」與「吸」構成了呼吸的動作，也產生「呼吸」一詞的概念。同樣的，對陰陽的理解，也是如此。任一方缺席，即無法構成陰陽的概念，也就無法指涉所謂的二氣。

燥濕的例子，說明剛柔亦相對而有。燥爲剛，濕爲柔。燥加上燥，則物裂，那時不能叫剛；濕加上濕，則水成流，那時不叫柔。換言之一味燥而沒有濕，或一味濕而沒有燥，則不能叫燥（剛），也不能叫濕（柔），反之亦然。因爲燥濕是由對比而有的概念。

乍看，船山「呼吸」之譬，實有未浹處。那就是具體動作與語詞概念的一致性問題。我們知道，呼吸的存在是具體的，而「呼吸」概念，由具體而生。對具體的呼吸動作，我們可描述爲：這是空氣「由內到外」（吸），或「由外到內」（呼），而不用「呼吸」一詞。這時，兩者還是相互依存才有嗎？在概念上，若冠以「呼吸」一詞，自然如船山所言，缺任一面，都無所謂「呼吸」可說。但在實際動作上，不管是呼氣或吸氣，具體的動作在時間上可較另一動作爲先或爲後，這時它是單獨的存在，譬如呼氣當中，不存在所謂吸氣；反之亦然。

然而船山所思考的，不僅限於此，他認爲呼的或吸的氣，是同一氣，就把呼與吸結合起來。因此，看似相反的動作，其實背後有一個合一的基礎。因若無氣的存在，自然無法說呼吸，呼吸是以氣爲本而存在的。那麼，燥濕的共同根本爲何呢？船山沒有直接點出，只說「統二用」、「不分以體，亦未嘗不一」等等，其實，它是就水的有無或多少而言的；沒有水的存在，自然無有燥濕可說。

由是可知，二者的依存不單從作用或性質之異上見，而是在更深層或更根本的關係上，它們透過某一實有之物而依存。所以，船山不止從「呼吸」的語詞概念著眼，肯定陰陽、〈乾〉〈坤〉在概念上相持而有，在存有上亦然。職是之故，在存有的時間上，不可能有先後之別，而是「必然的」一時並起。這就是第二則所直接闡述的〈乾〉〈坤〉二卦的依存關係：

> 〈乾〉〈坤〉並建於上，時無先後，權無主輔，猶呼吸也，猶雷電也，猶兩目視、兩耳聽，見聞同覺也。故無有天而無地，無有天地而無人。(《外傳・繫辭上傳》第 1 章，989)

在此正面強調〈乾〉〈坤〉並建的特點，是「時無先後，權無主輔」。〔註 4〕前者從上述存有上的依存，即可了然；後者謂權（指〈乾〉〈坤〉功效的發揮）不分主輔，則是從功能的角度，對〈乾〉〈坤〉作對等的描述。〔註 5〕在實存的世界中，陰陽二氣即是如此均匀作用，相互依存而成能，是以萬物不管至大至小、有形無形，皆具陰陽二氣；其充塞無間，無有例外：

> 陰陽者太極之實有也。凡兩間之所有，爲形爲象，爲精爲氣，爲清爲濁，自雷風水火山澤，以至蜎子萌芽之小，自成形而上以至未成形，相與絪緼以待用之，初皆此二者之充塞無間。而判然各爲一物，其性情才質功效皆不可強之而同。(《內傳・繫辭上》第 5，524-5)

船山強調〈乾〉〈坤〉並建之依存，在時間上不分先後，一時並起；在功能發揮上，也必須雙方交融，方各顯性能。由是否定有純〈乾〉、純〈坤〉之時，遂無純陰、純陽之物。陰陽「必然」的依存是第一因，其他是順此而來「必

〔註 4〕當然，若要挑剔其例子，此處之譬喻是有毛病的。那就是其例子只說明〈乾〉〈坤〉同時、同權（功能），卻少了依存的必然。雷電例子的不足，在於雷電雖同時而有，卻有時間差。而且也不存在有雷其後必有電相隨，某些情況下雷或電可以單獨存在，其依存即無必然。至於兩目視、兩耳聽，卻不能說明依存，一目一耳的功能，與兩目兩耳沒有分別，一目一耳亦不須依另一目一耳方能存在。兩目兩耳，只是說當我們若具雙目雙耳，看聽之時，都是同時運作，沒有主輔之別。此外，這裡是從存有說陰陽或〈乾〉〈坤〉無先後，不表示人掌握陰陽二氣呈顯爲形象時無先後，詳情請參第七章第三節。

〔註 5〕陰陽不管在性質（德）、地位、功能上都是對等的，沒有誰超越誰，卻不表示在價值上全不分高低，因此船山亦有《周易》扶陽抑陰之說（《外傳・序卦傳》1106）。

然」的結果。〈乾〉〈坤〉作爲卦爻，遂不能以純陽、純陰的形式，實際存在。此是這一節的結論。在此似乎否定了〈乾〉〈坤〉之「純」，不過，接下來的論述將讓我們瞭解，「純」可說是〈乾〉〈坤〉最重要的特質。

第二節　〈乾〉〈坤〉的特質

〈乾〉〈坤〉「並建」的理由如上述。不過，爲何是「〈乾〉〈坤〉」並建，而非他卦，卻無法深知。當然，若粗略的說，就是六十四卦中，惟有〈乾〉以其純陽，〈坤〉以其純陰，可爲陰陽代表。除此兩卦，諸卦皆無此「純」。不過，這樣卻無法了知箇中底蘊。因〈乾〉〈坤〉作爲卦爻，有其象、數方面等繁多的細部特質。而這些細節，如何同時更細緻展現陰陽之性質、作用，情況頗爲繁複；有些時候，必然提到〈乾〉〈坤〉作爲卦爻的特色，無法直接從陰陽二氣的層面論說。不過，越能掌握〈乾〉〈坤〉作爲卦爻方面的細節，越能深入理解陰陽二氣與萬事萬物的關聯。因此，對細節的著重又是必須的。

而之所以是「〈乾〉〈坤〉」並建，船山的說法非常乾脆：「〈乾〉〈坤〉並建而統《易》，其象然，其數然，其德然。」〈乾〉〈坤〉二卦的「象」、「數」、「德」與諸卦不同，是「〈乾〉〈坤〉」並建三大原因。

船山在詮注〈繫辭上〉第一章「天尊地卑，乾坤定矣。卑高以陳，貴賤位矣。動靜有常，剛柔斷矣。方以類聚，物以群分，吉凶生矣。在天成象，在地成形，變化見矣」，提出上述三大原因。若把注文分爲兩部分（見下），可見第一則言德，第二則概括象、數。這一節雖對〈乾〉〈坤〉德象數的論述徵引鋪展，以求詳盡，其實最後歸結，不離以下所述：

> （1）〈乾〉者陽氣之舒，天之所以運行。〈坤〉者陰氣之凝，地之所以翕受。天地，一誠無妄之至德，生化之主宰也。乃〈乾〉行不息於無聲無臭之中，〈坤〉受無疆而資不測之生，其用至費，而用之也隱，人不可得而見焉，則於「天尊地卑」而得其定性之必然矣。唯其健，故渾淪無際，函地於中而統之，雖至清至虛，而有形有質者皆其所役使，是以尊而無尚；唯其順，故雖堅凝有實體之可憑，而靜聽無形之摶捖，不自擅而唯其所變化，是以卑而不違；則於尊卑之職分，而健順之德著矣。

（2）此言奇偶之畫，函三於一，純乎奇而爲六陽之卦，以成乎至健；於三得二，純乎偶而爲六陰之卦，以成乎大順。奇偶至純而至足於兩間，故〈乾〉〈坤〉並建而統《易》，其象然，其數然，其德然，卦畫之所設，乃固然之大用也。（《內傳・繫辭上》第 1，507）

不過，在正式闡明〈乾〉〈坤〉之德（「健」與「順」）之前，卻有必要扼要說明陰陽、天地、〈乾〉〈坤〉，這三對概念。〔註 6〕因船山說明〈乾〉健〈坤〉順之時，往往連帶引出陰陽二氣、天地的概念。這三對概念有時可以直接對應，有時卻有差別。爲了避免論及相關節目時，重覆說明，有必要先釐清這些環節。

依我們對船山的理解，陰陽二氣實乃最根本、最主要的環節。其他概念，都因它們而存在，而被區別、被運用、被詮釋。若以此爲本，可以說，天地代表二氣在客觀世界中的具體存在，〈乾〉〈坤〉則是二氣理論層面的代表。以下先說明陰陽與〈乾〉〈坤〉的關係，再釐清天地與〈乾〉〈坤〉的聯繫。

陰陽與〈乾〉〈坤〉主要差別是，陰陽乃實際存在之二氣，〈乾〉〈坤〉則否——在實存世界中，它們沒有實際功能。換言之，〈乾〉〈坤〉二卦不能生成變化出客觀、具體的世界，而是陰陽二氣的功能。簡言之，兩者最根本的關係是「陰陽實體，〈乾〉〈坤〉其德也」（《正蒙注・可狀》363），全文如下：

陰陽實體，〈乾〉〈坤〉其德也。體立於未形之中，而德各效焉，所性也。有陰則必順以感乎陽，有陽則必健以感乎陰，相感以動而生生不息。

所謂「實體」謂擁有眞正性能，可對天地萬物造成實際作用者：

陰陽者，二物本體之名也。盈兩間皆此二物……自其氣之沖微而未凝者，則陰陽皆不可見；自其成象成形者言之，則各有成質而不相紊。自其合同而化者言之，則渾淪於太極之中而爲一；自其清濁、虛實、大小之殊異，則固爲二；就其二而統言其性情功效，則曰剛，曰柔。（《內傳・發例》第 8，658-9）

陰陽皆氣，是氣的兩種作用；惟以其性情功效之截然有異：「陰陽之實，情才各異，故其致用，功效亦殊」（《正蒙注・神化》80），故可以「二物」、「兩體」稱（二物見《內傳》42、561。兩體見《正蒙注》36、275-6 等）。在卦爻上與彼對應之〈乾〉〈坤〉，遂各具不同的陰陽之德。「體立於未形之中」，謂處於

〔註 6〕就〈乾〉〈坤〉與陰陽、天地的關係溯源，可參朱伯崑《易學哲學史》（一），102-104。

絪縕狀態之時，彼時物象未形，陰陽之體亦不為人見，〔註7〕而德卻不失而各有其效（「效」即呈顯義）。此德即〈乾〉〈坤〉之德，其德為何？且看「所性」的意思。

「所性」即「率之為性」（《大全・盡心上》1129），也就是「以之為性」之意。但以甚麼為「性」呢？從引文後半看「有陰則必順以感乎陽，有陽則必健以感乎陰」，可知陰則「順」，陽則「健」，健順互感乃動而不息。健、順是屬於陰陽的性質，更明確的說法是「一部《周易》……六陰六陽，才也。陽健、陰順，性也。」（《大全・告子上》1072）。而由「陰陽，質也；〈乾〉〈坤〉，性也」（《正蒙注・大易》308），於是「陰陽實體，〈乾〉〈坤〉其德」之意，即以〈乾〉〈坤〉兩卦表徵陰陽實體「健」「順」之德性。作為陰陽之德性，在實存世界中，它們本身不即等於陰陽二氣。這就是陰陽與〈乾〉〈坤〉在實際層面與理論層面的差別。

因此，船山有時把〈乾〉〈坤〉六十四卦，「附屬」於陰陽二氣之下；這是符合實際情況的，因萬物既由二氣生成、變化而來，〈乾〉〈坤〉作為卦爻，亦不能外。不過，更多時候，〈乾〉〈坤〉直接就等於陰陽二氣，它們是陰陽二氣理論層面的存在。

兩者的對應即是：〈乾〉〈坤〉即二氣實體；而六十四卦、三百八十四爻即萬事萬物；卦爻之錯綜往來，等同二氣生成變化。這樣，即解釋了天地萬物（具體範圍，可簡括為天道與人道）存有、變化等問題。藉卦爻的具體情況：卦象、卦變等等，說明客觀世界中，陰陽二氣如何變化、作用，以此達到闡明二氣性質、功能的目的。

所有這些生成、變化，最濃縮的書面說法，就是一個《易》字。《易》包含六十四卦之所有，是對這一切最簡要的說法。〈乾〉〈坤〉並建是《易》之體，由此而有六十四卦、三百八十四爻的錯綜往來，無窮變化，乃《易》之用。凡《易》所論，皆成為演繹這個實存世界書面的、理論的存在（《內傳・上經〈乾〉〈坤〉》41-42）。

上述陰陽與〈乾〉〈坤〉兩種最主要的關係，姑且稱之為「附屬」與「互換」。這是從船山論述角度、而非客觀世界角度所作的區分——因在客觀世界中，說〈乾〉〈坤〉「附屬」於陰陽，沒有問題；但說〈乾〉〈坤〉和陰陽可以互換，卻不能成立。船山常因應個別狀況、順應不同角度，交替使用。雖然

〔註7〕有關絪縕、形象之論，詳情可參第七章第一、二節。

如此，在更細微的層面上，可以區分得更細膩。其中最重要的，就是天地與〈乾〉〈坤〉的關聯。

從陰陽二氣角度說，天地自是二氣產物。但由於它們的廣大深遠，自然成爲陰陽在客觀世界最具體的代表。天地的存在，讓船山可從天地作用的實際情況中，以最具體的方式，詮釋二氣各方面的性能與表現。不過，天地生化萬物的功能、作用，仍須藉〈乾〉〈坤〉六十四卦才能作出最詳盡的說明。

因此，依呈顯陰陽性質功能的效果爲判準，這三對概念的區分，概略如下：就陰陽論陰陽最抽象；藉天地乃至萬物論陰陽，可以最具體呈顯陰陽的生成變化，可是更細膩的層面，卻付之闕如，必須由《易》卦的理論來解釋陰陽，才最詳細。概言之，天地與〈乾〉〈坤〉之於陰陽，一是最具體實際，一是理論層面的存在。而天地與〈乾〉〈坤〉必須發生關聯，其故在〈乾〉〈坤〉爲解釋陰陽的變異，不得不藉助天地萬物的具體，作爲它理論說明的根據。由於這個緣故，船山曾說「法象莫大乎〈乾〉〈坤〉，法皆其法，象皆其象」（《外傳・繫辭下》第 2，1036）——象指氣未聚而清，已聚而濁，即爲形爲法（見註 1）——既然所有法象皆〈乾〉〈坤〉所有，天地亦不能外，故「天地者，〈乾〉〈坤〉之法象」（《內傳・繫辭上》第 7，534）。

總而言之，因上述種種緣由，因應陰陽、天地、〈乾〉〈坤〉的角度不同，其對應之術語、用語，亦有差異。當然，大致而言，撇開「實存」與「理論」的不同，可以用來說明陰陽性質、功能的，就可以用來說明天地、〈乾〉〈坤〉，反之亦然。但也要注意辨別由於指涉對象不同，以致在用語上所產生的差異。例如，作爲理論，〈乾〉〈坤〉有時固然等同二氣，但〈乾〉〈坤〉德性的說明，實較陰陽二氣多元。最典型的例子如〈乾〉〈坤〉各有「元亨利貞」四德（詳下「〈乾〉〈坤〉之德」），但四德從不會套用在陰陽身上。此外，如陰陽、〈乾〉〈坤〉可以說「純」，具體的天地則否。陰陽、天地可說虛實、清濁、動靜、聚散等，〈乾〉〈坤〉則否。陰陽、天地、〈乾〉〈坤〉皆可以說健順。〈乾〉〈坤〉可以說易簡、知能；陰陽、天地一般不如此說。

此外，陽、天、〈乾〉與陰、地、〈坤〉這兩組概念，由大而小，組成分子間亦有「附屬」與「互換」的關係。「附屬」部分易解，即天地、〈乾〉〈坤〉都在二氣之下。「互換」部分，譬如談到「健」，健既可描述陽氣，亦可表述天、〈乾〉的性質。〈乾〉作爲陽氣之德，亦可作爲天之德，如「以化言之謂之天，以德言之謂之〈乾〉」（《內傳・乾》52）等等。

經過上述大略辨析，以下若有重覆之虞者，就不一一詳說了。

壹、〈乾〉〈坤〉之德

從上文《內傳・繫辭上》第一章（507）引文中，可知〈乾〉是陽氣之舒，〈坤〉是陰氣之凝。舒、凝是陰陽二氣基本的功能。船山採取陰陽與〈乾〉〈坤〉等同的角度，而以天地作爲二氣的具體代表。因此〈乾〉（陽氣）是天，〈坤〉（陰氣）爲地。二氣性質功能不同，天地性質乃因之而異。這個不同，以一個詞語描述，即「天健地順」。陽氣、天、〈乾〉與陰氣、地、坤的關係爲「互換」，即健屬於陽氣、天、〈乾〉，順屬於陰氣、地、〈坤〉。下文有關〈乾〉四德之論，亦有助於更深入瞭解陰陽、天地、〈乾〉〈坤〉三對概念間、所具有的「附屬」與「互換」性質。由於以〈乾〉〈坤〉說陰陽、天地，故盡可能以〈乾〉〈坤〉爲主語。

甲、〈乾〉健

健的意思，船山解〈乾〉卦之「乾」及「元亨利貞」時，有一完整概括。以後出現的解釋，只是在此基礎上引申發揮而已：

（1）〈乾〉，氣之舒也。陰氣之結，爲形爲魄，恆凝而有質。陽氣之行於形質之中外者，爲氣爲神，恆舒而畢通，推盪乎陰而善其變化，無大不屆，無小不入，其用和煦而靡不勝，故又曰「健」也。此卦六畫皆陽，性情功效皆舒暢而純乎健。其於筮也，過揲三十有六，四其九，而函三之全體，盡見諸發用，無所倦吝，故謂之〈乾〉。

（2）元、亨、利、貞者，〈乾〉固有之德，而功即於此遂者也。「元」，首也；取象於人首，爲六陽之會也。天下之有，其始未有也，而從無肇有，興起舒暢之氣，爲其初幾。形未成，化未著，神志先舒以啓運，而健莫不勝，形化皆其所昭徹，統群有而無遺，故又曰「大」也。成性以後，於人而爲「仁」；溫和之化，惻悱之幾，清剛之體，萬善之始也，以函育民物，而功亦莫侔其大矣。「亨」，古與烹、享通。烹飪之事，氣徹而成熟；薦享之禮，情達而交合；故以爲「通」義焉。〈乾〉以純陽至和至剛之德，徹群陰而訢合之，無往不遂，陰不能爲之礙

> 也。「利」者，功之遂、事之益也。〈乾〉純用其舒氣，遍萬物而無所吝者，無所不宜，物皆於此取益焉。物莫不益所自始，〈乾〉利之也。「貞」，正也。天下唯不正則不能自守；正斯固矣，故又曰正而固也。純陽之德，變化萬有而無所偏私，因物以成物，因事以成事，無詭隨，亦無屈撓，正而固矣。（《內傳・乾》43-4）

〈乾〉之健，指陽氣「恆舒而畢通」，「無大不屆，無小不入，其用和煦而靡不勝」，「性情功效皆舒暢而純乎健」。從占筮角度看，同樣是「盡見諸發用，無所倦吝，故謂之〈乾〉」。諸多說詞類似，不外說明健的特質。綜合此文及之前《內傳・繫辭上》第一章（507）引文，可概括陽氣為主要四點：一、普遍的：「恆舒而畢通」，故「無大不屆，無小不入」。沒有一個地方是它不能到的，也即是說萬物皆有陽之氣。二、盡見其用的：故而無所倦吝。三、和煦的：其性雖健，卻由和煦而臻靡不勝之境，不是激烈偏狹的。四、無形無質：然有形者皆其所役使。這些在描述陽氣作用時，或多或少都會提到。簡言之，任何一點陽氣的特質，其實都是「健」。只是因應情況、狀態不同，做了延伸發揮，而略換一些詞語加以描述，骨子裡還是相同的東西。下文提到「健」諸多方面，不外依此而立。

船山解〈乾〉卦「元亨利貞」四德，亦不離「健」。他認為，元亨利貞之所以為〈乾〉德，惟一理由，是陽氣之健貫通四德的結果。為免重覆，只著重指出與健有關片段。

（一）「元」：「物皆有本，事皆有始，所謂元也」（《內傳・乾》50）。「元」是萬事萬物起始的描述。但萬物之所以能起始，卻是陽氣的作用。陽「興起舒暢之氣，為其初幾」。因其「健莫不勝」，是以群有、形化之「性」，都在其影響下而始有，所以又叫「大」，言其影響無遠弗屆。（二）「亨」：言〈乾〉清剛至和之德，不止通貫群陰，感之而使合，而且無往不遂（健），群陰不能滯礙它。這就是亨通。（三）「利」：健即是盡見其發用，「遍萬物無所吝」「無所不宜」，物由此得利。（四）「貞」：陽氣「變化萬有而無所偏私」，因物因事而成之，「無詭隨」「無屈撓」，這即是健之剛正。陽氣可依其性質行其功能，無有偏頗，此之謂正；由其堅守不變，極稱之為「正而固」。

四德之中，「元」最被強調。因船山以為，四德實統於元。其注「〈乾〉元者，始而亨者也，利貞者，性情也」、「〈乾〉始能以美利利天下，不言所利，大矣哉！」、「大哉〈乾〉乎！剛健中正，純粹精也」（《內傳・乾》68、69）三句，曾兩次明示「四德統於元」。這三句注解，即從不同角度——或從「性情」、「利」，或從「純粹」——表達四德統於元的主張。雖然船山將四德再歸納爲德、功：「就德而言之爲四：就功而言之，亨唯其元，而貞斯利，理無異也。」（《內傳・乾》44）但亨固是元之故，貞亦如是，一切事物實因〈乾〉元而始有：

> 物皆有本，事皆有始，所謂「元」也。《易》之言元者多矣，唯純〈乾〉之爲元，以太和清剛之氣，動而不息，無大不屆，無小不察，入乎地中，出乎地上，發起生化之理，肇乎形，成乎性，以興起有爲而見乎德；則凡物之本、事之始，皆此以倡先而起用，故其大莫與倫也。木火水金，川融山結，靈動蠢植，皆天至健之氣以爲資而肇始。（《內傳・乾》50）

〈乾〉元之所以重要，不僅僅是萬事萬物初始之幾——這種表面開始的意義——更在於它是事物「必然」、「惟一」之始，同時賦予事物「陽氣之健」。此二者才成其爲〈乾〉元，缺一不可。

從這角度看，四德之中，惟〈乾〉元實際指涉陽氣，以及它實際產生的作用：肇始萬物，使咸具陽氣之健。一物之所以能爲一物，必因其始；世間有萬物，萬物皆有始，則陽氣遍有。仔細檢視上述船山四德的說法，確實顯示「元」可以含括亨、利、貞。相對於亨、利、貞，〈乾〉元屬第一序：亨、利、貞都是由〈乾〉元（陽氣肇始）之後引伸的評價。因後三者說得再細，其核心不過對「物皆有始，咸具陽氣」的實質，作道理的補充。〈乾〉元肇始一切事物，即是普遍；「亨」是普遍的評價。「利」是從萬物得益的角度評價陽氣；「貞」指因陽氣普遍，故即是無私而正，亦是評價。這才是船山最以〈乾〉元爲重之因。總言之，四德因是統於元，〈乾〉元亦因此而異於餘卦之元。

此時〈乾〉即元（〈乾〉在此等於陽氣），元即〈乾〉，故有「〈乾〉元」之合稱。在此，可看到作爲理論存在，〈乾〉對陽氣的詮解，確實角度多方——亨、利、貞的出現，即因此故——這種多元，其實有助於我們對天地、陰陽更精細的掌握。所以，上述雖說亨、利、貞是元之補充，只是著眼於實際狀況時如此說，不表示作爲理論層面，它們意義不大。

船山對實存與理論層面的區別，正如前文所述，是充分自覺的。他對天、〈乾〉作了區別：「天者象也，〈乾〉者德也，是故不言天而言〈乾〉也」（《外傳・乾》821）。「以化言之謂之天，以德言之謂之〈乾〉」（《內傳・乾》52）。天的指涉，有兩個面向，一指目所視的天（象）；二指其生化萬物的功能（化），在此，天實等同陽氣。作爲象與化的天，都是客觀具體的。而〈乾〉爲天之德，指天之性質功能，是單純理論層面的分析歸納。四德則是對天（陽氣）性質功能，更細部的分解，由分析天生化的過程而得。具體的天生化萬物，就是直接呈顯，沒有所謂「元亨利貞」這回事。因此，上引「陰陽實體，〈乾〉〈坤〉其德」句，陰陽生化萬物，亦不干健、順；健、順只是人對陰氣、陽氣性質的精要概括罷了。簡言之，〈乾〉〈坤〉爲「德」，是因應人的角度始有，不同角度的分析、歸納，有利我們理解天地、陰陽各種情狀，由此掌握那些天地、陰陽與我們關聯的重要環節。

萬事萬物既由陽氣肇始，則不僅天之德爲健，〈乾〉元之德，亦延伸到人道。當然，天道與人道實質不同，所用詞語亦殊：「元、亨、利、貞者，〈乾〉之德，天道也。君子則爲仁、義、禮、信，人道也。理通而功用自殊，通其理則人道合天矣。」（《內傳・乾》59）不過，卻不表示天人不能相通。因人道實踐方向，必下學上達，最後達臻盡心知性而知天。而不管天、人，健都是同樣的關鍵。因爲這個緣故，天道用語，也可描述人道的實踐。最典型之例莫如從〈乾〉元角度，闡述仁的初始義：

> 人之仁即元者，謂乾之元也。自然之動，不雜乎物欲，至剛也；足以與四端萬善而不傷於物者，至和也；此乃體〈乾〉以爲初心者也……唯以〈乾〉爲元而不雜以陰柔，行乎其所不容已，惻然一動之心，強行而不息，與天通理，則仁此顯焉。（《內傳・乾》51）

〈乾〉元至剛（不雜物欲）、至和（與萬善而不傷物），仁心發用，以〈乾〉元爲初心，則惻然一動，能與天通。通也者，指具備〈乾〉元之德；再簡括，「健」一字盡之矣。所以船山說：「故曰元即仁者，言〈乾〉之元也，健行以始之謂也。」（同上）針對陽氣的初幾作用，稱爲〈乾〉元。但陽氣整體性質的概括爲「健」，〈乾〉元亦不離健，故稱「健行以始」。就這個意義說仁、義、禮、信，可以「健」，把彼等貫通爲一：

> 仁、義、禮、信，推行於萬事萬物，無不大亨而利正，然皆德之散見者，《中庸》所謂「小德」也。所以行此四德，仁無不體，禮無不合，義無不和，信無不固，則存乎自彊不息之〈乾〉，以擯私去利，研精致密，統於清剛太和之心理，《中庸》所謂大德也。四德盡萬善，

而所以行之者一也，〈乾〉也。故曰「〈乾〉元亨利貞」，唯〈乾〉而後大亨至正以無不利也。(《內傳．乾》59)

《中庸》云：「萬物並育而不相害，道並行而不相悖，小德川流，大德敦化，此天地之所以爲大也。」取譬天地之大，贊孔子聖人之德。朱熹注云：「小德者，全體之分；大德者，萬殊之本。」(朱熹《四書章句集注》第30章，38)上文仁、義、禮、信相對〈乾〉，即「小德」，是「德之散見者」；惟有以清剛太和之心理，效法自彊不息之〈乾〉，擴私去利，才是「大德」。

小德是一一有分殊之德，譬如地上之川流；大德則是天地之化育萬物，立載於無聲無臭之境。船山的解釋，亦與此類，「敦化之德」是如天地「無不覆載之咸備無缺，四時之具以成歲，日月之昱乎晝夜」。「川流之德」是如「天所覆、地所載之品彙各成，四時之各正其序，日月之各行其陸〔按：陸即軌道〕」。依同樣的喻體，作出不同的兩方面之喻意，明確指出：敦化之德乃一連續不斷過程，是「括而統之」的情況；川流之德則一一分別，屬「分而紀之」之情形(《大全．中庸》第30章，568-9)。

〈乾〉健之所以爲大德，《正蒙注．大易》還有一段可資補充。張載云「〈乾〉之四德，終始萬物，迎之隨之，不見其首尾」，船山注說：

天德之生殺，本無畛域。以一歲而言，春夏秋冬，密運而無截然之限；以大化而言，循環往來，無有顯著之轍跡。非春果爲首，冬果爲尾。以萬物而言，各以其生殺爲春秋，其春榮而冬落者，草木之凋者而已。蓋四德隨時而用，物亦隨所受而見爲德，此見爲義者彼見爲仁，絪緼一氣之中，不倚一理以爲先後，唯用之各得而已。故曰「天德不可爲首」，有首有尾，則運窮於小成而有間斷矣。(286)

簡單的說，一歲之春夏秋冬，之所以不是春爲首，冬爲尾；萬物之生與殺、春榮冬落，之所以不過是凋零；此見爲義而彼之所以見爲仁；它們的道理都是一樣的，那就是從天(天德、大化、絪緼一氣)來看，這些不過是人以其識力分辨天的生化、運行罷了。天何嘗有歲月(四時)的概念、仁義的想法呢？瞭解天的本體是「密運而無截然之限」、「無有顯著之轍跡」；自然知道依心知識力對天所做出的分析，將導致把天看成「有首有尾，則運窮於小成而有間斷」的境地。這並非天之實體。知道「分紀」，明白「統合」——是人必須掌握的方向。在道德實踐上，不止要明透此理，更當以「統合」爲的，此方是人之所以學天。

而惟〈乾〉健才能眞正統合——惟健乃令仁、義、禮、信的踐履，成爲終身以致之的無盡歷程。健含括遍及萬物之大，是讓人「擴私去利」；健具無物不入之小，可令人「研精致密」。此大、小二者，釐定了任一德行的掌握與履踐、兩個主要方向，那就是能致其廣，能探其深。「廣」與「深」是君子努力的方向，死而不已，不斷探求、踐履，則稱「健」。君子依此而進，則可「造聖德之純」。〈乾〉內外俱健，純而不已。君子體之而自彊，最後所詣造之境——是純，與聖人同。這是船山對君子履健的結論：

> 純〈乾〉之卦，內健而外復健，純而不已，象天之行。君子以此至剛不柔之道，自克己私，盡體天理，發憤忘食，樂以忘憂，不知老之將至，而造聖德之純也。彊者之彊，彊人者也；君子之彊，自彊者也。彊人者競；自彊者純。（《內傳・乾》55）

不過，〈乾〉之籠罩的範圍，不限於個人道德實踐。陽氣既遍有萬物，則「乃至人所成能，信、義、智、勇、禮、樂、刑、政，以成典物者，皆純〈乾〉之德。」（《內傳・乾》50）禮樂刑政等制度、規範，亦因純〈乾〉之德（此指〈乾〉元）而始有。如此，不管個人或社會，都是「通其理而人道合天」（《內傳・乾》59）。而一切，歸因於「純〈乾〉之德」。

在此，引文中值得注意的是，船山「自彊者純」、「純〈乾〉之德」，都透露了〈乾〉健與「純」的關聯。健與純之間，其實存在著一種條件關係；〈坤〉之所以順亦因純故。這部分是下文將繼續闡述的焦點之一。

乙、〈坤〉順

〈坤〉順的確義——依船山理解——只能扣住順天（順陽）角度說「順」，再無第二個角度可說。不管從陰、地或〈坤〉的角度來順陽、順天或順〈乾〉，其意皆同。船山對「順」的描述，亦含括在對〈坤〉之元、亨、貞的解釋內，和以健解釋〈乾〉之四德一樣。以下逐一解釋〈坤〉之元亨利貞，由此再說到地道、人道。

> （1）〈坤〉之德，「元亨」同於〈乾〉者，陽之始命以成性，陰之始性以成形，時無先後，爲變化生成自無而有之初幾，而通乎萬類，會嘉美以無害悖，其德均也。（《內傳・坤》74-5）
>
> （2）陰非陽無以始，而陽藉陰之材以生萬物，形質成而性即麗焉。相配而合，方始而即方生，〈坤〉之元所以與〈乾〉同也……唯純乎柔，順天所始而即生之無違也。（《內傳・坤》76）

（3）其至順也，故能虛以受天之施，而所含者弘。其發生萬物，盡天氣之精英，以備動植飛潛、文章之富，其光也大矣。品物資之以昌榮，而遂其生理，無有不通，〈坤〉之亨所以與〈乾〉合德也。（《內傳‧坤》76）

〈坤〉之元亨與〈乾〉同，陽命物以成性，而陰使物由性以成形。這種生成變化是陰陽同時的效用：陽氣從無肇有的初幾一現，陰之形質即生，因此，陰之賦萬物以形質，與陽氣之元賦予初幾無異。〈坤〉元乃與〈乾〉元同（第一段）。但船山不忘強調，〈坤〉元之方生，其實是「順天所始」而「無違」的結果（第二段）。

陰賦萬物形質，是一致無礙地通乎萬類，萬物由此而昌榮，生理遂暢，無有不通，此乃〈坤〉元之亨。〈坤〉以其至順，完全接受天化之施，方有此效。如此則所含弘大，而能盡量發用天氣中之精英，而具動植飛潛、文章之富（第三段）。

至於〈坤〉之利，船山以爲與〈乾〉不同。〈坤〉卦卦辭「利牝馬之貞」（《內傳‧坤》75），船山以爲「陰，所以滋物而利之者也」，但陰「滯於形質」，因此「攻取相役，而或成乎慘害，於是而有不正者」，「故其所利者『牝馬之貞』，不如〈乾〉之神用而不息，無不利而利者皆貞也。」所謂「牝馬之貞」，比〈乾〉之貞範圍小，且非「無不利而利皆貞」，必須「與〈乾〉合德以爲正」。船山舉「君子之有所往」（《內傳‧坤》75）爲例，以爲君子有所往而以陰柔爲先，「則欲勝理、物喪志而『迷』；以陰柔爲後，得陽剛爲主而從之」，則合於義而且利。凡此，皆強調順陽而行方中正之意。

〈坤〉之貞，亦是因順陽而貞。這可以船山解〈坤〉卦「用六，利永貞」及其象曰「『用六永貞』，以大終也。」爲代表：

（1）六者，數之不足者也。惟安於不足，則質雖凝滯，而虛中以聽陽之施，以順爲正，陰之貞也。（《內傳‧坤》83）

（2）陽始之，陰終之，乃成生物之利。「永貞」以順陽，而資生萬物，質無不成，性無不麗，則與〈乾〉之元合其大矣。（《內傳‧坤》83）

陰數六雖不足（參〈乾〉〈坤〉之數），惟安於不足而順陽，則可正。以永貞的態度順陽，性由陽予，質由陰成，則資生萬物，能與〈乾〉元合其大。

從另一角度看，順陽的結果有二——上述論「亨」處已見端倪——一是成其容納萬物之大，二則健行四方。此二者，即所謂地道（地德）。前者船山解〈坤〉卦〈象傳〉「〈坤〉厚載物，德合無疆」，即表此意：

> 「厚」謂重〈坤〉象地之厚。「無疆」，天之無窮也。其始也生之，既生矣載之。天所始之萬物，普載無遺，則德與天合。（《內傳・坤》76）

後者同樣是解〈坤〉卦〈象傳〉「牝馬地類，行地無疆，柔順利貞」：

> 馬之行健，本〈乾〉之象。牝秉陰柔之性，則與地爲類。地順承天，則天氣施於地之中，如牝馬雖陰，而健行周乎四方。（《內傳・坤》77）

〈坤〉對天所始之萬物，普載無遺，表現出普遍的特徵，與天之德同。而地既順天，天之氣施予地，地乃具陽氣之健，故能周行四方，顯現健行的特質。這表示，〈坤〉順並不是靜態的，因爲「唯其至順，故承天而不滯於行」（《內傳・坤》85）。正因至順，才能「不滯於行」，這是船山要緊扣的環節。因此，「物無不載」、「行地無疆」，一言載物之大，一言健行之廣。不過，後者固可指某種行動力之至大，亦可表達無滯礙的狀態——能四方健行，即表示無物可成其障礙。因此，健行四方與物無不載，在這一點上有一定的條件聯繫：能物無不載，方可健行四方。這大約是船山對「地道」所下的註解。當然必須切記，船山始終不忘處處強調：兩個地德要成立，順陽都是充要條件。

然則，君子由〈乾〉〈坤〉所習人道爲何？船山以〈乾〉〈坤〉對舉，使人掌握綱領。

船山以爲，〈乾〉健與〈坤〉順的不同在於：「剛以自彊；柔以應物」（《內傳・坤》75）。「故雖〈乾〉〈坤〉之大德，而以剛健治物，則物之性違；柔順處己，則己之道廢。唯以〈乾〉自彊，以〈坤〉治人，而內聖外王之道備矣。」（《內傳・坤》78）船山解〈乾〉卦《大象》也說：「〈乾〉以剛修己，〈坤〉以柔治人……修己治人，道之大綱盡於〈乾〉〈坤〉矣。」（《內傳・乾》55）。簡言之，「剛以自彊，柔以應物」，是君子立身處世的惟一綱領。它們是屬於「大德」的範圍（詳本節末）。

不過，二卦對舉的作法，總會特別強調彼等最顯著的特色，而其他可能面向自然減弱。正如強調〈乾〉健在修養上的重要性之外，船山亦以此貫穿禮樂刑政一般；畢竟修養最終總有面對實際、加以發揮之處。因此，說〈坤〉「柔以應物」，不表示〈坤〉順與個人修養無關。船山解〈坤〉卦《大象》「地勢〈坤〉，君子以厚德載物」（《內傳・坤》78），便觸及到這一點：

> 君子體〈坤〉之德，順以受物，合天下之智愚貴賤，皆順其性而成之，不以己之能責人之不逮，仁禮存心，而不憂橫逆之至，物無不載也。

在此，順有二義：一是面對治理對象，能順眾之性而成之，順具有積極的效果。「柔以應物」，正所以發揮修養的應用；這是處世。二是由順陽而行遂不矜己能，不憂橫逆，順以受物——其實就是「物無不載」，參照上文，可知自也能「健行四方」。換言之，這兩點都可用以描述個人修養所達臻的境界：心納萬物，則處處無礙。這是面對世界所展現出來的恢宏、開闊的胸襟。

因此，從船山對〈坤〉順的見解，一樣可以引伸到修身實踐部分。這與〈乾〉健的修養要求，明顯不同，卻不妨亦是人生修養必備之一環。而且「〈坤〉順」必承〈乾〉健而有，〈坤〉之永順，必有〈乾〉之永健爲前導，能永順即「健」。所以船山說：「夫地道右轉，承天之施，以健爲順，蓋亦〈坤〉德之固然」（《外傳・坤》833）。「以健爲順」，見〈坤〉之順不離健。結合二者，即「健於載物而不知息」（《大象解》697）。因此，〈乾〉〈坤〉皆實隸屬所謂「大德」範疇：

> 學《易》者所用之六十二德，皆修己治人之事。道在身心，皆「自彊」之事也；道在民物，皆「載物」之事也。「自彊不息」非一德，「厚德載物」非一功。以「自彊不息」爲修己之綱，以「厚德載物」爲治人之本，故曰：「〈乾〉〈坤〉者其《易》之門户」，道從此而出，德從此而入也。（《大象解》698）

仁、義、禮、信乃君子之德，此即「道在身心」；其積累以「自彊不息」。德之發用，必麗於物，此即「道在民物」、「厚德載物」。從這個角度看，不管「自彊不息」或「厚德載物」，都不局限於某特定事項（一德、一功），而是一永無止境之歷程。如此，方效天地之大德，合《易》之大道。所以，「君子無彊，唯『自彊』也」（《大象解》698），無彊是〈坤〉德，自彊爲〈乾〉德；健順要說到這裡——合〈乾〉〈坤〉之德於一——才眞正通達船山之義理。

以上船山從〈乾〉健〈坤〉順，引伸闡發〈乾〉〈坤〉多方面特質。顯示〈乾〉〈坤〉作爲陰陽、天地之德，確實籠罩人道，足堪爲諸卦代表，作爲「並建」的兩個卦。

而對於〈乾〉之所以健，〈坤〉之所以順，船山還提出「純」，作爲最根本的、惟一原因。明確從德、象、數說明其純的例子，莫過於如下所引：

> 夫太極○之生元氣，陰陽者，元氣之闔闢也。直而展之，極乎數之

> 盛而爲九。因〈坤〉之二而一盈其中爲三，統九三而貫之爲一，其象奇—。始未相類，條貫相續，貞常而不屈，是可徹萬里於一致矣。而三位純焉；因而重之，六位純焉；斯以爲天下之至健者也。元氣以斂而成形，形則有所逮矣。均而置之，三分九而虛其一爲六，三分三而虛其一爲二，其象偶--。天之所至，效法必至，寧中不足而外必及。中不足者，以受天之化也。虛其中以受益，勉其所至以盡功，是可悉物理而因之，而三位純焉；因而重之，六位純焉；斯以爲天下之至順者也。(《外傳・繫辭上》第1，984)

〈乾〉〈坤〉分別由純陽純陰而成，六位皆純，乃是彼等爲健、爲順的惟一因。所以他說「〈乾〉純乎陽，〈坤〉純乎陰，健順之至矣」(《內傳・繫辭下》第12，613)又言〈乾〉卦「純〈乾〉之卦，內健而外復健，純而不已，象天之行」(《內傳・乾》55)。〈乾〉之純，即指純陽之純，故而內外俱健。而〈坤〉之純，指純陰之純。若依〈乾〉卦類推，它當然是內外皆順。

不過，有些相關言論，只是純與健、順並提，似乎看不出存在上的優先性，我們認爲都當以上說爲準。例如這段話上半：「陽健陰順，積陽以純健而〈乾〉成，積陰以純順而〈坤〉成。」純似乎沒有優先性。然而下半則是「積故能至，純故至，而天下之至者莫至也。至健而易，至順而簡，易簡而險阻知，唯其純也。」(《外傳・繫辭下》第12，1068)「積故能至」之「積」，指陰或陽爻一爻一爻之「積」，這是外在的。「純故至」之純，則言明六爻皆爲陽或陰，如此方能使「天下之至者莫能至」。而順此發揮的因健而易，因順而簡，由易簡方知險阻之所生，這些功效，都必須歸結到〈乾〉〈坤〉之純。

由此可知，船山解釋〈乾〉〈坤〉二卦，由天道而人道，一以健順爲釋，實在由於「純」的緣故。以下論〈乾〉〈坤〉之數、〈乾〉〈坤〉之象，「純」都是造成〈乾〉〈坤〉之數、象之所以如此的根本。概言之，它總是時隱時現出現在〈乾〉〈坤〉論述之中，成爲核心議題之一。

貳、〈乾〉〈坤〉之數

對於數，船山認爲：數非純數，而是陰陽二氣的表現。數分陰陽，不單指其或奇或偶，而是陽數即具備陽氣的特性，陰數則表現陰氣的特質。奇偶與陰陽之間，完全是一種性質對應的關係。原本單純的數目字，在這種觀念籠罩下，成爲表現道、陰陽的符號——這是船山論《易》數的基礎，同時是主要觀點之一。

船山探討數的議題，主要有二：一是天地之數與大衍之數；二論河圖之數。至於所謂〈乾〉〈坤〉之數的內涵爲何？嚴格而言，船山沒有直接討論數與〈乾〉〈坤〉的關係。不過，由於〈乾〉〈坤〉二卦與奇偶數，都分別代表陰陽二氣——〈乾〉：陽數：陽氣；〈坤〉：陰數：陰氣——可知陰數陽數的論述，可以延伸或概括〈乾〉〈坤〉之數；下文即依此綰合二者。

這一節目的在瞭解〈乾〉〈坤〉「其數然」之理，說明構成所謂「〈乾〉〈坤〉之數」的兩個方面：(一)〈乾〉〈坤〉卦象與數之聯繫（卦象角度）。(二)〈乾〉〈坤〉成卦之策與數的關係（占筮角度）。相對而言，第一點是本節重點，第二點僅附帶及之，以見一斑。由是不及天地之數、大衍之數、河圖之數等專論，只從中抽繹與〈乾〉〈坤〉相關部分。而象、數、辭、義四者，也只略及象與數的關聯，餘不贅。首先，從卦象角度說明〈乾〉〈坤〉之數，且從他論天地之數的篇章說起：

> 五十有五，《河圖》垂象之數也。陽曰天，陰曰地。奇數，陽也；偶數，陰也。天無心而成化，非有所吝留、有所豐予，斟酌而量用之，乃屈伸時行而變化見，則成乎象而因以得數，有如此者。陰陽之絪緼，時有聚散，故其象不一，而數之可數者以殊焉。以陰陽之本體而言之，一、二而已矣。專而直者，可命爲一；翕而闢者，可命爲二。陽盈而陰虛，陽一函三，而陰得其二。虛者清而得境全，濁者凝而得境約，此法象之昭然可見者也。(《內傳・繫辭上》第 9，544)

象數關係可分兩個角度看，(一) 從根源說，數由象而得——天地屈伸變化而成象，聖人觀象而得數。從時間上說象爲先，數爲後。從「自然」與「人爲」說，象爲自然，數是人爲。(二) 從占筮上說，因數而得象，是人爲占筮的結果。由蓍數而成象，則數可得象，數在先而象在後，由「人爲」而符「自然」。也因此，象數可互爲指涉（詳下「參天兩地」)。〔註 8〕

由於陰陽絪緼聚散無定，遂形成不同的象，數亦隨之而異。最基本的差別，就是奇偶數：奇數爲陽，偶數爲陰，各自具有二氣的特性。

陽數陰數的特性，概括而言是「陽盈陰虛」：所有陽數都是盈健的，所有

〔註 8〕參朱伯崑《易學哲學史》(四) 54、61、107、108。又象與數在陰陽二氣的基礎上密切結合，其實是一種強調：占筮確實是參育天地變化之事。船山以陰陽二氣貫穿象、數的理論說明，使模擬天地變化的占筮行爲，感受更具體。

陰數皆是虛順的。從數來看，一與二又是奇偶數中最根本的，因此船山認為，一與二可以各自成為陰陽本體的代表，充分表現一專而直，二翕而闢——即陰陽二氣最基本的特質：

> 「專」與摶、團通，圜而聚也，陽氣渾淪團合而無間之謂。「直」，行而無所詘也。「翕」，收斂含藏，而所包者富。「闢」，啓户以受陽之施，順而不拒也。（《內傳．繫辭上》第6，532-533）

至於說一是「一函三」，而二是「陰得其二」，這和陽一陰二之數又有何關係呢？「一函三」等說法，和以陰數陽數比附二氣稍異，它是以數字比附為基礎，延伸到陰陽爻象的象上，斷定爻象同樣反映「陽盈陰虛」的事實。所謂一、二、三，指爻象是由「三」截的---，連貫成「一」截的陽爻—；或是由三截的---，虛其中之一截，而成「二」截的陰爻--。一二三原指爻象的截數（象），而不是數字，船山卻一概從陰數陽數比附，認為同樣是陰陽二氣特性的展現。

本來陽爻象—，陰爻象--，其爻象原該符合陽一陰二之數。《說卦》「參天兩地」一文，卻提到「陽三陰二」之說，這和「陽一陰二」不同。象數學派學者如邵雍等，以數為世界本源，由數而生象，所以對《說卦》此句都從數的角度解釋（朱伯崑《易學哲學史》（四）112）。船山從本源上否定這一點，乃對《說卦》「參天兩地」的三、二之數，另有新解，以求符合其「象先於數」、而非「數先於象」的看法，遂把陽一陰二，與「參天兩地」中的陽三陰二，牽合一起，一併以陽盈陰虛作為解釋的主據。對陽爻爻象之為—、陰爻爻象之為--，亦順此而解。

早在《稗疏》解《說卦》「參天兩地」時，他即提出這樣的看法，至《內傳．說卦》（620）解此，措辭稍異，意義無別。以下單舉《稗疏》：

> 三、二者，本數也。參、兩者，參之、兩之，從而分析以數之也。天本無三，地亦非二。以形言之，天包地外，天大而地小；以氣言之，陽盈而陰虛，地得天三分之二，故謂之二，繇地之二而見天之三。此聖人之所以以三數天，以二數地，而為九，為六，為三十六，為二十四，為二百一十六，為百四十四，皆倚此以立也。其畫之為象，則陰爻--，三分而缺其一；陽則兼有二而實其中，以成乎三，其畫—。所謂以一函三，亦函地二而更盈其一也。聖人因陰陽已然之跡以起數，而非天地之有數。參之、兩之者，人也。（794）

天地原和三、二之數無關，天地不是「三」或「二」這兩個數字。聖人以數數天、數地，乃是因陰陽已然之跡——即陰陽之象（這裡指天、地）——而起數，純屬人爲。

船山從兩方面區分天、地關係，區分的依據是象可定數，數可測象之理：從形而言，天包含地，比地大；從氣來看，陽盈而陰虛。地的大小，得天的三分之二；這是聖人以三數天，以二數地的緣由。此是「以象定數」。從氣的盈虛來看，陽之爻象爲—，其實原本應是---，然而陽氣充盈，所以一貫三而爲—，而陰氣本虛，故---虛其中，爻象爲--；這是「以數測象」。

以上涉及的數字是三而一，三而二。不管是從形或氣的角度，針對天地或陰陽爻象，三而一恰好表現陽氣的盈健，三虛其一而二，也正好說明陰始終虛的本質。也因此可以看出，船山在此所說的數字，和上述純就奇偶數論二氣不同：三二一所指涉者爲象，而非數。「三二」指天地這對實體，「三二一」分指陰陽爻象---、--、—；充分表現象數可互爲指涉的觀點。

透過這種看法，由此而及於〈乾〉〈坤〉二卦之小成，則〈乾〉卦是貫三個---而爲☰，〈坤〉卦是三個---各虛其一而爲☷，再各自重卦爲䷀與䷁：

> 夫太極○之生元氣，陰陽者，元氣之闔闢也。直而展之，極乎數之盛而爲九。九者數之極，十則仍歸乎一矣。因〈坤〉之二而一盈其中爲三，統九三而貫之爲一，其象奇—。始末相類，條貫相續，貞常而不屈，是可徹萬里於一致矣。而三位純焉；因而重之，六位純焉。斯以爲天下之至健者也。元氣以斂而成形，形則有所不逮矣。地體小於天。均而置之，三分九而虛其一爲六，三分三而虛其一爲二，其象偶--。天之所至，效法必至，寧中不足而外必及。中不足者，以受天之化也。虛其中以受益，勉其所至以盡功，是可悉物理而因之，而三位純焉；因而重之，六位純焉。斯以爲天下之至順者也。（《外傳・繫上》第 1，984）

不過，雖然每一個陽爻象皆是三而一，陰爻象都是三而二，但就一個卦來看，六十四卦中惟〈乾〉〈坤〉二卦，其六爻全爲純陽或純陰之數。這是從象與數的角度，表示出二卦之「純」，而別於餘卦之雜。因此，所謂〈乾〉〈坤〉「其數然」，即指統九三而一，三分九而六，再虛其一而二——這種充分展現陽健陰順本質之數。這裡對〈乾〉〈坤〉二卦的描述，與船山說明〈乾〉〈坤〉二卦「其數然」的原文（見第三節《內傳・繫辭上》第 1，507），並無二致。

簡言之，不管上述「數」是陰二陽三、陰二陽一，或陽奇陰偶；「象」爲—爲--；乃至象數相互指涉；這些差異的理論說明，其實都是從「陽盈陰虛」角度，加以比擬的結果。而從占筮角度說〈乾〉〈坤〉之數，亦不外此，以下僅簡單敘述。

〈乾〉卦六爻皆老陽，〈坤〉卦六爻皆老陰。在占筮活動中，〈乾〉卦之成，乃積九揲三十六策而爲一陽爻，六爻則二百一十六策。〈坤〉卦之成，乃積六揲凡廿四策而爲一陰爻，六爻則百四十四策。〈乾〉〈坤〉之策共三百六十，這相當於天道運行一周天的約數。此即《繫辭上》第九所說：「〈乾〉之策二百一十有六，〈坤〉之策百四十有四，凡三百六十，當期之日。」其實，即使以少陽、少陰過揲之數來看，〈乾〉〈坤〉二卦總策數亦是三百六十，「少陽過揲二十八，六乘之爲百六十有八；少陰過揲三十二，六乘之爲百九十有二，亦三百六十。」（《內傳・繫辭上》第 9，549）

當然，這裡的數字，不在表現「陽盈陰虛」的差別，而是同時並列〈乾〉〈坤〉過揲之數的總和，與天道運行一周天的約數等，間接說明它們是天地代表的事實。這又是它們和諸卦不同的地方。

參、〈乾〉〈坤〉之象

船山所提到的象有三，一指物象，二爲爻象，三是卦象。以下即從這些象的辨析，闡明船山〈乾〉〈坤〉之象確切的指涉。

天地萬物所有的形象、事象，皆可稱「物象」。物象和《易》卦的關聯在於，解釋卦義的卦辭、爻辭、《大象》、《小象》等文辭，往往運用到物象作爲比擬、譬喻，以觸類引伸，使人曉喻。

所謂「爻象」船山指爻畫的或陰或陽，以及爻位之象而言。就爻畫而爲象，船山說：「以象則有奇、偶、陰、陽，各成其形象。」〔註 9〕（《內傳・繫辭下》第 10，611）因此，奇、偶、陰、陽皆象。奇偶與陰陽就爻畫而言無別，只是在稱呼上一從數、一依陰陽，角度不同而已。陽爻一畫—，從數爲奇；陰爻兩畫--，依數爲偶。至於爻位之象，即爻之承乘比應、當位不當位等之

〔註 9〕 類似說法如「其象奇—」、「其象偶--」（《外傳・繫辭上》第 1，984），「《易》聚象於奇偶」（《外傳・繫辭下》第 3，1038），「象，陰陽奇偶之畫」（《內傳・繫辭上》第 12，566），「奇畫中實，偶畫中虛，其象也」（《內傳・說卦》620）等等。

象。船山云：

> 取一爻之畫，剛柔升降、應違得失之象，與爻下之辭相擬，見辭皆因象而立也。其例有陰有陽，有中有不中，有當位有不當位，有應有不應，有承有乘，有進有退；畫與位合，而乘乎其時，取義不一。（《內傳・乾》56）

六爻以其不同的陰陽爻性、排列組合而成一卦之象，稱「卦象」。爻畫之陰陽不同、排列不同，卦象亦隨之而異。所以，六十四卦便是六十四象（《大象解》695）。爻象與卦象的差別，在於卦象是從整體的觀點看，而爻象則是局部的環扣。一個完整卦象，就含蘊其所獨具的最基本內涵——所謂「卦德」。卦德是以卦象爲基礎，對一卦內涵最精簡的概括，典型者如八卦中〈乾〉「健」〈坤〉「順」、〈坎〉「陷」〈離〉「麗」等。就理解順序言，船山以爲，乃由卦象而知卦德：「數以生畫，畫積而象成，象成而德著，德立而義起，義可喻而以辭達之。」（《內傳・繫辭上》第 1，505）

象的分析，對解《易》關係重大，而關鍵處更在對「卦象」與「物象」分辨不清，致有偏頗，船山遂有進一步之辨析：

> 天、地、雷、風、水、火、山、澤，八卦之象也。八卦之德，不限於此。舍卦畫所著之德，僅求之所取之象，是得枝葉而忘其本根；於是雷火盛而爲〈豐〉，山風厲而爲〈蠱〉，一偏之說，遂以蔽卦之全體，而象與爻之大義微言皆隱矣。但以天、地、雷、風、水、火、山、澤曲就卦之名義，則雷、風至無恆者，而何以爲〈恆〉？又將爲之說曰：無恆而有恆。則亦〈泰〉可謂〈否〉，〈乾〉可謂〈坤〉矣。（《內傳・發例》第 18，674）

天、地、雷、風等八卦之「象」是「物象」。八卦卦象——單指由爻象綜合呈顯的陰陽整體之象而言（詳下「四象」），這個卦象直接對應的是「卦畫所著之德」（卦德）。

物象與卦德的關係是，卦德不限於某一物象。其界域比某一特定物象的內涵大得多。如不明此而單著眼於物象，則會以爲〈豐〉䷶（離下震上）之義爲「盛」，但〈豐〉卦卦德，依船山理解實爲「蔽」：〔註 10〕「〈豐〉，蔽也，陰蔽陽也，〈爻〉之訓明矣」而非一般所說之「盛大」（《內傳・發例》第 18，

〔註 10〕船山所理解的卦德，是否比先儒說法正確，不擬細辨；要清楚說明的是其卦象與物象劃分的觀點。

673)。以爲〈蠱〉卦䷑(巽下艮上)是「山風厲」爲〈蠱〉,但〈蠱〉卦卦德實爲「治」。〈蠱〉「剛上柔下,下以柔承上……名分正,事使順,陰竭力以事陽,天下治矣」(《內傳・蠱》187)。〈恆〉卦䷟(巽下震上)卦德爲「恆」,若從〈震〉爲雷,〈巽〉爲風之象看,雷風皆無恆之物,故當與「恆」義無關。如不以卦德爲主,看待所取物象的意涵,而視八卦物象的意涵固定不變,以此定奪他卦,自然得到錯誤的結果。

對此,且引朱伯崑先生焦點有些許模糊的這段話,作爲進一步區辨的憑藉:「八卦所取之物象,只是卦象之德的一方面,不能據此解釋所有的卦義」(《易學哲學史》(四)60)。

問題出在物象是「卦象之德的一方面」,這乍看似正確的說法。其實,物象與卦德的關係是,卦德是藉物象,比擬該卦主要特質。物象的意涵,是在某特定角度下,透過比擬的方法被賦予的。只要角度轉換,其意涵自然偏移、變易,卻不表示在某一比擬確定後,物象意涵與卦德還有意義的落差,或意涵上有偏與全(所謂「一方面」)不對應的情況。即使物象不同,只要在此限制下,擇取它與卦德相同的部分,都可以表現某一卦的卦德。

所以,〈乾〉〈坤〉卦德分別爲「健」與「順」。健順之德以物象比擬,則爲龍、爲馬,不過,龍馬卻非惟一可以比擬健、順的物象。換言之,可以用來比擬健、順的物象,所在多有,不限龍、馬。然而,一旦〈乾〉德爲健,取龍以譬,則龍之健即〈乾〉之健。若取馬象,釐定其內涵爲順,則馬之順即〈坤〉之順;被釐定的物象內涵,此時此刻即與卦德等同,非「只是卦象之德的一方面」。

此外,物象是在某一角度限制下用以比擬某卦卦德,自然無法同時指涉不同的卦。它必須在比擬的角度轉換後,取得相應的特質,才能指涉不同的卦。故龍固可爲〈乾〉健之象,亦可爲〈震〉動之象(見〈說卦傳〉),其故在此。所以,一物象固然無法指涉所有卦德,卻可以指涉一個以上的卦德。但不能指涉所有卦之因,卻不是如朱氏所說,是「卦德的一方面」,而是比擬角度的限制問題。

至於「不能據此解釋所有卦義」,若所謂「卦義」指除卦德之外,其他相關意涵,則物象取譬於一隅,無法一一涵蓋,自不待言。若「卦義」指「卦德」言,則與卦德匹配的物象,其內涵與卦德等同,雖不能「解釋所有卦義」,卻屬主要的卦義,這也是很清楚的。

總之，船山強調以卦德爲本，而以物象爲枝葉。而卦德由卦象而得，因此，卦象方是〈乾〉〈坤〉之象的確指。然則，〈乾〉〈坤〉的卦象特徵爲何？船山解〈繫辭上傳〉第十一章「四象」時說：

> 四象：純陽純陰，通之二象也；陰錯陽，陽錯陰，變之二象也。陰陽之種性分，而合同於太極者，以時而爲通爲變，人得而著其象，四者具矣，體之所以互成，用之所以交得。其在於《易》，則〈乾〉一象，〈坤〉一象，〈震〉、〈坎〉、〈艮〉一象，〈巽〉、〈兑〉、〈離〉一象，皆即兩儀而生者也。（《内傳》562）

〈乾〉之純陽爲一象，〈坤〉之純陰爲一象，此爲「通之二象」。〈震〉☳、〈坎〉☵、〈艮〉☶，三卦皆二陰一陽，屬陰錯陽之象；而〈巽〉☴、〈兌〉☱、〈離〉☲，三卦皆二陽一陰，屬陽錯陰之象；此爲「變之二象」。這不止是就八卦情況而言，就六十四卦來說也是僅有四象，其解同章「易有四象」即說：「此言《易》有四象，以示《易》之全體，則自八卦而六十四卦，皆四象也」（《内傳》564）。

不過，如此一來，除〈乾〉〈坤〉爲純陽、純陰之外，其餘六十二，就是陰陽錯雜，不復純陰、純陽。那麼，〈乾〉〈坤〉之爲「通之二象」，其指涉範圍就太過狹小了；其餘六十二卦又全成「變之二象」，則太廣了。因此，船山所謂通之二象的「通」，在六畫卦之時，不是要求只有六爻純陰或純陽，才能使用「通」一語，而是一卦六爻，只要至少出現爻性相同的兩爻並列，就稱「通」：

> 陰陽有畸勝而無偏廢，其一陰一陽之相間者，純之必變也。上生之謂「往」，下生之謂「來」，上下相連而陰陽以類聚者，變之必通也。〈既濟〉、〈未濟〉，變之極；〈夬〉、〈姤〉、〈剝〉、〈復〉，通之盛也。（《内傳・繫辭上》第11，560）

「一陰一陽」相間屬變，而變之極的代表即是〈既濟〉䷾、〈未濟〉䷿，全卦都是一陰一陽相間。通是「陰陽以類聚」，〈夬〉䷪、〈姤〉䷫、〈剝〉䷖、〈復〉䷗，是除〈乾〉〈坤〉之外，陰爻或陽爻同類相聚的代表，故爲「通之盛」。〔註11〕從這角度看，六十四卦確實可依此一一被區分爲通變四象。

然而，〈乾〉〈坤〉之所以並建，並不盡然是因爲它是通之二象，船山進而要強調的是：不管變通，其實都來自〈乾〉〈坤〉，這才是〈乾〉〈坤〉二卦

〔註11〕類似者如船山注「變通配四時」時謂：「『變』者，陰變陽，陽變陰，爻之相間者也。『通』，陰陽自相通，爻之相承者也。」（《内傳・繫辭上》第6，533）

「其象然」的主因。上引《繫辭上》第十一章解「四象」時，末句有謂「皆即兩儀所因而生者也」，兩儀即〈乾〉〈坤〉（實指陰陽），這就是關鍵所在了。船山最後把「變通」，收束到一陰一陽的範圍，其言曰：「六十四卦具而〈乾〉〈坤〉能事畢，變通之幾盡焉。要其實，則一陰一陽之用而已。」（《內傳．繫辭下》第6，599）其注〈繫辭下〉第二章「通其變」及「窮則變，變則通，通則久」也說：

> 「通其變」者，卦體陰陽，互爲參伍，而〈乾〉無不行於其間……《易》之爲位爲爻，〈乾〉〈坤〉之變通而已。窮極則陰陽互易以相變；變不可久居，則又順而通之，使陰陽各利其用。（《內傳．繫辭下》第2，582）

「《易》之爲位爲爻」，這是屬於爻的層次，可是也不過是〈乾〉〈坤〉之變罷了。對比前一引文可知，「一陰一陽」所指即〈乾〉〈坤〉。最後，直接了當把爻之陰陽（原本屬「爻象」），都等於〈乾〉〈坤〉之象，所以出現以下說法：

> 六十二象自〈乾〉〈坤〉而出，象有陽，皆〈乾〉之陽也；象有陰，皆〈坤〉之陰也。（《大象解》698）

此時之〈乾〉〈坤〉實即陰陽之代稱，不再是六爻純陽或純陰、有一定結構的卦。所以六十二卦任一爻之象，都是〈乾〉〈坤〉之象。〈乾〉〈坤〉「其象然」說到這裡，才能說必然是〈乾〉〈坤〉並建而非他卦的緣故。當然，要說凡陽皆〈乾〉之象，凡陰皆〈坤〉之象，其實中間還有一番曲折，這與二卦之純有密切的關聯。這部分將集中於下一章〈陰陽十二〉第四節，論及同類問題時，一併闡明。

第三節 〈乾〉〈坤〉之純

嚴格而言，德、象、數是從不同角度對〈乾〉〈坤〉的描述，惟一目的只爲闡明、論證〈乾〉〈坤〉之「純」。追根究底，純才是〈乾〉〈坤〉之德、象、數異於他卦的惟一因。因此，〈乾〉德之所以健，〈坤〉德之所以順，不爲別的，僅僅因爲它們是陰陽之「純」使然。〈乾〉〈坤〉德性延伸到數，就是扣緊「陽盈陰虛」的陰陽之純，才能造成數的明確差異。論象歸結到卦象，只因物象內涵可隨角度變換，因此龍馬若更換比擬內涵，則可擬諸他卦，惟有從〈乾〉〈坤〉所代表的純陽、純陰性質，才能標舉六十二卦卦象，凡陽皆〈乾〉

象，凡陰皆〈坤〉象，確立最純粹的卦象意涵，就是陰陽。

同樣的，強調〈乾〉〈坤〉並建乃必然的背後，隱含的正是對〈乾〉〈坤〉之純的強調。純是惟一的理由：因天下無有純陰、純陽之物獨立存在。依其說，強調其純，止所以明其必然並建；由其並建，正所以見其本來皆純。就此而言，這是二而一，一而二的內在聯繫。這種雙向的反覆強調，在船山《易》學著作中，是頗爲常見的情況（其詳見第三章第三節，又四、五章亦有相關論述）。以下引文把這一點說得很明白：

> 純乎陽而至健立，純乎陰而至順立，《周易》並建〈乾〉、〈坤〉於首，無有先後，天地一成之象也。無有地而無天，有天而無地之時，則無有有〈乾〉而無〈坤〉、有〈坤〉而無〈乾〉之道。（《正蒙注・大易》276）

而船山的《易》學理論，〈乾〉〈坤〉之純一直是原點。〈乾〉〈坤〉並建乃船山《易》學核心理論，而其中關鍵正是純陰、純陽。〈乾〉〈坤〉之德、象、數，皆依此而釐定。

它是一方面強調其純，一方面強調「純必交合」，乃至「因純方能交合」的理論。它強調的對象，不是單純停留在〈乾〉〈坤〉二卦而已。因爲強調〈乾〉〈坤〉之純，與強調「純必交合」是同等重要的。純而必交的結果，就是六十二卦的出現，相對於〈乾〉〈坤〉之純，它們被統稱爲「雜」；與〈乾〉〈坤〉有表面的對立。因「純必交合」，所以「雜」同時也是並建理論下一個必然的結果。

純的表現爲〈乾〉〈坤〉；而雜的表現爲六十二卦，但雜與純不是一刀切的截然，反因是而有必然的、內在的聯繫。在講論六十二卦之時，「純」與「雜」——都是船山用以解釋六十二卦卦爻結構的重要術語之一。他提出所謂「陰陽十二」，從體用角度，詮釋六十四卦，具體呈顯純與雜的必然聯繫。這不止深化其〈乾〉〈坤〉並建理論——進一步從卦爻結構上展現〈乾〉〈坤〉並建之理——同時賦予《易》學往來、錯綜等術語新的內涵。這些，即是下一章所要深入探討的議題。

第三章　陰陽十二

第一節　體　用

船山《易》學論涉層面極廣，不過，若單就《易》卦形成及變化開展言，則〈乾〉〈坤〉並建爲根本。《易》始於並建〈乾〉〈坤〉，由〈乾〉〈坤〉開展方有六子卦，八卦相互摩盪，遂變化而成六十四卦：

> 《周易》之全體，六陽六陰而已矣。其爲剛柔之相摩，盪爲八卦者，無往而不得夫〈乾〉〈坤〉二純之數也。其爲八卦之相摩，盪爲六十四卦者，錯之綜之，而十二位之陰陽亦無不備也。無不備，無不純矣。（《外傳・繫辭上》第 1，987）

船山特殊處，在以〈乾〉〈坤〉「並建爲體，餘卦爲用」的「體用」關係，說明六十二卦乃〈乾〉〈坤〉陰陽爻畫不同的隱顯所形成。船山之「體」，指〈乾〉〈坤〉並建。「用」，指由〈乾〉〈坤〉並建而形成之「六畫卦」，及形成六畫卦的「過程」，即「卦變」。

本章只擬探討從並建形成六畫卦的方式，僅舉某些卦例作局部說明，因六十二卦的產生方式，都是相同的。至於〈乾〉〈坤〉形成六十二卦的「連續過程」——即「卦變」——則俟諸四、五兩章。不過，以體用原則聯結〈乾〉〈坤〉與六十二卦，六十四卦將在結構與變化方面出現新的意義，這在一些與卦變相關的術語，如摩盪、錯綜、往來等呈顯出來。因此，文章雖不直接詳談卦變「過程」，卻可先從體用角度，談論描述「卦變之用語」的內涵變化，讓人知曉卦變不能脫離並建來談論的道理；也由此瞭解該理論涵蓋範圍之大。由於下兩章乃實際探討卦變，不適合插入談體用，故於此論。當然，另外一個原因是，它與〈乾〉〈坤〉並建形成六畫卦的方式息息相關，先行說明亦是較佳作法。

由是船山論証〈乾〉〈坤〉並建爲體，諸卦爲用，涉及兩方面問題：(一) 由〈乾〉〈坤〉並建形成六十二卦的方式；這涉及到分判〈乾〉〈坤〉之「幽明嚮背」。(二) 用不離體——因此〈乾〉〈坤〉爲體，恆從諸卦之用而知；這涉及到「陰陽十二」。它們其實是同一個問題，只是論述方向有別，第一點是由並建而「分」，第二點由六畫卦論「合」。以下分敘之。

首先，船山解釋〈乾〉〈坤〉形成六十二卦時，提出〈乾〉〈坤〉藉著「幽明」、「嚮背」的不同，而成諸卦。所謂「幽明」、「嚮背」(又稱「隱現」、「隱顯」、「德撰」等)——用語不同，其意卻一——都是針對〈乾〉〈坤〉「隱顯」情況的描述。〈乾〉六陽、〈坤〉六陰，並建之後共有「十二陰陽」䷀䷁。然一卦僅有六爻位，六陰六陽無法全部顯現，必須有些「隱」(幽、背、德)，有些「顯」(明、嚮、撰)。例如〈泰〉卦䷊三陰三陽，即表示〈乾〉之六陽中，三陽顯三陽隱；〈坤〉之六陰中，三陰顯三陰隱，乃成一三陰三陽之〈泰〉卦。

以此類推，任何卦都從〈乾〉〈坤〉或隱或顯的角度「界定」，於是六十二卦都是〈乾〉〈坤〉或隱或顯的結果。我們可以把每一卦都從這角度，一一分析其陰陽爻數與〈乾〉〈坤〉之隱顯的關聯；這是靜態的看(也是本章所討論)。若從動態看，〈乾〉〈坤〉連續以不同的陰陽比例，或隱或顯、串連成六十二卦；這即是所謂「卦變」。

其次，船山認爲，〈乾〉〈坤〉並建之後，雖因隱顯而產生六十二個六畫卦，但〈乾〉〈坤〉並建的特質，仍與諸卦並在，只是有隱、顯不同罷了。如上述〈泰〉卦隱的部分，船山並未捨棄它，反而把它當成專屬於〈泰〉卦的另一半來看待。而六十四卦中，每一卦都各有錯卦，只要從「錯卦對照」——如〈泰〉䷊與〈否〉䷋——每一卦恆是「六陰六陽」(或「陰陽十二」)。

船山把傳統上的錯卦，當成是〈乾〉〈坤〉並建，並區分一卦爲隱，一卦爲顯。顯者爲「用」，隱顯合爲「體」。此時之隱顯，可不從〈乾〉〈坤〉角度說，而是就該卦爲「顯」與其錯卦爲「隱」對比來論。此因從〈乾〉〈坤〉隱顯若干爻界定某卦，只在強調「體」、或船山要論証時方如此，一般言只從錯卦說隱有六，顯有六。而這數量上的六陰六陽，就代表〈乾〉、〈坤〉並建之體。

因此，船山首先說六十二卦是〈乾〉〈坤〉或隱或顯的結果，雖有其道理，但若無陰陽十二，則無法証明〈乾〉〈坤〉並建爲體，諸卦爲用。因單就一個六畫卦，說它的某幾陽爻由〈乾〉之顯來，某幾陰爻由〈坤〉之顯來，較無說服力。要証明六畫卦眞是由〈乾〉〈坤〉之隱顯而來，必須直接由該卦與其錯卦對照，具體見出陰陽恆十二來証明。此因旁人可質疑：即使六畫卦是〈乾〉〈坤〉或隱或顯所形成，並不表示隱的部分，必然被納入計算。

然若不考慮「隱」，能說〈乾〉〈坤〉並建嗎？不能。可是，能說隱部分不被計算嗎？也不能。因此，船山必須提出理由，說明不止隱應被納入，同時惟有如此才是〈乾〉〈坤〉並建。「隱」所傳達的意思是，人之能力所無法、或未能掌握的部分，卻不等於「無」或「沒有」，它實質上仍是「有」。爲了証明這一點，除了要提出理由，還必須以陰陽十二的結構，具體展示。憑藉結構之具體，輔以相關的理論論述、詮釋——陰陽十二對理論的闡明，助益極大。是在這個角度上，我們說它証明瞭〈乾〉〈坤〉並建，乃至太極之理（見第六章後）。

而瞭解隱顯只是可見、不可見之別，就可以把隱與顯，作爲一體來看待，保住六陰六陽皆實有的事實。這正如上章第二節所引呼吸例子一般，有氣（體）的存在，乃有呼與吸（用）。當吸之時，不見呼的動作，但呼吸必然關聯著同一氣，因此此不見，只是暫時之隱，不表示呼的動作不存在。呼與吸在氣實有的基礎上，是聯結一體的，也就必然實有。所以船山提到呼吸與燥濕之例時，才自然提到「體」、「用」等字眼。

同樣的，卦爻之隱，也是在可見（實有）之卦爻上成立。由可見之六畫卦（用），了知其隱之六畫卦亦實有，隱顯合爲一體（陰陽十二）。因是，隱與顯的關係，即建立在一個體與用的聯結上，不再是外在的關聯。正如呼與吸的關聯是外在的，但氣令呼、吸有了內在聯繫。類比於任一卦之隱顯，則隱如呼，顯如吸，而隱顯的基礎在何處呢？即在隱與顯「合」這一點上。隱顯之所以不是外在關係，乃因隱與顯，指同一卦之隱顯，由「同一卦」作爲綰合隱顯的關鍵。

譬如看到某圓球之一面，它是顯；而未見的一面是隱。這圓球原是一整體，只是無法同時被目光完全掌握；所以在此情況下，合隱顯方是、即是其「體」。這與呼吸以空氣爲基礎關聯起來不同：呼吸指動作，而隱顯是指實物（或實理），故其體不是空氣，而是一物之實體或本然之體。不過，不停留於外在的關係，而建立內在聯繫的意圖與方式，卻是相同的。由於船山以顯爲「用」，以隱顯合爲「體」，故隱顯亦屬體用範疇。

當然，單獨從隱顯說〈乾〉〈坤〉與六十二卦關係亦可，只是相對於傳統，隱顯畢竟是新穎範疇，其關聯之密，人未易見。因說隱顯，它有不就同一物說的可能。換言之，說某六畫卦爲顯，其後又隱藏一六畫卦，不表示隱與顯二者必然一體。它們可能是兩個不同的卦，只是存在狀態具有隱或顯的性質而已。可是以體用言，則甲物之體與其用，是自然聯結的；其「用」不會指甲體有乙體之用，其「體」也不會是甲用有乙物之體。所以，運用傳統體用範疇，讓人較易理解〈乾〉〈坤〉與諸卦關係緊密——職是之故，雖船山明確提〈乾〉〈坤〉爲體、六十二卦爲用之處不多，然一旦確立「隱顯一體」，隱與顯即可從「有用必有體」、「有體必有用」，反覆強化其必然的關聯。體用即綰合二者，做出關鍵的貢獻。

除了隱顯之外，它的關鍵作用是同時把〈乾〉〈坤〉與六十二卦間衍生的諸多關係——一般看似外在者——轉爲內在聯結。例如表面的卦爻結構「錯綜」、卦爻之「往來」、乃至卦變等等。這些傳統詮釋卦爻的術語，都必須從體用角度詮釋——彼因〈乾〉〈坤〉並建爲體之故，被賦予不同以往的意義。由於六十二卦都是〈乾〉〈坤〉或隱或顯而成，故此乃全面、而非局部的內在聯繫。

船山以體用說隱顯，其特殊處，在以可見者爲「用」：由顯以知隱、由用之半以知體之全。所以，其體用最根本觀點是，「用」乃最初被掌握者，由用以得體，再體此體而用。在此情況下，乃可說「凡言『體』，皆函一『用』在」（《大全・論語》734），體用是一反覆雙向的過程，故曰「用此以爲體，體此以爲用」（《外傳・繫辭上》第 1，983）。

用之所以可被掌握，乃因用可見：「用麗於事物，本著也，而所以用者卒不可得而見」（《內傳・繫辭上》第 5，528）。由其可見，而知其「有」，由用之「有」，乃知體亦「有」，蓋體用不相離之故：「天下之用，皆其有者也。吾從其用而知其體之有，豈待疑哉！用有以爲功效，體有以爲性情，體用胥有而相需以實，故盈天下而皆持循之道。」（《外傳・大有》861）是以體在初始之際，雖或不能全見，但確信其非「無」而實「有」，只是半隱而未全顯罷了。所以「善言道者，由用以得體」（同上，862）。

沒有離開體之用，亦無無用之體——船山最後以「體用相函」一句總括——充分強化〈乾〉〈坤〉與六十二卦關係，使六畫卦任一方面的性質：靜態的卦爻結構、動態的卦爻往來等等，都與並建之體有了內在聯結。於是對於〈繫辭傳上〉第十二章所說「〈乾〉〈坤〉其《易》之縕邪……〈乾〉〈坤〉毀則無以見《易》」；或〈繫辭傳下〉第六章「〈乾〉〈坤〉其《易》之門邪」，就無〈乾〉〈坤〉則《易》無以稱、無以立的說法，做出了極佳的詮釋。

談論至此，亦可知「用」其實有兩個相關聯的意思。靜態的看，一個六畫卦（顯）即是用；而產生六畫卦的動態過程，亦爲用。而談到體（六陰六陽），則皆屬靜態分析。不過，實際動態過程中的體，是變化的，其體本身就是「全用」，〔註1〕只因無法完全掌握，所以只能在可見之用的限制下，靜態地、理性分析其背後之隱，乃知隱顯合爲一體。至於單就一個六畫卦（顯）來看，其體自是靜態的，無變化可言，只看我們能掌握多少背後的隱罷了。〔註2〕

由此回頭看〈乾〉〈坤〉並建爲體，諸卦爲用的說法，即知「幽明嚮背」是過程，同時也是「用」；「陰陽十二」是背後的依據，同時就是「體」。在「用」的情況中，無法同時見到體存在，因那時只見六畫卦逐一形成（顯）。於是就時間先後來說，分判〈乾〉〈坤〉以幽明嚮背形成諸卦，是論証體用的開始；由六十四卦之錯卦對照而恆見陰陽十二（隱顯合），是論証的結束。是以幽明嚮背與陰陽十二雖是一體兩面，但陰陽十二作爲証明，可能更重要。如此，船山爲人稱述的〈乾〉〈坤〉並建才有實據。

若能充分以體用扣合幽明嚮背、陰陽十二，仔細觀察它們在那些方面、那些環節上相關，比較可能做出首尾聯貫、全面相應的論述。如此，不止突顯〈乾〉〈坤〉並建與諸卦在靜態上密不可分；在動態的卦變上更是如此。於是才能談到〈乾〉〈坤〉並建與卦變、太極間進一步的關聯。本章之所以可爲以下第四、五、六三章的轉捩點，其故在此。在第六章中，體用尤其是被關注的焦點——都要以此爲基礎。

〔註1〕體用都有動態的涵義（詳第三節），船山提體用時，大致都會提到。大陸學者處理體用，卻多從靜態分析，或把用屬變，體屬常，其常則指「不變」，如蕭漢明《船山易學研究》25-7。或只是概略引出而帶過，只說船山以體用概括〈乾〉〈坤〉與六十二卦的關係，朱伯崑《易學哲學史》（四）94、汪學群《王夫之易學》141-2。

〔註2〕在卦變的連續過程中，由用之顯而被觀察到的變化，都表示體是變化的。若能掌握其全體，變化仍在，只是人所不知的變化之「神妙」，便全盤被掌握，即無神妙可言罷了。不過，在船山的預設裡，完全掌握「隱」是不可能的，因此變化「神妙」會一直存在。至於卦爻有體之全、方有用之妙的道理，詳第六章〈錯綜神妙〉。

本章論題有三大方面：首先，以德撰、隱顯等術語，敘述〈乾〉〈坤〉形成六十二卦的方式；以及船山論証陰陽必爲十二的理由。

其次，以第一點爲基礎，說明船山以〈乾〉〈坤〉並建爲體，六十二卦爲用的理論，如何令傳統《易》學術語獨具個人色彩。文章分從「用」與「體」分析，以詳見「體用相函」的意思。透過術語的新內涵，達到明白並建理論籠罩之廣的目的。因此，雖於此談卦變，卻是專注於「卦變術語內涵」的變化，並非具顯卦變過程。不過，在這過程中，我們會同時著重指出，體用關係將突顯「錯綜卦」的重要性。因「用」的最終表現，要由錯綜卦來衡定，錯綜將是卦變神妙的關鍵（第六章的主題）。

第三，考量船山以陰陽十二論証〈乾〉〈坤〉並建爲體，餘卦爲用的合理性，評價其理論的優缺點。主要問題是陰陽十二（錯卦對照）雖是六陰六陽，但在結構上與〈乾〉〈坤〉兩卦結構並不等同（如上〈泰〉〈否〉），如何可說六十二卦任一對錯卦，都等於是〈乾〉〈坤〉並建？在論述過程中，我們要突顯船山如此說的關鍵，在於陰陽十二具有某些與太極有關的重要性質。

上述論題看似分屬不同面向，但體用——都是基本的焦點。

第二節　幽明嚮背與陰陽十二

壹、〈乾〉〈坤〉幽明嚮背

由〈乾〉〈坤〉並建到六十二卦，其間涉及兩個關鍵概念，就是「幽明嚮背」與「陰陽十二」。這一小節先談幽明嚮背，以及對照爲陰陽十二的道理。要回答的問題是：〈乾〉〈坤〉既然並建爲六陰六陽，還必須有幽明嚮背的原因。

從占筮由數而得〈乾〉〈坤〉之卦的過程中，船山曾就此提出：一卦本是陰陽十二，只是無法全顯：

> 夫陽奇陰偶，相積而六。陽合於陰，陰體乃成；陰合於陽，陽體乃成。有體乃有撰。陽亦六也，陰亦六也。陰陽各六，而見於撰者半，居爲德者半。合德、撰而陰陽之數十二，故《易》有十二；而位定於六者，撰可見，德不可見也……〈乾〉之見於撰者六陽，居以爲德者六陰；〈坤〉之見撰者六陰，居以爲德者六陽。道有其六陽，〈乾〉俱見以爲撰，故可確然以其至健聽天下之化；道有其六陰，〈坤〉俱

見以爲撰，故隤然以其至順聽天下之變。盡見其純，以受變化之起，則天下之相雜相勝者生矣。(《外傳・繫辭下》第 6，1054)

「撰」，指一卦可見之六爻；「德」，指一卦不可見之六爻。以〈乾〉〈坤〉二卦爲例，〈乾〉卦可見者（「撰」）爲六陽，不可見者爲六陰（「德」）；〈坤〉卦可見者（「撰」）爲六陰，不可見者爲六陽（「德」）。一卦之實體是德與撰之合，其陰陽之數爲十二，可是受到一卦六爻位的限制，是以必然只有一半可見（「撰」），一半不可見（「德」）。〔註 3〕而且德之爻性，恰與撰者相反。因此，德、撰之意，不止是可見與不可見之別，同時包含爻性相反的事實。每一卦，皆有爻性與之相反的卦與之配合——即錯卦——使陰陽相均，總共是六陰六陽，並有可見與不可見之別。

這種可見與不可見、德撰之分，其實是建立在船山的理論預設上。他認爲萬物兼具陰陽，無有孤陰孤陽之物，陰不能無陽，陽不能無陰，〈乾〉〈坤〉以純陽、純陰之質，亦不能外。「陽合於陰，陰體乃成；陰合於陽，陽體乃成。有體乃有撰。」純陽（陰）之卦，必與純陰（陽）合，乃有體（即六陰六陽）；有陰陽十二以爲體，才有撰之呈顯，此即「有體乃有撰」。換言之，撰之呈顯，是因並建爲體的結果。說得乾脆，就是無體則無撰。「撰」其實就是「用」。

而且，若無德，則「德不備而撰不能以相通矣」(《外傳・繫辭下》第 6，1055)。「相通」即卦與卦間的相互變化。因此，有德，亦是撰之所以能變化的惟一原因。「盡見其純，以受變化之起，則天下之相雜相勝者生矣」，兩卦俱純，由其交合，才能變化出雜卦。這與前一章提到陰陽必「交合以成能」之理同，陰陽交合，方能發揮功效，化成萬物，此之謂「成能」。簡言之，重點有二：一、有體才有撰（六十二卦之產生）；二、有體才有撰的變化（六十四卦之變化）。

當然，這裡隱藏一個問題是，「陽合於陰，陰體乃成；陰合於陽，陽體乃成」本指〈坤〉純陰、〈乾〉純陽，必須交合才各成陰體、陽體；陰陽兩體即

〔註 3〕隱現、嚮背幽明等詞，實船山所創，但德撰之語，則出自《繫辭下傳》第六章「以體天地之撰，以通神明之德」。船山乃由此引伸，用以區分一卦隱顯之兩面。不過使用「德撰」的頻率，遠較嚮背、幽明、隱現（顯）、屈伸、往來等詞低得多。屈伸亦即幽明：「屈伸者，非理氣之生滅也；自明而之幽爲屈，自幽而之明爲伸；運於兩間者恆伸，而成乎形色者有屈。」(《正蒙注・大易》273)「往來」又屬傳統卦爻術語，不過其運用，其實亦在可見、不可見的視域下被畫分。如無特殊情況，本文凡涉此，多以「隱顯」爲代表詞語。

是陰陽兼備之體——那麼〈乾〉〈坤〉以外六畫卦（雜卦），其一卦六爻之體，已是陰陽兼具；爲何雜卦仍須有「撰」有「德」，以成六陰六陽呢？顯然，船山對體有某種觀點，不僅僅是陰陽兼具就可成體，而是必須陰陽均衡（六陰六陽）才行，原來這種顯、隱各半的情況，恰與太極由陰陽均勻而渾成一致：

> 《易》之〈乾〉〈坤〉並建，則以顯六畫卦之理。乃能顯者，爻之六陰六陽而爲十二；所終不能顯者，一卦之中，嚮者背者，六幽六明，而位亦十二也。十二者，象天十二次之位，爲大圓之體。太極一渾天之全體，見者半，隱者半，陰陽寓於其位，故轂轉而恆見其六。〈乾〉明則〈坤〉處於幽，〈坤〉明則〈乾〉處於幽。《周易》並列之，示不相離，實則一卦之嚮背而〈乾〉〈坤〉皆在焉。非徒〈乾〉〈坤〉爲然也，明爲〈屯〉、〈蒙〉，則幽爲〈鼎〉、〈革〉，無不然也。（《內傳・發例》第 7，658）

因此，對於顯或不顯，船山這裡的用詞是實顯者——即可由卦形或卦符而見——稱嚮、明、見；非實顯者稱背、幽、隱，構成嚮背、幽明、隱見等對立詞。這些詞語企圖表達的是，在隱顯之間雖有「實顯」與「非實顯」之別，但本質上實爲陰陽十二，此即「實則一卦之嚮背而〈乾〉〈坤〉皆在」。這個意思，已包含在船山「能顯」一詞之內。因「能」也者，不是機率上可能之「能」，而是實際存在上能顯的「能」，只是因時之故，而不能全顯而已：「六十四卦六陰六陽具足，屈伸幽明各以其時而已。」（《正蒙注・大易》276）如此一來，就把能顯與實顯，規定爲每卦皆有的性質。實顯即可見（顯），能顯是不可見（隱）；隱顯結合就是一渾天之太極。〔註 4〕

所以，〈乾〉卦實顯時爲六陽爻，其能顯者則還有六陰爻（〈坤〉）。相同的，〈坤〉卦實顯者爲六陰爻，其能顯者還有六陽爻（〈乾〉）。二卦實爲陰陽十二；其餘諸卦，依此類推。當然，此時可以引出的另一新問題是：與顯對等的「隱」，爲甚麼是一定存在的呢？

〔註 4〕有關隱顯、陰陽均衡與太極關係，大略情況參本章第四節；詳情見第七、八章。這裡只擬從較靜態的面向，分析卦爻陰陽十二（六陰六陽）的結構，說明〈乾〉〈坤〉如何爲體，呈顯爲諸卦之用。不過，在適當之處，亦加以點出，以見〈乾〉〈坤〉並建與太極密切的關係，回應本章第一節末所說〈乾〉〈坤〉並建作爲船山《易》學最重要的理論，具有首尾聯貫、全面相應的深廣度。而眞正比較全面闡述這些問題，要到第七、八章，因此前此若有透露若干訊息，非不得已，也就不一一註解了。

上引所舉例子有〈屯〉、〈蒙〉爲明，〈鼎〉、〈革〉爲幽。我們再以另一組他常舉者〈需〉、〈訟〉爲例，一併同看，以瞭解他進一步的解釋。〈屯〉、〈蒙〉是二陽四陰卦，恰與〈需〉、〈訟〉相反，〈需〉、〈訟〉是二陰四陽卦，正好可作一個不錯的對比；同時對上述問題，作一個初步的回答：

> 〈乾〉有六陽，〈坤〉有六陰；而其交也，至〈屯〉、〈蒙〉而二陽參四陰，至〈需〉、〈訟〉而二陰參四陽，非陰陽之有缺也。〈屯〉、〈蒙〉之二陽麗於明，四陽處於幽，〈需〉、〈訟〉之二陰麗於明，四陰處於幽，其形而見者爲〈屯〉、〈蒙〉，其隱而未見者爲〈鼎〉、〈革〉，形而見者爲〈需〉、〈訟〉，隱而未見者爲〈晉〉、〈明夷〉〔餘放此〕：變易而各乘其時，居其位，成其法象，非所見者有，所不見者無也。故曰「〈乾〉、〈坤〉其《易》之緼邪」，言《易》藏畜陰陽，具足充滿，以因時而成六十二象。惟其富有，是以日新，有幽明而無有無，明矣。（《正蒙注・太和篇》30）

船山之所以認爲「顯」必然有對應之「隱」，原來基於這樣的前提：「非所見者有，所不見者無也」。一卦六爻是人所能見，人亦以此所見，認定一卦僅「有」六爻。船山認爲不正確。因不能一依視覺而斷定可見爲「有」，不可見爲「無」。一來人不是單純靠感官（視覺）理解世界；二來倘若百分百依賴視覺，以此裁定「有無」，無形中就會錯誤的理解世界。而世界的豐富性，亦即人所理解的豐富性——都隨之消失了。

「因時而成六十二象」是顯的部分，是恰好以可見形式爲人所掌握的。這是人人所可以感知，亦是人人所知者。然而，船山重點在指出，世界是顯與隱並存的。「《易》藏畜陰陽」，「陰陽」即指可見、不可見的兩個面向，在卦爻上即以〈乾〉〈坤〉並建來代表。這樣的世界是無窮豐富的（「具足充滿」、「富有」），惟其如此，才造就一不斷日新的世界。

所以，四卦陰陽爻數參差不齊，這不是陰陽有缺乏，僅是幽明不同的緣故。就陰陽爻的幽明狀況來看，〈屯〉、〈蒙〉二陽處於明，四陽處於幽；四陰處於明，二陰處於幽。所以〈屯〉、〈蒙〉是二陽四陰卦。而在幽處就有一個錯卦存在，那就是二陰四陽的〈鼎〉、〈革〉卦。〈屯〉之幽爲〈鼎〉，〈蒙〉之幽爲〈革〉（錯卦關係）。〈屯〉、〈蒙〉爲綜卦，〈鼎〉、〈革〉爲綜卦，〈屯〉、〈蒙〉與〈鼎〉、〈革〉又各爲錯卦，諸卦關係一一標示如下：

1. 〈屯〉之幽爲〈鼎〉；〈蒙〉之幽爲〈革〉（錯卦）：

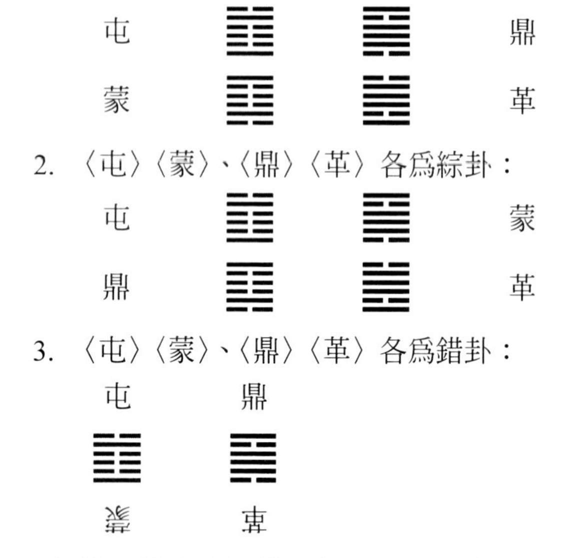

2. 〈屯〉〈蒙〉、〈鼎〉〈革〉各爲綜卦：

屯　　蒙

鼎　　革

3. 〈屯〉〈蒙〉、〈鼎〉〈革〉各爲錯卦：

屯　　鼎

蒙　　革

〈需〉、〈訟〉是二陰四陽卦，二陰處於明，四陰處於幽；四陽處於明，則二陽處於幽。如此，則在幽處有一錯卦存在，也就是二陽四陰的〈晉〉、〈明夷〉。〈需〉之幽爲〈晉〉，〈訟〉之幽爲〈明夷〉（錯卦關係）。〈需〉、〈訟〉爲綜卦，〈晉〉、〈明夷〉爲綜卦，〈需〉、〈訟〉與〈晉〉、〈明夷〉又各爲錯卦，諸卦關係如下：

1. 〈需〉之幽爲〈晉〉，〈訟〉之幽爲〈明夷〉（錯卦）：

需　　晉

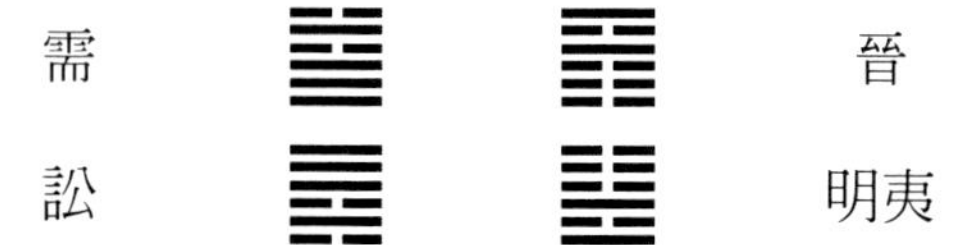

訟　　明夷

2. 〈需〉〈訟〉、〈晉〉〈明夷〉各爲綜卦：

需　　訟

晉　　明夷

3. 〈需〉〈訟〉、〈晉〉〈明夷〉各爲錯卦：

需　　晉

訟　　明夷

〈屯〉與〈蒙〉、〈鼎〉與〈革〉各爲綜卦，〈屯〉〈蒙〉又與〈鼎〉〈革〉爲錯卦，〈需〉〈訟〉、〈晉〉〈明夷〉情況與此同（各見上例第 3）。由此可見，直接把某卦與其錯卦對照，即得陰陽十二。這裡卻有時要把四個綜卦合起來看，是甚麼意思呢？其實，上例第3，從名義看，是四卦合為陰陽十二，若從卦形看，也只是兩卦合為陰陽十二。例如第二例第3，只要把〈需〉〈晉〉、〈訟〉〈明夷〉同看即可；若把〈需〉〈明夷〉或〈晉〉〈訟〉擺在一起，根本無法看出陰陽十二。因此，雖說是四卦，但裁定其陰陽十二，仍須從錯卦角度，始終是一對一的情況。我們把它稱為「錯卦對照」。

照理，當我們說一錯卦時，必然牽涉到與之對反的卦。換言之，錯卦是在兩卦對比的情況下才存在的。不過，六十四卦中有八個錯卦，即〈乾〉、〈坤〉、〈坎〉、〈離〉、〈頤〉、〈大過〉、〈中孚〉、〈小過〉，它們是四對錯卦，可是有時亦可以單數稱之為錯卦，亦即指某一六畫卦為錯卦。船山言「凡錯而不綜之卦八」（《外傳・序卦傳》1103）即指此。綜卦亦是必須兩卦對比才存在，亦可單稱。就船山而言，大部分情況說錯卦都指陰陽十二，綜卦指六畫卦，因錯綜被他以體用的方式聯結起來了。

此外，船山有時從四綜卦合一說，如「合四卦而一純，則六陰六陽之全再備矣」，或說「四卦合體」（《外傳・序卦傳》1094），都不可看死。六十四卦中，每卦皆有錯，共有三十二對，故皆可按此詮說「嚮背幽明」。不過，在此倒可再提醒的是，作為某卦之錯卦者，雖皆有名稱——如〈乾〉之錯為〈坤〉——其實卦爻都只是作為象徵存在，因此，這只是表示〈乾〉之「顯」，有另一與之對應的「隱」而已。

在錯卦對照的情況中，名稱上或是兩卦，或是四卦，非謂〈乾〉與〈坤〉等是不同之物，只是借以明一卦之有兩面。換言之，看一卦的隱顯，從卦名看是兩卦，實際上只是一卦原有的另一面；只因《易經》每卦皆有其名，故不得不以此稱罷了。另一點必須提醒的是，雖然某卦之錯卦，其爻性恆與某卦相反，並不表示隱與顯的性質是相反的，或恆相反的（參第九章第一節）。

接下來要分辨的是，「嚮背幽明」與「錯綜卦」的差別。「嚮背幽明」不等同於錯綜卦，兩者的差別或關係是：錯綜乃幽明嚮背的結果（又詳第三節）。「幽明嚮背」四字連用，表一動態過程，與「或隱或顯」同，但幽（隱）為某，明（顯）為某，則是靜態的表述。關鍵在於，幽明嚮背是立足於〈乾〉〈坤〉的角度而說的。

按理，每一卦都只有六爻，無法一部分處於幽，一部分又處於明。但船山提出〈乾〉〈坤〉並建，遂有了六陰六陽，可以分配到不同的幽、明部分。

因此，當船山說〈屯〉〈蒙〉二陽四陰處於明，二陰四陽處於幽（爲〈鼎〉〈革〉），他指的是〈乾〉〈坤〉共有六陰六陽，其中的二陽四陰處於明，則產生〈屯〉〈蒙〉，另一部分幽隱之二陰四陽則成爲〈鼎〉、〈革〉。換言之，船山說明爲某卦、幽爲某卦時，都是從〈乾〉〈坤〉角度立論，它們是專屬於〈乾〉〈坤〉並建的術語。正由於這些卦是由〈乾〉〈坤〉幽明不同所形成，才有「錯卦對照」的必要，讓人看到六陰六陽的情況。

按照這種說法，六十二卦都是由〈乾〉〈坤〉幽明嚮背之不同開展而成，因而所謂錯綜之卦，都必須從這個角度界定——這就是船山異於一般之處。因一般認爲，一卦之卦形（卦符），就是它實顯的樣子，至於每卦各有相應之錯卦或（兼）綜卦，也僅僅顯示表面結構的相反、相成，不是更內在的關係。但從德撰之「有體乃有撰」、「德不備而撰不能以相通」可知，任一六畫卦，其後必然有隱。由其有隱，才能顯，此即體用的聯結。於是，嚮背幽明之說，是對錯綜卦提出更深的聯繫，從而聯貫成一個更全面的、對卦爻錯綜結構的理論。如此，對任何一個卦，在在可以從陰陽十二，展示其有體兼有用。換言之，必須由體用角度來看待錯綜：任何一對錯卦就是「體」；任何一個綜卦，就是「用」。

貳、陰陽十二

之前是說明〈乾〉〈坤〉藉幽明嚮背而成六畫卦，以下是船山論証一卦必有德有撰的說法。船山從卦爻的來去必有居停之處，這樣一個常識性的問題開始，論証一卦之有陰陽十二，乃天道之必然：

> 〈乾〉無六陰，陰從何來？而〈坤〉爲增矣。〈坤〉無六陽，陽從何來？〈乾〉無六陰，陰從何來？而〈坤〉爲增矣。〈坤〉無六陽，陽從何來？而〈乾〉爲增矣。相勝者，〈夬〉、〈姤〉一陰，而五陰何往？〈復〉、〈剝〉一陽，而五陽何歸？相雜者，陰陽之或少或多，已見者在，而未見者何亡？以爲本無，則〈乾〉〈坤〉加於數外矣。以爲本有，則餘卦縮於象中矣。以爲一有而一無，一多而一寡，則無本之藏，離合起滅於兩間，亦妖眚之不數見，而痎瘧之時去來矣。（《外傳．繫辭下》第6，1055）

〈乾〉若本無六陰，則其錯卦六陰從何處來？若是自外而至，那麼六陰（〈坤〉）是外增。〈坤〉若本無六陽，而是由外而至，同樣是外增。所謂外增，指以外在的方式與〈乾〉、〈坤〉配，成爲其錯卦；這是船山反對的方式。但事實上沒有人會說〈乾〉之錯（〈坤〉），是憑空外加的。一般的說法是〈乾〉錯爲〈坤〉，或〈坤〉錯爲〈乾〉，二者相互爲錯，沒有外不外加的問題；船山爲何反製造出這種憑空的外加呢？

其實船山憑空製造出這層曲折，只是藉此說明：既然不是憑空外加，直接相互爲錯，那麼惟一的解釋就是，〈坤〉是〈乾〉原有的一部分，反之亦然——這是船山的論証。這論証隱含的另一義是，如以爲二者既相互爲錯，不須再作說明，那麼船山認爲，一旦缺乏一個內在關聯，則所謂二卦之錯，與外增無異。秉持這樣的觀點，他判定凡此者，皆爲外增（見下「本有」「本無」之辨）。因此，相較於一般只注意表面結構的相反，他看得更遠，而對錯綜現象，賦予更內在的詮釋。

此下，船山批評只看表相者一些不正確的看法，依序是「本無」、「本有」、「時有時無」與「時多時少」（相似批評又見《內傳・繫辭上》第 12 章，567）。以下分敘之。

以爲「本無」，則〈乾〉〈坤〉之六陽、六陰，是外增。這裡的本無，不是批評學者不知有錯綜卦存在，而是批評只看外在結構、不知內在聯繫者。他們單獨看到〈乾〉卦時，並不知其後形影不離地、隱藏著六陰，以爲必須提到〈乾〉之錯卦時，六陰才存在、才有意義。但瞭解內在關係者，看到任一卦，都同時知道其後形影不離地、隱藏著另一錯卦，而且知道這種陰陽十二，才是一卦的本質。那些學者看不到這一點，即以爲〈乾〉卦背後並無隱藏著六陰，這就是「本無」。若只在提到〈乾〉之錯時，才知〈坤〉的存在，這種看法，則〈坤〉就好像外增一樣。

以爲「本有」，那麼〈乾〉有六陰、〈坤〉有六陽應該縮於卦象之中，意謂可以外顯而見。這是船山評那些眼見爲憑者，對本有的理解，就是要在卦象上直接看到才算。若看〈乾〉卦只有六陽，就以爲沒有六陰。那麼，就好像要讓六陰同時縮於〈乾〉之六陽而外顯，他們才會相信「本有」。

另有些人，以爲「一時有一時無」，「有時多有時少」，這都是因爲一卦陰陽爻數常不等使然。如〈復〉卦䷗一陽五陰，這是陰多陽少。同時陽爻可見者僅一爻，另五陽爻不見；陰爻則有一爻不見，這就是一時有一時無。他們之所以認爲時有時無，時多時少，都是以見者爲有，不見者爲無，是以看不到內在陰陽恆十二的事實，都是船山所否定的。

船山以妖眚與痎瘧的關係爲譬。妖眚是災異的統稱，痎瘧是災變的一種。

如果我們否定災異存在，而謂痎瘧時有，那是荒誕不經的。而那些持時有時無，時多時少觀點者，好比只肯定痎瘧，卻不知妖眚的存在一樣，這就是無本。在此，痎瘧類比於外在所見的卦體，妖眚則指內在隱含的陰陽十二；必須承認有妖眚存在（陰陽十二），然後才能說有痎瘧發生（卦體陰陽爻的有無多少）。

船山否定本有、本無之說，然則，〈乾〉之有六陰，〈坤〉之有六陽，非本有、本無，那應以甚麼方式說明陰陽有十二？其實，這裡的本有、本無，是批駁只看表相之有無者。那些以爲本有者之「本有」，是從表相看其有，則以爲應當「餘卦縮於象中」，可從外象而見。以爲本無者之「本無」，是從表相看其無，以爲看不見即是無，因此〈乾〉之有六陰，或〈坤〉之有六陽，必然是外增。而以爲一有一無，一多一寡，亦是單看表相者方如此，受到表相參差現象的迷惑。被批評者共同處，即以眼見爲有，眼不見則無，而船山所持觀點卻是「非所見者有，所不見者無也」。他們必須明白的，是幽明之理，如此方是有本、知本：

> 明有所以爲明，明幽所以爲幽；其在幽者，耳目見聞之力窮，而非理氣之本無也……《易》以〈乾〉之六陽、〈坤〉之六陰大備而錯綜以成變化爲體，故〈乾〉非無陰，陰處於幽也；〈坤〉非無陽，陽處於幽也；〈剝〉、〈復〉之陽非少，〈夬〉、〈姤〉之陰非微，幽以爲縕、明以爲表也。（《正蒙注・大易》272-3）

重點在「幽」不等於「無」，只是感官無法直接掌握罷了。然則，船山看待〈乾〉〈坤〉之有六陰六陽，實是「本有」，只是這種本有與單看表相之本有異。著重表相者，以爲看不見（隱）即以爲無，顯即以爲有。船山認爲，顯固然是有，但表面看不見，不等於無，只是因時之故隱而未顯而已，只要錯卦對照，即可回歸到陰陽十二，這種從內在關係判定的方式，才是船山的「本有」。

至於對〈夬〉〈姤〉、〈復〉〈剝〉諸卦陰陽之消退歸往何處的詰問，是有關時有時無，時多時少的問題。這些相雜之卦，例如〈夬〉䷪〈姤〉䷫皆一陰五陽，陽勝陰；〈復〉䷗〈剝〉䷖皆一陽五陰，陰勝陽；消減的五陰、五陽何處去？如僅看表面，則只見一陰五陽，或一陽五陰，不會想到這是問題，自然也無須解答。船山則要以這個問題，把各卦的內在聯繫建立起來。

依其說，則是〈夬〉䷪之五陰在〈剝〉䷖，〈姤〉䷫之五陰在〈復〉䷗。反之，〈剝〉䷖之五陽在〈夬〉䷪，〈復〉䷗之五陽在〈姤〉䷫，如右：〈夬〉

䷪〈剝〉䷖，〈復〉䷗〈姤〉䷫。同樣的，這種說法與一般錯綜卦理解不同處，在於學者談到卦爻來去之處，只就小部分的卦爻間論——通常談到卦變時如此——這時固然會提卦爻從甲卦來、往乙卦去，但對六十四卦整體卦爻的來去，不一致者多，較缺乏一個統括說法。船山於此提出的，是對卦爻「往來」總括的說明，而且表面看來不複雜，非常精要。

然而，這樣的說明，必須以一卦本有陰陽十二的概念爲基礎，才能連繫貫通。那些只在談論錯綜卦時，才有反卦概念者，只看到點，不見線、面。而船山則把陰陽十二貫穿於六十四卦，把它當作存在於卦爻間的結構，而且是最根本、本質的結構。因此，船山批駁表面的本有本無，連帶要詰問卦爻來去之處，主因即在於不以陰陽十二爲基礎，就無法把二者聯貫起來。換言之，這同時表示，被評者的理論沒有通貫，不夠系統。如此，往者恆有去處，來者恆有居所，陰陽恆十二。此即下文所說：

(1) 陰陽各以六爲體，十二相通以合德，而可見者六以爲撰。既各備其六以待變化，故不必其均而雜勝起。要非可盡之於可見，而謂爻外無位，位外無數乎？爻外有陰陽，雜者豈憂越哉？由可以來，知其未來者之必有數以儲偫；由可以往，知既往者之必有位以居停；由相勝相雜而不越於〈乾〉〈坤〉，知未見之數位與已見者而相均。爻外有陰陽，而六外有位，審矣。(《外傳・繫辭下》第 6，1055-6)

(2) 陰陽各六而十二，其來也有位，其往也必有居。以其來知其往，亦因而知嚮背之位，凡卦皆十二位，而未有缺矣。(《外傳・繫辭下》第 12，1068)

船山重點很簡單：可見之卦體之外，卦爻必有一居停之處，否則不可能有來有去。這個居停之處，就是與該卦成錯卦的另一卦，如上〈夬〉〈剝〉〈復〉〈姤〉諸卦。因此每一爻的來與往，都在這個限制下進行，不是無中生有，也不是由有成無。而是由幽而明，由明而幽，不管幽明，都是「有」。所以，這裡的「居停」，其實就是「隱」的比擬性說法。

至於一卦之成，陰陽爻性之比例不均，不是眞正的雜勝，因爲可見之爻外有陰陽，錯卦對照之後，始終是平衡的六陰六陽，「相勝相雜而不越於〈乾〉〈坤〉」，由此「知未見之數位與已見者而相均」，而做出「爻外有陰陽，而六外有位」的結論。拘泥於表相者，只從表相看陰陽之雜勝、有無，是以認爲

「爻外無位，位外無數」，這是淺見，不足論道。

第三節　體用與術語之新意

這一節重點，要談船山以體用綰結〈乾〉〈坤〉與六十二卦，使傳統描述《易》卦變化（即「用」）的不同術語，出現新創的、較統一的意義。思想家之新意除術語之獨創，亦見諸傳統術語的運用，故探究新思所在，或有更深廣的體會。

而用之所以迥異前人，在於對體有新的看法。體是變化（「用」）開始的根本。我們分別從〈乾〉〈坤〉無卦主及純的角度，加以論述。最後再以「體用相函」一詞，作為船山回應〈繫辭傳〉「〈乾〉〈坤〉為《易》之門（縕）」的結論。

壹、用：過程與結果

揆諸於「體」，船山「用」最簡單的意思，指〈乾〉〈坤〉並建而生六畫卦（雜卦）。六畫卦之產生，是一動態過程，一般稱卦爻變化（卦變）。

相較於上一節幾乎靜態的敘述，這裡勢必要提到一些動態變化，可還不是談論實際卦變過程，而是從術語、而非卦爻層面，談論「用」——探討船山概括、敘述卦變過程、主要相關用語——摩盪、錯綜、嚮背幽明、往來與純雜。

卦爻變化是說《易》者多會談到的問題。不過，各家思想不同，對變化的解釋自然有異——即使所使用的可能都是相同的、傳統的術語，內涵卻不一定相同。船山情況也是如此。他使用的術語，有些是傳統的，如摩盪、錯綜〔註5〕、往來；有些則屬個人獨創，如純雜、嚮背幽明。由於其卦變以〈乾〉〈坤〉並建為始，其卦變用語，內涵皆與之相應，這就同時賦予了傳統術語不同的意義。在此過程中，將看到錯綜透過體用的聯結，完全突顯出它在船山《易》學上重要的地位。

總括而言，這一小節的重點是說明他對「用」，有了更多的詮釋角度。以下這段話，船山很貼切地提到了《易》之「用」的諸多說詞：

> 《易》者，互相推移以「摩盪」之謂。《周易》之書，〈乾〉〈坤〉並建以為首，《易》之體也；六十二卦「錯綜」乎三十四象而交列焉，

〔註5〕船山之錯卦即對卦、旁通卦；綜卦即反卦、覆卦等等。錯綜一詞，船山承自明代易學家來知德，見朱伯崑《易學哲學史》（四）93，故此亦以傳統術語視之。

> 《易》之用也。「純〈乾〉純〈坤〉」，未有《易》也，而相峙以並立，則《易》之道在，而立乎至足者爲《易》之資。〈屯〉〈蒙〉以下，或「錯」而「幽明」易其位，或「綜」而「往復」易其機，互相易於六位之中，則天道之變化、人事之通塞盡焉。(《内傳・乾卦》41)

〔註 6〕

從文中所加引號「」部分，可知船山的「用」，涉及摩盪（又稱「推」、「推移」）、錯綜、嚮背幽明、往來（往復），以及〈乾〉〈坤〉之「純」。〈乾〉〈坤〉之純乃相對於餘卦之雜而言，因此「純雜」這對術語，也隱含其中。這些術語，雖然描述角度有別，說的卻是同一事，就是卦爻「變化」。以下分別敘述。

摩盪一詞，出自《繫辭上》第一章「剛柔相摩，八卦相盪」，概指陽爻（剛）與陰爻（柔）交感往來，由〈乾〉〈坤〉而產生六子卦的過程。船山曾對摩盪作區別，解釋稍微詳細；他認爲：

> 「摩者」，兩相循也。「盪」者，交相動也。唯其〈乾〉〈坤〉並建，六陽六陰各處於至足以儲用，而十二位之半隱而半見，唯見者爲形象之可用者也……以十二至足之陰陽，往來於六位之中，相錯以進退，剛利柔之受，柔倚剛以安，乍然有合而相摩盪，則純陽而爲〈乾〉，純陰而爲〈坤〉。(《内傳・繫辭上》第 1，508)

「唯見者爲形象之可用者也」，說明「用」是以「可見」爲據者，即錯卦對照中「顯」的一方。一般而言，船山常以「綜卦」稱之。引文後半，是針對「兩相循」、「交相動」進一步的描述。這兩種方式，分別造成不同特質的卦。

「交相動」的意思較易解，重點在「交錯」上，就是相錯而進退，剛柔相倚。船山更界定爲「一陰一陽之相間」，就是一陰爻一陽爻間雜的卦，最典型的例子如〈既濟〉䷾〈未濟〉䷿。「兩相循」之意，由兩而相循，可知必是同類爻聚集一處。船山的界定即「上下相連而陰陽以類聚」。上引例子是落在相摩盪而成之純〈乾〉純〈坤〉上，這是最典型的例子。餘如〈夬〉䷪〈姤〉䷫（皆五陽卦），〈剝〉䷖〈復〉䷗（皆五陰卦）等亦同例（詳下）。這裡要分辨清楚的是，「摩盪」並不等於那些陰陽相間，或陰陽類聚的六畫卦，而是形成卦爻的「過程」。簡言之，交相動與兩相循，是卦爻形成過程中、爻運動的兩大方式。而此運動的方式，形成了相間與類聚兩種特質的卦爻。

〔註 6〕 其他相似文字又見《外傳・繫辭上》第 1，987、《内傳・坤》74、《内傳・既濟》490 等等。

交相動等於「一陰一陽之相間」；兩相循即「上下相連而陰陽以類聚」。這兩個較明確而具體的解釋，引自船山以闔戶、闢戶解釋卦爻往來的論述：

> 萬象體〈乾〉〈坤〉而各自爲體，陰陽有畸勝而無偏廢，其一陰一陽之相間者，純之必變也。上生之謂「往」，下生之謂「來」，上下相連而陰陽以類聚者，變之必通也。〈既濟〉、〈未濟〉，變之極；〈夬〉、〈姤〉、〈剝〉、〈復〉，通之盛也。（《內傳・繫辭上傳》第 11，560）

交相動之於〈乾〉〈坤〉，乃因〈乾〉〈坤〉之純所不得不變（「純之必變」）。變之極即成〈既濟〉、〈未濟〉，乃交相動最極致的例子。由變而通，他舉〈夬〉〈姤〉等例，與交相動「變之極」卦例對立，即「通之盛」。因此交相動可簡稱「變」，兩相循又叫做「通」（又參第一章第三節）。

〈既濟〉、〈未濟〉被界定爲最雜的代表，那麼，與之對立的理應是最純者，即〈乾〉、〈坤〉。但依船山一般作法，此二卦通常是啓動變化，而不在變化之內，尤其在談論變化初始之際，故時或舉陰陽類聚中、最接近純的例子以代。

不過，除此之外，作爲六畫卦，〈乾〉〈坤〉自然亦是陰陽推盪的結果，在「摩盪」情況下產生，如之前引「乍然有合而相摩盪，則純陽而爲〈乾〉，純陰而爲〈坤〉。」（《內傳・繫辭上》第 1，508）即是。因此，嚴格言，「兩相循」亦可以用在〈乾〉〈坤〉身上。這時，「兩相循」與「交相動」，又有「常」與「變」的對比意味。

船山解《繫辭下傳》第一章「剛柔相推」時，說「剛以承剛，柔以繼柔」是常（而非變）。「剛（柔）以承剛（柔）」是陰陽類聚，當屬「兩相循」範圍，「兩相循」即「摩」，應是交感往來之意。爲何說是常呢？其云：

> 「推」即所謂相摩相盪也。剛以承剛，柔以繼柔，常也。其摩盪而相間者，天之化，人之事變所繇生也。六十四卦具，而中有陰陽互雜之爻，則物理人事之變，皆其所備著矣。（《內傳・繫辭上》第 1，576）

《繫辭下傳》「剛柔相推」原針對八卦而言：「八卦成列，象在其中矣。因而重之，爻在其中矣。剛柔相推，變在其中矣。」此因「剛」、「柔」專指〈乾〉〈坤〉之故，不是其他卦。在此，它們作爲變化的開始。以是，若謂〈乾〉〈坤〉在此爲「兩相循」；則相對而言，不免把「摩盪」劃爲「交相動」。由此可知，船山看待這兩類爻運動的方式，其實有二，一是相對、二是絕對的態度。

從相對或絕對的角度，看待兩相循或交相動，結果不同。依相對角度，同類爻聚集，相對而言比較接近〈乾〉、〈坤〉，即比較接近「純」、「常」，越純則越往「通之盛」的方向。一陰一陽相間越明顯，則離〈乾〉〈坤〉越遠，即比較「雜」、「變」，越雜則越近「變之極」。換言之，純（常）雜（變），也可以有不同層次。〈乾〉〈坤〉二卦是純、常的代表，〈既濟〉、〈未濟〉是雜、變的極致；餘卦自屬雜、變，只是又依陰陽比例，而有不同的純雜度。〔註7〕

若照絕對角度，則惟〈乾〉〈坤〉爲純、常，六十二卦爲雜、變。這兩種角度，都是針對六畫卦而始有。若從錯卦對照，則六十四卦皆純、常（詳第四節）。因此，看待純雜，必須明白這些不同的標準。我們可以大致把上述談到的概念，從相對角度做成兩行，上下對比：

（1）純：常：通：摩：兩相循：陰陽類聚

（2）雜：變：變：盪：交相動：陰陽相間

可以看出「純」、「雜」是那些不同用語的本源，它們都是同一意涵，因應不同情況、角度所做的不同引伸或解釋。總言之，這樣的詮釋，其特別處在於以純雜方式，看待傳統「摩盪」一語。在絕對意義下的純雜，純爲體，雜屬用；摩盪即屬用。上述內容還可以再擴大，在「雜」之後，加入最重要的術語，那就是「錯綜」。下述即從摩盪說到錯綜：

> 《周易》之全體，六陽六陰而已矣。其爲剛柔之相摩，盪爲八卦者，無往而不得夫〈乾〉〈坤〉二純之數也。其爲八卦之相摩，盪爲六十四卦者，錯之綜之，而十二位之陰陽亦無不備也。無不備，無不純矣。(《外傳・繫辭上》第1，987）

「無不備」（又稱「皆備」)、「至足」（見上《內傳・乾卦》41、《內傳・繫辭上》第1，508引）等，都是常用的「〈乾〉〈坤〉並建」同義語。

純〈乾〉純〈坤〉藉由「兩相循」（摩）與「交相動」（盪）而產生六子卦，乃至六十四卦。而「兩相循」與「交相動」以另一個術語描述，即是上引之錯卦、綜卦。六十四卦中，綜卦五十六，而錯而不綜之卦有八，即〈乾〉、〈坤〉、〈坎〉䷜、〈離〉䷝、〈頤〉䷚、〈大過〉䷛、〈中孚〉䷼、〈小過〉䷽，後六卦亦屬兩相循或交相動之列，端看如何判定。其餘可錯可綜，當然都可歸屬於兩相循、交相動之下。不過，兩相循與交相動的界定，沒有錯綜嚴格，比較泛指。而且它雖可對比兩卦之純雜度，卻無法作結構的對應，錯綜卻可以，比兩相循、交相動更進一步。

因此，摩盪雖可描述卦爻變化，卻無法落實讓卦爻有更緊密的結構對應。

〔註7〕純爲常，雜爲變，以及純雜之卦的比較性判定，相關討論請參第四章第四節。

嚮背、往來、純雜等術語的情況，與摩盪相同。由是可知，錯綜其實是《易》之用的關鍵，不管那個術語，都與它相關。所以，船山不止一次總括：

（1）〈乾〉〈坤〉者，錯以相應也；〈屯〉〈蒙〉者，綜以相報也。此《周易》之大綱，以盡陰陽之用者也。餘卦放此。（《內傳・坤卦》74）

（2）《易》之爲道，自以錯綜相易爲變之經。（《內傳・發例》第20，676）

因此談錯綜，不可避免的必須提及幽明嚮背、往來、純雜。以下嘗試釐清彼等關係。

嚴格而言，錯綜之義是指卦形兩兩對照時，或錯或綜；這是靜態的。當然，有時船山更稱「錯之綜之」，或以「錯綜」爲動詞（上引可見），把「錯綜」當成形成錯綜卦的過程用語。不過，不管如何，在過程中形成的結果，畢竟還是「錯綜」卦。而在錯綜卦形成時，涉及爻的「往來」，故船山有時合併二者，稱「往來錯綜」或「錯綜往來」。這個詞語在動態方面，偏在往來。挾帶錯綜，只是連帶指出往來的結果，形成錯綜卦。換言之，這個詞語，雖把過程與結果連接一起——「往來」的過程，形成「錯綜卦」的結果——但二者之別，還是十分清楚的。

而〈乾〉〈坤〉幽明嚮背（或隱顯、德撰、屈伸等），實際上就是卦爻的「往來」。〈乾〉〈坤〉之陰陽爻，有的「往」而幽（隱），有的「來」而明（顯）；其或隱或顯，即成往來。當其顯，則成六十二卦，諸卦間因爻性相反（錯）、或爻性顛倒（綜）之故，乃各成錯綜卦。反過來說，船山的往來，實質上就是〈乾〉〈坤〉幽明嚮背，故有稱「嚮背往來」（《外傳・繫辭下》第12，1070）者。所以，錯綜和幽明嚮背（往來）概念內涵不同，即「過程」與「結果」之別。錯綜是〈乾〉〈坤〉幽明嚮背過程中惟一的結果。

可以再指出的一點是，船山對卦變結果以錯綜爲名，其實是以體用聯結使然。因卦變過程中形成六十四卦，它們只是一個個的六畫卦，逕稱「卦」即可，不必然以錯綜稱。以「錯綜」爲名，乃因在絕對角度下，錯卦指體，綜卦指用（詳下），即點出體用的關係。

於是，這種往來遂與傳統之義，有了區別。傳統上，往來僅泛指任兩卦之間爻的來去，不必然有這種體用的聯繫。當然，船山自然也有從俗一面，即從兩卦之間論爻之往來，那時只是就卦形表相論，不提體用。故乍看與一般無別，不是船山的特殊處。這樣的往來有二義，一是把本卦之升降稱往來。二是從甲卦往外，至甲卦之外，叫「往」；從甲卦之外來至甲卦，叫「來」。不過，第二種的往來，其往通常特指甲卦上爻之「往」外；來常指某爻由外「來」至甲卦初爻。〔註8〕

這兩種往來，與「〈乾〉不孤施，陰不獨與，則來以相感，往以相受，分應於隱見之間，而爲〈坎〉〈離〉、〈震〉〈艮〉、〈巽〉〈兌〉。故往來之跡，爲錯綜之所自妙」(《外傳．序卦傳》1095）不同。依隱顯角度談往來，應是如此的：如〈姤〉䷫變成〈巽〉䷸，單純是〈姤〉九四之陽爻隱，而陰爻現，變成〈巽〉，至於該爻是上升或下降，是往外或來內，應非所措意。這才是隱顯角度的「往來」(〈卦變二種〉的卦爻往來方式即如此)。

至於「錯綜」與「純雜」概念的區別，也値得一提。錯綜原就卦與卦間的結構對應而言；純雜卻是樹立〈乾〉〈坤〉爲純，以與諸卦之雜作相對或絕對的對比。這個標準雖常用，船山卻沒有把它發展到可作更細部比對的境地。即使有時從相對角度，區分稍細，如對卦中陰陽比例的分佈，做出較近於雜，或較近純的判斷（見〈卦變二種〉(上）第四節)，但就應用效果言，遠遜錯綜卦。其故在無法以卦爻兩兩對照，來產生隱顯的事實，而隱顯畢竟是〈乾〉〈坤〉並建的主幹所在。

因此，純雜在卦爻分析上不若錯綜重要，只作爲大範圍的區分，這時，船山往往把錯綜卦，歸諸於「雜」卦之下：「『雜』者，相間之謂也……錯綜皆雜也」(《內傳．雜卦傳》638-9)。這是相對角度的說法，因錯在此指八錯卦（六畫卦)。錯綜作爲「《易》之用」時，即指顯之六畫卦。若絕對角度，錯即是體（陰陽十二)，綜即是用。因此，錯綜與純雜都具有相對、絕對角度的用法。而使用純雜最重要的用意，其實在確立〈乾〉〈坤〉並建爲體，諸卦爲用的事實（下詳體的分析)，在此情況中，錯綜反是隸屬其下者，純雜是比錯綜更上一層的分類。

船山認爲，錯綜是最關鍵的《易》之「用」(詳參第六章)。其故在於相對摩盪、幽明嚮背（往來）等過程，它們是卦變最終的結果。同樣的，稱之

〔註8〕第一種參《內傳．訟》112、《內傳．發例》663。第二種見《內傳》〈賁〉214、〈復〉226、〈剝〉219、〈蹇〉328 諸卦，〈繫辭上〉第 11（560）等。《內傳．發例》第 10、11 亦有談論局部卦變，涉及往來的例子。又參林文彬《船山易學研究》208-217。

爲「雜」，即顯示它們是〈乾〉〈坤〉「純之必變」的「變」。而變即是《易》。它們具有卦形結構，可做爲一切理論的依據與開始的地方。至於過程，則以此結果反溯、補充、詮釋。船山卦變以〈乾〉〈坤〉並建爲根本，幽明嚮背爲開展，實根源於對錯綜卦的分析。惟有如此，才能確切說明其獨特的卦變，並確立〈乾〉〈坤〉並建的理論。當此理論一旦確立，反過來亦可說，〈乾〉〈坤〉並建把一般錯綜卦的外在結構對應，轉化爲內在的聯繫。這就是船山以錯綜爲關鍵的主因。

至此，可以清楚《易》之「用」細部的劃分，就是摩盪、嚮背幽明、往來、純雜、錯綜等。而基本上，摩盪、嚮背幽明、往來三者是「用」的過程，在此過程中，船山提醒我們其間卦爻有交相動、兩相循的運動，形成不同程度之純雜，不同的錯綜卦（顯）。塵埃落定，卦體成形，乃有了「用」的結果——在靜態情況下爲我們所掌握，其爲純爲雜、或錯或綜。總之，這一連串術語之所以不是各自分立，是透過〈乾〉〈坤〉並建爲體，諸卦其用、而具備內在聯結之故。

最後，倒可略提的是，此時此際的純雜，卻忽然可有另一層面的解釋。之前的純雜皆屬靜態分析，乃諸卦與〈乾〉〈坤〉之純性的對比。若從動態看，純雜也可有過程、或卦爻變化的意義，那就是卦變即「由純變雜」的過程。而且——如以一句話說明船山卦變，無庸置疑——「由純至雜」，最能道出個中特色。因單純這句話，就須把以上諸術語與〈乾〉〈坤〉並建全舉，且以船山的方式，才能完整說明。而關於「純」，以及「純與雜」之互動，就必須從體來談。這就是下一節的內容了。

貳、體的內涵

這一節談的是六畫卦之〈乾〉〈坤〉，如何以其「純」之故，被賦予迥異諸卦的性質，而與作爲雜變的六十二卦，有那些不同層次的聯繫。船山對〈乾〉〈坤〉以「純」爲體，更詳細規定主要有二：〈乾〉〈坤〉無卦主、純爲變化根本。乍看爲二，但從下〈乾〉〈坤〉無卦主可知，其實只是對應層面不同而做出分別罷了。從體用角度看船山提出〈乾〉〈坤〉無卦主，其實是爲了強調「體爲全用」的觀念，並以此說明純爲變化根本之故。至於〈乾〉〈坤〉之純某些內容，前一章第三節〈乾坤之德〉已提及者，將盡量避免重複。

以下分敘之。

甲、〈乾〉〈坤〉無卦主

船山在《內傳・發例》第十一綜論卦主，認為凡卦各有主，〔註9〕但〈乾〉〈坤〉卻無：

> 唯〈乾〉〈坤〉以純為道，故〈乾〉曰「時乘六龍以御天」，又曰「天德不可為首」，九五雖尊，不任為群陽之主，而各以時乘：〈坤〉曰「德合無疆，承天而時行」，六二雖正，而下不能釋初六之凝陰，上不能息上六之龍戰。自此而外，則卦各有主。（664-5）

其故──簡言之，在〈乾〉〈坤〉「以純為道」。進一步的解釋──〈乾〉卦部分──船山分別引用〈乾〉〈彖傳〉，說明「時乘」；〈乾〉〈大象〉，說明「不任為群陽之主」。概括了〈乾〉成就萬物，是因時或乘時而成，而非以「為某物之主」的態勢。「乘時」故「不為主」──二者隱約有因果關聯。船山在《內傳・乾》（52-3、58，下詳），對這兩句話的註解，的確有這個意思。

六龍指六陽爻；船山說：「純〈乾〉之德，合六為一，如乘六馬共駕一車也。」雖有六爻，但其德一：點出〈乾〉德之純。德純方能「健」，「健」能使萬物各成其則。其故在它以最適切的時間，令萬物「各如其分，則皆得其正」。所以，各成其則，即是乘時作用所致。船山說：

> 是唯純〈乾〉之德，太和之氣，洋溢浹洽，即形氣以保其微弱，合其經緯，故因時奠位，六龍各效其能，以遵一定之軌，而品物於斯利焉，無不貞者無不利，故曰「時乘六龍」而「利貞」。（《內傳・乾》53）

純〈乾〉之氣必須「因時奠位」，才能讓「六龍各效其能」，萬物因此各得其則。萬物各得其則就是利，利則貞。船山說「利於物者，皆貞也」，「是乃貞之所以利，利之無非貞也」。此因純〈乾〉之德使然。它屈伸變化無常，然此變化是因時而生，因時而使物各得其位、各如其分，此之謂正，「不爽其則」。變化不能脫離時間，而〈乾〉道變化是在最適切的時間內創生、成就事事物物。這就是「時乘」或「乘時」。

時乘與強調〈乾〉不為主的態勢的關聯，且看船山解〈大象〉「天德不可為首」：

> 天無自體，盡出其用以行四時、生百物，無體不用，無用非其體。六爻皆老陽，極乎九而用之，非天德其能如此哉！天之德，無大不

〔註9〕船山論卦主部分，可參蕭漢明《船山易學研究》，頁197-203。林文彬《船山易學研究》164-183。

> 屆，無小不察，周流六虛，肇造萬有，皆其神化，未嘗以一時一物爲首而餘爲從。以朔旦、冬至爲首者，人所據以起算也。以春爲首者，就艸木之始見端而言也。生殺互用而無端，晦明相循而無間，普物無心，運動而不息，何首之有？天無首，人不可據一端以爲之首。見此而知其不可，則自彊不息，終始一貫，故足以承天之吉。（《內傳・乾》58）

若天以「一時一物爲首而餘爲從」，則不能保有「無大不屆，無小不察，周流六虛，肇造萬有，皆其神化」的「天之德」了。如有主從，則有終始；若謂天有其首（始），則有其末（終）；有首末始終，則不大，不大則非天。因此，純〈乾〉之氣若有爲某主的意圖，就會造成自身運動的黏滯。若有滯礙，「運動而不息」的功能無法貫徹，遑論隨時隨地因時、乘時而創生、成就萬物了。

至於說〈坤〉卦部分，「德合無疆」出自〈坤〉〈彖傳〉；「承天而時行」見〈坤〉〈文言〉。船山解說，表達與〈乾〉道相同的道理：

> （1）「無疆」，天之無窮也。其始也生之，既生矣載之。天所始之萬物，普載無遺，則德與天合。（《內傳・坤》76）
>
> （2）唯其至順，故承天而不滯於行，是以元亨而安貞吉得也。（《內傳・坤》85）

「無疆」，指天的無窮。「德合無疆」指〈坤〉之德合於天的廣大，故天始萬物，它都能普載無遺。此外，〈坤〉能「承天」故亦能「不滯於行」。但合天、順天卻不表示〈乾〉爲其主宰，因〈乾〉仍維持其運動不息的本質。〈乾〉〈坤〉必須相配，但功能不同：〈乾〉是命物以性，〈坤〉則賦形質於萬物，卻一樣是「不滯於行」。若〈坤〉賦形萬物的功能有滯礙，它就無法配合〈乾〉不息、一貫的運行。

由此可知，純〈乾〉、純〈坤〉之氣，只是不斷變化的實體；所謂變化，即指不斷創生（命物成性）、成就（賦形萬物）。所以，「不息」「一貫」才是「乘時」之所以可能的基礎。反之亦然：要乘時，自然不能爲某物之主。

換個角度，〈乾〉〈坤〉無卦主要標明的，其實是陰陽二氣之無定限。不管用那個詞語去描述：健順、不滯、不息、大等等等，都是爲了表示它們是沒有極限、限制的氣之兩體。與彼等相對的萬事萬物，則是各有其分、各有物則，屬於有定限之物。無定限，故體始終如一，故可稱爲常；而萬事萬物相對則紛雜多樣，故叫做變。

所以純——無定限——無卦主，是論証的大致脈絡。

而在卦爻層面，〈乾〉〈坤〉並建爲體，其表現也是如此。從體用角度說，這種表現就叫做體之「全用」，即上引指天之「盡出其用」、「無體不用，無用非其體」。全用完全無滯礙，無有終始。所以〈乾〉〈坤〉無卦主，強調作爲體者，其特質爲全用，以是不爲任一卦之主。此即〈乾〉〈坤〉爲體的界定。

以〈乾〉〈坤〉無卦主「體之全用」的結論運用到卦爻，相應變換成「純」的問題。這是下一小節所要討論的。

乙、純之為體

之前在論〈用〉一節中對比錯綜與純雜，似乎錯綜卦遠比純雜重要。然而，我們也說錯綜隸屬純雜之下；此隸屬的意義在於，若無純雜的區分在前，錯即無法等於「體」，綜也不即是「用」——錯之稱爲「體」，乃因船山以「純」界定它之故。那就是並建爲體（錯）必然要以純稱，才能有六十二卦之用（綜、雜）產生。所以，錯綜之重要，其實必經純雜的釐定，才能突顯。

由於純雜有這方面優先性，況且對錯綜也談了不少；這一節即由絕對角度，看船山以純爲體、雜爲用的論述。此外，亦將從比較動態的描述方式談論，與靜態說一卦之純雜不同。

談論方式以上述曾提及的、如要概括船山卦變，「由純至雜」即其特色爲主軸。這樣的作法，不止可見船山對內容相同、相似的議題，論述角度之多方；同時讓人對看似無關，或關聯若有似無的術語，有更清晰的理解。

船山認爲，純是雜（變化）的根本，此根本的表現，細分有三方面：一是做爲卦爻變化的開始；二是令卦爻持續變化；三是即使變化不息，雜仍不離純。這三方面濃縮成一點來說，實即陰陽二氣交合以成能（見〈乾坤並建〉章）；就卦爻上說，就是〈乾〉〈坤〉並建。以下即以卦爻角度探論，有時附以陰陽二氣情況類比，以求詳盡。

首先，卦爻變化之開始，乃〈乾〉〈坤〉以二純並建。純是並建的必要條件。不並建，不足以成變化；反過來也可說，說純爲變化根本，自然包含以並建爲始之意，因純〈乾〉純〈坤〉之時是不存在的。更進一步要揭示的是，純而並建一語，實已隱含「異」的因素在內。並建，是在異質（即內在之異，而非外在之異）而純的基礎上成立的。換言之，「並建」的條件是「純」與「異」，只是「純」單就陰或陽言，「異」是陰與陽對比始有。正如男人與女人之在生理、心理上之「異」，截然可見，男無法變成女，女亦不能化爲男。而這個差別之所以產生，正因雙方都是純粹的男人與女人之故。

因此，就船山而言，純比異具有優先性；純所造成的異，才是眞正的異。或者說，只要純成立，其所以爲純的基礎，即是其異之所在，故其異自然即是對立之異。所以，若質疑說：單有純而無異，亦不能並建——例如以兩男對比，其皆爲純，卻無對立之異，故異在純先。然而，兩男之間有「異」，此異卻無法造成對立之異。可是男女對比，則自然即是對立之異，由純自然具有。是在這一點上，我們說純有優先性；揣度船山之意，甚至可以說異是由純自然衍生而來。

同質之純不能相交，由異質而純始能並建，惟〈乾〉〈坤〉具備，故爲變化根本。相關言論，諸如「純者相峙，雜者相遷」(《外傳・雜卦傳》1112)、「盡見其純，以受變化之起，則天下之相雜相勝者生矣」(《外傳・繫辭下》第 6，1054)。〈乾〉〈坤〉「相峙」，也就是相互對立又相互配合，才能生起卦爻變化，由純變雜。船山提德撰，也是這個道理。德不可見，撰可見，但「德不備而撰不能以相通」(《外傳・繫辭下》第 6，1055)。「通」指可見之卦爻往來變化。僅有撰，卦爻變化無從發生。德撰合爲陰陽十二，就是純〈乾〉純〈坤〉。從並建角度看，撰之相通，來自〈乾〉〈坤〉二卦十二陰陽的或隱或顯。此即所謂「撰之全，斯體之純；體之純，斯用之可雜」(《外傳・繫辭上》第 1，988)的意思。

其次，並建之後，〈乾〉〈坤〉或隱或顯，持續變化，不斷產生不同的雜卦——此即〈乾〉〈坤〉無卦主所提、二氣以其純以異始能相互交感，是以運動不息、始終一貫，永遠共同施展其功能於一事——即萬物之生化。〔註 10〕這其實就是體之全用，並建的情況也是如此。船山讚嘆〈乾〉〈坤〉這種功能時謂：

(1) 以其純而不雜、易簡之德，備天下險阻之變而無不通。六十四卦、三百八十四爻，無非〈乾〉〈坤〉之所自爲，則抑無非〈乾〉〈坤〉之所自知也。(《内傳・繫辭下》第 12，614)

(2) 通幽明、括事物於六十四卦爻象之間，而統不出於六陰六陽之變化。(《内傳・繫辭下》第 12，615)

以其純而變化「無不通」；或這類說法「非天下之至純者，不能行乎天下之至雜」《外傳・繫辭上》第 1，987)，其實皆指其不斷隱顯、變化的功能。而雜卦是展示變化的憑藉，所謂「『雜』者，相間之謂也。一彼一此，一往一復，

〔註 10〕陰陽以交感而生起變化，可參蕭漢明《船山易學研究》，115-7。

陰陽互建，而道義之門啓焉。故自伏羲始畫，而即以相雜爲變易之體。」(《內傳・雜卦傳》638）然而，這樣說，似乎因人無法完全了知體之全，才有變化（雜卦）出現。一旦人同時掌握〈乾〉〈坤〉之隱與顯（即陰陽十二），變化理應就消失了；是否如此呢？換言之，體之全用與雜變有甚麼關聯？

這個問題，可以濃縮船山之意爲「純常雜變」一語來討論。體（純）屬常，用（雜）爲變。而純常雜變，實是相對說法；船山純「常」之義，從來不指沒有變化，即不動、靜止。

可見之雜變，若其某些規律被掌握，船山即稱之爲「常」。因此，常是變化——專指可被掌握的變化——正如火車行駛於固定軌道，其速度、方向、停靠站等所有細節，都爲人知曉，卻不能說火車沒有方向、距離、動靜的變化。船山又名之爲「序」，我們一般稱爲「規律」。因此雜變之中也有常，不過，此常卻非純之常。純之常是完全與雜變對立時的用法，它可有兩方面的解釋。

由於體是無法被完全掌握的，因此純之常，明顯不是表示被掌握的規律。而正因人無法掌握它，故相對雜變，它具有看似沒有變化的特性。從氣角度看，氣全用是體，全體是用，變是陰陽二氣所造成。但氣基本上不可見，它屬於「隱」。其變化須由象、形之產生，才被人們感知、掌握——此即「顯」——然後方有變化之名。故人們每天所面對的雜變，屬於現象界。而陰陽二氣是「所以變」，運動不息，無終無始。故一方面它無所謂變化問題，變化是人之識力所界定。〔註 11〕二方面是就人日所睹聞事物之千變萬化，氣爲隱，不可見，似乎相對以一種沒有變化的情況存在。在這兩點情況下，乃稱其爲「常」。

第一點是就氣本身言；第二點是相對人之觀察論。但不管那一點，「純常」都是與「變化」有關聯的詞語。即使從氣本身論其無所謂變化，也是與雜變對比而始稱「常」。至若從觀察者角度看，則所謂「常」，自然更屬變化，而非靜止、不動。因此，同稱爲常，雜變之常表示被掌握的規律（又參第六章

〔註 11〕見上〈乾〉〈坤〉無卦主，又〈乾坤並建〉章從天德講〈乾〉健部分。又從第一點可以衍生的觀點是，指氣之恆在、恆量之常，即氣不管如何變化，無有損益，其注「太虛無形，氣之本體」云：「於太虛之中具有而未成乎形，氣自足也，聚散變化，而其本體不爲之損益」(《正蒙注・太和》17)。不過，正如加熱一密閉容器，其內之氣量爲恆定，卻不能說其氣無有變化。因此，這種恆量之常，比較不是在「純常雜變」對比意義下之「純常」。因若皆從量言，則船山本有物質不滅的想法，故一木頭之化爲灰燼，只是型態轉變，其量不變（參第八章第二節）。變化就無法談論了。

末節）；純常之常則表示相對於雜變、變化，純具有較屬於「不變」的性質。而此「不變」，實質上又只因人無法全盤掌握而產生的感知或理解罷了。眞正的體之全用即是陰陽交感不息，變化無有窮盡。〈乾〉〈坤〉之所以或隱或顯，不斷變化，其理同此。

純作爲雜的根本，第三個特性是即使變化不息，雜仍不離純。此即之前所述陰陽恆十二，只是換個角度，用純、雜來描述，這個過程是雙向的：「雜因純起，積雜以成純」（《外傳・雜卦傳》1112）。對這類純雜的情況，船山有時客觀描述，如「雜者自雜，不害其純」（《外傳・繫辭上》第 1，985）、「純以必雜，雜而不失」（《外傳・繫辭下》第 12，1069）等。有時則強調「純」的價值意味，如「陰陽之用，以雜而不離乎純者爲正」（《內傳・既濟》491）、「非天下之至純者，不能行乎天下之至雜」（《外傳・繫辭上》第 1，987）。

提出雜不離純，是要強調體的作用一直存在，才能持續變化，即「用不離體」。而變化之中，任一雜皆有其純，或雜可以不離純，因可見之雜變，其實連接著不可見（隱）的一面，而這兩面是同一體的。因此，「純」從同一體的角度來界定。然而，雖然一樣是「同一體」，〈乾〉〈坤〉與六十二卦之「純」的情況，卻有些不同，以下稍微說明。

〈乾〉〈坤〉是兩純卦，並建之後其純不失。正如陰陽二氣合生萬物，陰陽之純並未改變，外在（即物象之雜）不影響內在（即陰陽）各具之純。於是可說雜不離純。所以，兩純並列，船山不把它們歸類爲雜，而仍是純；這一點我們可以理解。然而〈乾〉〈坤〉以外之六畫卦，實爲雜卦，並建之後，理應亦是兩個雜卦——上述雜不離純之論，即是由此而來——船山卻稱之爲「純」，這要如何解釋呢？

原來，船山已偷偷做了轉換，不復從二者本身說純，而是從一體的角度說純了。倘若把世界說成一顆球，可見的萬事萬物及其變化，爲球顯的一面（雜）；從世界作爲一個整體而言，加入其未見的一面，此即同一體（純）。而若把任一事、物，比喻爲身邊的一顆球，我們只見其顯的一面（雜），另一面未見，它一樣是同一體（純）。所以，是在同一氣、同一物的聯結上，說「純」。而〈乾〉〈坤〉與六十二卦不同處在於，從一體言固然爲純，就本身論亦純。

不過，對兩雜卦隱顯合一之純，船山進一步的企圖，卻要說它們即等於〈乾〉〈坤〉。可是兩雜合一稱純，本身卻不純；錯卦對照，能說它們是純〈乾〉、純〈坤〉嗎？除非我們這樣類比：顯之雜卦爲某一陰陽比例之男，隱之雜卦爲另一比例之女。二者對照，自然都是純粹之男女。然若是如此，則任一雜卦都可稱純，因之前原是以「純陰」、「純陽」比喻男女，而非以任一雜卦皆喻男女。那麼陰陽對照爲十二，爲何兩雜卦本身亦是純〈乾〉純〈坤〉呢？

當然，船山有他的理論考量：畢竟他把雜卦說成是〈乾〉〈坤〉或隱或顯而成，而雜卦之幽，亦〈乾〉〈坤〉不顯的部分，兩雜合一應該又是〈乾〉〈坤〉。但此中涉及〈乾〉〈坤〉結構問題。若堅稱如此，需要某些條件配合，也有一番論証的曲折；這將是第四節的主題。在此，只要明白船山有這種「雜不離純」的說法就可以了。

參、體用相函

前面其實由一體用概念，分從乾坤與六十二卦、純雜、錯綜、隱顯等角度來說明，這裡略做總結。以下也是兩段船山對體用的概括：

（1）以全《易》言之，〈乾〉〈坤〉並建以爲體，六十二卦皆其用。以一卦言之，〈彖〉以爲體，六爻皆其用。用者用其體也，原其全體，以知用之所自生；要其發用，以知體之所終變。捨〈乾〉〈坤〉無《易》，捨〈彖〉無爻，六爻相通共成一體，始終一貫，義不得異。（《內傳・繫辭下》第 9，607）

（2）〈乾〉可以有〈坤〉，〈坤〉可以有〈乾〉，〈乾〉〈坤〉可以有六十二卦，六十二卦可以有〈乾〉〈坤〉。〈乾〉〈坤〉恆有，則健順恆至，恆至而恆無不知，則六十二卦之效法聽治於一存一發之〈乾〉〈坤〉，而又何疑乎？（《外傳・繫辭下》第 12，1069）

第一則中，「用者用其體」至「以知用之所自生」，指〈乾〉〈坤〉並建爲變化開端。至「體之所終變」，說明變化持續而臻極致。第二則中提到互有。〈乾〉〈坤〉互有，指〈乾〉或〈坤〉皆有德有撰，十二陰陽皆備。「〈乾〉〈坤〉可以有六十二卦」：因純必變雜，沒有一直停留在純之狀態的〈乾〉〈坤〉，必會交感變化；這就是「體以致用」。「六十二卦可以有〈乾〉〈坤〉」，指雜中有純，恆見陰陽十二；此即「用以備體」。上兩則引文，船山又簡括爲「體用相函」（俱見《外傳・繫辭上》第 11，1023），這是論述〈乾〉〈坤〉並建爲體，諸卦爲用的總結。把彼等關係簡化成兩行，上下對照：

（1）〈乾〉〈坤〉：體：全：純：常：12（陰陽十二）：錯卦對照：隱顯

（2）六十二卦：用：半：雜：變：6（一卦六爻）：錯綜卦：顯

這一組與之前純雜做比較（見〈用〉），主要不同處是加入了「體用」。而純雜那一組，是從六畫卦（用）、相對角度對比的——因此文字看似一樣，內容並不同。兩組以「〈乾〉〈坤〉」與「六十二卦」爲主項，但其後六組對比副項，只要符合體用原則，可以大幅添加；目前僅就所論暫如上述罷了。

若不瞭解船山這方面理論，上述對比是平面的，但明白中間接榫或環節是「陰陽十二」，就知道陰陽十二同時証明〈乾〉〈坤〉並建與體用相函。分開說的緣故是〈乾〉〈坤〉並建與體用相函，看似相同，其實有異。〈乾〉〈坤〉並建只是說明六十二卦皆〈乾〉〈坤〉隱顯變化而成。但把體用概念運用上去，並建爲體，諸卦爲用，才讓人看到〈乾〉〈坤〉與六十二卦內在聯繫的必然。換言之，術語的使用本身，是一層一層強化的，最後以體用相函爲結穴。其順序是：〈乾〉〈坤〉並建——並建爲體，諸卦爲用——陰陽十二——體用相函。

換言之，只有先把〈乾〉〈坤〉並建與六十二卦以體用關係扣合起來，當陰陽十二証明「〈乾〉〈坤〉並建」的事實，才同時証明「體用相函」之理。因船山界定〈乾〉〈坤〉並建爲體、諸卦爲用時，即把這四個概念密切聯合一起，充分讓人明白「體以致用」、「用以備體」。然而事實上，船山提到〈乾〉〈坤〉並建或類似詞語（六陰六陽、陰陽十二等），遠多於他明言〈乾〉〈坤〉並建爲體，六十二卦其用。本章幾乎把他所有明確從卦爻言體用的原文都引到了，但在他上千頁的《易》學著述中，這類原文相對不多。於是，若談論〈乾〉〈坤〉並建而無視體用，或一筆帶過，都錯失了船山以體用扣合〈乾〉〈坤〉與六十二卦的意義。

通過體用，純雜、錯綜、十二與六、乾坤與六十二卦等看似關係若有若無的語詞間，都有了一致的意義。而最重要的，體用相函更強化了隱與顯的關聯。它標舉出可見之卦只是「用」，由是強化了「體」存在的必然。當我們把可見之六畫卦，看成是「用」時，自然無法不聯繫到它有「體」——體用概念的用法，都自然讓人如此聯結。可是錯綜卦等術語，卻不具備這樣的功能——即看到一個六畫卦，卻不必然聯繫到其錯卦。藉有「用」必有「體」必然、內在的聯繫，船山現在讓人看到一顯之六畫卦，自然聯想隱之錯卦，這就達成或強化了由顯見隱、由明知幽，乃至隱顯合才是一卦眞正本質的理論。體用相函可以明確的呈現這個觀點。

故綜合第三節體用的論述，我們看似專注於不同的語詞，體用的內涵卻或隱或顯一直都在，只以不同面貌出現罷了；這表明它是議題的核心。同樣的，明白此理，則上述各對比副項，任一組，都可包含其餘組別之意，也就昭然了。即使對比副項再多，已知不過因應角度的差異罷了。體用相函在所有的地方都發揮了作用，此即體用問題的結穴；要講到這裡，才是船山的目的。

所以，船山體用相函看似只是「有體必有用，無用不成體，無體不有用」，這在傳統體用範疇內，是原則性的提法，並不稀奇。〔註 12〕重點在他能從卦爻結構，具顯體用相函之理，以解釋《易》經、《易》卦，恰如其分詮釋了〈乾〉〈坤〉爲「易之門」、「易之縕」的說法，使任何一卦都必與〈乾〉〈坤〉之體發生內在而非外在的聯繫。於是乃能說「〈乾〉〈坤〉有嚮背，六十二卦有錯綜，眾變而不捨〈乾〉〈坤〉之大宗」（《外傳・序卦》1094）。

而體與用在卦爻變化上，其實可以展現更縝密的聯繫，也是在這種基礎上的延續。這將在第六章中討論。下一節是體用問題盪漾的餘波，最後要走到那裡，乃因它涉及論証體用基礎的陰陽十二之成立問題。

第四節　可能問題：本質與結構

學者探討〈乾〉〈坤〉並建，必然由此談到幽明嚮背、陰陽十二之議題。不過，嚴格言，二者並非毫無層次差別，而是「証明」與「被証明者」的關係。証明的目的，則是爲了建立「以全《易》言之，〈乾〉〈坤〉並建以爲體，六十二卦皆其用。」（《內傳・繫辭下》第 9，607）的體用關係。幽明嚮背說六十二卦皆由〈乾〉〈坤〉開展而成；其証據在藉由錯卦對照，而見六陰六陽恆在。用一簡單形式作爲聯繫，大略可表之如下：〈乾〉〈坤〉並建（體）——幽明嚮背（用）——陰陽十二（體）。前後之「體」的差別是，沒有陰陽十二爲惟一基礎或主據，最先的〈乾〉〈坤〉並建以爲體，充其量只是口頭說法，徒具理論態勢而無實據。

或許有人質疑：按船山說法，〈乾〉〈坤〉並建與陰陽十二應是自然等同的，沒有「証明」、「被証明」的關係。不過本章有意使用後者以示區別，表示任一對錯卦（陰陽十二）等於〈乾〉〈坤〉並建，不是自然如此的；實際的任一錯卦對照，其結構並不與〈乾〉〈坤〉相同。所以，之前強調陰陽十二証明〈乾〉〈坤〉並建，現在進一步要問：錯卦對照既非〈乾〉〈坤〉之結構，

〔註 12〕參葛榮晉《中國哲學範疇導論》，第九章。

那麼，怎能說諸卦之陰陽十二，即是〈乾〉〈坤〉並建？這個道理其實需要証明，它是船山努力的結果。因此，最後我們將確定：陰陽十二確實是對〈乾〉〈坤〉並建的証明。

眾所皆知，每一卦都有它獨特的陰陽爻結構或排列方式，以成某特殊之卦。舉例而言，三陰三陽的卦，排列不同，就可構成十幾個不同的卦。但從錯卦對照中，只見到陰陽十二在量上——六陰六陽——與〈乾〉〈坤〉兩卦等同，結構殊異。這完全不符《易》學常識。若船山陰陽十二的論証不足或不成立，則任何一項與〈乾〉〈坤〉並建有關的成就，都是空談。這一小節，就從學者棄而不論的部分談起，說明船山明知違背常識，而仍如此說的緣故，乃因其棄結構、取本質的作法使然。

船山只論數量的等同，而似忽略結構同異，遍尋相關論述，不見他正面回答，只有一個可能，這個可能在幾個小地方顯露端倪，如其解《繫辭上》第十一章「是故闔戶謂之〈坤〉，闢戶謂之〈乾〉，一闔一闢謂之變，往來不窮謂之通」雲：

> 〈乾〉〈坤〉謂陰陽也。凡卦之陰爻皆〈坤〉順之體，陽爻皆〈乾〉健之體；散見於六十二卦者，雖〈乾〉〈坤〉之象不全，而體固具也……故六爻之有陰陽，皆具〈乾〉〈坤〉之德，而用不窮也。(《內傳‧繫辭上》第 11，560)

又解《繫辭下》「〈乾〉〈坤〉其《易》之門邪！〈乾〉，陽物也；〈坤〉，陰物也。」說：

> 《易》統六十四卦而言。所從出曰「門」。有形有象而成乎事者，則可名爲「物」，謂爻也；言凡陽爻皆〈乾〉之陽、凡陰爻皆〈坤〉之陰也……要其實，則一陰一陽之用而已。(《內傳‧繫辭下》第 6，599)

從船山對爻與〈乾〉〈坤〉聯繫言，其預想是凡卦之陽（陰）爻，都是〈乾〉（〈坤〉）之陽（陰）。但這樣說也只表示，個別看待各卦之單一陰、陽爻時，與〈乾〉〈坤〉同；這是本質的對應。但論及一卦六爻，結構差異的問題畢竟還在。船山明此，所以提到體具而「象不全」。「象」，指〈乾〉〈坤〉之卦象（由卦爻結構、陰陽所呈顯之象）而言。因此，一與六代表的不僅數量之別，同時是結構差異。然而，以此說法檢視〈乾〉〈坤〉二卦與諸卦，情況不同，必須分別看待，才能深入瞭解個中曲折。就〈乾〉〈坤〉二卦而言，以本質去通貫，是可消泯結構——即六爻與一爻——之別的，但對諸卦解釋，別有一番難處。以下先談〈乾〉〈坤〉情況，再說諸卦問題。

〈乾〉〈坤〉有其六爻的結構特徵，那麼，六與一如何只是數量之別？而且，在歸約至一陰一陽之時，還算〈乾〉〈坤〉嗎？原來，這都可在一「純」字之下解決。關鍵在於一爻之「一」，乃是表示「整體」，此整體呈顯純陰或純陽的本質；而惟有〈乾〉〈坤〉在整體──六爻結構狀態時，仍保有此「純」，其結構雖六，本質如「一」，故六與一數量與結構之別，於此消泯：一爻之陰陽與六爻之陰陽，都是〈乾〉〈坤〉，也都是陰陽。所以在〈乾〉〈坤〉無卦主時，他才說「純〈乾〉之德，合六為一，如乘六馬共駕一車也。」（《內傳・乾》52）爻有六，德卻一，故不能有主從；有主從，則德非純矣。這純粹是本質與結構的完全對應，「純」為綰接兩方之鑰；船山企圖達到的結論在此。

「純」在此是作為消除數量、結構差異的關鍵。我們一直強調「純」在船山理論的重要性，於此又一見。而諸卦中，也惟有〈乾〉〈坤〉之純，這個論証才能完整成立。我們且名之為「本質論証」，以與下而「陰陽十二的論証」區別。諸卦問題，須從陰陽十二的角度來看。

相對之下，陰陽十二是有瑕疵的論証。從錯卦對照的卦符看，陰陽十二明顯不同〈乾〉〈坤〉，如何可說是〈乾〉〈坤〉？我們不能從本質著眼取消結構差異，因它們不是結構上六陰、六陽之「純」。如此，錯卦對照即使在數量上有六陰六陽，只能說是陰陽駁雜的某某卦。用船山的話說，至多只能依他描述六畫雜卦的情況，說是：「體固具」而「〈乾〉〈坤〉之象不全」。

這句話表示，面對六畫雜卦時，他自覺無法泯除結構差異，故不說即是純〈乾〉或純〈坤〉。因此，船山論証陰陽十二等於〈乾〉〈坤〉（「體具象全」），是從「數量」上的六陰六陽，過渡到「結構」上的六陰六陽，這是不合法的論証。換言之，「體具而象不全」一語，正可以子之矛，攻子之盾，反駁陰陽十二即等於〈乾〉〈坤〉的論斷。因在錯卦對照時，也只是兩個「體固具」而「象不全」的雜卦；結構上不等於〈乾〉〈坤〉的情況，與六畫雜卦情況是沒有甚麼分別的。

我們且從「體具象不全」，以及與之相反的「體具象全」，揭露其中的問題。先說「體具象不全」。

本質論証的延伸是，船山以此看待六畫雜卦，乃言彼等是「體具而象不全」；把體、象明確二分。而「體」之所以具，其實只有把〈乾〉〈坤〉歸約成（或等同於）一陰一陽時，才能說某雜卦具〈乾〉〈坤〉之體。每一六畫雜卦，既然都是陰陽間雜，也就自然証明〈乾〉〈坤〉並建爲體。船山直接說「〈乾〉〈坤〉謂陰陽也。凡卦之陰爻皆〈坤〉順之體，陽爻皆〈乾〉健之體」、「凡陽爻皆〈乾〉之陽、凡陰爻皆〈坤〉之陰也」（俱見引文），都可見此意。那麼，從六畫雜卦的陰陽爻，既然可見〈乾〉〈坤〉爲體；而由六畫卦之可見，自然可謂此乃「體」之「用」了。這時，按船山本質論証推斷，〈乾〉〈坤〉並建爲體，諸卦爲用，「體用相函」就不須透過陰陽十二來証明了。其體用相函比陰陽十二更直接，全用是體，全體是用，不用錯卦對照。

次說「體具象全」。

從體角度看，雜卦陰陽數量的比例，似是不重要的；如一卦是五陰一陽或五陽一陰，都是兼具〈乾〉〈坤〉之體。比例不均，只是突顯一卦不同他卦的情況罷了。然而，從「象全」——〈乾〉〈坤〉二卦完整之象——角度看，陰陽數量的比例又似是重要的。當船山說雜卦「體具而象不全」時，意謂雜卦結構上不等同〈乾〉〈坤〉，顯然隱含二卦十二爻對照，就是「象全」。但此象是否〈乾〉〈坤〉之全象？從結構看，自然還是不等於〈乾〉〈坤〉。惟有從本質看，把〈乾〉〈坤〉等於一陰一陽，再從量上，見陰陽十二恰好是六陰六陽；船山由此過渡，而認爲是等同量與質均衡的〈乾〉〈坤〉:「體具象全」。

我們從結構不等於〈乾〉〈坤〉，開始分析。客觀來看，不管是「體具象不全」或「體具象全」，二者在結構上皆不等同〈乾〉〈坤〉，都是一樣的陰陽交雜，只是陰陽爻數量六與十二有別而已。因此，若陰陽十二不等於〈乾〉〈坤〉結構，卻說成是〈乾〉〈坤〉結構；據此推論，那麼一雜卦六爻，自然也可說成是〈乾〉或〈坤〉結構，即若一錯卦對照（如〈震〉䷲〈巽〉䷸），䷲䷸＝䷀䷁，那麼䷲＝䷁，或䷸＝䷀。

此外，在論証〈乾〉〈坤〉之體具在時，數量差別可在本質角度下消泯。舉例言之，〈復〉卦䷗一陽五陰，不能說體是一〈乾〉五〈坤〉，而是把五陰之五，在本質角度下只等於〈坤〉（陰）來看待。我們會說該卦是陰陽兼具，兼有〈乾〉〈坤〉（或一陰一陽）之體。五與一的數量之別，是無足輕重的，可以取消。同樣的，在陰陽十二時，雖有六陰六陽，但不會說是六〈乾〉六〈坤〉，只能說也是一〈乾〉一〈坤〉、一陰一陽之體罷了。所以船山也說：

> 〈乾〉〈坤〉之良能，體物不遺，而變之通之者，神明爲之也。六十四卦具而〈乾〉〈坤〉之能事畢，變通之動幾盡焉。要其實，則一陰一陽之用而已。(《內傳・繫辭下》第 6，599)

在《大全・中庸》第十二章說得更清楚：

> 《易》云「一陰一陽之謂道」，是大概須如此說。實則可云三陰三陽之謂道，亦可云六陰六陽之謂道，亦可云百九十二陰、百九十二陽，乃至五千七百六十陰、五千七百六十陽之謂道。而〈乾〉之純陽，亦一陽也；〈坤〉之純陰，亦一陰也；〈夬〉、〈姤〉之五陽，亦一陰也；〈剝〉、〈復〉之五陰，亦一陽也。〈師〉、〈比〉、〈同人〉、〈大有〉等皆然。（496）

〈夬〉䷪〈姤〉䷫，分別是五陽一陰；〈剝〉䷖〈復〉䷗分別是五陰一陽。而〈夬〉䷪與〈剝〉䷖為錯卦；〈姤〉䷫與〈復〉䷗為錯卦。船山稱〈夬〉為一陰，〈剝〉為一陽；〈姤〉為一陰，〈復〉為一陽；各自展示「一陰一陽之謂道」之理。因此，在「體」角度下，不管是雜卦一卦六爻或陰陽十二之體，都不受陰陽爻數量與結構差異的影響，差別最終在本質論証下消泯。這個本質，就是卦皆有陰有陽，至於陰陽爻數量的比例，則另論。

然而論象全、不全時，數量的差別，卻不能取消，反倒成為「體具象不全」與「體具象全」真正分別的關鍵。明顯的，這是船山對陰陽爻數量的「主觀」看法使然：陰陽爻數量的十二，成為結構的依據，以此過渡，認為等於〈乾〉〈坤〉結構。在陰陽十二時，不止〈乾〉〈坤〉為體重要，陰陽爻數量也重要，船山才說它是體、象皆〈乾〉〈坤〉。綜合來看，船山是從量與質界定陰陽十二等同〈乾〉〈坤〉並建，相對忽略了結構的差異。此舉乃以本質角度忽視之，逕以量過渡到結構，是本質抉擇結果。

本來，不管本質論証與陰陽十二，都是為了達到〈乾〉〈坤〉並建為體，諸卦為用的目的。相較之下，本質論証自然較完美，也較關鍵。因陰陽十二之所以可以等同〈乾〉〈坤〉，「體具在」部分，還須借助本質論証來達成。它可以消除「體」方面有關陰陽爻數量與結構上的差異。但不管是雜卦或陰陽十二，透過本質論証，都無法達到「體具象全」，只能「體具象不全」。因此，本質論証的作用，在証「體具在」，不在証「象全」。但一旦此証成立，本文前述任何與〈乾〉〈坤〉、諸卦體用相函問題，皆可適用。而且其體用相函，不須從陰陽十二對比而得，直接從雜卦的陰陽間雜即可見，不須陰陽十二。

船山卻無論如何，都要讓這個等式成立：陰陽十二＝〈乾〉〈坤〉之體具象全。以船山之能，會不知陰陽十二之病嗎？應該是可以的。但其著作中對陰陽十二的引述、闡述與論証，遠多於本質論証；顯然是抉擇的結果。雖然明知抉擇不能取消客觀結構的差別，理論才可以，卻選擇一個較有爭議的理論，可見他有另一番考量。那就是：陰陽十二有一個本質論証不能達到的效果，即可藉錯卦對照，具顯〈乾〉〈坤〉並建的道理。

所謂「具顯」，指完整、具體兩大特性。十二陰陽在數量與結構上一一可見：數量是六陰六陽，與〈乾〉〈坤〉並建陰陽爻數量相同；結構是每次錯卦對照，皆可得出十二的結構特性。數量、結構，不止表現了完整與具體可見的特質，同時讓人對數量與結構之間的「暗渡陳倉」，有合法的「錯覺」；學者不在此質疑，其故或在此。

而依本質論証，雖能由六畫卦中見〈乾〉〈坤〉之體用，但不能見到量與質均衡的「全體」。有了「均衡」，才能同時具體展現「有隱有顯」的道理。所以陰陽均衡，是具顯「一隱一顯」的必要條件。此二者都是同等重要，也是一時並起的。他要達到的理論目的是：每卦皆陰陽均衡、一隱一顯。「均衡」固然是「隱顯」成立的條件；而在船山理論中，「隱顯」的重要性以及其涵蓋面之廣，〔註13〕遠遠超過了「均衡」。不過，均衡的深意也是未可忽視的，它其實是增加了隱顯深度的一大助力（參第八章第一節）。

當然，一陰一陽也是均衡，但一爻之隱顯，變化太少，無法展示多元，故才以六陰六陽。之前曾言，船山會以「至足」、「皆備」等語描述陰陽十二，其實不單指〈乾〉〈坤〉並建、陰陽十二這種表面意思，其所強調者是「顯」恆有一對應之「隱」，如此才是均備：

> 〈乾〉〈坤〉首建，位極於定，道極於純，十二位陰陽具足，爲六子五十六卦闔闢顯微之宗。〈乾〉見則〈坤〉隱；〈坤〉見則〈乾〉隱。隱者非無也，時之所乘，數之所用，其道在彼不在此也。以其隱而未著，疑乎其無，故方建〈乾〉而即建〈坤〉，以見陰陽之均備。故《周易》首〈乾〉〈坤〉，而非首〈乾〉也。（《外傳・序卦傳》1096-7）

文末謂「以見陰陽之均備」，若單從六畫卦求之，那一卦不是陰陽兼具？有些卦甚至也有「均」的意思，例如〈泰〉䷊〈否〉䷋等三陰三陽卦，也是陰陽均衡。但船山卻非得強調六陰六陽之均備，其故正在於可暢言隱顯之旨。這個重要性與其太極、神妙有關，我們留待第七、八章詳論。

現在，我們最後的問題是：一個不完全的理論，再如何重要、關鍵，它

〔註13〕就此，可參看陳贇《回歸眞實的存在：王船山哲學的闡釋》一書，該書是闡發船山隱顯模式的力作，涵蓋面廣，深度亦足。

能達到証成的標的嗎？而且之前曾說，若船山陰陽十二論証不足或不成立，則任何一項與〈乾〉〈坤〉並建有關的成就，都將打折扣，甚至空談。那麼，船山陰陽十二理論捨結構、取本質的意思，是否無法証成呢？

基本上，我們可以挑出缺點，卻無法駁倒它——這個說法有百分之八十的道理。不能駁倒這百分八十；或僅駁倒百分之廿部分，不能動搖理論根本。因船山所犯錯誤，乍看是忽視〈乾〉〈坤〉卦爻結構，卻可以把它看成是詞語歧義的問題。

船山取陰陽十二，是爲証成每卦陰陽均衡的目的。要得到這個結論，透過陰陽十二確實可以証明，只須避開把陰陽十二等同〈乾〉〈坤〉結構的問題。因就其實質言，指陰陽的均衡，不是問題所在；弊在詞語使用涉及〈乾〉〈坤〉「結構」而已。至少可有兩種作法，(一) 把十二陰陽均衡的情況，另起稱呼，例如「六陰六陽」或其他；總之這「六陰六陽」結構不等同〈乾〉〈坤〉。然而，若按這種做法，無法回應〈乾〉〈坤〉並建，亦難以深切說明〈乾〉〈坤〉爲《易》之門（蘊）的重要性。(二) 如一定要把陰陽十二、均衡之體，名爲〈乾〉〈坤〉，只須說此處之〈乾〉〈坤〉代表陰陽，而不是代表某特定六爻結構的卦，故陰陽十二中、錯卦對照排列組合雖不同，但每一陰、陽爻本質上皆〈乾〉之陽，〈坤〉之陰，故以此稱〈乾〉〈坤〉。這實即船山的方式。只是在他運用過程中，並無詳析，以致雖知〈乾〉〈坤〉代表陰陽二氣，但在分析卦爻結構時——此時已離開〈乾〉〈坤〉爲天地之德的討論——自然專注在〈乾〉〈坤〉作爲六畫卦的結構上，忽然又冒出它們作爲二氣代表的事實，確實會造成上述疑問。

所以，在陰陽十二的討論中，〈乾〉〈坤〉其實一直有兩方面的意義，一指特定（即純陰、純陽）結構的六畫卦；二謂單純陰陽二氣的代表。第一點是討論卦爻時必然會注意的對象，沒有問題。第二點則隱藏在背後，是讓任何一個學者可以暢論陰陽十二，而不致犯了《易》學常識錯誤的關鍵。

同樣的，陰陽十二在結構上是否等於〈乾〉〈坤〉呢？也要看我們把〈乾〉〈坤〉看成甚麼。若看成特定兩個六畫卦，自然不是；看成陰陽的代表，則只要有至少一陰一陽，就是〈乾〉〈坤〉，三畫卦、六畫卦自然都是〈乾〉〈坤〉。眞正成問題的是：它們是否具有陰陽均衡、一隱一顯的特質呢？

上述說本質論証時，謂從可見之六畫卦，即可知〈乾〉〈坤〉並建，有體有用；這是鑽船山論述不審的破綻而得出的結果。因按其任一陽爻皆〈乾〉

體，任一陰爻皆〈坤〉體，自然可見之六畫卦，即含括「體用」。不過，船山的傾向是，把可見之卦，不管是三或六畫卦，都不以〈乾〉〈坤〉稱，而是要加入一隱一顯，陰陽均衡時方可，〈乾〉〈坤〉幽明嚮背而成諸卦，就強調了這個意思。其〈乾〉〈坤〉並建的眞正意涵，即在此處。所以本質論証有這麼一個破綻，的確使其理論打了折扣。換言之，按本質論証，隱顯不是必然的。所以才要加入陰陽十二來補救。同樣的，依陰陽十二不可能在卦爻結構上與〈乾〉〈坤〉等，必須本質論証來証明。

因此，我們的結論是，陰陽十二的成立，是結合本質論証的結果。任一者的缺席，將造成上述理論的缺陷。由於二者相配，使他有了百分之八十的理由。我們對陰陽十二的評價，大約就是如此。〔註14〕

其實，問題從一開始的〈乾〉〈坤〉幽明嚮背就埋下了。探討幽明嚮背時，曾說六畫卦都是〈乾〉〈坤〉隱顯所成，從可見之六畫卦這樣說，問題不大。然而錯卦對照爲陰陽十二時，任兩卦結構皆與〈乾〉〈坤〉不等，畢竟是非常清楚的。

本質論証避開從結構上說陰陽十二等於〈乾〉〈坤〉兩卦，只從本質說只要有至少一陰一陽，都是〈乾〉〈坤〉。它除了一方面解釋陰陽十二如何越過卦爻結構而等於〈乾〉〈坤〉，同時彰顯了陰陽十二的重要特徵；讓人知曉船山可以六畫卦詮明「體用相函」，他卻不此之圖，而必張揚陰陽十二來詮說「體用」，其故在後者有「均衡」之利，用呈「隱顯」的事實。本章之所以名爲〈陰陽十二〉，其故在此。

我們對陰陽十二的討論，從可能問題，到似乎沒問題，並不是回到原點，而是從過程中，瞭解均衡、隱顯的重要性，開啓了新的可能。接著，就要逐一說明船山如此做的用意，其實與太極主要性能——神妙不測——有關，下兩章就藉船山卦變，探討卦爻變化如何展示神妙，作爲瞭解太極的初階。

〔註14〕此瑕疵在本章論述脈絡之下，確實可以成立。不過，瞭解船山太極成立的條件，它就不一定是瑕疵了。由於太極是隱顯的後續議題，無法於此深論，故暫說如此。眞正定論，參第九章結論第一節。

第四章　卦變二種（上）——八卦卦變

第一節　太極與卦變二種

上一章〈陰陽十二〉，談到兩大方面問題，一是從靜態的錯綜對照，見一卦恆有陰陽十二的事實；二是論証陰陽十二時，涉及的動態過程，明瞭六十二卦皆〈乾〉〈坤〉二卦隱顯而成，此即船山「卦變」說法。前此只著重問題一；這一章進一步分析之前只稍微涉及的問題二，不過，重點並不在仔細辨析其卦爻具體變化的軌跡，而是著重評估船山解說卦變當如此的「理據」。由理據的探討，將帶出第五章以後的主題——太極；那時即可與〈陰陽十二〉之「均衡」、「隱顯」接軌。因此，本章（分上下）卦變的討論，是二者的橋樑。

藉〈乾〉〈坤〉隱顯而成卦變的說法，無庸置疑是船山獨樹一幟的發明。而〈乾〉〈坤〉之或隱或顯而形成某卦，無法輕易預測、掌握，這就是卦變之神妙。在他批評〈序卦傳〉之卦序不合他所理解的卦變原則時，他延伸六十二卦皆〈乾〉〈坤〉隱顯而成的要旨，實際提出個人的二種卦變圖式（簡稱「卦變二種」）〔註 1〕（見《外傳・序卦傳》）。他認爲，卦變二種可以極佳地展現〈乾〉〈坤〉並建而成太極、神妙莫測的功能。問題是，從《外傳》乃至與卦變二種同一篇的《外傳・序卦傳》中、有關太極的描述，與卦變二種實際的

〔註 1〕 朱伯崑《易學哲學史》（四）提出船山有三種卦變圖式（75）。陳玉森、陳憲猷《周易外傳鏡銓》（見其解《外傳・序卦傳》）、汪學群《王夫之易學》134、金納德《論船山易學之乾坤並建說》，亦持此論點。本章以爲朱氏等人所言錯綜卦變的圖式，只是船山兩種卦變圖式的基本原則，不當成爲船山卦變之一種。請詳本章及第五章。

表現不盡相合。

如此一來，似乎船山對卦變，存有兩種不同看法，一是卦變二種；二是依其並建體用、太極等角度，所衍生出來的、有關卦變的理解。然而，眞正情況，應是他以爲已藉卦變二種表達出太極眞義。晚年作《內傳・發例》，方覺不妥，是以「未敢信爲必然」，乃於《內傳》刪去二種卦變圖式。由以下言論可知，癥結在於太極與卦變二種有了衝突：

> 〈序卦〉非聖人之書，愚於《外傳》辨之詳矣。《易》之爲道，自以錯綜相易爲變化之經，而以陰陽之消長屈伸、變動不居者爲不測之神。間嘗分經緯二道，以爲三十六象、六十四卦之次序，亦未敢信爲必然，故不次之此篇。（《內傳・發例》第 20，676）

因應不同指涉，太極有不同的意義（詳七、八章）。本章與卦變二種相關的太極，最簡界定指太極之主要功能或表現，即上文「陰陽之消長屈伸、變動不居者爲不測之神」。船山認爲，卦爻透過錯綜的方式，展現陰陽消長，不是刻度式的僵化之規律，而是變動不居、變化不測的，可以「神」稱。〔註 2〕錯綜卦是變化的主體，變化超出人的預期，就是神妙。卦爻爲主體，變化其功能，二者合稱爲《易》。所以神妙莫測，是常被強調的，所謂「《易》與神合」者是（《外傳・繫辭上》第 4，1000）。或者乾脆說神即《易》之道，如云「《易》之道，《易》之所以神也，不行而至也，陰陽不測者也。」（《內傳・發例》668）

至於「如實言之，則太極者，〈乾〉〈坤〉之合撰，健則極健，順則極順，無不極而無專極者也。」（《外傳・繫辭上》第 1，990）換言之，任一陰陽十二都是太極。「無不極而無有專極」句，「無不極」言變化籠罩範圍之大；有專極即變化有特定方向、方式，「無有專極」即變化莫測。《易》與太極的關係，在此只是名稱不同。其實：

> 太極者，無有不極也，無有一極也。唯無有一極，則無所不極……在《易》則〈乾〉〈坤〉並建，六位交函，而六十四卦之爻象該而存焉。故曰「《易》有太極」，言《易》之爲書備有此理也。（《內傳・繫辭上》第 11，561）

所以，船山頻稱「《易》有太極」。《易》有時指書名，即《易經》——如上引「《易》之爲書」——太極沒有這層意思。有時指其實質內容，即以卦爻產生

〔註 2〕本章只從卦變角度，看出卦變二種的變化，無法盡合於太極變化莫測之神。太極其餘相關層面的意涵，將在第五章以後集中論述，不贅。

無窮變化，神妙莫測者，太極在此與《易》等。簡言之，神妙（以及相似語詞）可說是太極主要、甚至是惟一的性能。

船山的兩種卦變是否如其所言，皆與神妙不符？我們認爲，應分別看待。從引文看，它們都與太極頗有距離，但遠近實有不同，第二種較切合太極，只是結構上仍有瑕疵。卦變二種主要的、共通的毛病，都在卦爻結構上——通常，《易》學家通過兩種方式，讓讀者明瞭其卦變，一是文字敘述的卦變原理，二是以卦爻結構展現此理。卦變二種的特色是，船山以文字描述其變化莫測之意，強過結構上所展現出來的樣子。但眞正的問題是，它們的卦爻結構，都有「不一致」的毛病，以致減低了結構的說服力，由於文字敘述與結構對應，弊端自然相同。

此外，船山由於「未敢信爲必然」，是以刪削圖式，是否等於完全否定卦變二種？從言辭看，還是留有餘地，且眞正原因，雖然一口道破，可是爲何不合太極，卻未明朗，對個中癥結，或許自身亦未盡深察。

由於兩種卦變的卦序，基本上皆依《易經》卦序。於是，學者諸如朱伯崑、陳玉森等先生，對船山否定卦變二種的解讀是，只因照《易經》卦序，遂導致牽強、扞格諸病。如朱伯崑先生說：「至於對各卦的具體解釋，特別是各卦之間的聯繫，由於受到《周易》卦序排列次序的局限，其解釋頗多牽強之處，亦未能自圓其說。」（《易學哲學史》（四）97-8）

陳玉森、陳憲猷二先生評第一種卦變（即下之「八卦卦變」）亦云：「其否定〈序卦傳〉之說，而別立新義，欲於六十四卦之中見天道無心之化，然而又囿於今本卦序之排列體系，故只能於既定之序中說以無序，而最終亦不能違逆今本六十四卦之先後次第。於是其說未免有疏漏。」（見《周易外傳鏡銓》1026，下簡稱《鏡銓》）蕭漢明先生說：「他以錯綜爲變化之大經，分析了各卦之間的往來之跡與消長之幾，但其缺陷在於難以表達事物發展過程的起伏與曲折，而且也難以排除牽強與附會之處。」（《船山易學研究》140）牽強附會以外，蕭先生還以爲卦變「難以表達事物發展過程的起伏與曲折」，但下文將証明卦變二種正所以表達這種起伏、曲折；其論點並不正確。

金納德先生否定卦變二種，表現最強烈，以爲以錯綜關係列出的錯綜圖，才是船山理應堅持的卦變——他受朱伯崑先生影響，以錯綜圖爲第三種卦變圖式——因爲按錯綜排列的卦爻，其順序不遵《易經》卦序，正好避免船山在遵《易經》卦序這一點上所受到的批評（《論船山易學之乾坤並建說》，44、

48、52、74、91）。他認爲打散卦序，就可以解決問題。

是否如此，即造成卦變與太極不測之神有了距離呢？答案是：不盡然。卦變二種所涉及問題頗爲複雜，故評者所述只是冰山一角。嚴格言，上述說法都屬較外圍問題。他們皆照船山理路探討卦變，而不從太極與卦變關聯爲出發點發現問題，遂無法觸及癥結所在。

因此，本章探究卦變二種，是從符合太極與否爲出發點，區分那些符合那些不符，那種較符合，那種較不符。最後，總結船山卦變的合理與不合理。合理的，即眞正與太極合符。並由此得知，眞正與太極合符的卦變，其實只要遵循陰陽消長的三大原則即可。所以卦變可以多於二種；至於實際卦序如何安排，更其餘事。這就闡明船山未道破，或自己也不甚清楚的地方；同時也指出朱、陳等學者把矛頭指向按照卦序，並不正確。

於是，我們明瞭「未敢信爲必然」一語，所透露的「不必然」，實有歧義，可能指（一）這二種卦變不必然（船山傾向於此）：即卦不必然照這兩種方式變化。（二）卦變不是只有二種：即在「數量」上可以有其他卦變。我們要說，照船山太極的界定，（一）、（二）都是對的。而且，（二）顯然可以順著（一）推出：既然卦變不必然是特定二種，其他卦變就有被接受的可能。但（二）似乎不在船山預設內，他只否定卦變二種不必然，不隱含他認爲別人的卦變是必然的，或甚至其他卦變可以被允許的可能。從他批駁其他卦變看，答案似乎是否定的。

當然，順此，「不必然」之意也許是，沒有卦變是必然的。這是最強的否定。若如此，則船山必須否定其太極。既然他對太極有相關的界定，這種意義的「不必然」也就不存在。

因此，本文仔細分析「不必然」的卦變二種，修正其間瑕疵，做出相關抉擇，認爲第二種卦變（「十二辟卦卦變」），最合太極之神妙。以此爲準，所開顯的意義是：船山所界定之太極，不是排除其餘卦變的可能，而正是開創其餘卦變的可能。這就是太極所涵蘊的深義。換言之，依照船山太極某些簡單的條件，任何卦變都可能成立。

因此，所謂卦變二種（經修正後），眞的只是「二種」，是《易》學史上所有可能卦變中、數量意義上的「二種」罷了；不是排斥其他可能卦變的、必然之「二種」。這是針對船山卦變的理據部分，所做出的最終結論。當然，就這一點言，可能連船山自己也不是非常清楚，是以只有道破而無申論。

《外傳・序卦傳》中的「卦變二種」（頁 1091-1111），下文據此。是船山惟一完整闡述六十四卦卦變的文字。當然，《內傳》或《內傳・發例》第 10 亦不乏釋卦變之例，不過，由於只涉及局部即十幾個卦爻的變化，這與解釋六十四卦總體的往來變化不同。局部部分較不與太極衝突，卦變二種是總體的，則與太極扞格較多。〔註 3〕因此本文只擬探討卦變二種，以此為軸心，疏導其間衝突，以作為以後諸章有關太極討論的基礎。

船山所提的二種卦變，他概稱為「二經」，我們認為可簡稱為「八卦卦變」與「十二辟卦卦變」。二種卦變都以〈乾〉〈坤〉為始。船山解釋卦變，提出位居卦變樞紐的卦爻概念。除了〈乾〉〈坤〉必然為卦變樞紐外，二種卦變位居樞紐的卦並不相同。八卦卦變是以〈乾〉〈坤〉變為〈坎〉〈離〉、〈震〉〈艮〉、〈巽〉〈兌〉六子卦。此八卦為樞紐，其下各自變化出其餘諸卦，隸屬這八個卦。

十二辟卦卦變是〈乾〉〈坤〉首建，藉消長而變化出〈泰〉〈否〉、〈臨〉〈觀〉、〈剝〉〈復〉、〈遯〉〈大壯〉、〈夬〉〈姤〉。以此十二辟卦為樞紐，其下再各自變化出相關的卦，皆隸屬於這十二個卦。因此，六十四卦都分屬於八卦或十二辟卦，稱為〈乾〉〈坤〉之屬或〈泰〉〈否〉之屬等。

至於為何有些卦隸屬〈乾〉〈坤〉，有些隸屬〈泰〉〈否〉，船山自有解釋。簡言之，樞紐與樞紐之間，皆有船山建立起來的關聯，如此才能完整解釋六十四卦卦變。而樞紐與所屬卦的關係，八卦卦變中，船山大致有努力鋪陳出某些較相近的性質。十二辟卦卦變的關係較模糊，似乎單純以《易經》卦序排列區隔而已。

至於為何八卦、十二辟卦可成為樞紐，自然來自船山對傳統的抉擇。由八卦而變化出五十六卦，《易傳》已肇其端；這本是最原始的卦變模式。十二辟卦淵源或許很早，但一般傾向於由漢末虞翻完成——後來成為慣相沿用、影響較大的模式；船山自不能忽視。不過，主因還在於不管漢人（如虞翻）或宋人（如邵雍），對十二辟卦的運用，都太過機械，不符合船山所理解的卦變，因此特加標舉，作出較靈活的變化示範。

我們對船山二種卦變，檢討兩方面問題，（一）是其卦變方式，即具體卦爻如何由甲卦變乙卦等的方式。（二）是審視其卦變理據。（一）的探討，仍是為（二）張本，故不一一辨析所有卦爻的變化軌跡，不與（二）相關者則

〔註 3〕局部卦變部分，可參林文彬《船山易學研究》208-217。

棄之。理據部分，八卦卦變主要可概括為「陰陽」、「純雜」、「中」、「始終」，加上八卦物象之間——天地水火雷風山澤——的相關聯繫。十二辟卦卦變則為「陰陽消長」、「中位」與「均衡卦」。而卦變二種表現太極神妙的主要方式，分別是：八卦卦變以卦爻之「純雜參差」、十二辟卦卦變以卦爻之「消長不齊」。

第二節　八卦卦變

照理八卦當指三畫卦，不過在卦變中船山皆指八卦之重卦，即六畫卦。船山云：「因三畫八卦而重之，往來交感，為天、地、水、火、雷山、風澤之定體，其卦八，其象六」。天、地、水、火、雷、山、風、澤，分別是〈乾〉〈坤〉〈坎〉〈離〉〈震〉〈艮〉〈巽〉〈兌〉八卦之取象。圖如下：

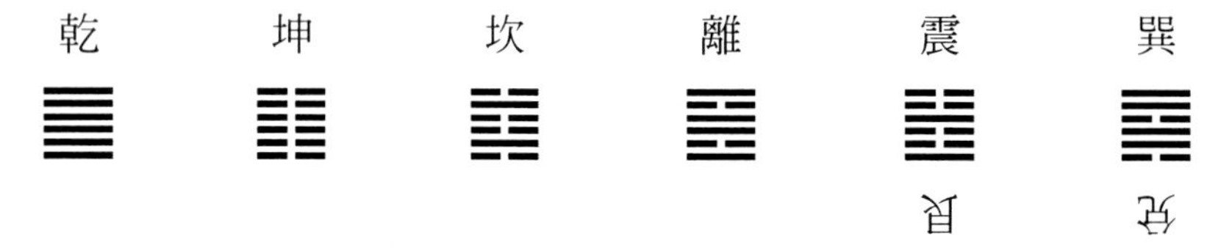

船山首先說明八卦之所以成為樞紐的原因。從錯綜角度看，〈乾〉與〈坤〉、〈坎〉與〈離〉為錯卦；〈震〉與〈艮〉、〈巽〉與〈兌〉為綜卦，各自成對。他對八卦所作的大區分是，把八卦分為經緯兩組，經主常，緯司變。〈乾〉〈坤〉、〈坎〉〈離〉為經，此四卦只錯不綜；〈震〉〈艮〉、〈巽〉〈兌〉為緯，此四卦有錯有綜，而用綜不用錯。船山分別賦予經緯不同的特質，作為區別經緯的理據（詳下）。

〈乾〉〈坤〉為首，因「〈乾〉〈坤〉首建，位極於定，道極於純，十二位陰陽具足，為六子五十六卦闔闢顯微之宗。」（1096）六十二卦皆〈乾〉〈坤〉隱顯所成，故二卦自然首出。而卦爻萬變不離〈乾〉〈坤〉之陰陽十二，故為常，為經。〈坎〉〈離〉為次之因，是得〈乾〉〈坤〉之中的緣故：「卦以中位為正，〈坎〉得〈乾〉之中，〈離〉得〈坤〉之中也。」（1097）〈坎〉二五為陽爻，〈離〉二五為陰爻；由於二、五為中正之位，且「凡卦之陰爻皆〈坤〉順之體，陽爻皆〈乾〉健之體」（《內傳・繫辭上》第 11，560），故言得〈乾〉〈坤〉之中。此外，四卦為經之另一因，是有錯無綜。船山再從彼等所象之物，具不變不遷之質的角度，加強此意：

> 天雖周行而運行乎上，地雖四遊而運行乎下，而高卑不移，虛實不改；水火不變，不從不革，不曲不直，其性不易，其質不遷。（1097）

〈乾〉〈坤〉所象之天地，其高卑、虛實，都有恆常性；〈坎〉〈離〉水火之性亦然。

〈乾〉〈坤〉爲經，與諸卦皆所自出有關，不待言；而〈坎〉〈離〉爲經，其故在得〈乾〉〈坤〉中正之位。此外四卦有錯無綜，明確展示陰陽恆十二，而非便於呈顯卦爻升降變化，如綜卦。最後，從四卦所象之物，確定彼等有不易不遷之質。經由這幾個角度，釐定此四卦爲經。

至於〈震〉〈艮〉、〈巽〉〈兌〉四卦，與〈乾〉〈坤〉、〈坎〉〈離〉不同，這些不同，是船山區分經緯的細部內容。〈乾〉〈坤〉、〈坎〉〈離〉是「經以設而靜」，是「著陰陽十二之全有」。四卦之所以是「靜」，乃因四卦重點不在說明卦爻的往來，而是成爲其餘卦「往來之定經」，此因四卦有錯無綜，故利於完整顯示陰陽十二之故。〈震〉〈艮〉、〈巽〉〈兌〉則是「以交爲往來」，四卦雖「有錯有綜，〈震〉錯〈巽〉，〈艮〉錯〈兌〉」；但「用綜不用錯，陰陽不宅其中，則以捷往捷來見運行之神」，「而著氣機流行之妙」（1097），此之謂「緯以積而動也」。〈震〉〈巽〉與〈艮〉〈兌〉彼此爲錯卦，但船山強調它們的綜卦部分，其特色在於「陰陽之動，一上一下，變之復也」。簡言之，船山把經緯、動靜、錯綜，作出相關聯繫：經、靜、錯對應緯、動、綜。當然，這種區分是相對的，所以他又說「凡綜卦合四卦而見陰陽之本數」。

八卦分判經緯之後，再分爲四組，即〈乾〉〈坤〉、〈坎〉〈離〉、〈震〉〈艮〉、〈巽〉〈兌〉，各組分別形成其他卦，總共五十六卦。〈坎〉〈離〉等三組是六子卦，船山認爲它們替〈乾〉〈坤〉分功，形成其餘相關的卦：「〈乾〉〈坤〉定位以交感而成六子，六子立而與〈乾〉〈坤〉分功，則〈乾〉〈坤〉亦自有其化矣。」隸屬於〈乾〉〈坤〉的卦，共廿六；〈坎〉〈離〉之屬廿；〈震〉〈艮〉之屬四；〈巽〉〈兌〉之屬六；總數五十六。船山從數的角度，說明各組屬卦數量不同之故；一樣與經緯的區分有關：

> 〈乾〉〈坤〉之德純，其數九十而得中，〈乾〉〈坤〉之數，老陽則五十四，老陰則三十六；少陽則四十二，少陰則四十八，皆合爲九十。故其卦多。〈坎〉〈離〉之位正，其數九十，與〈乾〉〈坤〉均。〈坎〉之數，老陽則十八，老陰則二十四，爲四十二；〈離〉之數，老陽則三十六，老陰則十二，爲四十八，合爲九十。〈坎〉之數，少陽則十四，少陰則三十二，爲四十八；〈離〉之數，少陽則二十八，少陰則十六；爲四十四，亦合爲九十。陰陽合德，水火相入，熱入湯中，油升燄內，渾合無間。故其卦次

多。〈震〉〈艮〉毗陽，〈巽〉〈兌〉毗陰，德既不合，用亦相違，其數非過則不及，〈震〉〈艮〉老陽皆十八，老陰皆二十四，爲四十二，合八十四。少陽皆十四，少陰皆三十二，爲四十六，合九十二。〈巽〉〈兌〉老陽皆三十六，老陰皆十二，爲四十八，合九十六。少陽皆二十八，少陰皆十六，爲四十四，合八十八。故其卦少。(《外傳．序卦傳》1099-1100)

這裡的配合之數，是從老陽（九）、老陰（六）、少陽（七）、少陰（八）相關組合的加總。如〈乾〉六爻皆老陽，老陽之數九，總數五十四。〈坤〉六爻皆老陰，老陰之數六，總數三十六；加起來是九十。若〈乾〉六爻皆少陽（七），總數四十二。〈坤〉六爻皆少陰（八），總數四十八；加起來是九十。陰陽二氣運行一周天之數是三百六十。陰陽老少加起來是一百八十，這是周天之數之「中」，故曰「得中」。其餘卦爻的加總也是依陰陽老少而得。〈坎〉〈離〉也是得中，至於另二組卦則否。得中則正，爲經；否則爲不正、爲緯。從得中與否，船山判定屬卦的多少；這是他的理據。

我們或許可以懷疑，實際情形可能不如此，因爲兩個從占卜過程產生的卦，其陰陽老少，不可能如船山所說那麼齊整。譬如占出〈乾〉〈坤〉二卦可能是：〈乾〉三老陽三少陽，〈坤〉二老陰四少陰，其數是（3×9＋3×7）＋（2×6＋4×8）＝92。下一次的占卜可能也同樣產生 92，那麼總數等於 184，不是 180。不過，船山的理由，簡單卻合理，那就是這種判定，是從本質角度論，而非從偶然情況。這樣，對卦變合理性，就有進一步強化的作用。

以上船山對八卦爲樞紐卦，所作出的理論說明。以下是對船山卦變理據的探討。在敘述之前，我們要重申的是，分析卦變二種，一直是著重在聯繫諸卦的理據部分，即看船山說某甲卦之後當是某乙卦之類的理由何在，不是一一詮說所有卦爻變化的軌跡。與此關係較疏遠的，就不多費口舌了。〔註 4〕

〈乾〉☰〈坤〉☷之屬，其卦廿六，其象十四：

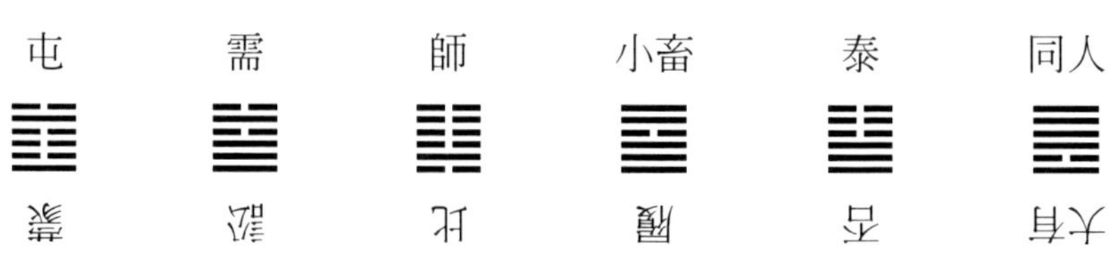

屯	需	師	小畜	泰	同人
䷂	䷄	䷆	䷈	䷊	䷌
蒙	訟	比	履	否	大有

〔註 4〕卦變二種之卦變，可參朱伯崑《易學哲學史》（四）75-87。《鏡銓》（下）1008-1048。朱氏基本上照船山說法擇要闡述，陳氏解說較詳，亦有批評。

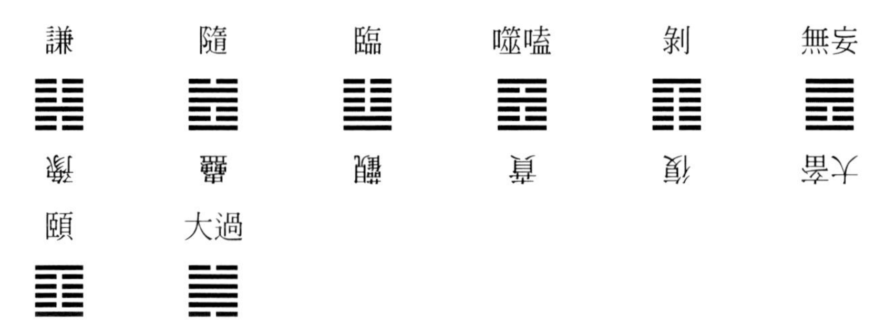

（1）〈屯〉〈蒙〉〈需〉〈訟〉

> 天地之交感以陽始，故一索得〈震〉，再索得〈坎〉，而爲〈屯〉；再索得〈坎〉，三索得〈艮〉，而爲〈蒙〉。陽倡其先，陰定其體，故爲物始生而蒙昧之象焉，此以繼天地之生者也。自此而天以其神生水者爲〈需〉〈訟〉，地以其化成水者爲〈師〉〈比〉，而皆以受天地之中者成天地之化矣。（1100）

「天地交感」即〈乾〉〈坤〉相交；「以陽始」，意謂〈乾〉感〈坤〉爲始。故一索爲〈震〉☳，再索爲〈坎〉☵，〈坤〉初、五爻受陽感而成〈屯〉䷂。三索得〈艮〉☶，〈坤〉二、上受陽感而爲〈蒙〉䷃。〈屯〉〈蒙〉爲物始生而有蒙昧之象，所以繼天地（即〈乾〉〈坤〉）之後而生。

〈需〉〈訟〉二卦是「天以其神生水」，因兩卦上下體分由〈乾〉天及〈坎〉水組成。〈乾〉之四、上爻與〈坤〉交而爲〈坎〉☵，成〈需〉䷄。〈乾〉之初、三爻與〈坤〉交爲〈坎〉☵，而成〈訟〉䷅。〈師〉〈比〉則相反，兩卦上下體分由〈坤〉地及〈坎〉水構成。〈坤〉之二爻與〈乾〉交，下卦成〈坎〉，而得〈師〉䷆。〈坤〉之五爻與〈乾〉交，上卦得〈坎〉，而爲〈比〉䷇。這是「地以其化成水」。由於四卦之〈坎〉水，陽或居二或居五，皆中位，故稱「皆以受天地之中」。

（2）〈小畜〉〈履〉〈泰〉〈否〉〈同人〉〈大有〉〈謙〉〈豫〉

> 天乃以其全體生〈巽〉生〈兑〉，而下交乎陰，爲〈小畜〉〈履〉。天既交陰，則合乎地而爲〈泰〉〈否〉。天於是乎成火而爲〈同人〉〈大有〉。地受天施而效其化，亦以其全體應乎陽，生〈艮〉生〈震〉而爲〈謙〉〈豫〉。（1100）

「天乃以其全體生〈巽〉生〈兌〉」，謂〈乾〉與〈坤〉交，四爻變陰，而爲〈小畜〉䷈，上體爲〈巽〉☴；三爻變陰，得〈履〉䷉，下體爲兌☱。

〈泰〉〈否〉之生，則是天與地合的結果。〈乾〉䷀與〈坤〉䷁交，四五上三爻變陰，則成〈泰〉䷊。初二三爻變陰，則成〈否〉䷋。〈乾〉之二爻與〈坤〉交，爲〈同人〉䷌。五爻與〈坤〉交，則成〈大有〉䷍。〈同人〉〈大有〉之上或下體，各有〈離〉☲，故言「天於是乎成火」。

而之前天以其全體生〈巽〉〈兌〉，「地亦受天施而效其化，亦以全體應乎陽」。因此〈坤〉與〈乾〉交，三爻變陽，成爲〈謙〉䷎，下體爲〈艮〉☶；四爻變陽，爲〈豫〉䷏，上體爲〈震〉☳。

第三節　卦變方式的問題

卦變至此，《鏡銓》提出一個問題，這個問題，八卦卦變往下同樣出現，所以於此暫停，作爲檢討八卦卦變其餘相關問題的起點。因爲誠如之前所說，我們原不打算一一尋繹其實際卦爻變化軌跡，只擬探討其關鍵性理據。

壹、〈乾〉〈坤〉之屬

《鏡銓》之問難，是針對〈乾〉〈坤〉之交，得上或下體〈離〉☲，而成〈同人〉䷌〈大有〉䷍的部分：

> 王夫之于此謂再索而有〈乾〉〈離〉之交，但不說三錯而有〈乾〉〈兑〉之交，而以合乎天地之〈泰〉〈否〉說之，顯乃囿于〈夬〉（䷪）〈姤〉（䷫）于今本之排列非緊接〈同人〉〈大有〉之故。則王夫之之說，亦拘束于卦序先後之排列也。（1015）

《鏡銓》指從〈小畜〉〈履〉〈泰〉〈否〉〈同人〉〈大有〉諸卦來看，〈小畜〉䷈〈履〉䷉是〈乾〉〈坤〉相交而成〈巽〉☴，綜之成〈兌〉☱而來。這是〈乾〉之初爻變。而〈同人〉䷌〈大有〉䷍，是〈乾〉〈坤〉相交而成〈離〉☲，是〈乾〉之二爻變。但夾在此四卦中的〈泰〉〈否〉，卻不是〈乾〉〈坤〉相交而成〈兌〉☱，成爲〈夬〉䷪（綜之成〈姤〉䷫）。反而是原本〈乾〉〈坤〉只涉一爻變的，這回卻突然三爻變，成〈坤〉☷，而成〈泰〉䷊〈否〉䷋。這是因爲〈夬〉〈姤〉不在《易經》上經，而在下經，不符合《易經》卦序。所以《鏡銓》以爲，前後兩卦都涉一爻變，且都由下往下（由〈巽〉☴到〈離〉☲），按理不可能突然三爻變，而是成〈兌〉☱才對。故評船山此舉，乃是爲遷就《易經》卦序使然。

這個評斷所點出的問題是，爲了照應《易經》卦序，而犧牲了該有的卦變規則。不過，《鏡銓》看法卻未盡中的。我們雖同意照應《易經》卦序這一點，但認爲從一開始，船山自有其規則，與《鏡銓》認定者不同。其規則基本有二：（一）兩卦相錯，按理會產生一對錯綜卦，但船山卻棄錯卦，只用綜卦，這樣既合《易經》卦序，更合他屢次提及的「用綜不用錯」之說。（二）兩卦相錯，涉及幾爻的變化，沒有固定，只要符合《易經》卦序者，他即擇而取之。換言之，應該有多少爻變，是依符合《易經》卦序與否而定。第二點雖說亦爲符合《易經》卦序故，但正好同時展現陰陽消長不齊之妙，正是其理論可取處。因此，問題只出現在（一）。

我們知道，卦變必涉及爻變，反之，爻變必卦變。所以，只要至少一爻變，就會產生新卦；這是《易》學常識。一般而言，卦變有兩種基本方式，分別有相應的術語稱之，一是升降，二是相錯，又稱往來、旁通。升降是指本卦之爻，或升或降，而成新卦。如〈泰〉䷊，若三之四，即成䷵〈歸妹〉。這是三爻升四，四爻降三。

相錯是某卦與另一卦相交，至少有一爻交錯，即成新卦。如〈乾〉䷀與〈坤〉䷁交，一爻變的情況下，〈乾〉初之〈坤〉五，〈坤〉五之〈乾〉初，就會出現兩個卦，一是䷫〈姤〉，一是䷇〈比〉。從〈乾〉的角度看，是初爻「往」〈坤〉五，〈坤〉之五爻「來」初，而成〈姤〉。這就是相錯又稱往來之因。往是往某卦之外，來是來某卦之內。

當然，在本卦內的升降，也有稱往來的。如由內卦「往」外卦，或由外卦「來」內卦；甚至不管內或外卦，只要有升降就稱往來，如〈歸妹〉䷵，二升三，三降二成爲䷶〈豐〉，就不涉及內外卦之間的往來。這與上述升降情況同，只是用往來稱呼它。船山的往來，就是如此（《內傳·訟》112、《內傳·發例》663）。不過，爲了避免混淆，本文採取較通用的說法：「往來」指卦與卦間爻之往來；本卦之爻的上升或下降，則稱「升降」。

總之，不管如何稱呼，卦與卦間的爻之交錯而生新卦，仍是《易》學家會運用的手法之一。而凡兩卦相交，不管涉及多少爻，總會在特定一次相錯中，產生兩個新卦，這個數字不會變。如上述〈乾〉交〈坤〉，若仍一爻變，但位置不同，就產生兩個與〈姤〉〈比〉不同的新卦。當然，也可以涉及一爻以上的往來變化，產生不同於一爻變的卦爻。依此檢視船山的卦變，卻不如此。二卦相交所得兩新卦，他只取合乎卦序之一卦。而在〈震〉〈艮〉之屬，卻二卦並取，因非如此不能合卦序；因此，做法又不一致，但爲符合《易經》卦序，卻是相同的。我們只須看由〈乾〉〈坤〉到〈師〉〈比〉數卦，即可知其純憑主觀而爲的情況。

〈乾〉〈坤〉相交要得第一卦〈屯〉，其情況如下：

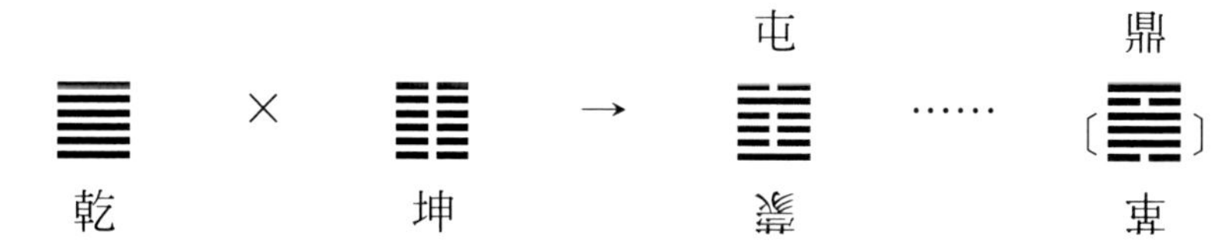

船山的情況是只出現一個〈屯〉卦；這是完全不合理的。若不是相錯，而是別的產生卦的方式，自有可說，但既稱相錯、相交，則不會如船山所演示。〔註5〕事實上，該當有另一卦產生，那就是〔〕內的䷱〈鼎〉。以下且把至〈師〉〈比〉的情況一併以圖表示，再總說明。

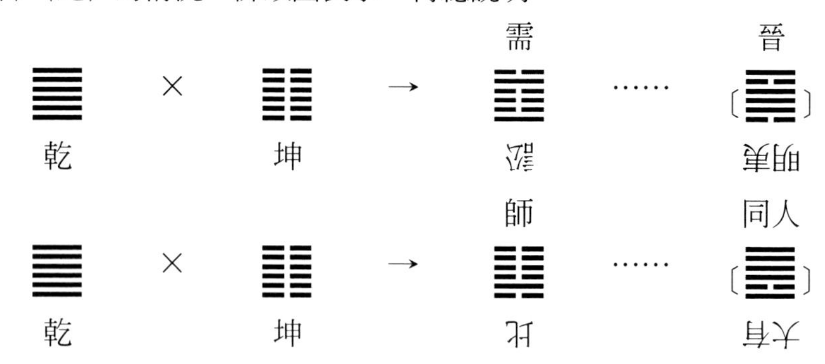

由於〈屯〉之綜卦〈蒙〉，可直接由〈屯〉一倒直接產生，不必然再經由〈乾〉〈坤〉相交，〈需〉之綜〈訟〉，〈師〉之綜〈比〉，情況相同，故從略。但此三次相交，該生六卦。那就是增加了〈鼎〉〈晉〉〈同人〉，而此三卦又各有綜卦，即〈革〉〈明夷〉〈大有〉。因此，總共產生三組十二個卦，彼此有錯綜的關係，如下：

屯　鼎　需　晉　師　同人

䷂　䷱　䷄　䷢　䷆　䷌

蒙　革　訟　明夷　比　大有

〔註5〕可參朱伯崑《易學哲學史》（二）李之才部分，有完整展示。但並不是說只有李之才方如此，凡言相交者，莫不如此，如虞翻談〈乾〉〈坤〉生六子卦等亦然。不過，若要對此提出解釋亦可：船山認爲〈乾〉〈坤〉變化而成六十二卦，是藉一隱一顯的方式，因此在卦變中，他挑出一個符合《易經》原序的卦，作爲顯，而另一卦爲隱，自動略過不提。但若從結構去要求，仍可說其展示不夠完整。

上下爲綜，左右爲錯。如〈屯〉與〈蒙〉、〈鼎〉與〈革〉爲綜，〈屯〉與〈鼎〉、〈蒙〉與〈革〉爲錯；另二亦然。然而，船山卻避開了三組錯卦部分，原因在於他的預設，那就是卦變是「用綜不用錯」；要照《易經》卦序，必然用綜，不能用錯，是以違背基本卦爻相錯法則，而按照《易經》卦序排列，即〈屯〉〈蒙〉〈需〉〈訟〉〈師〉〈比〉。

至於《鏡詮》認爲原本只是一爻變，至〈泰〉〈否〉時，卻來個三爻變，不符合一爻變的原則。《鏡詮》不盡對，因船山從沒說其卦變要依一爻變方式：「自八卦之所統、十二卦之所絡而言之，往來不以均，消長不以漸。交無適交，變無定變」（1095），自然不須依一定的幾爻變的原則，即使是爲符合《易經》卦序而如此，一樣不是問題所在，由此評他依《易經》卦序爲弊端，不準確。這種爻變不規律的方式，反而是船山值得讚許之處，因正符合其太極神妙的意涵（詳下〈八卦卦變整體檢討〉及十二辟卦卦變）。

貳、〈坎〉〈離〉之屬

〈坎〉〈離〉之屬卦廿，其象十：

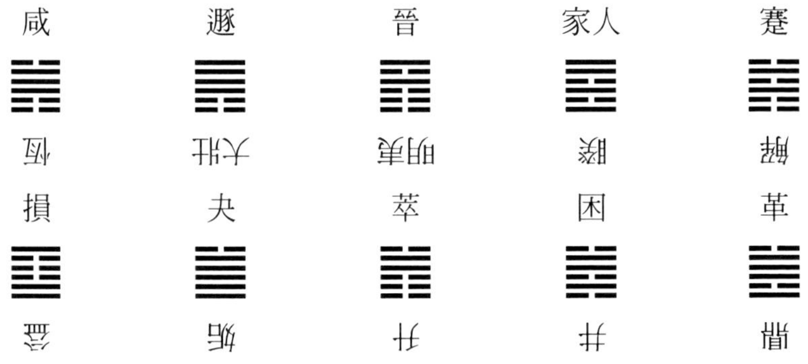

咸	遯	晉	家人	蹇
䷞	䷠	䷢	䷤	䷦
恆	大壯	明夷	睽	解
損	夬	萃	困	革
䷨	䷪	䷬	䷮	䷰
益	姤	升	井	鼎

〈坎〉〈離〉之屬卦是由〈乾〉〈坤〉二卦交感而得，「陽得〈乾〉之中而爲〈坎〉，陰得〈坤〉之中而爲〈離〉」。〈坎〉䷜陽得二五中位；〈離〉䷝陰得二五中位。而其屬卦是由至少一水或一火，或水火並峙之卦組成。

乍看〈坎〉〈離〉的卦變方式只有一種，就是升降。他全以水火或升或降，作爲升降的理據。〈坎〉〈離〉之屬卦，基本上，都可以此解釋。如〈咸〉䷞是「〈離〉中之陰升而上，〈坎〉中之陽升而三」而成。有些卦沒有水火，只有水或火，如〈遯〉䷠只有水，故「〈坎〉中之陽升而三以應乎天」；只有火者如〈夬〉䷪，「〈離〉中之陰升而上」。在此，從升降論升降，卦變方式沒有可以詬病之處，合乎一般原則。

然而，〈坎〉〈離〉屬卦的成員，其實可分三類，(一) 其卦原由〈坎〉〈離〉組成，如〈咸〉，下體原〈坎〉，上體原〈離〉。(二) 其卦原即〈坎〉或〈離〉，只有四卦，〈蹇〉〈解〉原為〈坎〉，〈家人〉〈睽〉原為〈離〉。(三) 其卦原由〈坎〉與〈乾〉，或〈離〉與〈乾〉、〈坤〉組成，如〈遯〉，下〈震〉由〈坎〉而來。〈萃〉，上〈巽〉由〈離〉而來；〈晉〉直接是〈離〉與〈坤〉。

所以在討論升降之前，其實須按往來之理，必得〈坎〉〈離〉相交，或〈坎〉與〈乾〉交，〈離〉與〈乾〉、〈坤〉交方可。舉第一類為例。〈坎〉〈離〉之生，是〈乾〉〈坤〉相交而得，但從〈坎〉或〈離〉直接升降要變成〈咸〉卻不可能，必有相交。因〈咸〉是三陰三陽卦，而〈坎〉二陽四陰，〈離〉二陰四陽，根本不可能成為〈咸〉。〈坎〉〈離〉若不交，則〈咸〉如何以〈離〉陰升上，〈坎〉陽升三？因此，二卦必須相交，結果得〈既濟〉〈未濟〉兩卦，如下：

如此才能令一卦有水有火，再以此進行升降。如〈困〉，即是〈未濟〉之〈離〉五升上而成。第三類中如〈夬〉為「火之應乎天」，船山設想上體之〈兌〉原由〈離〉之陰升上而來；〈萃〉為「火之應乎地」，設想同〈夬〉。然而下體之〈乾〉或〈坤〉是從何而來的呢？這些都自然遺漏了。但不能否認的，不能單純說個某應某，就能把兩卦掛搭一起，必然有相交過程，而且一樣產生一錯一綜。在此船山直接以八卦物象的聯繫，取代了卦變方式，而令一切看似合理的樣子。

參、〈震〉〈艮〉之屬

〈震〉〈艮〉之屬，其卦四，其象二：

漸　　豐

歸妹　　旅

卦變方式一樣是升降。如〈漸〉是上體〈巽〉不變，下之〈艮〉由〈震〉

之初陽，「起而上於三」。〈豐〉是上體〈震〉不變，而下之〈離〉是由〈巽〉之「陰升乎二」而來。

細究其相錯，卻與之前有差異。最大分別在於，船山並不捨掉錯卦，而是錯綜兼收。四卦都是〈震〉〈艮〉與〈巽〉〈兌〉的組合。如〈漸〉是下〈艮〉上〈巽〉，〈歸妹〉下〈兌〉上〈震〉。〈震〉與〈艮〉、〈巽〉與〈兌〉互為綜卦（見下第一圖）。〈震〉〈巽〉相交，得〈恆〉〈益〉，可藉升降而得〈漸〉等四卦，情況如下：

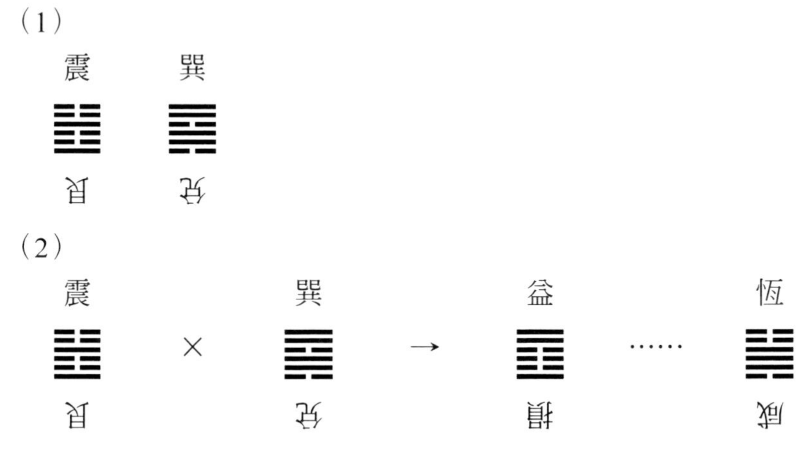

依船山敘述，〈漸〉自〈恆〉來：「〈巽〉道猶存而〈震〉變，陽雜起而上於三」。〈歸妹〉、〈豐〉來自〈益〉：「〈震〉道猶存而〈巽〉變，陰雜起而上於三，則為〈歸妹〉」。「〈震〉存可以交〈巽〉，而〈巽〉陰升乎二，不與〈震〉應，為〈豐〉」。〈旅〉則來自〈益〉之綜卦〈咸〉：「〈艮〉存可以交〈兌〉，而〈兌〉陰降乎五，不與〈艮〉應，為〈旅〉」。船山在此不捨錯卦，只因可以符合《易經》卦序，也足証其前卦變方式之主觀。

肆、〈巽〉〈兌〉之屬

〈巽〉〈兌〉之屬，其卦六，其象四：

渙　　中孚　　小過　　既濟

節　　　　　　　　　　未濟

〈渙〉〈節〉〈既濟〉〈未濟〉卦變方式為升降。〈渙〉是上體〈巽〉不變，而下之〈坎〉是由〈震〉「陽升乎二」而來。〈既濟〉是「〈震〉陽上升於五，

〈巽〉陰上升於二，〈艮〉陽下降於五，〈兌〉陰下降於二」。不過，從〈巽〉〈兌〉到〈渙〉〈節〉，必有相錯，那就是〈巽〉〈震〉之交，同樣先得〈恆〉〈益〉兩卦，如下：

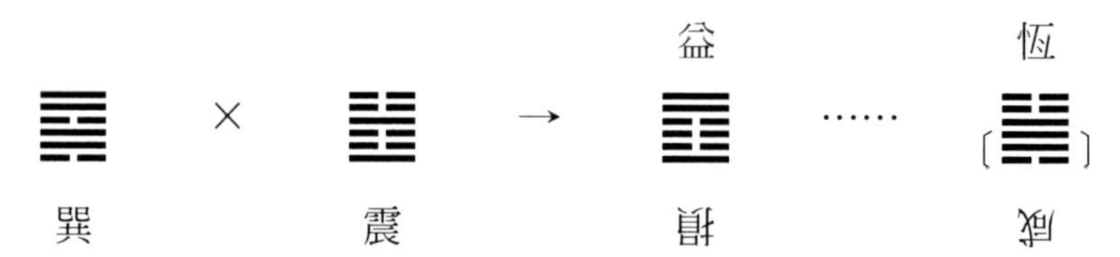

依船山敘述，〈渙〉䷺來自〈益〉䷩：「〈巽〉存可以交〈震〉，而〈震〉陽升乎二，不與〈巽〉應，爲〈渙〉」。〈節〉䷻則來自〈益〉之綜卦〈損〉䷨：「〈兌〉存可以交〈艮〉，而〈艮〉陽降乎五，不與〈兌〉應，爲〈節〉」。對於〈恆〉則無所取。至於〈中孚〉〈小過〉則分別由〈巽〉〈兌〉、〈震〉〈艮〉相交而來。如下所示：

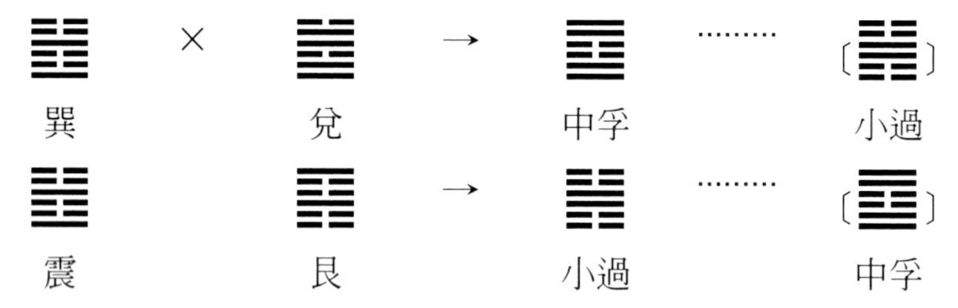

〈巽〉〈兌〉或〈震〉〈艮〉相交，都可同時得〈中孚〉和〈小過〉。但之前談到凡相交，船山自動棄錯卦而不取。這裡的毛病相同。他必得區分這兩者的來源不同，「〈巽〉〈兌〉交而爲〈中孚〉，〈震〉〈艮〉交而爲〈小過〉」（1102），以爲他的相關理據張本。

這四個屬卦的卦變方式如上，除了相錯所引起的問題外，陰陽升降本身，並不違背一般卦變方式，但之所以由甲之升降變爲乙，一樣令人覺得是爲了配合《易經》卦序之故。在這種情況下，他所要做的，就是對這樣的卦變方式，加以理據的說明，增加說服力。而其主據即依八卦所象之物象，去設想其間聯繫，加上陰陽、純雜、中、始終的觀念貫串其間。目前要做的，就是開始檢視其理據的合理性，看它可否讓船山如此。

第四節　卦變理據探討——八卦物象及陰陽、純雜、中、始終

我們準備把這幾個理據在此說明，然後依此檢討八卦卦變。理據所涉

及的概念，彼此關聯又有因應角度上的差別。以下嘗試分解。先說陰陽，繼說八卦物象，末說純雜、中、始終。而純雜、中、始終是此中最重要的理據——陰陽與八卦物象的提出，只爲它們服務罷了——但它們同時也是最有問題的，是探討的重點。

（一）陰陽：在八卦卦變中，其義簡明，主要有二，（一）指陰陽二氣，（二）指爻性之陰陽。第一義是從卦爻相交、以起變化時，船山會從陰陽交感的角度解說。當然，在八卦卦變中，陰陽往往指八卦所象之天地、水火等，它們都是陰陽的具現。但不管稱爲天地水火或雷風山澤，凡卦相交，就是二氣之交感，卦變由此生——陰陽，是生化惟一的基礎。第二義主要與船山論定一卦之純雜有關。船山以〈乾〉〈坤〉爲準，分判卦之純雜時，即從一卦六爻之爻性做判斷——陰陽的比例，是判斷純雜的依據。這個意義在八卦卦變中，遠比第一義來得重要，牽涉的範圍也較廣。它是船山判斷純雜的第一個方式。

（二）八卦物象：同時是判斷純雜的第二個方式。八卦所象爲天、地、水、火、雷、風、山、澤。在〈乾〉〈坤〉、〈坎〉〈離〉之屬，與〈震〉〈艮〉、〈巽〉〈兌〉之屬之間，船山運用八卦物象的情況不同。前者船山分別以天地、水火之相交、生化，生出某甲卦、某乙卦的方式，說明卦變層層衍化。單純從卦變看，天地水火等象，只是卦爻「相交」的另一種描述。這個描述，是船山延續或借用傳統，認爲萬物乃天地水火（火的具體代表爲「日」）生化而成，因此很自然的引用。〔註6〕不過，這當中應有特定的理由，那就是讓船山對天地水火四者（不含雷風山澤）的性質，發揮一番不變、不遷的論調，以作爲卦變生成變化的本源。肯定天地水火爲純，是要依此判定具這些象的卦爻亦屬「純」。

至於在〈震〉〈艮〉、〈巽〉〈兌〉之屬，未提雷風山澤等物象，但卻以所屬卦之卦象整全——即具備雷風、或山澤之全象（非殘象）——斷定爲純，否則爲雜。這個判定是隱藏的，必須進一步挖掘方能得之。〈坎〉〈離〉所屬卦的純雜判定，亦與此相關。往下幾個段落，就會看到如此的運用；這是船

〔註6〕徐志銳先生在其專著《周易陰陽八卦說解》（37-58），對八卦作爲宇宙萬物生化的模式，有不錯的論述。又見《易經應用大百科》（頁70-83）。船山在八卦卦變中以天地或水火之名，說卦如何產生，其實亦以之對應天地水火生萬物罷了。

山判斷純雜的第二個方式。

（三）純雜：此乃八卦卦變的關鍵，其餘理據幾乎都與它有關。一卦之或純或雜，必有相關的判準去斷定。船山的判準，就是上文所提及的，一、以〈乾〉〈坤〉爲純雜判準；二、以八卦物象整全與否爲判準。前者是從一卦六爻的陰陽爻性比例去比對，這就與陰陽有關；後者是從八卦所象爲對照，這與八卦物象相關。而純雜與中、始終的關聯更直接。事實上，一卦得「中」，是依〈乾〉〈坤〉判準與八卦卦象判準，綜合判定該卦爲純或近純，才稱之爲得中卦。

我們可以先概略描述船山以陰陽、八卦物象、純雜、中、始終，所構築出來的卦變輪廓，再循此提出問題，關鍵處皆與純雜、中、始終有關。

船山曾設定〈乾〉〈坤〉、〈坎〉〈離〉爲經，〈震〉〈艮〉、〈巽〉〈兌〉爲緯兩組，由此衍生動靜、錯綜的分別，在此它們有進一步的對比，那就是「中」與「不中」的差別。

之前論及〈坎〉〈離〉之所以次於〈乾〉〈坤〉之故，以及從數角度說明各組所屬卦爻多寡，都提到了中。可見得中，是成爲「經」的重要條件。而今船山賦予中更多的的意涵是：得中卦爲生化之本，故爲始；而卦變往後卦漸雜，相對而言它們又爲純（〈乾〉〈坤〉），或較接近純（〈坎〉〈離〉）。

簡言之，中、始終與純雜的關係是，得「中」者是「純」或最接近「純」的卦，由此方有始（此即〈陰陽十二〉所談純爲根本）；由純而生變，則雜漸生，至某一階段，即有一「終」，即某階段最雜之卦；這是最表面的意思。更深層的意思是「中」涵「始」，而「終」亦有「中」有「始」。換言之，有始或可始者，必有其「中」。所以，船山所說之「終」，都是局部、或階段性之終，非整體之終。而且進而從有「終」之卦，找出其卦象必有「中」、「始」之象，以明卦變之所以終而有始，確有所據，不是因爲「有終」，所以憑空自然會「有始」；這是他細膩的地方。

八卦卦變的理據，其條理便是依中而有始，由始而有終；而終者有中，故而重新有始。大略來看，卦變就是卦由純至雜的過程。越後之卦固然越雜，但其雜，不是一一按照刻度的、僵化之雜，而是在某一階段（某一組屬卦）中，有層次、參差之雜。例如在〈乾〉〈坤〉之屬的第八位〈隨〉〈蠱〉，是雜，然接下來的第十一位〈剝〉〈復〉，卻比前者來得純等。

在八卦卦變中，共分四組，每一組代表一個階段，故每一組都有其中、始終，自然有其純、雜。而這四個階段之純雜、中始終，都有聯繫，並非不相干。基本上，下一組可以成爲中、始的卦，比上一組之終卦，來得雜，但比其所屬卦，卻來得純。因此，各組的聯繫，其實是由終，作爲一個連接點串聯起來的。而〈乾〉〈坤〉之屬後，各組作爲開始的卦，之所以可中可始，都是因爲相對於其所屬卦而言，它們比較接近純。換言之，〈乾〉〈坤〉〈坎〉〈離〉是它們的標準。於是透過這層層對比，各階段的純雜、中始終，都有了聯繫。

但說到底，其實純雜才是眞正的關鍵。因爲得中以純爲根本，中之所以中，是因爲純，或相對較純——具體一點說，是以卦象接近〈乾〉〈坤〉〈坎〉〈離〉而定——由此才有始，然後才出現雜、終的對比。純雜、始終的標準是〈乾〉〈坤〉及〈既濟〉〈未濟〉，「〈乾〉〈坤〉，純之至者也；〈既濟〉〈未濟〉，雜之尤者也」，所以「〈既濟〉〈未濟〉與〈乾〉〈坤〉相爲終始」（1100）。每一卦與這四卦對比，其純雜是相對的；其「純雜度」由此而定。它們是處於「某一時間歷程」上的最初與最終，所以，處於始終之間的卦，也是透過它們得到時空上的定位。

不過，以上所說是最理想的狀況；實際看，理想都會出現偏差。船山最大的毛病，在於其分判純雜的標準有兩套，兩套之應用卻沒有協調一致。倘若他只選一套而徹底運用（這是多數講卦變者所採取的方式），或協調兩套使趨一致，問題不大。但船山既沒有徹底運用某一套，也沒有協調兩套使趨一致；這就是八卦卦變實際發生的情況。

而由於純雜與中、始終關係密切，結果問題都集中到這個層面來。由此衍生的問題大約有三，每個問題環環相扣，按順序如下：首先，是兩套純雜判準的衝突。由此影響到得中卦的判定不一致；這是第二問題。最後導致得中卦之始終，與屬卦之終始不相合。每一組不是有各自之終，而是「終」可以跨組。如〈坎〉〈離〉屬卦之終，出現在〈巽〉〈兌〉屬卦之下。此外，不得中之卦，卻可以有始之實，如〈震〉〈艮〉、〈巽〉〈兌〉不得中，卻可以成該屬卦之始等；這是第三問題。簡括這三大問題，就是：兩套純雜判準不一致，致使得中卦判定不一致，導致得中卦始終，與各屬終始也不一致。而一切問題，都是從兩套純雜判準開始的。至於這是否爲了照應《易經》卦序，才迫使他陷入兩難呢？要到總檢討時，才能找出答案，不於此輕易論斷。以下依序闡明個中癥結。

壹、兩套純雜判準

首先，來看看船山判定某卦純雜的兩個標準，一是以〈乾〉〈坤〉為斷；二是從八卦物象的整全來看。

以〈乾〉〈坤〉為斷者，見於〈乾〉〈坤〉屬卦的論述。船山在談到第八對錯綜卦〈隨〉䷐〈蠱〉䷑之際，標舉雜卦（引文一），接著對雜卦之雜性，做出進一步的比較（引文二）：

（1）〈隨〉、〈蠱〉者，雜之始，少長相耦而不倫，而天地之純將變矣。地於是生乎〈巽〉、〈兑〉而為〈臨〉、〈觀〉，以效天化之〈履〉、〈小畜〉也。而又雜變乎〈噬嗑〉、〈賁〉，〈震〉雜〈離〉，〈離〉雜〈艮〉，亦陰陽之不相倫而尤雜者也。（1101-1102）

（2）凡相雜者，以未定者為未離乎純；已定其倫，則成乎雜矣。故〈隨〉、〈蠱〉、〈噬嗑〉、〈賁〉未成乎雜。（1102）

第二則並非認為〈隨〉〈蠱〉等不是雜卦，而是說明雜有比較性、有層次。《鏡銓》解釋：「『不相倫』謂並非一陰一陽」，「『未定者』，未成一陰一陽相間，卦中尚有相鄰之陰或陽也。此則與相聚而為〈乾〉〈坤〉之際接近，故曰『未離乎純』。」（1016）如〈隨〉䷐〈蠱〉䷑雖雜，尚有二陰二陽相鄰，〈噬嗑〉䷔〈賁〉䷕只有二陰相鄰，故說「尤雜」。而成乎一陰一陽相間者，自然是〈既濟〉〈未濟〉兩卦，即船山所稱「雜之尤者也」。明顯地，這是以與〈乾〉〈坤〉相距之遠近，界定純；以與〈既濟〉〈未濟〉之距離，釐定雜的程度。第二則「成乎雜」之「成」指「最終所成」極致之雜，不是一般意義的「成為雜」之「成為」之意。若「成為」雜，則雜卦都屬成雜的範圍。

〈坎〉〈離〉之屬的純雜情況，較不明顯。因此接下來，先以〈震〉〈艮〉〈巽〉〈兌〉屬卦，作為〈坎〉〈離〉之屬的對照，答案才會清楚些。

船山開頭便說「〈震〉〈艮〉、〈巽〉〈兌〉，陰陽雜而不得中，故其卦僅有存者。」（1102）四卦雜而不中，在畫分四組屬卦多寡時，已提及。不過，這裡的「其卦僅有存者」，與卦變方式有關，必須看下引文方易瞭解，文長且分兩則。第一則談〈漸〉〈歸妹〉〈豐〉〈旅〉四卦；第二則談〈渙〉〈節〉二卦：

（1）〈巽〉道猶存而〈震〉變，陽雜起而上於三，則為〈漸〉；〈震〉道猶存而〈巽〉變，陰雜起而上於三，則為〈歸妹〉：交錯之卦，象之雜者也。〈震〉存可以交〈巽〉，而〈巽〉陰升乎二，不與〈震〉應，為〈豐〉；〈艮〉存可以交〈兑〉，而〈兑〉陰降乎五，不與

〈艮〉應，爲〈旅〉；此〈震〉〈巽〉、〈艮〉〈兑〉之將交而以雜不合，雜之尤者也。

（2）〈巽〉存可以交〈震〉，而〈震〉陽升乎二，不與〈巽〉應，爲〈渙〉；〈兑〉存可以交〈艮〉，而〈艮〉陽降乎五，不與〈兑〉應，爲〈節〉；此〈巽〉〈兑〉之變與〈豐〉〈旅〉其尤雜者也。（1102）

所謂「其卦僅有存者」，指卦變時，某卦的上或下體，某一截維持不變，即「存」，另一截變。〈漸〉〈歸妹〉爲雜，〈豐〉〈旅〉〈渙〉〈節〉尤雜。雜的判斷，是依據甚麼呢？在這裡，船山提到兩個方面判定，一是從升降的應不應；二是從八卦物象的整全，二者是一體之兩面。〈豐〉〈旅〉〈渙〉〈節〉之所以比〈漸〉〈歸妹〉雜，船山以升降之不應作爲強調。所謂「不應」，且舉〈豐〉䷶爲例，其象爲雷火，下體〈離〉☲由〈巽〉☴之陰降二而來。由於它們是屬於〈震〉〈艮〉與〈巽〉〈兌〉相交之屬卦（參〈卦變方式檢討〉），變爲〈離〉之後，其象便非風雷山澤之屬。相對而言，〈漸〉䷴〈歸妹〉䷵雖雜，但是集合了〈震〉等四卦所象物象在內，雷風山澤皆具。〈漸〉卦象是下山上風，但〈艮〉☶原由〈震〉☳陽升三而來。〈歸妹〉卦象下澤上雷，其下〈兌〉，原由〈巽〉☴陰升三而成。兩卦爲綜，則雷風山澤兼具，如下：

漸

歸妹

而凡言不應者，如〈旅〉䷷、〈渙〉䷺、〈節〉䷻，其卦象不再含〈震〉等四卦所象，反而有〈坎〉〈離〉之象，則相對更雜。

奇特的是，在〈坎〉〈離〉屬卦部分，說到純雜，只提了一次「雜」，其餘皆從「交化」、「自化」、「應」等說；純歟雜歟？頗爲模糊。不過，倒可從那惟一一次，稍微判斷其純雜，由此瞭解交化、自化、應的意思，其實都與純雜判定有關。

之前說過，〈坎〉〈離〉之屬，都是透過爻之升降說卦變，在說到此屬之末，〈困〉、〈井〉、〈鼎〉、〈革〉卦之形成時，船山說：

〈坎〉欲交〈離〉，而〈離〉中之陰升而上，爲〈困〉；降而初，爲〈井〉；火不與水應而雜者也。於是水用不登，而火道亦替。〈離〉中之陰降而初，爲〈鼎〉；升而上，爲〈革〉；火自化而無水以濟之，

水火之道變矣。(1102)

在〈卦變方式檢討〉一節中，曾提到有些卦是由〈坎〉〈離〉三畫卦組成，〈困〉〈井〉就是如此。〈困〉䷮〈井〉䷯皆由〈坎〉☵不動，而〈離〉☲升降而成。水火原可相應，但二卦一由〈離〉成〈兌〉☱，一則成〈巽〉☴，已非水火之象，故說「火不與水應而雜者也」。由「不應」而定其「雜」，這與〈震〉〈艮〉、〈巽〉〈兌〉屬卦的討論一致。而在其下之〈鼎〉䷱〈革〉䷰兩卦，亦「火自化而无水以濟」，故同爲雜之屬。由此可知，凡船山以「應」許之者，較純。

因此，有些是水、火之「應乎天」，前者如〈遯〉䷠〈大壯〉䷡，後者如〈夬〉䷪〈姤〉䷫；有些是火之「麗乎地」如〈晉〉䷢〈明夷〉䷣；有些是火之「應乎地」，如〈萃〉䷬〈升〉䷭；有些是「水火之交化」，如〈損〉䷨〈益〉䷩。而有些則以「自化」描述，如「火之自化者」，有〈家人〉䷤〈睽〉䷥。「水之自化者」，有〈蹇〉䷦〈解〉䷧。因此，用字遣詞，雖或有異，但都是從上下體之「合」的一面說，可以「應」字概括。

然而，如從卦象比對而非文字敘述看，船山如此說應不應，很不穩定，也不一致，似乎一切都可以隨順其意而說。譬如，既然之前以「自化」說者，表示「應」，那麼〈困〉䷮〈井〉䷯與〈蹇〉䷦〈解〉䷧一樣，都是〈坎〉☵不動，而火升降而成，〈蹇〉〈解〉爲應，〈困〉〈井〉卻是「火不與水應而雜者」。〈鼎〉䷱〈革〉䷰與〈家人〉䷤〈睽〉䷥一樣，都是一〈離〉☲不動，一〈離〉☲升降，〈家人〉〈睽〉被認爲是「火之自化」，即有「應」；但〈鼎〉〈革〉卻是「火自化而无水以濟之」，是「不應」者。依客觀卦象看，〈困〉〈井〉〈鼎〉〈革〉都屬船山所謂「自化」而「應」者，船山卻只輕易地加上否定的文字，就把它們打入「不應」的範圍。

倘若要進一步鑒定〈坎〉〈離〉屬卦的純雜，要如何判定呢？我們看不到客觀的依據。從明說的「水火不應」爲〈坎〉〈離〉之屬中最雜者(〈困〉〈井〉〈鼎〉〈革〉)，而水火不應的「卦象」，與「自化而應」者卦象相類，但一屬較純，一爲較雜，結果截然相反。它們可以被稱爲「自化」，也可被判爲「水火不相濟」；這種判準，讓人無所適從。

不過，撇開這些不一致不談，可以確定船山對〈坎〉〈離〉之屬卦的純雜判定，還是取八卦物象的角度。這與〈震〉〈艮〉、〈巽〉〈兌〉之屬是相同的。當然，一樣是八卦取象，與〈坎〉〈離〉屬卦對照，已出現不一致，若橫跨三組比對，當然還是不一致。

例如，在〈震〉〈艮〉、〈巽〉〈兌〉之屬中，我們知道〈豐〉〈旅〉〈渙〉〈節〉卦象不成雷風山澤之象，因而被判爲「不應」而尤雜者。然而，在〈坎〉〈離〉之屬卦時，談到「水火之交化」（如〈損〉〈益〉），而其所成之卦，不成〈坎〉〈離〉之象，船山卻判爲「應」之佳者。如此，判準一依八卦卦象，但應的情況卻截然相反：一卦象不全故「不應」，一卦象不全反而「應」；其不一致如此。

而且，更麻煩的是，把兩套純雜判定，排列比照時，卻發現二者不止不能相容，也無法互補。譬如〈乾〉〈坤〉爲判準，是以爻性的陰陽間雜程度判定純雜。如前述〈噬嗑〉〈賁〉比〈隨〉〈蠱〉雜等是。但這個標準，卻無法應用到對所有卦爻的判斷。譬如〈坎〉〈離〉之屬中，已知〈革〉䷰〈鼎〉䷱，比〈困〉䷮〈井〉䷯雜，但依陰陽爻間雜度看，船山判定較純者，反應較雜才是。同樣的，〈震〉〈艮〉、〈巽〉〈兌〉之屬中，已知〈漸〉䷴〈歸妹〉䷵，比〈豐〉䷶〈旅〉䷷〈渙〉䷺〈節〉䷻較純，後四較雜。但依陰陽爻間雜度看，則相同，一卦之中都有二陰、二陽比鄰的爻，無從斷定純雜度。照理說，船山提出八卦物象判準，或許是爲了補充〈乾〉〈坤〉判準之不足，但二者卻窒礙難容。

貳、中、始終判定的問題

船山認爲可以爲「中」之卦，都與純雜、始終有關。因此由中，自然涉及始終的判定。他明確提到的可以爲中的卦，是六十四卦中錯而不綜者，共有四對八卦：

乾	姤	頤	大過	坎	離	中孚	小過
䷀	䷫	䷚	䷛	䷜	䷝	䷼	䷽

其言曰：

> 〈乾〉、〈坤〉、〈中孚〉、〈小過〉以爲終始，〈頤〉、〈大過〉、〈坎〉、〈離〉以位乎中，天地水火之有定體也。〈頤〉、〈大過〉外象〈坎〉〈離〉，內備〈乾〉〈坤〉之德，其有位者，一〈乾〉〈坤〉之純也。〈中孚〉、〈小過〉外象〈乾〉〈坤〉，中含〈坎〉〈離〉之理，其致用者，一〈坎〉〈離〉之交也。凡不綜之卦，非不可綜也，綜之而其德與象無以異。其志定，其守貞，其德凝，故可以始，可以終，可以中，而爲變化之所自生也。（1103）

概括言之，它們之所以可中、始、終，在於「其志定，其守貞，其德凝」。不過，得中方是可始、可終的必要條件。船山分別從一、八卦物象與二、卦爻角度，加以釐定。在這過程中，純雜的兩種判準，都有介入。

（一）得中者，以〈乾〉〈坤〉、〈坎〉〈離〉爲代表。彼等所象爲天地、水火，其物象性質爲不遷、不變。而〈頤〉〈大過〉、〈中孚〉〈小過〉都含藏〈乾〉〈坎〉等卦之卦象，以故得「中」。它們的變化，亦從水火交化來說：「〈中孚〉〈小過〉……其致用者，一〈坎〉〈離〉之交也」。表示天地、水火之質雖不變，卻可以爲變化的開端，參與變化。它們具有引發變化的功用，但自身本質卻不變的特性。而且正因其不遷、不變，所以方可引發變化。這與第二章〈陰陽十二〉的純爲變本之義一致（參第三節）。〈頤〉〈大過〉、〈中孚〉〈小過〉四卦含藏〈乾〉〈坎〉等卦象，是以八卦物象判準，判定彼等得中。必須聲明：確定船山用到該判準，並非基於任何提到卦象所象，就是八卦物象判準，而是有沒有進而判定純雜的意思，才是重點。在此，船山論述四卦，從天地水火之象不變、不遷的角度，隱含彼等爲純之意。

（二）從卦爻角度看，有兩方面，一是從爻位說，二是從錯綜言。首先，〈頤〉等四卦，都與〈乾〉〈坤〉〈坎〉〈離〉有關聯，但嚴格言，主因還在於與〈乾〉〈坤〉有關。前曾述及〈乾〉〈坤〉、〈坎〉〈離〉爲中。而〈坎〉〈離〉之得中，是從得〈乾〉〈坤〉之中言，非脫離〈乾〉〈坤〉二卦來說。〈頤〉等四卦得中，亦依此立。〈頤〉䷚〈大過〉䷛「其有位者一〈乾〉〈坤〉之純也」——「有位」指中四爻之位，初上不計——〈頤〉之位如〈坤〉，〈大過〉之位如〈乾〉。這是從〈乾〉〈坤〉判準判定其純。從有位如〈乾〉〈坤〉，進言其象如〈乾〉〈坤〉；這是依八卦物象判準、從相似判定其純。至於〈中孚〉䷼〈小過〉䷽從象說，是像〈坎〉䷜〈離〉䷝；從陰陽連類——初二與五上——像〈乾〉〈坤〉。其次，從錯綜角度看，〈乾〉〈坎〉等是錯而不綜之卦的代表，它們「非不可綜」，但綜之後，其德、象不變，從這亦彰顯出貞定凝成的特質，可爲中。〈頤〉卦等性質同此，正因具〈乾〉〈坤〉德象之故。

最後總結說，得中卦的特質，就是「爲變化之所自生」，這句話，不止是說得中卦可始，而且能終。倘若能始不能終，則不成變化；這是中的釐定。

以上，皆屬於從兩大角度對得中做外在的描述。

因此，當我們看到船山說〈乾〉〈坤〉爲「始」，〈中孚〉〈小過〉爲「終」，〈頤〉〈大過〉、〈坎〉〈離〉爲「中」時，以爲各卦各有所屬，怎麼會是「可以始，可以終，可以中，而爲變化之所自生」呢？其實，這裡的中、始終，是從整個六十四卦之變化歷程、所釐定的位置。「始」，指卦變的開始，〈乾〉〈坤〉處於最初始之位；「中」，指〈頤〉〈大過〉、〈坎〉〈離〉位於卦變之中的位置；「終」，指〈中孚〉、〈小過〉處於卦變之末處。其中、始、終，還是外在的描述。

船山進一步要建立的，是中與始終的內在關聯。我們且看看這些得中卦，如何具備可始可終的特質。

分解來看，中、始終的關係，至少有三種，即中與始，中與終，中與始終。依船山的意思，得中卦應皆可始可終，但船山有偏重。〈乾〉〈坤〉、〈坎〉〈離〉著重中與始，〈頤〉〈大過〉、〈中孚〉〈小過〉表面看是中與終，但凡中而終者，都含藏〈乾〉〈坤〉〈坎〉〈離〉之象，而隱含了始。故凡終者，都有始在。

因此，從偏重面看只有兩種，即中與始，中與始終。至於終卦必含藏〈乾〉〈坤〉〈坎〉〈離〉，是否可說〈乾〉〈坤〉〈坎〉〈離〉亦有終呢？從終卦角度看，彼等的作用，重在說該終卦可以始，所以〈乾〉〈坤〉〈坎〉〈離〉的加入，重點還在始。故說凡中之卦，必可始可終，基本上只有〈頤〉〈大過〉、〈中孚〉〈小過〉。因中、始終三義，完全包含在一卦之中。而單純從卦象看，〈乾〉〈坎〉四卦畢竟不包含終之意；這與〈頤〉〈大過〉等不同。所以不直接從〈乾〉〈坎〉四卦卦象說有終，而是說〈頤〉〈大過〉等卦，爲〈乾〉〈坎〉四卦之終。

我們認爲，得中卦與〈乾〉〈坤〉、八卦物象判準關係密切，原因在於船山談天地水火不變、不遷之質，隱含了純的意味，而且把這些特質，明顯延伸到〈頤〉〈大過〉、〈中孚〉〈小過〉等卦，從卦爻的陰陽連類及物象比附，最後說此八錯卦是「變化之所自生」，明顯與「純爲變本」相同。〔註7〕因此，可以肯定八錯卦有純、或近純之意。

不過，這裡有一問題還值得一談，那就是對〈坎〉〈離〉爲得中卦的判定。嚴格言，單從爻位看，對〈坎〉〈離〉的鑒定是最有問題的。〈坎〉䷜二五皆陽，

〔註7〕「純爲變本」，在船山體系中乃必然之理，這裡再次提出，不是贅餘，而是闡述方式不同，內容也有詳略之別。這次是從八卦物象角度提出，以明不變不遷；特地把〈乾〉〈坤〉較明顯的特質，延伸到〈坎〉〈離〉，〈頤〉〈大過〉、〈中孚〉〈小過〉等，闡明〈乾〉〈坤〉內在於彼等、而起樞紐的作用（中、始終）。這是在卦變歷程中，示範「純爲變本」如何發揮作用。這與單純說〈乾〉〈坤〉之純爲雜變之本，內容詳略有別。八卦卦變與十二辟卦卦變不同點之一亦在此：純爲變本只從錯卦角度說。

〈離〉䷝二五皆陰，得〈乾〉〈坤〉中位，因成得中卦，這是很薄弱的依據，因二五得中卦所在多有（詳第五節）。而且從〈乾〉〈坤〉判準看，其陰（陽）連類之爻，只有三四爻，不足以語純。所以，重點當在〈坎〉〈離〉所象水火之不變、不遷的性質；其純——乃從八卦物象判準角度說。〈頤〉䷚〈大過〉䷛之判定，則結合二種判準，即四陰或四陽連類，而且卦象像〈乾〉〈坤〉（天地），較易看出，故明白說純。〈中孚〉䷼〈小過〉䷽乍看比較偏重從八卦物象說，與〈乾〉〈坤〉判準較遠。但船山則肯定其初、二與五、上，都是二陰或二陽連類，遂依〈乾〉〈坤〉判準，認爲彼等像〈乾〉〈坤〉，亦即較純者。

所以，判定卦之得中，其實沒有脫離純雜範疇，而是結合〈乾〉〈坤〉、八卦物象判準，斷定它們屬於純、或較純的範疇。只是〈坎〉〈離〉結合二種判準的比例偏頗，這在最後判定〈既濟〉〈未濟〉得中時，無法妥善安排。因爲純從八卦物象分判，則上下體分別爲〈乾〉〈坤〉、〈坎〉〈離〉四卦交互組合之卦，豈非亦得中卦？如〈否〉䷋〈坤〉下〈乾〉上，〈泰〉䷊〈乾〉下〈坤〉上，〈訟〉䷅〈坎〉下〈乾〉上，〈同人〉䷌〈離〉下〈乾〉上等，而且有些還陰陽三爻連類，至少還比較合乎〈乾〉〈坤〉判準。這是按船山判準的類推（〈泰〉〈否〉在十二辟卦卦變中，正是純的代表）。因此當船山說得中者方得中，餘則否；這顯示船山的獨斷，因爲他本身並不按他的判準判定。嚴格言，兩種判準按一定比重結合，以定純雜，相對比較客觀。

在卦變中，船山在一定程度上，展現出這種得中卦中而有始，始而有終的性質。當然，「終」在此仍被界定爲某一階段性的結束，而非變化完全止息。以下分別按〈乾〉〈坤〉、〈坎〉〈離〉、〈震〉〈艮〉、〈巽〉〈兌〉四組，概略敘述：

（一）〈乾〉〈坤〉之屬

在〈乾〉〈坤〉之屬卦變中，〈乾〉〈坤〉爲始，自不待言。而此屬之終，爲〈頤〉、〈大過〉，船山詮釋說：

> 〈震〉〈艮〉者，帝之終始，故合而爲〈頤〉，而天地之終始備；其雜爲〈大過〉，則澤風以備地化而應乎〈頤〉者也。〈頤〉之有位者純乎〈坤〉，〈大過〉之有位者純乎〈乾〉，蓋亦〈乾〉〈坤〉之變，而反常之象有如此者，而〈頤〉象〈離〉，〈大過〉象〈坎〉，則又以起〈坎〉〈離〉焉，此二卦者，天地水火之樞也。（1101）

《說卦傳》第六章有「帝出乎〈震〉」、帝「成言乎〈艮〉」句。〈震〉爲動，〈艮〉爲止。在〈文王八卦圖〉中，〈震〉居東方，象徵春，萬物經由震動而蓬勃萌生，展現天道生生之意。〈艮〉居東北，爲「萬物之所成終而所成始」，之所以如此，東北之位，象徵冬末，初春將臨，因此〈艮〉是萬物之終，同時是萬物之始。而〈頤〉䷚，〈震〉下〈艮〉上，正好表示天地之終始。其錯爲〈大過〉䷛，風下澤上，這與〈頤〉之雷山配，正所謂「風雷相薄，山澤通氣」（〈說卦傳〉）。因此，兩卦之相錯，「互爲隱顯，以見〈乾〉〈坤〉十二位之全，以收天地化物之功。其象非〈乾〉〈坤〉，而德與天地配，乃〈乾〉〈坤〉之變，故曰『反常之象』。」（《鏡銓》1017）

此外，〈頤〉䷚〈大過〉䷛之卦象，也像〈坎〉䷜〈離〉䷝。因此，這表示〈乾〉〈坤〉之屬終了之時，已涵蘊了下一屬卦，即〈坎〉〈離〉屬卦卦變之興。故言此二卦爲「天地水火之樞」，即天地之終與水火之始的樞紐。

（二）〈坎〉〈離〉之屬

〈坎〉〈離〉作爲此屬的開始，是「陽得〈乾〉之中而爲〈坎〉，陰陽〈坤〉之中而爲〈離〉，於是而備陰陽交感之德」，而且是「陰陽相交之盛者也」（1101）。

然而，〈鼎〉䷱〈革〉䷰爲此屬卦之終，船山卻只說，此二卦是「火自化而無水以濟之，水火之道變矣」（1102）。「水火之道變」句，暗示了下一組卦變的到來；這與〈乾〉〈坤〉之屬終了之時，說「天地水火之樞」同義，只是〈鼎〉〈革〉不屬於上述得中之八錯卦。故〈坎〉〈離〉屬卦眞正之終了，卻挪到第三、四組（見下）。這樣的安排有甚麼問題，留待後文再說。

（三）〈震〉〈艮〉、〈巽〉〈兌〉之屬

我們已知〈豐〉〈旅〉〈渙〉〈節〉爲此二屬之尤雜者，然而：

> 雜不可久，將反貞也。反其貞，而〈巽〉、〈兑〉交而爲〈中孚〉，〈震〉、〈艮〉交而爲〈小過〉。於是而〈震〉〈艮〉、〈巽〉〈兑〉之體定，雜之必貞也。〈震〉〈艮〉、〈巽〉〈兑〉之體定，而有〈坎〉〈離〉之象，則六子之體咸於此定，故繼以水火交合之定體焉。（1102）

〈中孚〉䷼〈兌〉下〈巽〉上、〈小過〉䷽〈艮〉下〈震〉上，二卦爲錯，兩兩對照，正見雷風山澤四象之合，而二卦卦象又像〈坎〉〈離〉，因此說六子卦的變化，至此而定，即一終。而由於二卦卦象像〈坎〉〈離〉，所以此終了，又預示了水火、天地交合之終　〈既濟〉䷾〈未濟〉䷿的到來，卦變之終：

> 〈既濟〉、〈未濟〉，水火交定，而〈乾〉〈坤〉相交之極致，亦於是

> 而成。一上一下，水火相交而成化；一陰一陽，〈乾〉〈坤〉相錯而成章。其於〈震〉、〈艮〉、〈巽〉、〈兑〉也，則〈既濟〉〈震〉陽上升於五，〈巽〉陰上升於二，〈艮〉陽下降於五，〈兑〉陰下降於二；〈未濟〉則〈震〉陽上升於二，〈巽〉陰上升於五，〈艮〉陽下降於二，〈兑〉陰下降於五：皆升降相應，往來而得中者也。（1102-3）

〈既濟〉䷾〈離〉下〈坎〉上；〈未濟〉䷿〈坎〉下〈離〉上，是水火相交之卦。而二卦同時爲〈乾〉〈坤〉交感以來，最雜的卦，「雜之尤者也」（1100），故說是「相交之極致」。二卦之卦象，同時含蘊了八卦的變化。船山從爻之升降，強調了這一點，不管是〈既濟〉䷾、〈未濟〉䷿，都是〈震〉☳〈艮〉☶〈巽〉☴〈兌〉☱四卦升降的結果。而其成卦又是〈坎〉☵〈離〉☲的組合，因此二卦統合了六子卦。此外，六爻一陰一陽相間，船山解爲〈乾〉〈坤〉之相錯成章，依〈乾〉〈坤〉判準，這是最雜的狀況。因此，二卦又是〈乾〉〈坤〉交感最終的表現。

簡言之，〈既濟〉、〈未濟〉爲天地、水火之終，船山從兩卦卦象所象，爲〈乾〉〈坤〉〈坎〉〈離〉比附，表示它們是天地水火的結合；但這同時是〈震〉〈艮〉〈巽〉〈兌〉四卦升降的結果，因此四卦亦參與了天地、水火之終的形成。由於含蘊了八卦的變化，是以彼等足爲卦變之終。然而，這並非卦變完全的結束，因二卦相應而得「中」，依界定，這表示終卦將開始另一階段的新變化。得「中」的作用，在此完全顯現。表面看，船山的安排似天衣無縫，但〈既濟〉、〈未濟〉得中的判定，問題極大。以下我們把它當作一小專題來談。

（四）〈既濟〉、〈未濟〉得中問題

在談得中問題之前，先略談〈既濟〉、〈未濟〉純雜的判斷。其純雜，是以〈乾〉〈坤〉、八卦物象判準混用而判定。〈既濟〉〈未濟〉之爲雜，依〈乾〉〈坤〉判準；然升降相應之語，又屬八卦物象判準之詞。由前文已知船山說「應」者，表示該卦不是那麼雜，尤雜者當不應，不那麼雜者，還可應。在此，最雜者卻可應，這是不能兩全的，除非說「可始之雜」例外。由此益見船山判定純雜的不一致。

而〈既濟〉、〈未濟〉得中的情況，更形複雜。按《鏡銓》的解釋，是這樣的：

> 〈既濟〉者，山澤風雷變而其位正，陰陽各守其「中」；〈未濟〉則山澤風雷變，而其位未正，然陰陽尚未失其「中」，且有上下相應之

> 勢。故〈既濟〉〈未濟〉相綜、相錯，其變化之勢位，由得而失，由失而得，而復恪守其「中」，此見天道變化有經有權，始終相關，不可限之以彼此之分也。（1025）

〈既濟〉䷾六二爲陰，九五爲陽；〈未濟〉䷿反之，但陰陽皆得二五中位。這是《鏡銓》的主要論點。但這樣的解釋，其實不足。若此即得中，則二五之位各有一陰一陽的卦太多了。《鏡銓》所據，是一般論卦爻得中的情況，並非船山在八卦卦變特許的得中之判準。船山所許，不過區區八個，它們之所以得中，與二五爻各有陰陽無關。相反的，〈乾〉䷀〈坤〉䷁、〈坎〉䷜〈離〉䷝、〈頤〉䷚〈大過〉䷛、〈中孚〉䷼〈小過〉䷽的二五爻，不是全爲陰，就是全爲陽，沒有一個是一爻陰一爻陽的。

那麼〈既濟〉〈未濟〉得的是甚麼中？倘若再一次檢視那些得中卦的性質，其二五之位，不是二陰，就是二陽；三四之位，也是或二陰、或二陽；初上之位，若陰，則二爻皆陰；若陽，則二爻皆陽。簡言之，它們的陰陽，都有對稱關係。如單看中四爻的結構，則六十四卦只有〈剝〉〈復〉、〈夬〉〈姤〉、〈豐〉〈旅〉、〈渙〉〈節〉，與彼等比較接近，見下對照圖：

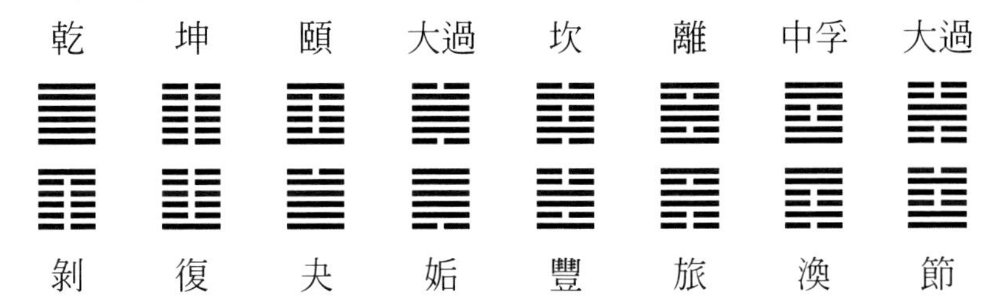

但若一併論及初上爻性的對稱，當然就不同了。此外，它們都可錯可綜，也與〈乾〉〈坤〉等有錯無綜區別。若從卦象看，前四卦〈剝〉〈復〉、〈夬〉〈姤〉近〈乾〉或〈坤〉，後四〈豐〉〈旅〉、〈渙〉〈節〉則不近〈坎〉〈離〉。然而，倘若仿船山只選擇中四爻，則前四卦的中四爻，不是〈乾〉，就是〈坤〉；後四卦中四爻，不是〈坎〉就是〈離〉；關係明顯近多了。

簡言之，這些卦與得中卦的相似性，至少比〈既濟〉〈未濟〉來得高。〈既濟〉〈未濟〉同樣是有錯有綜，至於從當位否看得中，則〈未濟〉是全未當位。此外，在分判四組屬卦時，船山曾說「〈震〉〈艮〉、〈巽〉〈兌〉，陰陽雜而不得中」（1102）〈震〉䷲〈艮〉䷳、〈巽〉䷸〈兌〉䷹，中四爻完全不對稱，初上亦然，故非得中卦，「雜而不得中」，確實依得中的標準做出判定。這與二五當位與否，一點都不相干。總之，對比之下，〈既濟〉〈未濟〉是得中卦的例外。

以上是以一卦爻性陰陽比例及排列，對比出有比〈既濟〉〈未濟〉更接近得中卦，但船山卻偏偏允許〈既濟〉〈未濟〉成為例外。以下再從另一角度比對〈既濟〉〈未濟〉得中的可能理由。這一理由就是，〈既濟〉〈未濟〉一卦具六子卦象，所以才得終。它當然不是船山判定得中卦的條件，我們仍願意加以討論，以求徹底反駁船山的理據。

事實上，別的卦一樣具有這種特質：外象部分，必須同組，如水火、雷風、山澤；內須含四卦，且升降要相應。最接近者，如雷風〈恆〉䷟，〈離〉陽升二，〈坎〉陰升五，〈兌〉陰下初，〈艮〉陽下四；初四、二五相應；故內含四卦升降，而外為雷風之象，六子卦皆具。其綜卦澤山〈咸〉䷞，〈震〉陽升三，〈巽〉陰升上，〈坎〉陰下二，〈離〉陽下五，三上、二五應，內含四卦升降，外為山澤之象。兩卦合，則風雷山澤之象皆具，且四卦升降相應亦在其中。〈損〉〈益〉二卦也有類似性質。山澤〈損〉䷨，〈巽〉陰升三，〈震〉陽升上，〈離〉陽下二，〈坎〉陰下五；三上、二五應。其綜卦風雷〈益〉䷩，〈坎〉陰升二，〈離〉陽升五，〈艮〉陽下初，〈兌〉陰下四；初四、二五應。兩卦合，一樣具備風雷山澤之外象，內含四卦升降相應。船山要証明〈既濟〉〈未濟〉可以涵容六子卦，這兩對綜卦，也都涉及了六子卦的變化。

雖然還有一些小差異；〔註8〕而且或許我們還會質疑，它們陰陽爻性並非一陰一陽相間。所以，無法說它們是〈乾〉〈坤〉交感之終。然而，此最雜者，是依〈乾〉〈坤〉為判準而得，船山判定〈震〉〈艮〉、〈巽〉〈兌〉之屬，本以八卦物象為判準，這時為何可以冒出來，又以〈乾〉〈坤〉為判準呢？顯然，這是為了牽合〈乾〉〈坤〉而作出的主觀判定使然。若依八卦卦象判準，則最雜者當不是〈既濟〉〈未濟〉二卦，以上〈咸〉〈恆〉等四卦，亦未嘗不可謂最雜，只要仿船山找到一個說明的角度即可。而再從得中卦的陰陽爻性看，它們至少比〈既濟〉〈未濟〉更接近得中：〈恆〉䷟〈咸〉䷞是二陰、三陽連類；〈損〉䷨〈益〉䷩是二陽、三陰連類，與得中卦的爻性、排列反較接近。雖然外象部分與〈坎〉〈離〉三畫卦無關——船山特別強調

〔註8〕如〈既濟〉〈未濟〉二卦上下體都是水火，而所含四卦升降同是〈震〉〈艮〉〈巽〉〈兌〉，且其應皆在二五。但〈咸〉〈恆〉〈損〉〈益〉上下體則綜合了雷風山澤，而所含四卦升降有別，所應爻位也不同。〈既濟〉〈未濟〉上下體為水火，似回應了得中之意，因〈坎〉〈離〉得中。但〈咸〉〈恆〉〈損〉〈益〉綜卦，涉及了〈坎〉〈離〉變化，自然也包含了中。

兩終卦天地、水火並列的情況——但至少〈咸〉〈恆〉〈損〉〈益〉已含水火之變於其中。

經過詳盡的比對之後，我們的結論是〈既濟〉〈未濟〉之得中，而可有始能終，是船山特許的例外。單純是按其設定，中者方可始、可終。而要按《易經》卦序，就得以此二卦爲終；終而又有始，必須要有得中的特質方可。而依引文看，船山的得中，是「升降相應，往來而得中」的「得中」；這的確如《鏡銓》所說，是從爻位看的。如此，它們與〈乾〉〈坎〉等八錯卦得中的標準，完全不相合。

這種情況，其實類似純以八卦物象判準斷定〈坎〉〈離〉得中、所衍生出來的例外。因爲從〈乾〉〈坤〉判準看，〈既濟〉〈未濟〉與純沾不上邊。所以一開始判定〈坎〉〈離〉得中，已使例外出現的可能性大增，〈既濟〉〈未濟〉的情況，只不過是更進一步的例外罷了。而且若二卦得中，則當出現在得中八錯卦之內才對。

參、得中卦之「始終」與屬卦之「終始」不合

船山強調得中卦方可中、始終，出現的另一問題是，中、始終之「始終」，與屬卦之「始終」不合。因此，最後導致屬卦之終，不是按組別有各自之終，而是「終」可以跨組。此外，不得中之卦，卻可以有始之實：〈震〉䷲〈艮〉䷳、〈巽〉䷸〈兌〉䷹不得中，卻可以成該屬卦之始。

從屬卦之終看，〈乾〉〈坤〉之屬〈頤〉〈大過〉爲終，沒有問題。〈坎〉〈離〉之屬，其終爲〈鼎〉〈革〉，不得「中」；〈震〉〈艮〉之屬，其終爲〈豐〉〈旅〉，亦不得「中」；二屬卦眞正之終，在其後的〈中孚〉〈小過〉，屬於〈巽〉〈兌〉屬卦之下。至〈中孚〉〈小過〉，「〈震〉〈艮〉、〈巽〉〈兌〉之體定，而有〈坎〉〈離〉之象，則六子之體咸於此定，故繼以水火交合之定體」。

而依船山設計，可終之卦本可始，如〈乾〉〈坤〉之屬起〈坎〉〈離〉之屬，「〈頤〉象〈離〉，〈大過〉象〈坎〉，則又以起〈坎〉〈離〉焉，此二卦者，天地水火之樞也。」（1102）而〈坎〉〈離〉之屬以〈鼎〉〈革〉爲終，但〈鼎〉〈革〉卻非得中卦，依理無法起始。可是在文字敘述上，卻明言〈鼎〉〈革〉爲「水火之道變矣」，表示可起以下〈震〉〈艮〉之屬的卦變。這是有衝突的。同樣的情況，發生在〈震〉〈艮〉、〈巽〉〈兌〉屬卦之間。〈豐〉〈旅〉不得中，如何起〈巽〉〈兌〉屬卦之變？依得中卦判斷，〈震〉〈艮〉、〈巽〉〈兌〉都不

具自成屬卦的資格。〔註 9〕

其實，不止屬卦之終與中始終之終衝突；屬卦之始，也與得中卦方可始的判準不相容：〈震〉〈艮〉、〈巽〉〈兌〉都是「陰陽雜而不得中」，可是卻可以成爲某一屬卦之始。這是完全違反得中原則的。

此外，始而又終或終而又始，一般都有緩衝，但最後六子卦甫終於〈中孚〉〈小過〉，剛終而欲始，立刻又碰到〈既濟〉〈未濟〉之終，雖然船山不要求過分規律，但這裡的接續未免太突兀了些。

最後，是對〈既濟〉〈未濟〉歸屬的定位。〈既濟〉〈未濟〉原繫屬於〈巽〉〈兌〉屬卦之下（1099），但翻過一頁，他卻說「〈既濟〉〈未濟〉不繫乎〈巽〉〈兌〉而自爲體，是〈巽〉〈兌〉之屬四，與〈震〉〈艮〉均也。」（1100）又與八卦分四組不合，表現出模稜兩可的態度。因他以爲〈既濟〉〈未濟〉應獨立分組，乃因彼等爲八卦之終的緣故；那麼，這是否表示有一組是以終爲組者？這與分組立意完全不合。而且，依此則〈中孚〉〈小過〉爲六子卦之終，照理亦不當歸屬於某一組（即〈巽〉〈兑〉）。

這些都牽涉到屬卦分判的問題，主要是屬卦之始終，及那一終卦該當歸屬那一組的問題。本來，船山依八卦分組的目的，是表示有不同的變化階段，所以各階段有各自的始終。甲屬之終，表示舊階段變化之結束；乙屬之始，表明新一階段的變化開始；分組的目的在此。

〈乾〉〈坤〉〈坎〉〈離〉而外，可說都是雜卦，雜卦卻不等於終卦，特地標舉終卦，即〈頤〉〈大過〉、〈中孚〉〈小過〉、〈既濟〉〈未濟〉得中故可始，是要強調即將有某一新階段的開始。因終卦之外的諸多雜卦，也是變化的表現，若單純說明變化，不必強調有終卦的存在。提出終卦，正是爲了標示某舊階段告一段落、新階段將開始，是八卦分組界限所在，這就同時強化了分組的必要。如此，使卦變以得中卦爲始、終之大節，才能表現純雜參差不齊、天化無心的情況。而今卻有些階段之終不似終，又像終；始不似始，卻可始。而〈既濟〉〈未濟〉開始歸於〈巽〉〈兌〉，最後卻似應獨立。即使我們知道終

〔註 9〕《鏡銓》也以爲分〈震〉〈艮〉與〈巽〉〈兑〉爲兩組不妥，因依船山論此二屬情況，根本無法區分，而他卻「強分之爲屬〈震〉〈艮〉者，屬〈巽〉〈兑〉者。此其說之不一致者也」（1027）《鏡銓》評論，只點到這爲止，但猜測其意，是說船山論〈乾〉〈坤〉、〈坎〉〈離〉之屬時，比較鮮明的緊扣天地、水火的角度闡述卦變（姑且不論內容如何），但在〈震〉〈艮〉、〈巽〉〈兑〉二組，卻是交雜論述。不過，對問題的癥結：得中卦與八卦分組的衝突，《鏡銓》完全沒提到。

始都是階段性的，但在此連這一點都無法確定。

倘若分組目的不能達到，何必分組呢？從行文中，可見船山明瞭得中卦之始終，與各組之終始不合，卻顯然忽視了我們可由此質疑分組的立意。這或許是思慮未周，也可能是不願放棄某些堅持使然。這與不打破《易經》卦序，是否眞的有關聯呢？且看下一節分曉。

第五節　八卦卦變整體檢討

上述三大問題：1. 兩套純雜判準不一致；2. 致使得中卦判定不一致；3. 導致得中卦「始終」，與各屬「終始」也不一致；是整體檢討的重點。我們要詮明船山卦變理據不合理處，並找出可能的原因。若收束一些，所有問題其實都是純雜的延伸。因此，有必要把純雜概念說得清楚些，可同時釐清問題。這可分兩方面說：（一）探討有無可能準確判定純雜；（二）由此發現，純雜與得中卦的區別。讓我們瞭解：在以純雜之參差表現太極神妙的卦變中，得中卦不是必要的存在。只要去掉得中卦判定，再使純雜判準在使用上一致，即可完全廓清卦變問題。學者批評卦變之礙難，乃照《易經》卦序的說法，我們即可以做出恰當的回應，那就是：只要做到純雜判準一致，按照《易經》卦序的作法，不為病。以下分別敘述。

壹、準確判定純雜、得中的可能

純雜可以參差呈現，但判準之運用必須一致；船山的問題正出現在這裡。有沒有可能（較）準確判定純雜、得中呢？

依船山實際運用，無法把六十四卦一一區分爲明確的純雜，〈乾〉〈坤〉判準之運用如是；八卦物象判準亦然。尤其後者在〈震〉〈艮〉、〈巽〉〈兌〉屬卦中「應」之無定準，更讓人對其主觀，印象深刻。那種特別規定某一體不動，使不應出現的情況，除爲按《易經》卦序故，似無他因可言。所以，以此態度判定得中卦，自然出現例外。

船山欲令中、始終與純雜，具有內在聯繫的企圖，非常明確。原則上，從中不中看，中：純、始；不中：雜、終。從純雜看，純：中、始；雜：不中、終。實際上，無法如此斬截分明，因爲純雜是有層次的、比較的概念。這導致得中判定，呈顯爲複雜的綜合。

雖然從船山「立意」看，得中卦判定還算頗嚴謹，是兩種純準判綜合運用的結果。首先，八錯卦只錯不綜，可象徵某種凝成貞定之質；其次，〈乾〉〈坤〉、〈坎〉〈離〉之所象，又可導出不遷、不變，可始、能終的道理（八卦物象判準）；第三，由爻性陰陽比例，進一步確認其純度（〈乾〉〈坤〉判準）；最後再從六十四卦整體考量中，看彼所處階段（此階段之評定，須切合船山整體卦變的觀點），加以比附——這就是船山判定得中卦的方式。

判準運用一致、相容，這種複雜原可變成一種細緻的設計，若否，則徒增淆亂。船山毛病在於判定雜而有純的情況，與得中卦不一致，例外表現在兩個地方，一是船山以爲雜中有純者，不符得中卦的標準，如〈既濟〉〈未濟〉；二是船山不以爲雜而有純之卦，卻可能符合得中的標準，如〈泰〉〈否〉等（依八卦物象判準，上詳）。換言之，由純雜判定得中，都出現例外。改善或解決的方式有二，一是上文曾提過的，使兩套得中判準相容，避免出現例外。第二，貫徹使用一套統一的判準——且舉〈乾〉〈坤〉判準爲例，詳下。

我們知道，純雜其實只是大的分類概念，若落實到一卦一卦分析，可以更細緻地呈現它們與〈乾〉〈坤〉關係之遠近；只是船山沒有貫徹這個方法。若依他原先所說，從陰陽同類相連的情況，判斷純雜，如五陽（陰）連類比四陽（陰）連類來得純等；逐卦如此判斷，自然可以區分出不同純雜的卦。有些卦也可以同純或同雜，如五陽或五陰連類，爲同純；〈既濟〉〈未濟〉一陰一陽相間，則同雜等。有些情況可能要更精細判斷，如〈蹇〉䷦與〈困〉䷮，是二陰或二陽連類，是否就一樣純呢？還是要再區分其餘四爻的純雜情況，來定純雜？譬如〈蹇〉䷦餘四爻是一陰一陽相間；〈困〉䷮其餘四爻中，上六被間隔於四五兩陽之上，不是均衡的陰陽相間，相對而言，似比〈蹇〉雜些。當然，若依船山以〈既濟〉〈未濟〉之「一陰一陽相間」爲最雜，則〈蹇〉當較雜。總之，這只是提供一個可能。但由此可知，確實可以依〈乾〉〈坤〉判準，建立一相對純雜，把六十四卦收納其下。同樣的，若貫徹運用八卦物象判準，自然也可以構思出一套較完整的體系，做出合理的判定。

當然，以上述兩種方式改善，得中卦可能就不再是八錯卦，更進一步的問題是：卦變按照《易經》卦序的作法，可能也無法維持。這一點，我們無法完全確定；保守的說法是，按《易經》卦序的可能性，變得極小。所以，把照《易經》卦序，作爲卦變弊端的惟一因或主因，似乎大有道理。

貳、純雜與得中卦的區別

不過，事實是：我們還是可從船山的理論中，找到出路。倘若捨棄得中卦的判定，依《易經》卦序，是不成問題的。不過，在捨棄前，也許我們要懷疑，得中卦如此重要，是卦變始、終的轉折所在，如何可棄？正如下文船山所說：

> 〈乾〉〈坤〉，純之至者也；〈既濟〉〈未濟〉，雜之尤者也。一致而百慮，故始乎純，終乎雜。則〈既濟〉〈未濟〉不繫乎〈巽〉〈兑〉而自爲體，是〈巽〉〈兑〉之屬四，與〈震〉〈艮〉均也。〈頤〉、〈大過〉，〈乾〉〈坤〉之用終；〈中孚〉、〈小過〉，六子之用終。〈頤〉、〈大過〉、〈中孚〉、〈小過〉，四隅之經，與〈乾〉〈坤〉〈坎〉〈離〉相爲維絡者也。故〈既濟〉〈未濟〉紹合天地之初終，而錯綜同象，爲卦變之盡神者，以成乎渾淪變合之全體焉。（1100）

〈頤〉、〈大過〉、〈中孚〉、〈小過〉，爲「四隅之經」，與「〈乾〉〈坤〉〈坎〉〈離〉相爲維絡」，可見〈頤〉、〈大過〉、〈中孚〉、〈小過〉以得中故，故極爲重要。客觀來看，其重要性甚至超過〈震〉〈艮〉〈巽〉〈兌〉，因它們更有資格成爲分組的依據。〈震〉〈巽〉等四卦不符合得中卦標準，卻可自成一組，本就是例外；因此以「八錯卦」分組，取代「八經卦」似乎恰當些。

不過，也許有兩個原因，令船山不採「八錯卦」：一、違反八卦傳統；二、若仍照《易經》卦序，〈頤〉〈大過〉、〈坎〉〈離〉，是《易》上經末連在一起的四個卦。第一因我們無法置喙；第二因，相對言是比較小的問題。因爲照《易經》卦序，〈坎〉〈離〉之後，到最後一組〈中孚〉〈小過〉之前，其上有三十卦，我們可依原經順序，把三十卦區分爲兩組，一歸〈頤〉〈大過〉，一歸〈坎〉〈離〉。當然，到時這兩組之終卦，仍須具得中卦性質，方可「終」而有「始」。倘若判準能做到一致，上述安排即頗爲順暢。而且得中卦之始終，與各組的終始，可以符合，第三問題（得中卦始終與各屬始終不一致）即不存在。

這時，我們可以進一步比對，純雜與得中判準，那一個較易出現問題。或許有人懷疑：得中判準不是順著純雜判準而自然產生的嗎？不錯；但不表示二者相同。它們的分別在於：這裡的純雜是「相對概念」，而得中是「絕對概念」。

純雜是相對概念。例如〈乾〉〈坤〉判準中，最純爲〈乾〉〈坤〉，最雜乃〈既濟〉〈未濟〉，餘卦之純雜度，都是由兩間比較而得。所以，〈乾〉〈坤〉之屬中，〈隨〉䷐〈蠱〉䷑有二陰二陽相鄰，爲雜；而〈噬嗑〉䷔〈賁〉䷕僅有二陰相鄰，故尤雜。同樣的，八卦物象的純雜也是相對的。在上文〈坎〉〈離〉、〈震〉〈艮〉、〈巽〉〈兌〉之屬部分，已有詳述。雖然純雜判準有不一致情況，但純雜乃相對之意，仍清楚呈露。

而得中是絕對概念。八錯卦及〈既濟〉〈未濟〉兩卦，即使敘述上似有差異，但卻無法區分甲比較得中，乙比較不得中；全部都是、而且只是「得中」。因此，在純雜乃相對的大分類下，要樹立一絕對得中概念，不免窒礙難通。原因在二者同樣以純雜爲惟一的判定指標，卻要區分出相對與絕對的不同，易生例外。因爲不管那一種判準，單純判定純雜的使用較易；若同時還要判定得中，即使只用一種判準，要純雜與得中一致而統一，亦非易事。何況是兩類判準，兩種不同情況（純雜與得中），總共四種因素交叉考慮，而又要一致而無例外，豈不戛戛乎難哉？

倘若有人可以完美運用，自無問題，但若從實際面考量，我們會傾向於去掉得中卦判定，而逕取純雜判定。再從兩種純雜判準中，兩方面評估，一是結合二者，使之相容；二是擇取其一，統一運用。而既然只選一種純雜判準，仍要費心區別相對（純雜）與絕對（得中），易生例外。那倒不如往較易取得一致的路子走，單從純雜著眼去設計即可。如此一來，依照《易經》卦序，也不成問題了。然而，可以因爲簡易的緣故，就去掉得中卦嗎？

參、得中卦是不必要的

在卦變中建立得中卦，原本就不是必要的。這才是眞正的原因。

得中卦的根本理據，是「純爲變化根本」（參〈陰陽十二〉第三節）。原則上，凡中必與純有關聯，終必與雜有聯繫。而實際上，雜卦一樣可以包含中、始終，如此終、雜與中、純就有交疊。這是船山張揚「純統雜」，「雜不離純」之理。因〈乾〉〈坤〉初始爲全純，全純之後必雜，這時爲保証雜之變不息而有新始，必須說雜仍有「中」。因爲中（其實要與純沾邊）是船山判定重新變化的根本。

然而，從卦變標舉純的作用，並無必要，因「純爲變本」的道理，已在陰陽十二中証實，不必再於卦變中論証。而照陰陽十二，任一卦都是純卦，都因此有變化的動力。若「非得中卦」都是靜止不動者，那有得中卦之「終」可言？卦變須有起伏轉折，但並不需要以特定某類卦（如得中卦），作爲終卦，以保証終而有始，因這是任一卦都具備的。此外，「純爲變本」原須在陰陽十二，錯綜對照的情況才能顯示、成立，如今卻要以六畫卦的限制，表現兩卦對照時才能呈顯的、「雜而有純」之象，以說明卦之可始能終，這是強爲，也是船山捉襟見肘，處處犯衝的主因。得中卦不須納入卦變，其故在此。

雖然，無庸諱言，照《易經》卦序是卦變的一大限制。但這點，不是卦變出毛病的最大原因，也不是惟一因。得中判準才是一大問題，克服了它，一大限制相對言，幾乎不算是限制。

所以，倘若放棄「八錯卦」爲得中卦，照《易經》卦序的問題少了大半：〈乾〉〈坤〉之屬可終〈頤〉〈大過〉；〈坎〉〈離〉之屬可終〈鼎〉〈革〉；〈震〉〈艮〉之屬終〈豐〉〈旅〉；〈巽〉〈兌〉之屬終〈既濟〉〈未濟〉。〈震〉〈艮〉、〈巽〉〈兌〉二組，也不犯「非得中卦卻可始」的毛病。至於成爲終卦有何條件或特質，可另定；或單純任之可也，亦不爲病，因陰陽十二已証六畫卦無須展現「純爲變本」。這時，得中卦之始終，與各組終始不合的問題不見了；剩下的，是要考慮用一或兩種純雜判準。而不管選一或二，都要做到一致而無例外。總之，回歸到單純的純雜參差不齊——船山認爲最能顯示太極神妙——的情況。綜合來說，卦變弊端，主因不在照《易經》卦序，而是首罪爲得中判準，其次是純雜判準不一。

之前第一節曾說過，船山認爲卦變二種與太極神妙有衝突，故「未敢信爲必然」；可是若以上述方式修正，八卦卦變表現出純雜之參差，正是充分展現太極變化莫測之神。

從大方向看——單看文字敘述，而不挑純雜判定毛病——船山對純雜的處理，其實正顯示其天化無心的期許：各組屬卦之終始，基本上按照較純者爲始，最雜者爲終來安排。但每一組的純雜，不是刻度式的、僵化的由純積累至最雜，而是純雜參差出現，只維持大略由純至雜的過程。同樣的，不同屬間的純雜，即跨組之純雜，船山雖沒說前後純雜如何，但整體有越來越雜情況，只是不必然按順序一一如此。如〈坎〉〈離〉比〈震〉〈艮〉、〈巽〉〈兌〉純，故其所屬卦，大體比〈震〉〈巽〉等所屬卦純。因此〈震〉〈巽〉等四卦之屬比〈坎〉〈離〉之屬雜，其所屬卦只須與〈震〉〈巽〉等比較即可，不必再與〈乾〉〈坤〉、〈坎〉〈離〉之屬比較。〈雷〉〈豐〉〈渙〉〈節〉之象不全，既比〈震〉〈巽〉雜，自然就比〈坎〉〈離〉雜。

換言之，即使不能一一比對，但從文字描述上，可知船山仍充分表達了維持大略的、參差的，由純至雜的過程。這是非常可取的，表示一種天化無心的企圖或態度。當然，最雜者，是否一定在時間上屬最後的，未必盡然。這是某種巧妙的牽合。〈既濟〉〈未濟〉雖是《易經》卦序的終卦，但不必然等於最雜卦；只因他未跳脫《易經》原序，乃說最終者，最雜。

上述以純雜參差表現太極神妙之意，非常明確，但出於卦爻結構表現不一致，無法表裡合符，文字所述就難免有了缺憾。這一點，在十二辟卦卦變時，還有較詳討論，不贅。

因此，我們要說的是，很可惜地，船山沒看到卦變眞正問題，是以諸多遷就，左衝右突，好不容易鑽研出一大套看似客觀的理據，其實已附加了過多的主觀詮釋。所以他以爲卦變合乎太極，但卦爻結構的表現，並不一致；在不違背其判準尺度下，衡量其餘，往往可得出不同的卦例。八卦卦變三大問題，都可以收攏到「不一致」這一點上，這是其理據最大的毛病、整體的癥結。因此，以下引文是卦變末段，其最終「渾淪無垠」之說，倒是比較能傳達出其所期許的太極之神妙意味：

> 自〈屯〉〈蒙〉以來，陰陽相交相錯，迨是而始定，乃殊塗之極則，百致之備理也。故列〈乾〉〈坤〉於首，以奠其經；要〈既濟〉〈未濟〉於終，以盡其緯；而渾淪無垠，一實萬變之理皆具，此《周易》之所以合天也。(1103)

第五章　卦變二種（下）——十二辟卦卦變

第一節　十二辟卦卦變

八卦卦變的總檢討，或許令人猶存小疑：終卦標示卦變某階段終了，難道完全不必要嗎？而且任一卦皆可始，是否表示任一卦都可終？由於得中卦可始能終，因據以分組——去之則如何分組？若船山以八卦分組，還是適當的嗎？

任一卦皆可始，皆可終；選甲卦為始、乙卦為終，都是自由的抉擇；以此關聯的分組問題，自然也是自由的。只要依船山太極及陰陽十二的說法，都是可被允許的。我們只是依此，釐清船山卦變的瑕疵。換言之，我們不是離開其理論，來看待其卦變，而正是以其理論，看待其卦變；反而看到船山不全依其理論，講論實際層面的卦變問題。從十二辟卦卦變中，將繼續看到更多相同層面的訊息。

對八卦卦變的檢討，有些可用在十二辟卦卦變，有些則否。基本上，十二辟卦卦變的毛病遠比八卦卦變少，但卦爻相交部分則與後者同。然而，之前成為批評焦點的卦變方式，在十二辟卦卦變中，卻可以得到較寬容的對待。因為十二辟卦卦變的理據，與八卦卦變不同。這個不同，同時可讓我們更清楚看出八卦卦變方式的問題。

船山首先紹介十二辟卦。十二辟卦數雖十二，象則七，依下面順序分為六組：

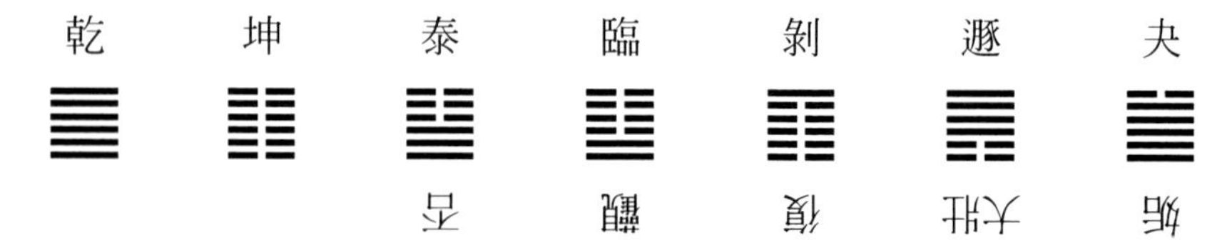

他花了不少篇幅先說明此六組成立的順序，其理據與他對陰陽消長的看法有關。而消長之所以重要，乃因於十二辟卦卦變中，「消長之幾爲變化之所自出，則之十二卦者以爲之經。」（1095）十二卦爲變化樞紐，表示在這十二個卦中出現較大的、具「轉捩點」意義的消長。當然，這種「轉捩點」的意義，是船山賦予的，也即將看到它們的不一致。

由於從陰陽消長論，因此〈乾〉〈坤〉首建之理，這回從陰陽之極盛角度說：

> 〈乾〉〈坤〉首建，極陰陽之至盛，以爲變化之由，故曰：「〈乾〉〈坤〉其《易》之門邪！」消長之數，皆因此而生。惟極盛也，而後可以消，可以長，可以長而有其消，可以消而復能長。（1098）

〈乾〉〈坤〉以其具陰陽之至盛，乃變化肇始之本源；亦因極盛，才能不斷消長，無有終期，同時是變化最終極的依據。變化始於〈乾〉〈坤〉之交感，但「其交有多寡，多因謂之長，寡因謂之消，非消遽無而長忽有。其交之數，參伍不容均齊，陰陽之妙也。」（1098）二氣之消長，以卦爻表現，對應的是陰陽爻比例之多寡：一卦六爻，若某一爻性佔多數，則長，反之則消。而長不是憑空忽然而有，消亦非驟然而無。至於陰陽之交，表現在卦爻上不是刻度式的消長，而是參伍不齊，正所以顯示變化莫測之妙。船山接著說：

> 由〈乾〉〈坤〉而生〈泰〉〈否〉以下之十卦，十卦皆〈乾〉〈坤〉所有之通變也。由〈乾〉〈坤〉〈泰〉〈否〉而及〈臨〉〈觀〉以下之八卦，八卦皆天地相交之通變也。以次而變合，不以次而消長，天地渾淪無畛之幾固然矣。（1098-9）

〈乾〉〈坤〉以下十卦，自然皆〈乾〉〈坤〉相錯而生；不過，船山更要強調〈臨〉〈觀〉等八卦，爲〈泰〉〈否〉「天地相交之通變」，點明彼等與〈泰〉〈否〉的關係。其故在於他把〈泰〉〈否〉，提升到與〈乾〉〈坤〉相類似的地位，爲變化所肇始。這與八卦卦變說「純」類似：

> （1）〈乾〉〈坤〉極盛，〈泰〉〈否〉次盛。其位實，其德均，其變純。六陰六陽隱見於嚮背，則爲〈乾〉〈坤〉。凡二卦而陰陽全，錯綜於嚮背，六陰六陽，其位固純，則爲〈泰〉〈否〉。即一卦而陰陽

> 全具，則〈泰〉〈否〉亦立於極盛以起變者也。（1098）
>
> （2）〈泰〉〈否〉者，三陰三陽適得其均，消長之不偏者也。分體〈乾〉〈坤〉之純，故足以繼〈乾〉〈坤〉之盛。（1105）

從兩個角度說〈泰〉〈否〉之純，一是「位實」、「德均」，故「變純」。此因〈泰〉〈否〉各有三陰三陽，卦象爲天地，故可「分體〈乾〉〈坤〉之純」。二是與〈臨〉〈觀〉等卦不同處，在於二卦同時是錯綜同象的卦。六十四卦中錯綜同象者共八個，〈泰〉〈否〉爲其中之二：

泰　　否

䷊　　䷋

泰　　否

因此說「二卦而陰陽全」，這是從錯卦角度看；或「一卦而陰陽全具」，這是從綜卦看，如正看爲〈泰〉，反看爲〈否〉；不管如何看，剛好就是陰陽十二。〈臨〉〈觀〉無此特色，故〈泰〉〈否〉爲次純。原本任何錯卦都是陰陽十二，但非錯綜同象者，單從綜卦看，都只有不齊之比例，但船山以爲，錯綜同象者由於錯亦同，故看綜等於看錯。

至於「以次而變合」之意，《鏡銓》說：「〈乾〉〈坤〉相錯而生此十卦，此所謂『變合』。就陰陽相錯之位而言，有初、上、二、三、四、五、上者，此所謂有次序可紀也，故曰『以次而變合』」（1008）。但卻「不以次而消長」。這是說陰陽消長情況，不是依陰陽一爻一爻的消長來安排，所以〈乾〉〈坤〉之後爲〈泰〉〈否〉，「不以〈復〉〈姤〉，則非漸長；不以〈夬〉〈剝〉，則非漸消」（1098）。從六陰六陽的〈乾〉〈坤〉，到〈泰〉䷊〈否〉䷋三陰三陽卦，不是逐爻漸長或漸消，若繼以〈復〉䷗〈姤〉䷫，是表示一陽或一陰初生，之後逐一漸生；繼以〈夬〉䷪〈剝〉䷖表示一陰或一陽將消，這也是逐一漸消。此爲船山所不取，極力攻駁。十二卦的組成，即是如此：

> 又次而〈臨〉〈觀〉，又次而〈剝〉〈復〉。消長之幾，陽先倡之，長則必有消，用之廣則必反之約，故次以二陽之卦二，次以一陽之卦二也。陽變則陰必合，故次以二陰之卦〈遯〉、〈大壯〉，次以一陰之卦〈夬〉、〈姤〉也。〈臨〉陽長也而先〈觀〉，〈復〉陽生也而次〈剝〉；〈遯〉陰長也而先〈大壯〉，〈姤〉陰生也而次〈夬〉，陰陽迭爲主，一翕一闢，而先後因之也。（1098）

消長的變化，乃以陽之變爲始，有長必有消，用廣則反約。〈泰〉〈否〉之三陽，繼以〈臨〉䷒〈觀〉䷓二陽卦，〈剝〉䷖〈復〉䷗一陽卦。「陽變」之意，在此指三陽依序遞減爲一陽；「陰合」則謂陰與之和應，故原〈泰〉〈否〉之三陰，遞減爲二陰卦〈遯〉䷠〈大壯〉䷡，一陰卦〈夬〉䷪〈姤〉䷫。這是比較大角度所見的順序，細部的安排是〈臨〉䷒是陽由初、二往上長，故先於〈觀〉䷓；〈復〉䷗是初陽方生，故在〈剝〉䷖後；〈遯〉䷠陰由初、二上長，故先〈大壯〉䷡；〈姤〉䷫陰初生，故在〈夬〉䷪後。依序爲〈臨〉〈觀〉、〈剝〉〈復〉、〈遯〉〈大壯〉、〈夬〉〈姤〉。陰陽消長迭爲主。「主」意謂氣之長者，長則爲主，爲闢；消則翕，爲次。變化先後，陰陽主次，視此消長而定。由於它是二氣自身交感、摩盪、變化的結果，故也是自然的。

然而就上述所見，人或不免質疑：其消長秩序井然，彷彿漸長、漸消，怎能說它是自然的呢？因由〈泰〉〈否〉開始三陽遞減，再三陰遞減，似乎極有順序。船山的意思是，至少他不是一一依序由一陰（陽）遞增，或由一陰（陽）遞減，而且船山以爲，這十二卦只是六十四卦卦變轉折的樞紐卦，它們有一定的順序，就好比溫帶地區每年有四季一樣；十二卦的作用只是釐定大節，細部卻非秩序井然；整個卦變的設計即是如此。

船山依上述秩序，把十二卦分爲六組，其下各有統屬之卦，每組屬卦數量不一，有一定的理由；做法與八卦卦變同。我們闡明的方式，與之前八卦卦變有同有異。同的地方是，一樣專注其卦變理據。其主要理據爲陰陽（消長），其次爲得中與均衡。異的情況是，不打算詳細檢討其卦變方式，除了情況與八卦卦變同外，還有另一關鍵。我們先在此談，只引〈乾〉〈坤〉之屬卦中〈屯〉䷂〈蒙〉䷃兩卦爲例，即可詮明個中原因，之後，才依序談六組以陰陽消長爲主的卦變。

船山說：「〈乾〉〈坤〉爲化之最盛，以該十卦之成，凡消長者皆自此而出。」（1105）餘卦皆由〈乾〉〈坤〉出，故其始是二卦相交。「〈屯〉〈蒙〉陽生陰中」，「一陽始生交於二陰之下，繼交於二陰之中，爲〈屯〉；繼交於二陰之中，遂交於二陰之上，爲〈蒙〉。」（1106）〈乾〉陽生於〈坤〉初及五，成〈屯〉䷂〈蒙〉䷃。〈坤〉以二陰交〈乾〉，成〈需〉䷄〈訟〉䷅。然而〈乾〉〈坤〉兩爻相交，不會只出現〈屯〉〈蒙〉（或〈需〉〈訟〉），而是同時出現〈鼎〉〈革〉（或〈晉〉〈明夷〉）；這是船山強制的結果。以〈屯〉〈蒙〉爲例，應如下：

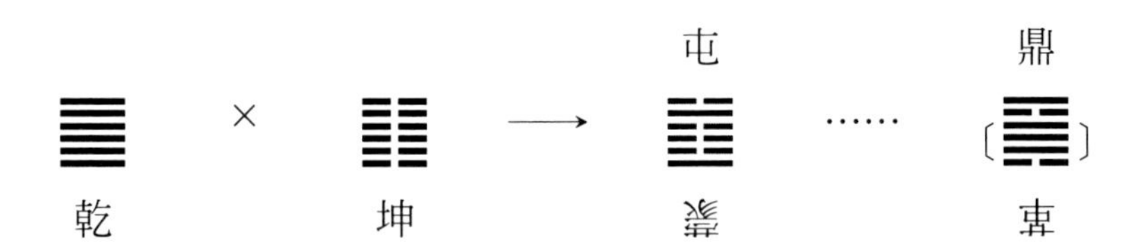

卦變方式的毛病，與八卦卦變相同。不過，這裡的情況不同處在於，由於船山都只從陰陽二氣消長說，因此，卦予人的感覺是，它們只是陰陽變化所產生的、代表不同陰陽比例的具體之物，不再是需要從結構分析上去看待的卦；具體物的象徵意義，在此得到加強。簡言之，卦爻只是具體物的象徵罷了。

所以〈乾〉〈坤〉相交，可以看成：陰陽二氣以二陽四陰的比例，酌量而成一具體物。〈乾〉〈坤〉變成只是二氣的代表罷了。這樣說有些奇怪：〈乾〉〈坤〉本來不就是二氣之代表嗎？不錯，但在涉及卦爻形成時，〈乾〉〈坤〉具卦爻結構這一面，不即直接等於二氣。因此必須檢視卦爻在〈乾〉〈坤〉相錯下形成的過程，有無違反一般原則。因爲在形而下的層面，不能忽視卦爻結構具體的一面，以及其所遵循的一般原則；八卦卦變情況就是如此。然而在十二辟卦卦變中，一切卦爻形成都只從二氣角度說，〈乾〉〈坤〉與卦的「結構關聯」，減到最弱的程度（這是關鍵），而變成是傾向於形而上的、氣化層面之事。這時，我們看到一卦一卦如何形成，都只是二氣如何酌量使它形成，不再計較每次交錯必產生一對錯卦，或質疑船山在八卦卦變中，只選擇性提到某一照《易經》卦序的卦等問題。

舉例以明此種情況，就好比人、物是陰陽二氣所生，陰陽比例卻各各不同，而我們不會認爲二氣一交感，每成某甲，必然有一相反陰陽比例的某乙產生。當〈乾〉〈坤〉與卦爻關係較近時，我們會在意卦爻相交的結構或形而下層面，認爲兩卦相錯，必產生一對錯卦；但當〈乾〉〈坤〉之卦爻結構特性幾乎消失，只等同陰陽二氣時，一一產生的卦爻，就只等同於人、物的代表或象徵罷了。

至於如何確定〈乾〉〈坤〉與卦爻結構關係的遠近，必須從卦變結構與論述內容判定。以李之才「變卦反對圖」、「六十四卦相生圖」爲例（朱伯崑《易學哲學史》（二）45-54）。反對圖完全照應到相交必產生錯卦的原則，相生圖凡相錯亦然，只是加上本卦升降罷了，基本上不違背凡相錯必生一對錯卦之旨。雖然知道卦爻生成不離陰陽二氣的作用，但在此陰陽二氣是隱遁的，只顯現爲具體的一卦如何變成另一卦，遂專注在卦爻變化的結構上，而不會跳開卦爻結構，去談二氣。必須稍微抽離，才能仔細釐清卦爻結構和陰陽二氣的關聯、對應。但船山卻是直接從二氣消長的角度，談卦爻形成。六十四卦如何藉著一卦一卦的結構異同，串聯一體，固然不詳細；文字更是重在描述卦爻與二氣的聯繫，而不在敘述六十四卦如何串聯成一個整體結構面。

以是，〈乾〉〈坤〉交錯成卦的實際過程，相對不重要。因此，只集中在十二辟卦卦變理據的闡析上。其理據主要爲陰陽、得中與均衡。而陰陽以二氣消長的方式呈現，所佔比重極爲重要、明顯；得中與均衡相對隱微，得中判定與八卦卦變亦有不同。

在分析各組屬卦前，有必要說明我們如何詮明陰陽消長的方式。船山對陰陽消長頗有一套原則，於各屬卦內夾雜談述。因此，隨文講解部分，基本上如實按船山所說敘述，不加評論；但有衝突或令人起疑處，則以問題方式稍做提點（此下所有疑問句）。談完各屬卦後再綜合檢討，深入問題，辨明衝突的實質，最終使各安其位，產生理論的張力。

壹、〈乾〉䷀〈坤〉䷁之屬

〈乾〉〈坤〉之屬，其卦八，其象四：

屯	需	師	小畜
䷂	䷄	䷆	䷈
蒙	訟	比	履

「〈屯〉〈蒙〉陽生陰中」，長二陽於陰，是陽長之卦；「〈需〉〈訟〉二陰交陽」，二陰長，是陰初長之卦。陰陽初長即消，〈師〉〈比〉是一陽交陰，乃〈乾〉之消；〈小畜〉〈履〉一陰交陽，爲〈坤〉之消。船山解釋這種即長即消的現象：

> 凡消長之理，不遽不漸，出入百變，旋往旋復，旋復旋往。驗之呼吸，而知陽消則陰長，陰消則陽長。（1107）

重點有二，（一）消長之理，「不遽不漸」。必須留意的是「遽」原意疾速，但「不遽」不是指消長變化不快速——任何局部的消長變化，都是快速發生的，即「捷往捷來」。但從整體著眼，陰陽之消長，不是可以立刻達到總體的消或總體的長，必須在局部消長變化的累積上，才出現某一階段性的消長。

今本《易》經，上經由〈乾〉〈坤〉到〈坎〉〈離〉原即陽消陰長，下經〈咸〉〈恆〉至〈既濟〉〈未濟〉爲陰消陽長。這種情況的陰陽消長，才是「不遽」之所指，其卦變總體消長，就分爲這兩大階段。「不漸」，是船山多次提到的基本論點，即非一爻一爻疊加，或一爻一爻遞減。有時，船山會使用「消長不齊」一詞，與「不漸」義同。（二）陰陽消長同時。一卦陰陽爻消長同時發生，若長一陽，則同時消一陰，反之亦然。

貳、〈泰〉䷊〈否〉䷋之屬

凡〈泰〉〈否〉之屬，其卦六，其象三：

同人　　謙　　隨

䷌　　䷎　　䷐

大有　　豫　　蠱

〈否〉䷋長二陽於初、三爲〈同人〉䷌，〈泰〉䷊長二陽於四、上爲〈大有〉䷍。這是陽長。〈泰〉長二陰於初、二爲〈謙〉䷎；〈否〉長二陰於五、上爲〈豫〉䷏。這是陰長。陰陽之長必二，這是大化無漸長之幾，即「不漸」；而消長必二，這是陰陽之變同，此即「同時」。船山接著說：

> 陰長不已，無既至於〈臨〉〈觀〉之理；陽長不已，無既至於〈遯〉〈大壯〉之理。消長必乘乎大變，〈隨〉〈蠱〉者，大變之卦也。〈泰〉僅留上一陰下一陽，而中位皆變，爲〈隨〉；〈否〉僅留上一陽下一陰，而中位皆變，爲〈蠱〉；二卦錯綜同德，其變大矣。變之極而後〈臨〉〈觀〉乃來，陽非極變，不遽消也。（1107-8）

陰長不已，不會由〈泰〉〈否〉之三陰，立刻就成爲〈臨〉䷒〈觀〉䷓之四陰；陽長不已，不會由三陽，立刻成爲〈遯〉䷠〈大壯〉䷡之四陽。然而，依消長無漸之理，這只是長一陰或一陽之事，爲何不行呢？譬如〈泰〉〈否〉已可直接長二陰（陽）了，而且往下還會看到〈頤〉䷚由四陰轉爲〈大過〉䷛之四陽；不過是船山爲了以屬爲區隔的設計罷了。

消長必有大變。〈隨〉〈蠱〉之變化，就在於中四爻全變。船山在此要了一個巧思，他不說〈蠱〉䷑是〈泰〉䷊變而來，若如此說，則中四爻變化不大，故說〈隨〉䷐由〈泰〉䷊變，〈蠱〉䷑由〈否〉䷋變；這才能展現變化之大。而且凡大變之卦，都從該屬兩卦合一處說。而若從陰或陽之消長須分別來看，確實〈隨〉〈蠱〉不能由某一卦消長即可，如〈蠱〉䷑由〈泰〉長，則〈泰〉要長一陰於初，長一陽於上。不過，〈同人〉〈大有〉〈謙〉〈豫〉中四爻，亦全變了樣，爲何不是大變之卦？船山歸因於〈隨〉〈蠱〉爲錯綜同象之卦。

至於說「陽非極變，不遽消也」，這是指總體到〈夬〉〈姤〉之前的陽消變化而言，不是指〈泰〉〈否〉屬卦之陽消。

參、〈臨〉䷒〈觀〉䷓之屬

〈臨〉〈觀〉是二陽卦，表示〈泰〉〈否〉之陽漸消。其卦二，其象一：

噬嗑

䷔

賁

〈臨〉〈觀〉爲陽消之卦，但消不可久，消盛則變，所以復長一陽。〈臨〉䷒之陽遷於四，而與所長之一陽——即上九——合而函五，成〈噬嗑〉䷔。〈觀〉䷓之陽遷於三，而所長之一陽爲初九，與三合而函二，成〈賁〉䷕。如此，則陰受困於陽，陽「居中位得勢而安」；這裡的中位，指中四爻之位。船山認爲：

> 〈臨〉〈觀〉、〈剝〉〈復〉之際，陽道已微，不能順以受消，雜亂起而後陽乃不絕。故〈噬嗑〉爲強合，〈賁〉爲強飾。其錯爲〈井〉、〈困〉。〈噬嗑〉、〈賁〉剛合柔，〈井〉、〈困〉柔揜剛，皆以迎其長而息其消也。（1108）

陽微之際，陽消不是立刻完成，雜卦之出現，表示陽消歷程得以延長。〈噬嗑〉〈賁〉由於上下皆陽，中間合柔，爲「剛合柔」；〈井〉䷯、〈困〉䷮是上下皆陰，函剛於中，乃「柔揜剛」。「或合、或揜，皆不使陰陽消失其度，故曰『迎其長而息其消』。『迎』，逆接也，陰長則陽接之，陽長則陰接之，不使其或亢、或衰。『息』，生長也，陽消而必有復起之陽，陰消亦必有復生之陰，不使之盡也」（《鏡銓》，1041）「迎」，描述陰陽相互競爭的情況，陰長則陽亦出現，使陰消，反之亦然。「息」，單就陰或陽的情況說，當陰（陽）要消之時，陰（陽）必反覆出現，不使之速消。〈噬嗑〉〈賁〉陽消的情況，就是如此。

肆、〈剝〉䷖〈復〉䷗之屬

陽再消而爲一陽，就是〈剝〉〈復〉。陽之消止，消則必長。其卦八，其象六：

無妄	頤	大過	坎	離	咸
䷘	䷚	䷛	䷜	䷝	䷞
大畜					恆

船山認爲「〈剝〉〈復〉，陽消之極矣，消之極，則長之不容不速。其長也，必有所因。〈剝〉餘〈艮〉上之一陽，〈復〉餘〈震〉下之一陽，而〈震〉、〈艮〉皆陽體，故可以召陽而爲君。」消之極必有長，〈剝〉之上、〈復〉之下各爲〈艮〉、〈震〉，乃陽卦之體，故可召陽使陽不盡消。然而，是否凡餘陽之體者，皆可召陽呢？若是，則凡陰之體亦可召陰。實際上，這沒有必然性可言，只是船山爲陽卦之繼起所提供的解釋。所以，長三陽而爲〈無妄〉䷘〈大畜〉䷙。

船山進一步以爲，「〈剝〉〈復〉之屬，〈無妄〉、〈大畜〉而已。自〈頤〉至於〈咸〉、〈恆〉六卦，則統三十二陽卦而盡其消長之變。」陽消至〈剝〉〈復〉，已至極處，而召陽使不盡消，始有〈無妄〉〈大畜〉。而自〈頤〉䷚至於〈恆〉䷟，其間變化，頗可以展示三十二陽卦消長的整體特質（詳下），所以說「統」、「盡」。他解釋說：

> 〈剝〉長爲〈大畜〉而〈艮〉體存，〈復〉長爲〈無妄〉而〈震〉體存。〈震〉〈艮〉者，陽之所自終始，故合〈震〉〈艮〉而爲〈頤〉。〈頤〉、〈大過〉、〈坎〉、〈離〉、〈咸〉、〈恆〉，皆乘消長之機，相摩相盪而爲之樞者也。〈頤〉之錯爲〈大過〉。至於〈頤〉而陽卦之變止矣，則見其所隱，而〈大過〉以來。〈頤〉，陽消之極也，有位之位，皆陰處之。〈大過〉，陽處於位而陰擯矣，陰消之尤也。迭相爲消，所以爲變化之樞也。（1108-9）

〈剝〉於〈大畜〉䷙存〈艮〉☶體，〈復〉於〈無妄〉䷘存〈震〉☳體，此二體合而爲〈頤〉䷚。其中四位皆陰居之，是陽消之極的表示，因此陽不再消；陽瞬再長，出現〈大過〉䷛——與〈頤〉完全相反的錯卦，中四位皆陽，爲陰消之尤。彼此迭相爲消，爲「變化之樞」，意謂變化轉折較大的卦。

消則必長，失則必得，往來之機，速於響應，故〈頤〉有離象而失位，二陽旋得乎中，則爲〈坎〉；〈大過〉有〈坎〉象而失位，二陰旋得乎中，則爲〈離〉。〈頤〉、〈大過〉、〈坎〉、〈離〉定位於中，而陰陽消長乃不失其權衡（1109）。

〈頤〉〈大過〉既爲陽（陰）消之極，其勢即不再消，而必長。〈頤〉有〈離〉☲象但失位，故二陽入乎二五中位，爲〈坎〉䷜。〈大過〉有〈坎〉☵象而失位，二陰入乎二五中位，則爲〈離〉䷝。陰陽各得中位，表示陰陽雖然消長變化，相互激盪，但始終有一內在權衡，使消長有一致的節度：

> 權衡定而陰陽漸返於均，則〈大過〉陰生於二而爲〈咸〉，生於五而爲〈恆〉。抑此二卦，乃〈坎〉〈離〉中爻之升降，相摩盪以復〈泰〉〈否〉之平，而特爲感通以可久，則自〈泰〉〈否〉以來，消長之機一終，而陰消之卦起矣。（1109）

這個節度，趨使陰陽的比例回到均衡的位置，因此〈大過〉䷛陰生於二爲〈咸〉䷞，或生於五爲〈恆〉䷟。此二卦亦是〈坎〉☵〈離〉☲升降的結果。〈咸〉䷞是〈坎〉陽二升三，〈離〉陰五升上。〈恆〉䷟是〈坎〉陽降四，〈離〉陰降初。二卦皆三陰三陽，與〈泰〉䷊〈否〉䷋同。所以陽消陰長的總體變化，自〈泰〉〈否〉三陰三陽始，至〈咸〉〈恆〉又回到三陰三陽均等之勢。此下將是另一大變化——即「陰消陽長」的開始。

這裡的問題是：〈頤〉等六卦究竟屬不屬於〈剝〉〈復〉之屬？《鏡銓》的解釋是：

> 陽消至〈剝〉〈復〉爲至極，於是有速召陽使繼絕之變，於是〈乾〉☰見，而有〈大畜〉〈無妄〉之生，陽復盛而〈乾〉體見。故陽氣之消，實至〈大畜〉〈無妄〉則止而生變。所以〈剝〉〈復〉一陽之變，究其實，唯〈大畜〉〈無妄〉二卦而已。（1042）

這意味〈頤〉等六卦不在〈剝〉〈復〉之屬內。

〈剝〉〈復〉乃陰至盛之時，陽欲繼其絕而復生，而陽則未可驟消，故〈大畜〉〈無妄〉以後，則轉而爲陰陽交替消長之卦。至〈遯〉〈大壯〉以後之三十二卦，則屬陰消陽長之卦，即所謂陽卦。陰陽二卦之轉變，本無截然之界限，故〈頤〉〈大過〉〈坎〉〈離〉〈咸〉〈恆〉，雖屬〈剝〉〈復〉，然其卦之變〈頤〉則陽盡失其位，〈大過〉則陰盡失其位，〈坎〉則陽盡得中正之位，〈離〉則陰盡得中正之位，至〈咸〉〈恆〉又回復至陰陽各得「中」位。〈頤〉至〈咸〉〈恆〉六卦之變化，反映三十陰卦向三十二陽卦轉變之無心不齊，故曰「統三十二陽卦而盡其消長之變」（《鏡銓》1042-3）。

六卦特質，正可以總結成陽消變化的特質，那就是陰陽盡失其位、盡得其中、各得其中三種。這可概括爲消長與得位問題。不過，是否有此三特質者，即算是大變之卦？或凡大變之卦，必至少具備其中一種特質？是否所有的卦都依同一判準來判定呢？最後，我們要如何判斷其歸屬？

伍、〈遯〉䷠〈大壯〉䷡之屬

這是陰消陽長之卦。其卦八，其象四：

晉	家人	蹇	損
䷢	䷤	䷦	䷨
明夷	睽	解	益

〈遯〉〈大壯〉陰消，乃二陰「消則必長，〈晉〉〈明夷〉陰長而據中位」。陰長又消，「〈明夷〉陽上長居九五之中而爲〈家人〉，〈晉〉陽下長居九二之中而爲〈睽〉」。陰不久消，長乎初、上而爲〈蹇〉、〈解〉。最後定之於〈損〉〈益〉，爲三陰三陽卦。二卦自〈泰〉䷊〈否〉䷋而來：「〈損〉三之陽不復爲〈泰〉以益上，〈益〉四之陰不復爲〈否〉以益下，所以平其爭而後陰安於消也。」〈遯〉〈大壯〉之屬，爲陰消之卦，但陰陽仍相互爭長，各有衰旺，至〈損〉〈益〉，陰陽均衡，陰安於消的總體趨勢才明朗。

陸、〈夬〉䷪〈姤〉䷫之屬

其卦二十，其象十一：

萃	困	革	震	漸	豐
䷬	䷮	䷰	䷲	䷴	䷶
升	井	鼎	艮	歸妹	旅

巽	渙	中孚	小過	既濟
䷸	䷺	䷼	䷽	䷾
兌	節			未濟

整體上，〈夬〉〈姤〉之屬，爲陰消之極，但消而又長，是以陰陽交相進退，以極變化之繁。至〈既濟〉〈未濟〉，而後回復〈泰〉〈否〉之平。

繼〈夬〉〈姤〉一陰卦之後，陰長，而成〈萃〉䷬〈升〉䷭四陰卦。陰長極而消爲三陰，陽乃長而得中，爲〈困〉䷮〈井〉䷯。〈困〉〈井〉「水火相貿，因〈困〉〈井〉之〈巽〉、〈兌〉，而水貿爲火，以增長乎陽，爲〈鼎〉、〈革〉。」〈困〉䷮〈井〉䷯有〈坎〉☵象，但陽長陰消，則爲〈鼎〉䷱〈革〉䷰之☲象，水易爲火，表示陽勝陰。自〈夬〉〈姤〉以來，三變方成〈鼎〉䷱〈革〉䷰四陽卦，這表示「陰之暴長，凡三變而始消，陰之難於消也如此。」至此，陰消以定。

於是而爲〈震〉〈艮〉，四陰卦。但船山以爲「陰雖長而體則陽，陽乃召陽以長居於中位，而爲〈漸〉〈歸妹〉」。〈漸〉〈歸妹〉爲錯綜合之卦，即二卦錯綜同象：

漸	歸妹
䷴	䷵
歸妹	漸

這與〈泰〉〈否〉情況一樣，而且都是三陰三陽，船山卻定爲「變之尤」者。接下來的〈豐〉䷶〈旅〉䷷〈渙〉䷺〈節〉䷻，〈豐〉〈旅〉陰上下得二五中位，〈渙〉〈節〉陽上下得二五中位，四卦皆三陰三陽，陰陽均衡。

> 〈震〉〈艮〉〈巽〉〈兑〉，四卦相錯以互勝。消長迭乘，而一陰一陽之局汔成，則陰陽各相聚合以持消息之終。陽長而保陰以爲〈中孚〉，陰長而含陽以爲〈小過〉。〈中孚〉一〈離〉也，〈小過〉一〈坎〉也。相雜而安，則天地之化，於斯備矣。（1110）

《鏡銓》解此段頗可取：

> 陰陽之交，至〈震〉〈艮〉〈巽〉〈兑〉，其消長之勢已定，或以陽爲體而陰多且以陰爲用，或以陰爲體而陽多且以陽爲用，陰陽互相爲用之德已顯，故陽長而不擯斥陰，反而保之於內而爲〈中孚〉。陰長亦不害陽，而能涵養之，爲〈小過〉。（1047）

〈震〉䷲〈艮〉䷳陽卦而陰多，〈巽〉䷸〈兌〉䷹陰卦而陽多。〈中孚〉䷼四陽卦，卻有陰卦〈離〉☲之象，且是陽涵陰於中；〈小過〉䷽四陰卦，卻有陽卦〈坎〉☵之象，且是陰含陽於中。陰陽相雜，而相諧以安，互爲體用。天地的變化，於此告成，即到一階段性的結束：

> 長之無可復長也，消之無可復消也，而一陰一陽盡。〈泰〉〈否〉之交，〈既濟〉〈未濟〉，斟酌常變，綜之則總十卦消長之文，錯之則兼

〈乾〉〈坤〉六陰六陽之質，無有畸焉，無有缺焉。故《周易》者，渾成者也。（1110）

〈既濟〉䷾〈未濟〉䷿爲錯綜同象，故錯之爲陰陽十二，不畸（畸，多餘）不缺。此意曉明，不難知，但「綜之則總十卦消長之文」，卻不易瞭解。細審之，或有以下兩大理由：

（一）由〈泰〉䷊〈否〉䷋陰陽之均，〈臨〉䷒〈觀〉䷓陽之漸消，〈剝〉䷖〈復〉䷗陽之再消；〈遯〉䷠〈大壯〉䷡陰之漸消，〈夬〉䷪〈姤〉䷫陰消之極，最後終於又回到〈既濟〉〈未濟〉三陰三陽之均。然而這還不足以說二卦「總十卦消長」，因陰陽均衡之卦，前已有見，如〈咸〉䷞〈恆〉䷟〈損〉䷨〈益〉䷩；〈既濟〉〈未濟〉不能就此具備「總」的性質。所以須看第二點。

（二）此句前文「綜之」，應細看。〈既濟〉䷾〈未濟〉䷿相互爲綜，其特色是〈既濟〉陰陽全當位，〈未濟〉全失位，二者落差極大。從陰陽消長面看，陰陽均等，但從得失位看，卻截然相反，故〈既濟〉〈未濟〉代表長之極與消之極兩對反面。因爲由陽消陰長之屬卦，到陰消陽長之屬卦，陰陽都有此對立面的轉化情況，而六十四卦，有如此對立落差的，只有〈既濟〉〈未濟〉兩卦，最足以代表這種長極與消極的狀況；故說「總十卦消長之文」。而這，也意味著另一個新階段的變化即將開始。

第二節　卦變依據探討

上述所論集中在陰陽消長上，之前僅提到兩點消長的規律：不遽不漸，消長同時，現在是第三點：「消長必乘乎大變」。前兩點，基本上合情合理；第三點是船山特地提出，卻有進一步探討的必要，以確定客觀上是否可成爲消長的規律之一。它也是分屬的原因，把得中、均衡、分屬聯貫起來。十二辟卦卦變依據探討，以此爲關鍵。

在各屬交接處，船山都以某些卦營造出一種「大變」的氣氛。該卦通常與得中、三陰三陽均衡卦有關，是船山藉與得中、均衡有關的卦爻，所製造出來的。當然，這兩種情況，有時只發生一種，有時則合一。

得中、均衡與卦爻結構有關，可是在卦變中發揮船山所謂大變的影響，卻大部分靠文字描述來達成。本來，若結構與敘述配合得當，自然相得益彰。退而求其次，若敘述得中、均衡之理，統一、一致，亦不爲病，但事實不是如此。

因此，不管是得中或均衡，我們都會看到兩方面的問題：（一）基本上，船山只是選擇性地詮釋各屬交接處與得中、均衡有關的卦爻。而此所述與非在交接處者比對，沒有一致可言。（二）更重要的是，詮釋交接處的卦爻之得中、均衡，也同樣可以模糊、不一致。即使得中、均衡的情況，客觀上是相同的，船山卻傾向於按其主觀意願詮釋。此因船山無法（或不願）歸納得中與均衡爲通則使然。換言之，若船山統觀六十四卦，界定了得中、均衡所有相關的標準與意義，統一使用於卦變之中，則卦爻得中、均衡之客觀結構的意義，可以讓人公允的評量。船山不然。因此，我們會特意點出船山以文字描摹卦變、左右卦變、界定卦變趨勢所佔比重之大。

以下即檢討船山消長大變的依據，確定它沒有必然性——基本上，結果與八卦卦變判準的情況相同。我們先談得中，再說均衡問題。

壹、得　中

得中有兩種，一是得二五中位，二是得中四爻之中位；這兩種有重疊。因第二種的情況，有時是指四爻全得中位，這時指四爻全陰或全陽；有時是一陰（陽）得中四爻某一位（不在二五），亦稱中位。因此，得二五中位，自然也是得中四爻中位的一種表示。正式開始前，倒可先略談非各屬交接處的二五中位，以見船山毛病於一斑。

（一）在〈乾〉〈坤〉之屬中，〈乾〉交陰得〈屯〉䷂〈蒙〉䷃，一陽居二或五之中。坤交陽得〈需〉䷄〈訟〉䷅，陰未居二五中位。船山說是「陽生得中，陰生不得中，陰之始化不足以中，柔道然也。」又「陽長而〈小畜〉、〈履〉失中，陰長而〈師〉、〈比〉未失中，剛道然也。」〈小畜〉䷈〈履〉䷉是陽長而使陰失中，〈師〉䷆〈比〉䷇是陰長而陽未失中，這是剛道使然。總之，陽有佔據二五中位的本然之理。

（二）在〈泰〉〈否〉之屬中，〈否〉長二陽於初、三爲〈同人〉䷌；〈泰〉長二陽於四上爲〈大有〉䷍，陰得二五中位。船山認爲「陽長而陰不失中，陽之消陰，不遽奪其正位，君子道也」。〈泰〉長二陰於初二爲〈謙〉䷎，〈否〉長二陰於五上爲〈豫〉䷏，陽失中位，船山認爲「陰長而據陽之中位，小人道也」。

透過兩例對比，可知陰或陽佔據二五中位，其實都有道理可說。六十四卦中陰陽得二五中位者，不在少數，但船山不是對凡得二五中位之卦都有說法，而是刻意的選擇。而有解說者，意思既紛紜，又非針對所有二五中位，歸納出一些通則。

依船山，比較有意義的二五中位，與卦變轉折有關。當二五中位發生在屬卦交接處時，它突然就具有不一樣的意義。以下談中四爻位（含二五中位）的變化。

（一）（1）在〈泰〉䷊〈否〉䷋之屬，〈隨〉䷐〈蠱〉䷑。船山認爲與〈泰〉〈否〉相較，彼中位皆變，乃「大變之卦」。所以下接〈臨〉〈觀〉之屬。（2）消長數量：〈隨〉〈蠱〉與〈泰〉〈否〉一樣是三陰三陽卦。

（二）（1）在〈剝〉䷖〈復〉䷗之屬，〈頤〉䷚〈大過〉䷛。從二卦中四爻位看，一爲陽消之極，一是陰消之尤，故爲「變化之樞」。所以，〈頤〉接著二陽得乎「二五」之中，爲〈坎〉䷜；〈大過〉二陰得乎「二五」之中，爲〈離〉䷝。船山稱此四卦「定位於中，而陰陽消長乃不失其權衡」。（2）消長數量：〈頤〉之前爲〈無妄〉䷘〈大畜〉䷙，是二陰卦，長二陰爲〈頤〉。〈頤〉之錯爲〈大過〉同樣涉及四卦的轉變。但〈頤〉〈大過〉各變爲〈坎〉〈離〉，則與消長數量無關。船山轉從〈頤〉〈大過〉得二五之中，表示大變，由此而使「陰陽漸返於均」，得〈咸〉〈恆〉三陰三陽卦，將使陽消告一段落，陰消即將開始。

（三）〈遯〉䷠〈大壯〉䷡之屬是陰消之始，〈晉〉䷢〈明夷〉䷣二陰長而據於中四爻之位，船山說「陰進而陽傷」，用詞上有嚴重的意味。果然，他最後說〈晉〉、〈明夷〉是「陰將伏而爭」，爲「大變之機」。爲何如此呢？因爲〈遯〉〈大壯〉爲陰消的開始，他的預設認爲，陰消開始之際，陰必然不願安於消，所以標舉陰與陽爭的態勢。從〈晉〉〈明夷〉爲四陰卦看，客觀上有一定的憑據。不過，陰（陽）爻數量的消或長，不表示一定是大變（詳第四例〈萃〉〈升〉之陰長陽消）；而不增不減卻可能是大變，如上〈隨〉〈蠱〉，但也不是一概如此。因此〈晉〉〈明夷〉爲大變，依舊是船山的判斷使然。所以，〈遯〉〈大壯〉屬卦之終爲〈損〉䷨〈益〉䷩，爲三陰卦，只不過消一陰罷了，他卻認爲〈損〉〈益〉已「平其爭而後陰安於消」。這是文字敘述的結果，無法從結構上看出〈損〉〈益〉爲陰安於消的轉捩點。

（四）〈損〉〈益〉之後接〈夬〉䷪〈姤〉䷫之屬，〈夬〉〈姤〉是一陰卦，而首二卦三陰驟長，爲四陰卦〈萃〉䷬〈升〉䷭。雖然同樣在兩屬交接處，此數量卻不具大變意義。但卻強調陽得二五之位，「陽乃聚處而保其位於五，爲〈萃〉；於二，爲〈升〉」。特意提到陽得二五之中，其意義是表示陽能抗陰之長，從文字用「聚處」、「保」可知。因此接下來一陽長，爲〈困〉䷮〈井〉䷯。這時又提到陽得中（二五），卻「終陷於陰中」，最後〈困〉〈井〉長一陽，成〈鼎〉䷱〈革〉䷰。兩處提得二五之中，意義似乎在長陽上，即陽因在〈萃〉〈升〉得中，故長一陽爲〈困〉〈井〉，後二卦又得中，故趨使〈困〉〈井〉長一陽成〈鼎〉〈革〉。因此，船山才說至〈鼎〉〈革〉二卦，陰消的趨勢才確定，因二者爲四陽卦。不過，同樣的，這也是敘述使然，因爲〈鼎〉〈革〉接下來爲〈震〉䷲〈艮〉䷳，是四陰卦。陰消方定，如何又馬上增長二陰呢？船山自然都有道理可說。總之，我們可以承認消長不齊的原則（即不遽不漸），但是否爲卦變轉折，卻須靠文字說明方可，無法由結構得知。

（五）〈夬〉〈姤〉之屬中，〈漸〉〈歸妹〉由〈震〉〈艮〉而來，是〈震〉䷲〈艮〉䷳「召陽以長居於中位」，爲〈漸〉䷴〈歸妹〉䷵。只是召一陽爻罷了，但此二卦爲「變之尤」，自也是陽居中位故。然後其下四卦才出現均衡狀況，〈豐〉䷶〈旅〉䷷、〈渙〉䷺〈節〉䷻。〈豐〉〈旅〉陰上下得二五中位，〈渙〉〈節〉陽上下得二五中位，四卦皆三陰三陽，陰陽均衡。

從上述看，處於各屬交接處者，得中似乎意味著較大變化，或某種變化的中介，如第四例〈萃〉〈升〉〈困〉〈井〉得二五之中而長陽之類。然而，照船山的卦爻序列，不得二五之中而長陽的情況，所在多有。換言之，二五得中不是陽長的條件。但當他於卦爻連續消長之際，爲讓敘述不單調、有變化，有無意之間，就把得中提出來，似乎這樣，就多了點不一樣的意義。然而，即使如此，也不是任一卦之中四位有變化，就有大變之意可說。而至於何時才知某卦之中四位有意義？須看船山的主觀裁定。這些不一致，造成了意義上的模糊。

貳、均衡卦

均衡卦指三陰三陽之卦，通常船山會特意用「均」、「均衡」表示，或相類似敘述，如說〈咸〉〈恆〉〈損〉〈益〉「久暫多寡之待酌者也」；〈既濟〉〈未濟〉「斟酌常變」，其意與「均衡」近（見下）。

（一）〈剝〉䷖〈復〉䷗之屬，是陽消歷程最後的一組卦。此屬最後二卦爲〈咸〉䷞〈恆〉䷟，上承〈頤〉〈大過〉〈坎〉〈離〉，船山稱此二卦，是〈坎〉〈離〉中爻升降的結果，相互摩盪而回復到〈泰〉〈否〉三陰三陽，「陰陽均定，而消長生焉」，則自〈泰〉〈否〉以來，陽消總趨勢告一段落，而陰消的總趨勢開始。

（二）〈遯〉䷠〈大壯〉䷡之屬是陰消歷程中，第一組屬卦。依船山的敘述，陰最初不安於消，表現在〈晉〉〈明夷〉之與陽爭。至最後兩三陰三陽卦〈損〉䷨〈益〉䷩，陰陽消長以定，平陰之爭而後使陰安於消。

（三）陰消最後的終站，是〈夬〉䷪〈姤〉䷫之屬，其中〈豐〉〈旅〉〈渙〉〈節〉「陰陽皆均」，而後才接上〈中孚〉䷼〈小過〉䷽，它們是標誌著「一陰一陽之局」接近完成，「陰陽各相聚合以持消息之終」的兩個卦。最終〈既濟〉〈未濟〉兩卦，「無畸」、「無缺」語，亦喻均衡之意，故具總十（辟）卦消長，其義已見上文，不贅。

不過，並非所有三陰三陽卦，都被「描述」成均衡的狀態，有些是大變化的表徵。譬如〈泰〉〈否〉之屬的〈隨〉䷐〈蠱〉䷑（與〈泰〉〈否〉一樣，爲錯綜合象之卦），「其變大矣」。〈臨〉〈觀〉之屬的〈噬嗑〉䷔〈賁〉䷕，是「消盛則變」。〈夬〉〈姤〉之屬的〈井〉䷯〈困〉䷮及〈漸〉䷴〈歸妹〉䷵。〈井〉〈困〉處於陰三變難消而始消的歷程內；〈漸〉〈歸妹〉是「錯綜合之卦」爲「變之尤」。敘述這些卦時，船山完全不提它們乃陰陽均衡的事實。

這顯示船山有意突顯的是彼等大變化轉折的特質。不過，這可能只是文字敘述的差異罷了。因通常在敘述上，均衡卦是一變化的轉折點，表示一變化告一段落，同時預示下一變化即將到來。其存在本身就是一狀態的改變，因此未嘗不可說它自身亦是一較大的變化。換言之，作爲變化中介的均衡卦，也應是大變化的表徵，只是船山特意標舉它們作爲均衡的緩衝地位罷了。由此可見十二辟卦卦卦變中，文字敘述的重要地位——主要由文字顯示差異，而不是由結構來表示。由是，我們當然也可反對上述推論，而認爲船山卦變既以文字爲主，則用詞的不同，就寓含他的判斷，所以均衡與大變，不能輕易畫上等號。這也言之成理。

參、分　屬

總括上述討論，有兩點可說：

（一）雖說「各屬交接處」有大變，但〈乾〉〈坤〉與〈泰〉〈否〉兩屬，卻沒大變情況。有些屬的交接——主要是〈夬〉〈姤〉——幾乎不單在交接處，而是整體串聯一氣，似乎變化大者較多。其次，〈剝〉〈復〉的情況也類似。

因一是陽消的結束，一是陰消的結束之故。不過大體言，可以定爲大變者，都偏在兩屬後半來發揮，其他屬也大致如此。故所謂「各屬交接處」，只是概括一整體傾向的用詞罷了。

（二）各屬交接處的卦，其特殊意義與陰陽消長的數量沒有必然的關聯，乃依得中與均衡的條件而定。由於這個緣故，不在交接處的卦，即使合乎得中判準，船山也不會多費口舌說它，這是例外之一；對所有的三陰三陽卦，船山倒是都有敘述，但分別描述成均衡或大變兩種情況，這是例外之二。

總之，若不從各屬分界看，船山對卦爻消長大變的分析，並不一致。而從各屬交接處看，卦爻的特質（得中、均衡）即使相對穩定，可是客觀性亦不足。最突顯不客觀的狀況的，就是我們無法照船山的方式重述卦變，因其卦變主要以文字達意、而非以結構爲主，無法從客觀面上完整的驗証。因此長一爻，或長二三四爻，其意義不在爻的數量變化，甚至不在結構排列有何特殊，而在船山如何找出前後關聯，以文字論定它。而這種論定，若換個人來詮釋，肯定與船山的說法不同。故所謂大變，似乎偏在由文字製造出一種大變的「態勢」而已。

而從分屬與大變之卦合看，大變之卦是作爲分屬的標誌來運用的，所以集中在各屬交接處，用意在以此區隔各組，見出分組有其必要，使各屬的獨立性得到保証。但嚴格言，得中與均衡在十二辟卦卦變中，其界定是模糊、不一致的。這讓人質疑：是否有以十二辟卦作爲分屬的必要。換言之，倘若屬與屬間的區隔，依據不夠客觀，是船山依一主觀預設而裁定——這不表示傳統的十二辟卦沒有價值，而是船山作法使然；是兩個不同的問題——那麼，分屬的理由是甚麼？

而且，我們也可從另一角度看分屬的不必然。

從〈乾〉〈坤〉至〈泰〉〈否〉、〈臨〉〈觀〉之屬，凡所屬之卦，船山都從各辟卦的角度，一一說明所屬卦如何由某辟卦消長而成，幾乎沒有例外，總共十六卦。例如〈屯〉〈蒙〉是由〈乾〉而生，〈需〉〈訟〉由〈坤〉而成；〈同人〉是〈否〉長二陽，〈大有〉是〈泰〉長二陽之類。但至〈剝〉〈復〉之屬開始，則直接從所屬卦之間談陰陽消長。所屬卦之成，不再一一繫屬於辟卦之下，而是所屬卦之間不斷消長，產生了變化。例如〈剝〉〈復〉之屬自〈頤〉之後諸卦，就不從〈剝〉〈復〉二辟卦的角度說陰陽之消長。〈遯〉〈大壯〉之屬中，〈家人〉〈睽〉是由〈晉〉〈明夷〉的消長而成，「〈明夷〉陽上長居九五之中而爲〈家人〉,〈晉〉陽下長居九二之中而爲〈睽〉」(1109) 其中顯例是〈剝〉〈復〉之屬中,〈大過〉䷛成〈咸〉䷞〈恆〉䷟兩卦。照理,不是由辟卦〈剝〉䷖〈復〉䷗所生,亦當由〈坎〉〈離〉所生,因彼等正位於〈咸〉〈恆〉之前,但卻出自隔兩卦的〈大過〉。

顯然，船山起初有意強調所屬卦是由各辟卦而來，以符合十二辟卦作爲「消長之幾爲變化之所自出，則之十二卦者以爲之經。」(1095) 的意思，即任何卦爻都在各辟卦的範限下生成、變化，而非茫然無所屬者。換言之，是十二辟卦出所屬卦，如此，各辟卦成爲卦變樞紐之意，就得到強化。然〈剝〉〈復〉之屬開始，所屬卦與辟卦不再被刻意聯繫一起，應是船山無法一一從辟卦角度，對所屬卦之所從出提出說明，或即使可以，但不符船山所欲表達，故不如此。於是從各所屬卦間的關係，直接說陰陽消長的情況（詳參上文各屬相關部分，不贅）。

當然，我們也可替船山解套，說凡是被歸之於某屬者，自然即由某組辟卦消長而成，無須一一詳述;問題是,既然任一卦之消長都由辟卦所變而生,則不可能由所屬卦變化而生一新卦，殆無可疑，否則奢談辟卦「爲變化之所自出」。

因此，總結上述討論，船山講論辟卦、所屬卦消長的方式，可讓我們瞭解:(一) 某卦由某「辟卦」所生；或 (二) 所屬卦某甲生所屬卦某乙；蘊涵了甚麼問題。

(一) 例如〈乾〉〈坤〉〈泰〉〈否〉〈臨〉〈觀〉之屬，任何一所屬卦，都是從某辟卦之消長而成，則可問：那一卦不可任意被歸屬在某辟卦之下？如〈晉〉䷢〈明夷〉䷣在〈泰〉〈否〉下，即說〈否〉長一陰於九五成〈晉〉，〈泰〉長一陰於九二爲〈明夷〉。

(二) 同樣的，各所屬卦間的消長，如按上述〈晉〉〈明夷〉變爲〈家人〉〈睽〉，乃至在序列上不相連的〈大過〉生〈咸〉〈恆〉，則那一卦不可任意變爲另一卦？說〈需〉〈訟〉由〈屯〉〈蒙〉、甚或由〈晉〉〈明夷〉而來，也沒甚麼不可以。此二者的消長方式相同，都是消幾陰長幾陽等，故亦無法從較結構面分辨由辟卦或由所屬卦而生的差異。要說有，是船山以文字賦予的「有」，而非客觀結構性的「有」。此外，我們對〈頤〉至〈恆〉等六卦，是否爲〈剝〉〈復〉之屬的討論，亦可見分屬不嚴之一端。

按照這種方式，某卦隸屬於某辟卦之下，或某卦變爲另一卦，都可以隨意安排，沒有結構的必然。之所以選擇十二辟卦分爲六組，只是十二辟卦有其傳統作爲依據罷了。這與八卦卦變中，選八經卦而捨八錯卦情況相似。這就是船山看似嚴格的、對卦爻隸屬與卦爻消長的方式。但其實不過是主觀的規定，沒有結構的必然。

這些問題，最後仍讓我們聚焦於此：那麼，分屬的理由是甚麼？

船山分屬目的，在表現大變。大變，指卦變變化有關鍵性的起伏、轉折，不是一往平順的；這是陰陽消長必然會發生的情況。十二辟卦、得中、均衡，是構成大節的主幹；以示卦變不是漫無限制或方向，而是有某些必然的節目。他的設計是如此的：首先，以十二辟卦分爲六組。辟卦即爲一樞紐，如一年有十二月。「月」本身就寓有陰陽消長的意味，故辟卦設計也有消長之序。其次，加上得中、均衡卦爲內部樞紐，此如每月陰陽較大的起伏變化。而透過無數局部之消長，最終標示「陰消陽長」，或「陽消陰長」的整體趨勢，此即一年的大變化。

因此，每日的天氣，若著眼於局部變化，乍看是無法捉摸的，但以月爲單位去偵測，則可看出某些一致的趨勢；從一整年看，有四季居中作爲轉折的樞紐。即使有些地區沒有四季，一樣有比較明顯的乾旱、雨季等相應的徵候。這時我們不再稱爲天氣，而是氣候；氣候是積累而得的總體結果。這些轉折，就是船山分屬、得中、均衡所要強調的大節。十二辟卦所對應的是以月爲單位的變化，此即各屬的情況；積月而成季，累季而成歲，就是陰陽消長的總體趨勢。

自漢代起，十二辟卦就用以說明一年十二月陰陽二氣之變化。船山的卦變基礎，沒有脫離這個範疇，但他按《易經》卦序，讓其餘五十二卦也成爲表現陰陽消長的工具，構成一具體的歷程，隨其詮釋二氣消長，確實獨具特色，或許更符合客觀世界變化的實況。

由此看，分屬確實極具意義。然而，我們似乎仍可從船山的分屬找到缺點。

那就是從總體看，只有陽消到陰消的趨勢，比較明確，各屬的消長趨勢卻不明朗，各屬所屬卦數量比例懸殊，爲主因之一。有些組別，只有少數的卦，如何看出趨勢？此如一年有十二月，每月的天數不均等，再以此分兩月爲一組，每組自然不均等。有的很長，如〈夬〉〈姤〉，是一百廿五天；有的很短，如〈臨〉〈觀〉廿二天（大約按其比例算）；卻同樣要從中看出轉捩點。

如一年十二月，每月大約三十天，每兩月爲一組，每組交接處，都有可能轉折，較佳。這可以打破《易經》卦序重訂，或依不同標準制定，但仍可按《易經》卦序，總之達到較均勻的分配，符合一定比例，且對轉折點的卦爻，在結構上做出較統一的規定，使各組消長趨勢的表達，在敘述與結構上俱具客觀依據，由此完成陽消——陰消的總歷程，將大增說服力。

船山卻不願如此。當然，對各組所屬卦數量差距過大，或可說此正表示消長參差、陰陽不齊之妙，符合「不遽不漸」之旨；這未嘗不可。不過，這點要成立，需要的條件，仍與得中、均衡有關。

所以，分屬的確意義重大，但上述兩大問題，即（一）各組所屬卦數量差距過大；（二）各所屬卦是否必由辟卦所生；其實仍須回到得中、均衡上才能解。

首先，就（一）而言，分屬的成立，除了十二辟卦作爲大節目外，其實正是藉著得中、均衡爲基礎，才有了船山所述的轉折、變化等大節出現，如此，統納其餘五十四卦歸屬十二辟卦，有一定的依據。這二者是相互關聯的，所以當細部規定不客觀時，由此擴衍的分屬大綱目，其說服力自然減弱。但只要得中與均衡有了統一的標準，各屬所屬卦的數量差距，自然可以參差不齊解之而人可信服。

其次，所屬卦是否必由辟卦所生？只要他做到得中、均衡標準一致，而使分屬的依據更客觀，那麼，這個問題基本上是不存在的。也就是說，由辟卦或所屬卦生成、變化，都是可以的；只要保有一組的同質性罷了。我們將在卦變二種的總結處詳述，不贅。

倘若著眼於得中、均衡乃至分屬的毛病，此卦變確有不客觀處。不過，本文所提出的修正，實際上是船山以爲他已藉十二辟卦卦變所達到的，晚年方知未達。就此，我們對他的批評，都在這些形式面上；本節名爲十二辟卦卦變「依據」，而不是「理據」檢討，其故在此。從分屬、得中、均衡的檢討中，可看到船山構想的合理，也可以瞭解船山之所以認爲卦變二種已表達了不測之神的緣故（在《外傳・序卦》中多次與卦變二種並列的太極描述），正因它符合純雜參差、消長不齊等想法。問題只出在對大節的釐定上，卦爻結構不一致罷了。

總結本節的討論，「消長必乘乎大變」，其意在樹立變化之大節，可以成立；足以成爲陰陽消長的三大原則之一。

第三節　卦變二種與太極

卦變二種都有瑕疵，但關鍵實非前賢所論，乃依《易經》卦序之故。相對而言，八卦卦變的修正較多，但最後都能展現太極神妙之意。二者差別，只剩下八卦卦變的卦變方式，爲何必須檢討的原因。這個檢討涉及到「具體」的理解，同時可以解釋《鏡銓》之所以可提出不同的歸屬，原因亦在於「具體」。故我們一依船山標準，卻發現可分於彼者，亦可分此，不具有船山所以爲的必然性。

不過，在開始之前，有必要說明，從卦爻角度看，檢討才能成立。若從六十四卦代表或象徵萬物的角度，則沒有檢討必要（詳下）。

之前說過，十二辟卦卦變之陰陽二氣，有實質而不具象，故二氣相交，照應具體面情況相對減弱。因此，我們不從此檢討十二辟卦的卦變方式。那麼，八卦卦變的卦變方式，若要比照前者，是否可以？

八卦卦變方式與十二辟卦不同，它以天地水火等八卦物象，爲卦變擴衍的主軸，其描述方式，不是陰陽二氣氣化爲卦，而是具體兩物——如天與地、水與火——相交而成卦，而其所生卦，船山亦以水火等具象比附，如「天以其神生水者爲〈需〉〈訟〉，地以其化成水者爲〈師〉〈比〉。」（1100）至於〈坎〉〈離〉各組全從水火之交化說。由於天地水火雷風山澤，已是陰陽氣化之後的具體物，我們無法忽視其具體性。因此生卦情況，與〈乾〉〈坤〉以「兩個具體卦」相交的「具體」，是一樣的。依一般卦變過程，必產生兩個新卦，而不是只產生一個卦。而今即使換爲天地、水火等，亦是具體物之相交，不能脫離實存世界的範疇。

當他提出八卦物象相互交感，爲卦變主軸，並據之分組時，每一卦，自然都被看成是由兩個三畫卦組成、某一「特定具體物」。不管是由天地組成的〈泰〉䷊，或者是山澤組成的〈損〉䷨皆然。依此作法，無法規定某卦必屬某組。船山卻執意如此，於是按其標準，衡量其餘，必然發現例外。《鏡銓》批評其分屬，關鍵正在此處。

十二辟卦卦變在歸屬上無此問題，因卦爻化約爲幾陰幾陽的存在，其陰陽比例，對應的是「氣」的陰陽成分。任何事物，都可還原到最原初的陰陽二氣之構成。十二辟卦卦變中的卦，即是最原始、最簡單的構成。外在只具最抽象的陰陽之象，不是在此之上、存在著更具體的物象。

相對而言，從八卦角度看，一個卦是兩個八卦物象構成的、某「特定」

具體物，因此，䷞是「澤山」〈咸〉，䷧乃「雷水」〈解〉。從陰陽二氣看，一個卦是某「特定比例」之二氣構成，未落實爲某具體物。所以〈咸〉〈解〉只是一名稱，指涉某一特定陰陽二氣比例的構成而已，連澤山、雷水等物象，都不沾惹。陰陽二氣最抽象，是以未落實定型成澤山、雷水等物象，故其外延指涉最廣。卦爻方能以一象萬，純然是一象徵。是故䷞固然可以是澤山，但不僅僅是澤山，它可以是任何具此比例的人、事、物。所以十二辟卦卦變中，卦爻雖然是具體的，卻不指涉某「特定」具體物。相對而言，它是「具體而不特定」，八卦物象則較「具體而特定」。

簡言之，我們區別的是，卦爻代表物象，與卦爻代表陰陽二氣不同。一涉物象，即爲第二序。於是，八卦物象比較具體、實在。陰陽二氣則較虛，較抽象，故分某卦爲某屬，不會造成問題。當然，說陰陽二氣爲虛，只是與象的具體對比，方如是言。跳開這層，依船山說法，氣——不管任何情況，都是實有的。

以上僅就卦爻層面比較，若就六十四卦代表萬物的角度看，兩種卦變沒有差別，同樣是「具體而不特定」。任一卦都只是某類物、而非某一特定物的象徵。如此，船山以六十四卦代表萬事萬物的說法，方能成立：

（1）天下之物與事莫非一陰一陽交錯所成，受〈乾〉〈坤〉六子之撰以爲形象。（《內傳・繫辭上》第9，547）

（2）物之生，器之成，氣化之消長，世運之治亂，人事之順逆，學術事功之得失，莫非一陰一陽之錯綜所就。（《內傳・繫辭上》第8，537）

任何事物，都是陰陽錯綜所生。在這層面上，八卦生任一物事「甲」，不會同時產生性質與之完全對反的「乙」；這與二氣生物情況相同。只是在十二辟卦卦變中，不管從卦爻相交或萬物生化兩個層面，都能如實展現其極度抽象的性質，八卦卦變只能在萬物部分如此，在卦爻角度上則否，是以在卦爻分屬上，才會出現例外。我們也才會以兩卦相交必得二卦的方式，去要求它。

綜上所述，可知十二辟卦卦變的毛病，比八卦卦變少。可以說，去掉卦爻相交方式與得中卦的毛病，八卦卦變才等同未修正的十二辟卦卦變。未經修正的十二辟卦卦變，其毛病是得中、均衡卦之不一致。八卦卦變最後剩下的，也是必須修正其純雜判準的不一致。這時，如何確實制定一致的規範，已不在本文能力範圍內了——我們轉而討論的，是看出二種卦變在其餘方面，都顯出相似的特色，以表現太極神妙。不過，這個討論，是透過全面說明船山「未敢信為必然」的「必然」、所有相關問題，才比較清楚呈顯的。卦變二種的優點，就是讓我們眞正瞭解船山太極的根本性質，以作爲下一章闡述太極的基礎。

船山所犯有關「必然」的毛病，有二：(一) 在八卦卦變中，天地雷風水火山澤「必然」如此結合。(二) 卦變二種「必然」照《易經》卦序。以下依序論述。

壹、八卦卦變的必然

在八卦卦變中，各卦間的具體卦變——由甲卦如何變至乙卦、丙卦等，船山的敘述，充滿了必然的態勢。但其理據，也只不過是以卦所象徵的物象——即天地水火雷風山澤——作爲上一卦與下一卦之間的聯繫罷了。所以，依照其理，深入研析，乃見例外。更吊詭的是，按其理據，我們反而發現，原來八卦物象之間的關聯、歸屬，本就不是如此截然、必然的，任何人依其理據，反而可以有自由的看法，不必認同船山以爲這種聯繫，有必然性。船山卻營造出一種必然的態勢。

這個問題的關鍵，是我們綜覽船山六十四卦的卦變圖，卻無法從連續的卦爻中，直接看出六十四卦之間，存有某種一致的、結構的關係。是以船山必須以文字敘述 (理據)，補強無法由卦爻結構直接顯示出來的道理。反而是他所批評的漢代京房「八宮世卦」、虞翻「十二辟卦」、邵雍的「加一倍法」，都有結構的特色。我們或許不贊成他們的卦變原理、卦變結構，卻得承認他們的確有「卦變結構」這回事。

所謂「卦變結構」，指一卦一卦之間如何變化，可在卦爻結構上展現。六十四卦各自的變化，排列一處，就是一個完整的「卦變圖」。所以，某卦與其前、其後卦的關聯，卦爻的往來情況，可從卦變圖中，由卦爻結構中窺出一定軌跡。上述漢宋諸家，都是如此。卦變圖式複雜如清代焦循者，要全盤瞭解頗費心思，但僅由卦變圖看，至少可見卦爻往來、卦變理路，頗有一定的情況。這時，我們所不理解的，是卦變原理部分，即它們如此變化的解釋。但總之，經由目測，即可尋繹一定軌跡。

船山的情況卻是：卦變圖即依《易經》卦序的六十四卦，外在看，只是依錯綜排列。這算不算有卦變結構呢？我們無法看出由甲卦到乙卦，是依何種方式達成，如何達成；卦變圖沒有一定軌跡可尋。雖然，錯綜也是一種一定。但此一定在二種卦變中，卻非闡述重點所在，反而參差、不齊才是。而且《易經》卦序是一種常識，人未知其有何異處。這時，必須瞭解船山卦變的基本原理，就是「純雜參差」與「消長不齊」，才知道參差不齊，就是卦變圖的基本理路。

不過，我們雖知「純雜參差」、「消長不齊」之理，但從卦變圖上，再也看不到更多的訊息。相對而言，其餘諸家的卦變圖，對他們的卦變原理，具有較強的詮釋能力。這是說，單由卦變圖的變化軌跡，即能恰如其分解釋卦變原理，不須繁冗的文字。因卦變圖本身，即顯示大部分原理所述的內容在內。而船山諸多道理，都是由卦變原理給出，而不是由卦變結構本身，自然展現該原理。換言之，其卦變圖所顯示的訊息，遠不如卦變原理以文字敘述所提供的。這也是爲何我們難以按其說法，重述其卦變的原因。船山與諸家區別，正在此處。

他的目的，是爲了避免或消解諸家太有結構的作法。這自然與他的太極觀有關。

所以，船山的兩難其實是：盡量避免嚴謹的結構，因太有結構則強調必然，就有僵化之病；然而若無結構，沒有必然性，則缺乏說服力。其實結構與必然性，可以不等同。我們可以透過結構說明變化，但卻非「必然」如此的變化。

船山思不及此，故其卦變有意打破結構，以顯太極神妙之理，最後卻變成其卦變結構不太嚴謹；卻要以其純雜、中始終等理據，不斷強化八卦物象的交化之「必然」，例如水火之交，必出現某卦等；乃至最後卦變照《易經》卦序，也是「必然」。吊詭的是，他增強說服力的同時，也確立了所不願見到的「必然性」。所以，其卦變原則符合太極，但落實到卦爻上卻出了問題，乃因他不知從文字上過分強調必然性，與由結構而成必然，是相同的。問題不盡出在結構，而是出在原理的局限。但他的原理，遠比京、邵等周延詳密，他只消轉個彎，問題就解決了，我們在下文解除《易經》卦序之必然時，將會談到。

貳、按照《易經》卦序的必然

那麼，倘若我們調整某些關鍵卦爻的規定，使趨一致，是否就符合船山預期的太極神妙呢？做到這一點，確實符合。但仍須鬆開最後一個結，太極渾淪無極、變化莫測之神，才完全的達成。那個結，就是按照《易經》卦序的必然。

依據我們的研究，若船山完全遵守其太極界定，卦變按照《易經》卦序，不會成爲惟一的選擇。我們由其必然，反轉出他所未見的不必然。這個「不必然」，才是船山理論所要揭櫫的「必然」。這個吊詭所在，止顯示船山雖然「未敢信爲必然」，卻不知癥結出在何處。

要解除《易經》卦序爲必然的癥結，我們以十二辟卦卦變爲例。雖然修正後的八卦卦變，與十二辟卦卦變幾乎一樣，但後者抽象性最高，而且原本最足以表現船山神妙之理，故可進一步發掘其中底蘊。十二辟卦卦變抽象的特質，是瞭解分屬按照《易經》卦序爲不必然的關鍵。其實，整個卦變就是提出一抽象的原則罷了；不止是看似嚴格界定的均衡、得中、乃至分屬都是如此。

就均衡卦而言，船山其實只從陰陽爻數量（三陰三陽）界定，不理卦爻排列的結構。因此，卦的結構意義不顯，象徵意義被強化。得中情況也類似。雖是看中四位，但情況不一，所有可能都存在，也多少顯示中四位的陰陽排列，是無足輕重的，重點只在是否處於中四位罷了。

卦變分組是依相似、相近的性質，作爲同組的理由。譬如八卦卦變，船山有意以八卦物象爲區分。在十二辟卦卦變中，得中、均衡，是各屬皆有的，不算同質。不過，船山仍有以同質分組的概念，那就是「所屬卦爲辟卦所生」，可是由於他的規定不一致，所以之前評價似乎有些負面。

那麼，以同質分組是否不必要呢？在此，同質一詞之義，只概取其「同多於異」之實，至於是在那一層面、層次同質，則不做討論。因它隨各家界定而異，這裡只擬從非常原則的角度探討而已。

卦變最主要的，是陰陽消長三大原則：不遽不漸，消長同時，消長必乘乎大變；三大原則所表現出來的，就是太極神妙。乍看，分組與三大原則沒有交集，故不須同質作爲基礎。事實是否如此？我們且以氣候爲例詮明。

冬天之時，二氣雖變化參差，但基本上不會熱如夏天；同樣的，夏天二氣消長不齊，但不會結冰下雪：「無有天下地上、夏寒冬暑之日也」（《外傳・繫辭下》第 7，1058）。春、秋的情況也相似。這顯示在某一季內，有所謂同質性。若在寒、熱帶，沒有四季，與四時不同，可是冰炭（極度的熱與冷）不同爐情況相同。

但進一步比對，寒、熱帶的氣候變化、溫度等，同質性似乎減弱了，甚至消失了，如寒帶之冬雪，在熱帶完全不會出現。它們卻都是陰陽二氣消長所成，這應該如何看待呢？

倘若我們把太極神妙局限在某特定系統內，寒帶、溫帶、熱帶各自代表某特定系統——就會看到各區域有其同質性。跨過各特定系統，同質性就減弱了。可是，跳開具象層面——溫度、風雪、陽光等——我們將在更抽象、最抽象的層次，看到同質的存在。這個層次，船山以爲就是「氣」：萬事萬物，不能脫離陰陽二氣。依此，同質性是永遠存在的。船山「辟卦生所屬卦」的觀點，雖然在形式上有瑕疵，但已強烈突顯這個意思。

因此，陰陽消長三大原則，無法與同質分離。因爲同質的最抽象層次，就是陰陽二氣。卦變二種中，八卦卦變屬較具象的同質分組，其所同者，是皆由八卦所成。十二辟卦卦變沒有落實、定型成任何具象，是陰陽二氣層次的同質。這個層次，超越任何特定系統，它是最廣的，就是太極之渾淪無極。我們說它最足以表現太極意涵，這是主因之一。

從上述卦變之抽象層面的討論，我們得知按照《易經》卦序分屬爲不必然。

倘若我們承認消長三原則——不遽不漸，消長同時，消長必乘乎大變（消長大節）——可成立，講到最徹底處，就是只要可展現消長三原則的卦變，都是可行的。至於要如何藉分屬表現、按《易經》卦序或否，則看各人本事。在最抽象的層次上，一切不過是二氣變化，這時如何安排卦序，基本的規則，仍是在卦爻結構要表現一致即可。同樣的，在具象的層次上，各家亦可隨其同質界定之異，自由安排卦序，以表現他所強調之質。八卦卦變藉純雜表現，與十二辟卦卦變不同，但不離消長三大原則，就是佳例。然而不管抽象、具象，分屬在卦變中是必然的，因船山這類型的卦變，必須設關卡，激波瀾，突出消長大節，否則一往平順，與氣的變化性能、太極之神妙不符。三大原則中，「不遽不漸」，就是爲「消長大節」張本。「不遽不漸」是條件，不遽不漸到了某一程度、階段，才能自然而生「消長大節」，這就是「分屬」所在。簡言之，船山之分屬、得中與均衡，都爲消長有大節而設。「消長大節」的對立面，就是漸進的、僵固的、刻度式的變化，是船山批駁京、邵等最力之處。

由於十二辟卦卦變結構性較弱，抽象性極強，非常適於展現船山卦變的原則性。這個原則是船山卦變惟一的必然，那就是陰陽消長三大原則，以及由此原則必然衍生的分屬。至於得中、均衡，只是船山爲符合三大原則而建立的個人規定，不是必然的。所以十二辟卦的分屬，是其中一種可能罷了，不是惟一的分屬。八卦卦變的情況也相同。按照消長原則，反而轉出沒有「必然」的卦序，這才是船山卦變的「必然」。船山若瞭解這一點，他只消在卦變之後提一提，或稍作補充：卦變二種只是突顯這三大原則的兩個模型，一較具象，一抽象。依天化無心之理，我們可以任意排列組合。那麼，就會消解他強調的必然性。

從這看，京、邵等的問題，乍看是出在太有結構，其實卦變原理才是主因。因爲他們強調逐漸的、刻度式的變化之理，所以才有相應的卦變圖。船山之前的情況與他們一樣，從原理的文字敘述，強化了卦變圖的結構，成爲必然的卦變兩種。即使它的卦變圖不是漸進而刻度式的，強調必然的毛病卻相同。因爲眞正必然的，是陰陽消長三大原則，以及由此原則必然衍生的分屬而已。這樣一來，按照《易經》卦序的必然，就被消解了。

因爲只要有必然如此的方式，就不是天化無心了，不管你有無結構，都坐實了這一點，故消長三大原則可必然，方式可不必然。換言之，按照《易經》卦序，不是主要的弊病——這種可能永遠存在，不能否定也許有人可依《易經》卦序而辦到這點——而是不能由此整理出一套符合三大原則的卦變方式，才是重點。若無法兼顧，那就打散《易經》卦序，另謀出路；這是歷史上大部分《易》學家的做法。

船山在其著作中大量強調《易》之不可典要，太極之莫測而神等，視角多元，多所舉例，顯見他對此理的掌握頗爲明確而深刻，從壯年著《外傳》到晚年《內傳》，中間橫梗數十年光陰，但有關太極方面的論點，始終如一。他已經跳開了京、邵等較僵固的視野，照理可以精確掌握卦變圖作爲模式的局限，而知曉卦變二種只是依其原理的兩種可能罷了，不當犯上述卦變二種必然的毛病，但還是犯了。晚年即使「未敢信爲必然」，仍對個中癥結，未置一詞，不知再往上跳一層，即可消解其必然性，頗令人百思難解。

但總之，形式面的問題，不影響所得結論的合理性。船山十二辟卦卦變，舉例擬之，好比從一個有瑕疵的實驗（形式面），獲致某個更符合客觀世界實況的理論。而相對其餘卦變，其形式面也許不衝突、矛盾，可是得出的理論，不一定較符合客觀世界。所以，公允評斷，我們應修正實驗層面的瑕疵——這是本文作法；發揮實驗所得理論的高明處——這是下一章的主題。

第四節　餘論：錯綜圖非第三種卦變

上述卦變二種，船山稱之爲「二經」：

（1）〈乾〉〈坤〉定位，而隱見輪周，其正相嚮者，值其純陽，旋報以純陰，則爲〈乾〉〈坤〉；欹而側也，則或隱而消，或見而長，爲〈泰〉、〈否〉、〈臨〉、〈觀〉、〈剝〉、〈復〉、〈遯〉、〈大壯〉、〈夬〉、〈姤〉。故消長之幾爲變化之所自出，則之十二卦者以爲之經。

（2）〈乾〉〈坤〉合用，而乘乎不測，以迭相屈伸於彼此，其全用而成廣大之生者，則爲〈乾〉〈坤〉；〈乾〉不孤施，陰不獨與，則來以相感，往以相受，分應於隱見之間，而爲〈坎〉、〈離〉、〈震〉、〈艮〉、〈巽〉、〈兑〉。故往來之跡，爲錯綜之所自妙，則之八卦者以爲之經。此二經者，並行不悖者也。（《外傳·序卦傳》1095）

不過，朱伯崑先生在探討船山卦變時，卻以爲「〈乾〉〈坤〉作爲《周易》之大宗，怎樣演變爲六十二卦象？他……提出三類圖式」（《易學哲學史》（四）75）。第三種卦變的特質是，綜合上述二經爲一，「此綜錯說，同上述二說相比，也有其特點，即包括陰陽隱見往來和陰陽升降消長兩方面，合前二經而爲一。」這三類圖式是船山「關於《周易》卦序結構的三種解釋」（87）。

朱先生所說的第三種卦變，是船山把六十四卦按「錯而不綜」、「錯綜同象」、「綜卦」三種方式，排列而成的圖，可稱之爲「錯綜卦圖」。以下分述之。

壹、錯而不綜之卦

其卦八，其象亦八。「以錯相從，見六陰六陽皆備之實」。

䷀	䷁	䷚	䷛	䷜	䷝	䷼	䷽
乾	坤	頤	大過	坎	離	中孚	小過

他說「〈乾〉、〈坤〉、〈中孚〉、〈小過〉以爲終始，〈頤〉、〈大過〉、〈坎〉、〈離〉以位乎中，天地水火之有定體也。〈頤〉、〈大過〉外象〈坎〉〈離〉，內備〈乾〉〈坤〉之德，其有位者，一〈乾〉〈坤〉之純也。〈中孚〉、〈小過〉外象〈乾〉〈坤〉，中含〈坎〉〈離〉之理，其致用者，一〈坎〉〈離〉之交也。凡不綜之卦，非不可綜也，綜之而其德與象无以異。其志定，其守貞，其德

凝，故可以始，可以終，可以中，而爲變化之所自生也。」（1103）

這些說法，是從物象角度界定卦爻的特質，乃船山在八卦卦變中所運用的方式。

貳、錯綜同象之卦

其卦八，其象四。

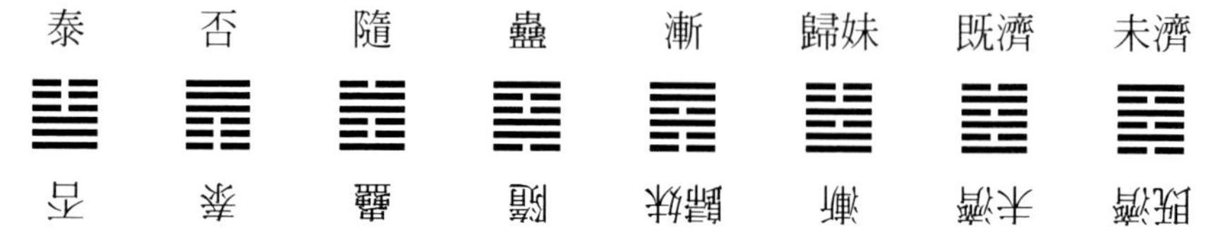

這八個卦既相綜又相錯。船山說：「錯綜同象，其德成乎異之甚，雖變更往來而亦不齊也。」意謂錯綜同象之卦，以相異爲特徵。「故〈泰〉通而〈否〉塞，〈隨〉從而〈蠱〉改，〈漸〉貞而〈歸妹〉淫，〈既濟〉成而〈未濟〉毀」。這與「〈屯〉〈蒙〉相仍，〈師〉〈比〉相協，〈同人〉〈大有〉相資，〈損〉〈益〉相劑」不同。

錯綜同象之卦，在兩種卦變中，都會給予較特殊處理（詳上文），其故在船山有這樣的認定。接下來，他說：「〈泰〉〈否〉者，〈乾〉〈坤〉之大機，〈隨〉〈蠱〉〈漸〉〈歸妹〉者，雷風山澤之殊用；〈既濟〉〈未濟〉者，〈坎〉〈離〉之極致。〈隨〉〈蠱〉從乎〈乾〉〈坤〉，雷風山澤之承天地也；〈漸〉〈歸妹〉之際乎〈震〉〈艮〉〈巽〉〈兌〉，從其類也。」

這是從八卦物象角度，界定錯綜同象之卦的分屬；八卦卦變已提及。

參、綜　卦

其卦四十八，其象二十四。

屯　需　師　小畜　臨　鼎

蒙　訟　比　履　觀　革

晉　同人　豫　遯　噬嗑　剝

明夷　大有　謙　大壯　賁　復

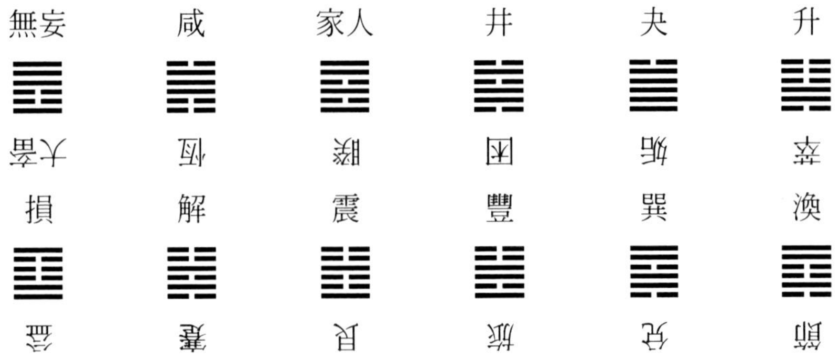

無妄	咸	家人	井	夬	升
大畜	恆	睽	困	姤	萃
損	解	震	豐	巽	渙
益	蹇	艮	旅	兌	節

在「綜卦」部分，船山要說明兩點，一是「用綜不用錯」之理；二是〈序卦〉從名義角度說卦與卦之間的關聯，是錯誤的。第二點是由第一點所推出，乃因用綜之捷往捷來，故無法以名義限定其先後。

他說：「凡綜卦有錯，用綜不用錯者，以大化方來方往，其機甚捷，而非必相爲對待，如京氏、邵子之說也。故曰『易圓而神』，『神』以言乎其捷也。『圓』以言乎其不必相爲對待也。」因此，「其綜卦相次者，以捷往捷來，著化機之不滯，非因後起之名義而爲之次，明矣。故二卦相綜，名義有相反者，如〈剝〉〈復〉、〈家人〉〈睽〉之類；有相合者，如〈屯〉〈蒙〉、〈咸〉〈恆〉之類；抑有以錯而相反者，如〈需〉〈晉〉、〈剝〉〈夬〉之類；有因錯而相合者，如〈蒙〉〈革〉、〈師〉〈同人〉之類；抑有於錯於綜，名義絕不相涉者，如〈小畜〉於〈履〉，〈謙〉於〈豫〉之類。」

從卦名角度看，有相反、相合、錯而相反、錯而相合、名義絕不相涉等五種情況，這非〈序卦〉僅從相因、相反、相成，所立因果關係所能限。倘若以相因、相反、相成即能限制卦變的軌跡，這與京、邵等以一定的方圓規矩談卦變，情況相同。故反對〈序卦〉以卦名裁定卦序，其實還是回到對太極參差消長、變化莫測的主軸，只是這裡從錯綜角度，述說太極變化之神罷了。船山對錯綜卦圖有一段總括，就是描述錯綜能顯太極神妙的文字：

> 自兩卦而言之，錯者捷錯，綜者捷綜，〈乾〉〈坤〉通理皆在，而未嘗有所缺於陰陽健順之全。自八卦之所統、十二卦之所絡而言之，往來不以均，消長不以漸。交無適交，變無定變，故化不滯，進退乘時之權也。盛不益盛，衰不浸衰，故道不窮，陰陽彌綸之妙也。自六十四卦、三十六象兼二經而並行者言之，於消長有往來焉，於往來有消長焉。消長不同時，往來不同域，則流形無畛，而各成其訢合。（《外傳・序卦傳》1095-6）

仔細閱讀引文的內涵，可知即卦變二種純雜參差、消長不齊所表述的太極；只是這裡以「錯綜」角度立論，突出「錯綜」與太極的關係罷了（卦序及錯綜與太極關係，詳下章）。

以上，幾乎把船山有關錯綜卦圖的論述，都引到了。這算是第三種卦變嗎？八錯卦及錯而不綜之卦，都在兩種卦變之中佔有重要地位；綜卦更是兩種卦變主要的變化方式。可以肯定，所謂第三種卦變，只是卦變二種的基本原則罷了，就是卦變以錯綜的方式展開，如此而已。

朱伯崑先生說它是「包括陰陽隱見往來和陰陽升降消長兩方面，合前二經而為一。」其實，卦變二種中所表現的，不就是「陰陽隱見往來和陰陽升降消長」？只是在「升降消長」方面，因有具象與抽象之別，而略有偏重罷了。十二辟卦卦變突出消長的表現；八卦卦變則有從升降論者。而且，從卦變二種的探討中，我們知道卦變還有參差消長、大節等描述，才是船山特色的卦變。他需要靠文字敘述，建構出具體的卦變來，不是單純如京、邵等，只憑卦爻結構，即可說明大部分卦變原理或內容（上文已詳）。

所以八錯卦、錯綜同象卦在卦變錯落分布，原具調節卦變起伏，或轉捩點的特徵，而今排列一處，根本無法表達船山所強調的意思。而從調節、轉折之中，又必有分屬之異。這些都是船山卦變的特色，因為有轉折、分屬等，才能強調出太極參差不齊之神妙，才與京、邵等有所區別。這些是船山卦變必然的特徵，非常重要，卻無法從錯綜卦圖的排列中看出。

因此，這個平列的錯綜卦圖，不應是第三種卦變圖式。他只是作為卦變二種的底據、原則罷了。這個底據、原則，就是卦變是以「錯綜」的方式進行。

而且，船山從頭到尾，都只說「二經」，而不是「三經」。二經指的是卦變二種。《鏡銓》談到十二辟卦、八卦，解釋「二經」一詞時，以為：「此十二卦之變皆本於〈乾〉〈坤〉顯隱之全用，得天道陰陽消長、顯隱之要，故為『常經』」。「六十四卦均八卦所衍，故錯、綜亦為《易》中變化之『經』，陰陽之消長、顯隱與卦體之錯綜，乃《易》中生生變化之『二經』，兩者並行不悖。」（1004）以「陰陽之消長、顯隱與卦體之錯綜」為「二經」不確。因任一種卦變，都涉及到消長顯隱及錯綜，它們不是屬於單一卦變之物。陰陽顯隱、錯綜，只是用詞的不同，實質無別。他所犯的毛病，與朱先生說合二經而為一相同。

金納德先生則更進一步，他否定卦變二種，認為錯綜卦圖才是正確卦變。他說：「船山認為，若自任何兩相錯綜之卦而言，錯者捷錯，綜者捷綜，無論相錯或互綜，其關係皆為直接，無第三者以為中介。〈乾〉〈坤〉十二位陰陽於此俱在，無有所缺。筆者認為，此由錯綜以論《周易》六十四卦之開展……未遷就任何固有之卦序，實最能表現『〈乾〉〈坤〉並建而捷立』之特色……船山所未敢信為必然者，應是前述其為配合傳統卦序所提之十二卦及八卦二者。」（《論船山易學之乾坤並建》，48。相似論點又見44、52、74、91）

朱先生曾說，船山晚年刪削卦變圖式，乃因「不贊成以某種固定的程序或模式解釋《周易》的卦序」（《易學哲學史》（四）98），他的論點由此轉出。但朱先生並無以錯綜卦圖為準，金先生則從中看出錯綜卦圖似非固定框架，故以此為船山晚年所不信者，僅卦變二種，不含錯綜卦圖。這是其「論文之重點，篇幅亦將為全文各章之最」（頁3），總共約四十頁。

可惜他處理卦變二種，只是依船山所述，把卦爻如何一一變化說得詳細而已，完全跳不開船山籠罩，因此對其理據，一無所評，全盤接受。於是錯綜卦圖不是按照《易經》卦序，故最合〈乾〉〈坤〉並建而捷立之結論，流於平面。因他完全沒評論，有一定框架的卦變二種，究竟在何處無法表現錯綜之捷往捷來？而且按錯綜卦圖來看，錯卦、綜卦分別各自排列，那麼卦變是錯時全錯，綜時全綜？但船山明言卦變「用綜不用錯」，卦變二種正是依照「用綜」的方式變化。雖說以錯綜捷往捷來，但那是合起來說；單獨來看，用綜才是其機甚捷的緣故。因此，不管在八卦或十二辟卦卦變，錯卦都是從間接角度說的。八卦卦變中說得中卦為純，就是暗指陰陽十二（錯綜對照）；十二辟卦卦變是提某卦之錯卦，以作為當前情況之對照。

總之，不能因為錯綜卦圖打破《易經》卦序固定的框架，可以避開船山所招致的諸多批評，遂輕許錯綜卦圖為最合理的卦變；必須瞭解更深層的原因才行。

第六章　錯綜神妙

第一節　錯綜的再認識

卦爻與太極關係，歸納起來，主要有三方面：（一）一卦之六陰六陽、以及六十四卦爻全體所構成的太極。（二）由占筮行爲所顯示的、大衍五十爲一的太極。（三）從讀者角度告誡，解讀卦爻「不可典要」（與神妙同義）的太極。（一）（二）涉及太極本然之體，自也包含其神妙性能在內。（三）主要是因爲太極（《易》）是神妙的，所以解釋卦爻經傳方面之辭義，亦當以「不可典要」爲詮釋方向；一般不涉及本然之體的討論。〔註 1〕本章只擬討論與卦爻直接相關的太極，即（一），而卦爻最直接的表現，就是錯綜。

上一章強調船山卦變只有二種，錯綜卦圖只是卦變依據的方式，本身不是卦變。學者誤認，主因是對錯綜作用不夠清楚之故。錯綜是船山《易》學最重要的觀念之一（見〈乾坤並建〉第一節引其《易》學總括），它實與〈乾〉〈坤〉並建同等，簡單一句，〈乾〉〈坤〉並建的表現就是錯綜。它卻往往只在談論陰陽十二時，作爲陪襯而被提及，且看似與船山主要觀念無關。這實

〔註 1〕 卦爻這三部分，自以第一點爲主要，但從這三方面，可見船山論述太極的觀點，其思想之一致、集中而全面。本文對後兩點不遑處理，第二點可參朱伯崑《易學哲學史》（四）185-190。第三點可參汪學群《王夫之易學》（162-7）、林文彬《船山易學研究》（247-268）。兩人只談船山解易之例，不及太極、神妙等意；林文較汪說爲詳。至於朱伯崑（《易學哲學史》（四）175-8）、蕭漢明（《船山易學研究》32-4）有談到船山反對以「物極必反」解釋卦爻，此亦可置諸第三點之下。

在是一般解說只有點，而沒有線、面的相應之故。其實，船山強調錯綜，因它與卦爻變化關係至密；而凡談變化，自不能不知太極之性能即是神妙。因此錯綜與太極，實是一體之兩面。凡研究船山《易》學必談錯綜，但若不在「神妙」這一點上看待錯綜，其談論往往浮泛。

於是，若只從卦爻結構上解讀或提一提錯綜〔註 2〕——除朱伯崑、蕭漢明二先生外，這大約是多數人的方式——這間接把船山看成是一思想不聯貫的思想家。因船山在著述中提錯綜處，不勝枚舉；錯綜不應淪爲平面的卦爻結構，而應探入底層，看到它與船山《易》學核心之旨——太極、神妙——聯繫之處。然而，即使朱、蕭二先生對錯綜的論述較多，亦未做此綰合，以致對太極的解釋，幾乎都有再斟酌的餘地（詳本書第七、八章）。

本章的討論即以錯綜爲關鍵，與太極的神妙聯結，以見錯綜多方的意涵。經由錯綜，之前所談陰陽十二、體用相函等，都可予以綜合、深化。因此，這一節會借用到〈陰陽十二〉、〈卦變二種〉的結果——些微重複是免不了的，畢竟那是談論太極的基本知識——由此擴充至較詳細深廣的部分。

在〈卦變二種〉中提到卦變變化「參差不齊」，就是「神」。神乃因錯綜而有，它是太極最根本、最主要的性能。沒有太極，就無神可說；這是船山所強調的。而今就來看看，錯綜與太極之神的關係。換言之，之前談卦變是太極之用，也只是表面說個「參差不齊」，未遑深論。本章要詳細闡明「用」之所以神妙，其故在不可能完全掌握「體」或隱或顯的變化之故。然而，體如何做到這般地步呢？船山的回答是：因爲體之「全用」。

簡言之，「全用」與「用」是有分別的：「全用」即體，乃隱顯合；「用」是人所掌握之顯。所以，用之所以因體而神妙，乃因體之全用（體用角度）；或者說太極之所以神妙，乃因有隱有顯（隱顯角度）。這些相關語詞，在〈陰陽十二〉已曾辨析過，這裡要談的，比較側重在這三對概念——即體用、錯綜、隱顯——之間的相互關聯。

所以，這一次就藉卦爻之錯綜，看船山闡述神妙如何經由體的全用而充分展現。至於本章名稱不取較切近一般思維的〈太極神妙〉，則是爲了強調錯

〔註 2〕常見作法，是引述船山錯綜的定義（見《稗疏》788；相似說法，又見《內傳．繫辭上》第 10，553。引文請參〈乾坤並建〉註腳第 3），再談談船山用綜不用錯之故。但由於全面的理解或有缺失，其理由不夠深入。「用綜」眞正的原因，請參本章第三節第肆小節。

綜的關鍵地位。

第二節　錯綜與太極

我們可以從一假設問題開始，以見船山錯綜與太極的關聯，此問題是：無錯是否無綜？

對別的《易》學家言，錯與綜沒有直接、必然的關係，它們不過兩種不同的、卦爻結構比對方式罷了，因此答案爲「否」；但就船山論，答案卻「是」。因綜是以錯爲體而顯者，是錯不全顯（半顯）的結果。換言之，綜是由錯的角度界定的：無錯自無綜，無綜則太極之「用」不可見。錯是太極之體，綜是太極之用——這是錯綜與太極的密切關聯。〔註3〕因此，錯卦對照之六陰六陽，就是〈乾〉〈坤〉並建，就是陰陽均衡之太極。〈陰陽十二〉已觸及這點，但不夠詳細，針對性亦不足；且太極的意義，當然不如此平面，還有不少可以深入探討的地方。

船山在《內傳・發例》第七（657-659）中，幾乎把錯綜與太極相關的主要環節都談到了，我們就由此開始：

> 〈乾〉〈坤〉並建，爲《周易》之綱宗，篇中及《外傳》廣論之，蓋所謂「《易》有太極」也。周子之圖，準此而立。其第二圖，陰陽互相交函之象，亦無已而言其並著者如此爾。太極，大圓者也。圖但取其一面，而三陰三陽具焉。其所不能寫於圖中者，亦有三陰三陽，則六陰六陽具足矣。

周子太極第二圖爲陰陽交涵之象，從圖看，只能看到一面，故所見僅三陰三陽。但太極不是一偏平的圓，而是如珠之圓，故有一背面未顯：

> 繪太極圖，無已而繪一圓圈爾，非有匡郭也。如繪珠之與繪環無以異，實則珠環懸殊矣。珠無中邊之別，太極雖虛而理氣充凝，亦無內外虛實之異。從來說者竟作一圓圈，圍二殊五行于中，悖矣。此理氣遇方則方，遇圓則圓，或大或小，絪縕變化，初無定質，無已

〔註3〕當我們說錯卦時，必然涉及另一與之成對照之卦，說綜卦亦然。不過錯綜不同處是，錯卦必然是兩卦並列，綜卦是上下顛倒，可合成一卦。雖然也可把綜卦並列，如〈屯〉䷂〈蒙〉䷃，但相對而言，錯卦畢竟不能合於一。就是在這個基礎上，劃分綜爲可見之六畫卦，錯爲十二陰陽。不過，有時爲了避免誤解，會以「錯卦對照」強調是「陰陽十二」情況。

而以圓寫之者，取其不滯而已。(《思問錄・外篇》430)

船山對太極圖之圓，有兩點要辯解：(一)從畫面看，太極圖是一平面圓圈。圓圈——可以代表珠或環，但珠環的實質卻差別極大。說者一直以來把平面的圓當環看，實錯誤至極。船山認爲，太極是如珠之圓。(二)線條圈繞成珠之圓，不表示它有界限。此圓，乃取以示太極變化不滯之意；這是繪圖的不得已。因此太極圖背面隱含的，是另一三陰三陽，故總共是六陰六陽。

特圖但顯三畫卦之象，而《易》之〈乾〉〈坤〉並建，則以顯六畫卦之理。乃能顯者，爻之六陰六陽而爲十二；所終不能顯者，一卦之中，嚮者背者，六幽六明，而位亦十二也。十二者，象天十二次之位，爲大圓之體。太極一渾天之全體，見者半，隱者半，陰陽寓於其位，故轂轉而恆見其六。〈乾〉明則〈坤〉處於幽，〈坤〉明則〈乾〉處於幽。《周易》並列之，示不相離，實則一卦之嚮背而〈乾〉〈坤〉皆在焉。非徒〈乾〉〈坤〉爲然也，明爲〈屯〉、〈蒙〉，則幽爲〈鼎〉、〈革〉，無不然也。

太極圖所繪爲三畫卦，而船山提出〈乾〉〈坤〉並建，是論六畫卦；但同爲太極(詳下)。從一卦六爻看，是顯、嚮、明；而隱藏其後者是相反的另六爻，爲隱、背、幽；任一卦皆如此。隱顯合爲陰陽十二，即等同於太極「大圓之體」，暗示其變化不滯的性能。因此，以卦爻表現太極「陰陽均衡，一隱一顯」特質，就是〈乾〉〈坤〉並建、陰陽十二，就是「錯」。不過，這一點在《易》卦卦變中不是顯而易見，只因卦變以綜爲主，而略其錯卦部分：

《易》以綜爲用，所以象人事往復之報，而略其錯，故嚮背之理未彰。然〈乾〉〈坤〉、〈坎〉〈離〉、〈頤〉〈大過〉、〈小過〉〈中孚〉，已具其機，抑於〈家人〉〈睽〉、〈蹇〉〈解〉之相次，示錯綜並行之妙。要之，絪緼升降，互相消長盈虛於大圓之中，則〈乾〉、〈坤〉盡之，故謂之「縕」，言其充滿無間，以爻之備陰陽者言也。又謂之「門」，言其出入遞用，以爻之十二位具於嚮背者言也。

但〈乾〉〈坤〉〈坎〉〈離〉等，只錯而不綜，由錯見陰陽十二，已具此端倪；而在〈家人〉䷤〈睽〉䷥〈蹇〉䷦〈解〉䷧四卦合一等綜卦，亦見陰陽十二。因此，從六十四卦整體去看，發現錯綜把六十四卦聯結起來了。錯綜是六十四卦之間惟一的結構關係：或錯而不綜，或綜錯同象，或錯而兼綜。從六畫卦一卦一卦看去，即可見卦爻升降、消長；此即上一章所說的「參差不齊」之神。雖看似由綜卦顯示參差不齊，與錯無關，但無錯則綜不可顯，故神妙實由錯而來。而此消長變化之神妙，不溢出「大圓」的範圍。此大圓，即太極，亦即「陰陽均衡，一隱一顯」。對此，船山又以「蘊」與「門」說明，此二語詞大略對應談論太極的兩個面向，「緼」偏向本質談太極（錯）；「門」側重從隱顯說六畫卦之可見與不可見（綜）。以下分兩途敘述。

第一點謂任一爻，本質上都是〈乾〉〈坤〉。「以爻之備陰陽者言」，爻之陰陽是「凡陽爻皆〈乾〉之陽、凡陰爻皆〈坤〉之陰也」（《內傳・繫辭下》第 6，599）。船山說「《易》以綜爲用」，並屢以「捷往捷來」稱其變化神速，無數爻之消長、升降，因往來神速乃成絪緼一片，顯現爲渾淪未分、卻運動不息的狀態。然而，即使有隱有顯，變化無端，作爲變化最小單位的「爻」，本質仍是陰陽均衡之太極。這就是「消長盈虛於大圓」之「大圓」，變化盡於〈乾〉〈坤〉之〈乾〉〈坤〉（「〈乾〉〈坤〉盡之」）。

換言之，變化（升降、消長而成絪緼）雖由六畫卦而見，但要強調的卻是其爻之「充滿無間」。「緼」——船山解「〈乾〉〈坤〉其《易》之緼邪」謂：「『緼』，衣內絮也；充實於中之謂」（《內傳・繫辭上》第 12，567）。「充滿」、「緼」即「充實」，惟合一爻之隱顯（陰陽均衡）談其實質，才有「充實」可言。因此，任一爻既備一陰一陽，則卦更不待言。

第二點著眼於隱顯角度說太極。「出入遞用」，指一隱即一顯，一顯即一隱，如門之有兩面，無法同顯，亦不能同隱；必然是一內一外，但同爲一門。〔註 4〕「同」爲一門，即太極。與上從一爻之本質說法稍異處，是限制在六畫卦爲主體來說，即或從顯、明，或從隱、幽處論。

簡言之，一是直接合隱顯爲一，說卦爻「本質」爲太極（錯）。另一雖以同爲一門表示「合」，但著重指出有隱有顯，不能同隱、不能同顯的限制（綜）。

〔註 4〕船山解「〈乾〉〈坤〉其《易》之門邪」，曾說「所從出曰『門』」（《內傳・繫辭下》第 8，599）。這似乎與任一卦皆出自〈乾〉〈坤〉同義，可是觀其「以爻之十二位具於嚮背者言也」句，顯然著重在有隱有顯，隱顯不同時的角度上。而此意亦與另一有關門意象的說法不符。《繫辭》有云「闔户謂之〈坤〉，闢户謂之〈乾〉」。他解釋說：「陰受陽施，斂以爲實，闔之象也。陽行乎陰，盪陰而啓之，闢之象也……闔則必闢，闢則必闔」（《內傳・繫辭上》第 11，560）。我們知道一卦之變爲另一卦，涉及陰陽爻數的轉變。在此，其說法著重詮明陰陽性能——一闔一闢之不同。所以，一卦之陽爻變陰爻，是陰闔陽於中使然；而陽爻之入於該卦，則是盪陰而啓遂入之故。兩種與門有關的解釋，在此，似乎無法與陰陽十二密切聯繫，故不採用。

一從「緼」、一從「門」爲譬，即同時道出了這細微的差異。由此可知，錯就是隱顯合一，綜即是顯。綜之顯，是可見之變化，但可見的、變化之顯，無妨其後恆有隱的事實。此即變化不出「陰陽均衡，一隱一顯」（太極）範圍之意。

船山除了從一卦之錯綜言太極，接著還從全體角度說太極：

> 故曰「《易》有太極」，言《易》具有太極之全體也；「是生兩儀」，即是而兩者之儀形可以分而想像之也。又於其變通而言之，則爲四象；又於其變通而析之，則爲八卦。變通無恒，不可爲典要，以周流六虛，則三十六象、六十四卦之大用具焉。〈乾〉極乎陽，〈坤〉極乎陰，〈乾〉〈坤〉並建，而陰陽之極皆顯；四象八卦、三十六象、六十四卦摩盪於中，無所不極，故謂之太極。

「《易》有太極」，謂《易》具有太極之全體。《易》一詞，統指兩儀、四象、八卦、六十四卦。簡單的說，即指六十四卦。那麼，說《易》具有太極之全體，是甚麼意思呢？

從太極到兩儀，是一由隱到顯的過程。但非就一卦之隱顯言，而是從無形有象之太極（隱），說到有形有象之兩儀（顯），藉著變通，〔註5〕兩儀化生顯現爲四象、八卦，最後至六十四卦，相互摩盪，無所不極，而稱太極。要之，從太極、兩儀、四象、八卦、六十四卦，逐一擴衍，無非是說「自一畫以至八卦，自八卦以至六十四卦，極於三百八十四爻，無一非太極之全體，乘時而利用其出入。其爲儀、爲象、爲卦者顯矣；其原於太極至足之和以起變化者密也，非聖人莫能洗心而與者也。」（《內傳・繫辭上》第11，562）

從爲儀（即兩儀）、爲象、爲卦者顯，而「太極至足之和」爲密，可知這儀、象、卦未現之際的太極，其實就是氣。因卦爻作爲物，其所以能顯，莫不因氣之之創、成。不過，這裡的重點不在此，而在六十四卦如何是「太極之全體」？船山是從小至大、由少到多來敘述這個過程，就依此來解析。

太極是陰陽均衡、一隱一顯之合一，由此構成一整體。有時以一爻陰一爻陽（兩儀）之隱顯爲整體，有時以三畫卦（四象、八卦）之隱顯爲整體，有時以六畫卦之隱顯爲整體，各各自成一太極。兩儀、四象等雖非六畫卦，太極之理仍以隱顯方式呈現，即把「錯卦」方式——運用到兩儀、四象、八卦上，以此說隱顯合爲太極。

不管談論兩儀、四象、八卦或六十四卦，變通無恆都是共同的；沒有恆

〔註5〕變通之意，參見〈乾坤並建〉第三節〈乾坤之象〉。

定，就是參差不齊。只是由兩儀至八卦因受數量限制，變化不多。至六十四卦，才能變通無窮，成《易》之大用。這時船山方由其極盡所有變化之能事，絪縕升降、無所不極，強調變化籠罩之廣大無際——是謂太極。此太極界義，乃由其無所不極引伸而得，並非在均衡、隱顯之外，另有一種太極。

討論至此，我們發現船山行文中極力突顯的，是太極兩方面的意義：（一）是在卦爻方面，陰陽十二之為太極，即卦爻的「本質」為太極。（二）是就全體六十四卦連續不斷隱顯變化，所形成的太極。通常還可以「無所不極」、「無有一極」描述其變化廣大無有窮極的特性。這種狀態，似乎是一卦之太極所不具備的，故船山以「太極之全體」稱之。〔註6〕

從一卦一太極言，一卦恆指爻性相反的錯卦，一處於隱，一居於顯。而有隱有顯，實因人無法完全掌握之故：太極的實體本即是「全」，其用即「全用」。我們要探討的，就是船山太極之「全」。看他怎麼從「全」講到「半」，以及全與半如何關聯。由綜卦的特性，可以聯結「神與顯」；依錯卦性質，則闡明「神與隱」。於是，我們知道——在全：半、錯：綜、隱：顯的關係中———不是單純半、綜、顯產生了神妙，而是關聯著全、錯、隱造成了太極之神。

為了不再重複標明錯綜卦與隱顯的關係，基本上設定凡言「綜」指顯之六畫卦，「錯」即隱顯合陰陽十二；針對六十四卦或一卦，設定相同。某些情況之錯卦，必須指六畫卦時，則以「錯卦（顯）」標明。至於六十四卦中的八錯卦（六畫卦），即〈乾〉，〈坤〉、〈坎〉〈離〉、〈頤〉、〈大過〉、〈中孚〉、〈小過〉，則指「顯」，自不待言。

以下即先從船山批評〈序卦傳〉詮釋卦爻之「不全」開始，逐步瞭解他所謂的「全」、「全用」的細部特質。

第三節　全用與神妙

船山早年作《外傳・序卦傳》，主張「〈序卦〉非聖人之書」。晚年此意未

〔註6〕這只是外在的區別，實際情況是「太極之全體」，可直接以一錯卦表示，詳情參第八章第一節。又船山的四象與八卦，基本上是相同之物（參第七章），故上文概以三畫卦稱之。至於說太極是氣——但事實上太極不一定都是氣，這裡只是順其引文暫時這樣說。此因這一章所論太極，只限制在有關的某一面向上，無法全面辨析，故只做到不離太極整體的意涵即止。本章下文所提太極，即循此原則處理，除非必要，不重複提醒，以免冗贅。太極的集中論述，詳見七、八兩章。

變，故《內傳・序卦傳》僅錄原文，不注。《外傳・序卦傳》分爲兩大部分，前半主要提出自己的看法，從理論上，批駁、反對〈序卦傳〉的成立。後半是之前〈卦變二種〉所討論的、他提出個人卦變部分。以下即以該文前半爲主（頁 1091-1096），有些地方，自然借用到〈陰陽十二〉、〈卦變二種〉的成果，就不一一指明了。

壹、反對相因、相成、相反

反對的主因，一言以蔽之，其故在〈序卦〉卦序排列，違反了船山所認爲的太極之用，自然無法達到太極變化之神。他總括〈序卦〉毛病有三，即「相因」、「相成」、「相反」：

> 其爲說也，有相因者，有相成者，有相反者。相因者，「物生必蒙」之類也；相成者，「物稚不可不養」之類也；相反者，「物不可以苟合」之類也。（1092）

以下且看船山逐一反駁相因、相成、相反的理由。反相因的緣故是：

> 因者之理，具於所因之卦，則〈屯〉有〈蒙〉，〈師〉有〈比〉，〈同人〉有〈大有〉，而後卦爲贅餘矣。況如〈隨〉之與〈蠱〉，〈漸〉之與〈歸妹〉，錯卦也，相反之卦也，本非相同，何以曰「以喜隨人者必有事」，「進必有所歸」邪？如是者，因義不立。（1093）

〈屯〉爲萬物之始生。〈序卦〉說物始生之後，必〈蒙〉，故〈蒙〉接在〈屯〉卦之後。船山以爲，這表示後卦是因前卦而始有，而且不僅於此，後卦之理，已存前卦之中，此即「因者（後卦）之理，具於所因（前卦）之卦」。因既謂〈屯〉爲物之始生，「生」即隱含了由幼而長，由長而大的意思。如此，〈蒙〉之稚、長之義，已見於〈屯〉之中了。〈師〉與〈比〉、〈同人〉與〈大有〉情況亦類，故船山不詳說。〔註 7〕那麼，後卦就是多餘的了。

〈序卦〉又說：「〈豫〉必有〈隨〉，故受之以〈隨〉。以喜隨人者必有事，故受之以〈蠱〉。」「〈漸〉者，進也。進必有所歸，故受之以〈歸妹〉。」而〈隨〉䷐，與〈蠱〉䷑、〈漸〉䷴與〈歸妹〉䷵四卦，爲錯綜同象之卦，在

〔註 7〕按〈序卦〉〈師〉〈比〉原文爲：「〈師〉者眾也。眾必有所有比，故受之以〈比〉」。其解說〈師〉卦眾必有所比，則比之意已包含在〈師〉卦之中，不勞〈比〉卦重複。〈同人〉、〈大有〉原文爲：「物不可以終〈否〉，故受之於〈同人〉。與人同者，物必歸焉，故受之以〈大有〉。」同樣的，解說〈同人〉時，已明其必爲眾物所歸，則〈大有〉之意已蘊涵在內了。

〈卦變二種〉中，船山定爲大變之卦。依他的見解，〈隨〉與〈蠱〉、〈漸〉與〈歸妹〉彼此之間意義是相反的，因「喜隨人故必有事」，就自然連接到〈蠱〉；因「進必有所歸」，就必然連接到〈歸妹〉，沒有如此順勢連接的道理。

反相成的理由如下：

> 受成者器，所可成器者材。材先而器後。器已成乎象，無待材矣。前卦之體象已成，豈需待後卦乎？假無後卦，而前卦業已成矣，何以云「履而泰然後安」，「革物者莫若鼎」耶？若〈無妄〉之承〈復〉，〈萃〉之承〈姤〉，陰陽速反而相報，非相成明矣。而曰「復則不妄」，「相遇而後聚」。如是者，成義不立。（1092-3）

器材之喻，是要說明「材先而器後」之理。材用以成器，器受材而成。當器成之後，就不需要材了。在此「器」指前卦，「材」指後卦，其情況與相因是相似的：前卦的意義已經具足，後卦對它所做補充，只是重複，更非必要。

〈序卦〉說〈履〉是「履而泰然後安」，〈履〉既已具「泰然而安」之道，再說「故受之以〈泰〉」，就是多餘的了。說〈革〉卦「井道不可不革，故受之以〈革〉」，則〈革〉已具「改革」之理；還有必要說「革物者莫若〈鼎〉」嗎？同樣的，已說〈復〉「復則不妄」，那麼〈無妄〉就多餘了。說〈姤〉「物相遇而後聚」，而〈萃〉又是「萃者，聚也」。因此，〈序卦〉企圖達到前後卦有相成關係，不能成立。

船山的見解是，此乃「陰陽速反而相報」而非相成。「相報」即相應之意。《鏡銓》解釋說：「蓋〈復〉之變爲〈無妄〉乃上卦之〈乾〉〈坤〉錯變；〈姤〉之變爲〈萃〉，則爲〈姤〉上卦之〈乾〉錯〈坤〉，然後再相綜也。」（998）

相反關係的批評如下：

> 吾未見〈賁〉立而〈噬嗑〉之合遂不苟，〈遯〉來而〈恆〉可舍其所而弗久居也。以此卦之長，補彼卦之短，因前卦之屈，激後卦之伸，然則南粵之暄，致北胡之凍，詰旦之風，解今日之暍乎？是以極重相爭與艱難之際，抑亦亂必安之土而強施檃括於陰陽矣。如是者，反義不立。（1093）

〈序卦〉說〈噬嗑〉與〈賁〉關係：「嗑者合也。物不可以苟合而已，故受之以〈賁〉；賁者飾也」。〈恆〉與〈遯〉「恆者久也。物不可以久居其所，故受之以〈遯〉；遯者退也。」船山評爲「以此卦之長，補彼卦之短，因前卦之屈，激後卦之伸」。船山設喻批評，謂好比因南粵之暖，以致北胡方寒；不過清晨

（詰旦）之風吹，可以解除一日之暑熱一般，是說不通的。又如於艱難時刻，極端重視相爭之力以為止亂，不知此乃強施己力於陰陽，不合順陰陽之化的道理。

船山對相因、相成的批評，其實頗類似。相因是「因者之理，具於所因之卦」，以致「後卦為贅餘」；相成是「假無後卦，而前卦業已成」，都是前卦早具此理，後卦為多餘的例子。二者不同，在於強弱度而非本質上的差別：「因」之意，比「成」之意弱。後卦「因」於前卦，畢竟還有聯繫，後卦多餘之意較弱；而前卦已「成」，後卦多餘之意就強些。相反的情況稍異，謂兩卦從對立面有「相互補充」的關係。

從〈序卦〉相因、相成、相反毛病看，其卦序是建立在一種表面的因果關係上，「因之義窮而託之成，成之義窮而託之反」，由此串聯起六十四卦。但它們缺乏內在聯繫，以致雖相互支援，解釋仍欠周延，「唯其意之可擬，說之可立，而序生焉，未有以見其信然也。」（1092）然則《周易》卦序該當如何？

貳、全用：無留、無待

船山提出《周易》只有「條理」，而非「有序」：

> （1）然則《周易》何以為序耶？曰：《周易》者，順太極之渾淪，而擬其動靜之條理者也。（1093）
>
> （2）六十四卦之相次，其條理也，非其序也。（1094）

條理與序不同，此條理，是因太極渾淪，於動靜之間所成。〔註8〕〈乾〉〈坤〉並建使卦爻具內在聯繫，就是「渾淪」。「渾淪」指周遍、充滿之意。由於其聯繫是內在的，因此以「渾淪」作為描述，強調它是立體的，有圓渾不滯之意者。相對於相因、相成、相反，其關聯純是外在的，故是平板、而非「渾淪」的。詳細地說，「渾淪」就是「無待」、「無留」：

> 無待，則後卦不因前卦而有；無留，則前卦不資後卦以成。渾淪之中，隨所變合，初無激昂，又何有相反？而規規然求諸名象以刻劃天地，不已固乎！（1110）

由無留、無待，而後才不是「規規然求諸名象以刻劃天地」——指僵固的、

〔註8〕必須注意的是，條理在此，船山的運用並不嚴格，有時亦指人所掌握之常、規律，故有「人之條理」一語。嚴格言，只與「有序」對比時，「條理」才指無漸、不測、神妙等意（參見下第參小節末）。

刻度般的變化方式。相因、相成、相反就是如此，故是有留、有待的。而船山所以爲的卦之條理，乃是「無漸」(「無期」、「無心」亦其同義)。它其實即是〈卦變二種〉中我們所說的「參差不齊」之變化：

> 自八卦之所統、十二卦之所絡而言之，往來不以均，消長不以漸。交無適交，變無定變，故化不滯，進退乘時之權也……太極之動靜，固然如此以成其條理。(1095-6)

不同之處是，現在要強調「無留」、「無待」是「無漸」之所以實現的惟一原因、惟一條件；「無漸」是無留、無待惟一的結果。「無留」、「無待」與「無漸」，層次不同。從錯綜角度看，無留、無待是錯卦；無漸是綜卦。而與之前論〈乾〉〈坤〉並建、陰陽十二、錯綜卦體用等不同處是，無留、無待所強調是「全用」概念，限制在「體」的角度本身，說體之「用」，其實即「全用是體，全體是用」。

船山反對有留、有待的緣故是：

> 有所待非道也；續有時則斷有際，續其斷者必他有主，陰陽之外無主也。有所留非道也；存諸無用則出之不力，出其存者必別有情，往來之外無情也。(1091-2)

「有所待」，則卦與卦變化，有連續上的斷點，有斷點則卦必有他「主」。「主」指其他實體，作爲推動其變化的另外動因。但除陰陽之外，卦不當有他主。「有所留」，指卦爻變化時，不是用盡全力而是有所保留。有保留而出其所存，則卦必另有變化。「情」也者，即往來：「當位、不當位之吉、凶、悔、吝，其上下往來者情也」(《大全・孟子》1072)。但除「往來於十二位之中」(1110)，卦不當有其他變化可說。所以說「陰陽各六，具足於〈乾〉〈坤〉，而往來以盡變」，變化就在六陰六陽之內完全展現（下詳）。

有留、有待則非道。眞正的道即一陰一陽之道，也即六陰六陽、〈乾〉〈坤〉並建之道（按：此「道」指天之道，非人之道。天之道用全，人之道用半。詳下第四節），所以他緊接著說：

> 是故六陰六陽，十二皆備，統天行地，極盛而不缺，至純而莫位，以之爲始，則萬物之生，萬物之化，質必達情，情必成理，相與參差，相與夾輔，相與補過，相與進善，其情其才，其器其道，於〈乾〉〈坤〉而皆備。(1092)

道如何可以實現無留、無待呢？簡言之，道以全用之故。因其「皆備」、「極盛不缺」、「至純」，故涵括質情、情理、情才、器道等，「皆以其全用而無留無待者並建而捷立者也」（1094）。相因、相成、相反都是有所待、有所留者，故非全用。船山的全用，不是反對兩卦之間有聯繫——精確的說，是〈序卦〉這種表面的、平板的聯繫。〈序卦〉的聯繫，把卦與卦間的關係定死了，卦爻變化之所以不如此，就是道之全用的緣故。道之全用在卦爻上如何表現？船山提出有節、無期的說法：

> 故〈乾〉〈坤〉並建而捷立，以為大始，以為成物……有時陽成基以致陰，有時陰成基以致陽。材效其情而情無期，情因於材而材有節。有節則化不溢於範圍，無期則心不私於感應。（1093）

「材」，指卦六陰六陽之定體。「情」，指卦爻往來變化：「材則其陰陽也，情則其往來也」（《外傳．繫辭上》第 11，1025）。無期，期訓「限」，謂無所限制。有節，謂有所節止、有所範圍。卦爻定體呈顯其變化之時，其變化沒有限制。變化因於卦爻定體，而見卦爻定體有所節止的特性。所謂有所節止，即陰陽十二，「陽節以六，陰節以六，十二為陰陽之大節」（1094）。所以，變化不會溢出六陰六陽範圍之外，但變化卻沒有範限。因為「節既不過，情不必復為之期」（1094），再怎麼變化，都不會越出六陰六陽的範圍，因此不會為變化設限。換言之，以一定之體，而達到無一定之變化。從體用說，「有節無期」是體有範圍，而用無範限（此用專指顯之綜卦，不同於「全用」）。

〈乾〉〈坤〉之全用，與〈序卦〉差別，就在每一卦之成，沒有保留、沒有需待，形成一對隱顯之「錯卦」。第二卦與第三卦、以至於六十四卦之間，都是如此——是一次一次全用的不間斷形成了六十四卦。由於因時而有隱顯，於是可見者即是「綜卦」，卦符各各不同；但此不同，不是為了補充前卦，或為了遷就某卦而有——即非相因、相成、相反——而是自然被掌握時如此。於是某卦與前後卦之間，沒有僵固的、必然的聯繫。〔註 9〕就可見之六爻說，此即變化之「無期」；若能盡見陰陽十二，即沒有無期可言，這時就是體有範圍。換言之，雖然客觀看六陰六陽有其範圍，但此範圍，卻從來不能被完全掌握，因此但從可見之六爻，見變化無方。而惟其全用，方能如斯。

我們可以假設有某種特殊煙火，從對立方向看，會見到完全相反的顏色（錯），而只有火藥完全爆炸時（全），這種特色才能顯現。煙火色彩總共有

〔註 9〕船山在〈卦變二種〉對各卦似有做出聯繫的企圖，這是從人的掌握所做出的動作，不表示卦爻為了順應這種聯繫而表現出如此的序列。

六十四種，從對立方向看，每一種又皆具正反兩色的特殊性。但這不是說總色有一百廿八種，總色還是六十四，因對立的顏色，依舊包含在六十四種顏色之內。

在煙火綻放之前，觀者無由知曉它的顏色。每次煙火綻放，即使顏色不同，卻都是一次火藥的完全爆炸。煙火雖連續、不間斷，但彼此之間沒有必然關聯。一次煙火，就是太極的全體朗現（全用）。但由於煙火是三維的、立體的，人只能選擇站在某一方向，看見某種顏色（顯）。若從對面看，將看到這一方所不見的顏色（隱）。火藥的質、量卻相同。

由於無從知道每次火藥爆發，將出現何種顏色，而且相連的兩次煙花的綻放，沒有任何外在關聯，只是因全用而隨機、因時而顯。此外顏色的變化，也不是某色由淺到深，或藍之後必接綠。雖然可以從它的連續中，掌握到「顯」的某些規律，但永遠有「隱」的部分存在。因此，排除了人「完全掌握」的可能。六十四卦就是六十四種串聯起來的煙火。

倘若不把用半當成固定一半來看，可說站在任一點，都將看到不同的煙火。船山亦正有此意，故對於一爻六位嘗言「約略得其六耳」：

> 六陽六陰各處於至足以儲用，而十二位之半隱半見，唯見者爲形象之可用也。在天則十二次之經星迭出迭沒，在地則百昌之生成迭榮迭悴，在人物則靈蠢動植、聖狂義利、君臣治亂之分體而各乘其時，所發見而利用者，約略得其六耳。（《內傳・繫辭上》第1，509-510）

任何一個觀測點，都是在諸多主、客觀限制上所建立的。於是煙火被人目睹（顯），是人們站在某一特定觀測點上所看見的部分罷了。這個意思，亦可從船山強調太極是立體之圓，得到印証（參第二節）。因此，以陰陽十二說太極，不得不受平面（二維）的限制。眞正來說，圓是最好說明隱顯的方式，因它不是截然的兩半。

倘若我們把煙火之喻與圓球結合來，說它是立體的圓形煙火，那麼甲乙相距數步，其所見之圓的表面即不同。從那一方向看，煙火都有隱顯之別；隱顯呈顯的層次，可多到無限的地步。而這個隱顯的無限可能，從另一角度，它指的就是變化之無漸，以及變化之無有窮盡。而變化無漸，與變化無有窮盡有因果的關聯。變化若成有序——雖然它仍屬動態——但通常我們會以「常」稱呼它，而與「變」對立。稱「常」，即非變化無窮；故「無漸」的變化，才能正確表達變化無盡之義。在第七章中，將看到船山這方面更明確的意思，不贅。

參、全用：不息與不測

因爲全用而無留、無待，很合理。然全用「無斷續」，可能令人懷疑，或摸不著頭腦。但它並非船山的哲學預設，而是實際的描述。其實這只是藉模式說明，陰陽二氣交感，不曾一秒靜止，既無靜止，則展現出絕對的運動，絪縕生化，無有停歇之時。正如地球一直轉動，太陽一直運行，不會有一秒靜止一般。而且，地球、太陽之運動，必是出盡全力，而非有所保留，有所需待。船山在這點上，把全用與不息，聯結成因果關係：地球、太陽、太極因每分每秒，都是全用，才可維持無斷續的運動。

若地球之轉動有停頓，重新轉動它的力量，即是來自外力，而非自身之力。換言之，有斷，即表示另有主。其評〈序卦〉之相因、相成、相反，就是如此。卦爻本身不圓滿自足，它一方面仰賴他卦作爲變化的動力來源，他卦成爲此卦之主；另一方面，其自身變化，也是有所保留，無法盡出其力。之所以產生這兩方面弊端，只因它不是全用的。

當此理藉六十四卦爻表現時，我們很輕易看到卦與卦間有空隙，而誤以爲無斷續是不可能的。但回到日月之運行，可見其說法有經驗的依據。無斷續，也就是之前〈乾坤並建〉之健順、〈陰陽十二〉所提「不息」的動力。之前傾向於總括說明，現在可從較細部的卦爻層面談論。

由全用「不息」方能「無漸」（即〈卦變二種〉所說的「參差不齊」、「神」，或上述曾提的《周易》之「條理」）。《周易》以無漸爲其條理。而卦爻之「不息」，指〈乾〉〈坤〉或隱或顯之不間斷。但不間斷如何造成不測呢？這必須瞭解船山所謂不息，是指動態的連續，且對此動態還有更細部的規定。

之前曾說，船山稱〈序卦〉之卦序爲「有序」，即可完全被掌握者。若單從有序或無序與不息（無斷續、連續）的關係來看，一般至少可有三種可能：一、卦序有既定順序，然連續；二、卦序無既定順序，但不連續；三、卦序無既定順序而連續。船山的選擇是第三種，遂可知其有序、無序與不息的關聯是：有序與不息是不相容的；反過來說，不息則無既定順序。

如按一般想法，第一種可能，應是任何被他批評爲有一定順序的卦序都具備的：大約沒有一種卦序，可以被稱爲是不連續的吧。換言之，「有斷續」的卦序可能存在嗎？然而，船山批評〈序卦〉之「有斷」、「有留」、「有待」

即指其不連續。於是，第二種可能只是聊備一格，因依船山觀點，卦序若非既定，即是連續的。所以第二種可能在他心目中，不可能存在。

於是我們知道，卦序若有序即「有斷續」，「無斷續」則無既定順序。爲何有序即非不息呢？以下且以階梯與流水的譬喻嘗試說明。

若有一條階梯，長與某一流水等，一樣是六十四公里。於是階梯——照理——應是連續的，依上述船山觀點卻不然。此因階梯雖長，卻是有序。有序意味著，它可以被完全的掌握。從隱顯角度說，即只有顯，沒有隱。此外，由動靜的角度看，階梯是靜態的，流水則屬動態。由此可知，船山的無斷續、不息，不指一般靜態連續，動態的連續方是。

當然，動靜的對比在此並非絕對，因爲動態的連續，亦可以歸屬爲「有序」。如一列火車按一定時間表，在固定軌道行駛，火車行進爲動態（變化），卻是有序的。這種被完全掌握的動態變化，擬諸於船山的不可完全掌握，我們可說相對之下，火車猶如靜態階梯一般。

當階梯可被完全掌握（有序），它即是有斷續。有斷續即是「有漸」，有漸即屬靜態，可以一一指點清楚的。這是船山批評〈序卦〉的方式。不息則否，如水流不停往前流淌，難以在任一點上被完全掌握，也就產生了隱顯，因此也就沒有既定的順序。遂由不息，方有「不測」（無漸）出現。從論述或論証過程言，船山的批評，以有序爲先。但瞭解其道理之後，有序、有斷、有續三者意義是相同的。

因此，上述三種可能，只是按照一般想法可能、可以如此，但船山卻是嚴格設定有序、無序與不息的關係，由此推出不測的結果。

從煙火的擬喻來看，不息指煙火連續發射，中間沒有時間差，其綻放如湍流之連續。由卦爻說，不息的表現，在前一卦與後一卦之成，全無時差，於是強化了掌握的難度，神妙益增，遂無法一依某種人爲的排列。因此，所謂神妙、無漸、參差不齊，雖是就可見之綜卦言，但之所以能如此，我們現在知道，它與六陰六陽之全用原來有必然關聯。因爲之所以不息，是全用，全用才能無留、無待，擺脫表面關聯，而有隱顯的產生。因表面的，只有顯，沒有隱故。只有一面，就不是全用；若非全用，表面的就等於「所有的」。

〈序卦傳〉的相因、相成、相反，僅聯繫可見的兩個綜卦，就是如此。本來，卦變之方式有漸、無漸，不是〈序卦傳〉的主軸，它並不談論卦變。以有漸的方式闡釋卦變，在船山言主要以京房、邵雍爲代表。但船山之所以談此，乃因〈序卦〉既以「序」爲名，畢竟談論了卦如此依序排列的原因，這與《易》學家談論卦變理論，並安排卦爻順序，是相同的。而其因果關聯只看表面，以此聯繫各卦，自然把變化壓縮到最少的境地，亦與京、邵卦變的有顯而無隱相同。

於是，表面看〈序卦傳〉與船山一樣，也是以綜卦的順序排列，看似無漸，其實讓人一覽無遺，效果不可同日而語。而卦符雖形狀不一，但六畫卦即其「全」，卻是共同的特點。這正如每一級階梯的形狀不一，卻都可以讓人掌握一般。然而，依照全用的觀點，雖然不測主要是隱所造成的，但顯的存在，亦是關聯著神妙（詳下文全顯、半顯）的一部分。換言之，缺乏全用，〈序卦〉所談綜卦之「顯」，也與《易》之神妙無關了。此所以船山總結「八卦卦變」及「十二辟卦卦變」時說：

> 自兩卦而言之，錯者捷錯，綜者捷綜，〈乾〉〈坤〉通理皆在，而未嘗有所缺於陰陽健順之至。自八卦之所統、十二卦之所絡而言之，往來不以均，消長不以漸。交無適交，變無定變，故化不滯，進退乘時之權也。盛不益盛，衰不浸衰，故道不窮，陰陽彌綸之妙也。自六十四卦、三十六象兼二經而並行者言之，於消長有往來焉，於往來有消長焉。消長不同時，往來不同域，則流形無畛，而各成其訢合。（1095-6）

無非說此卦變二種之所以充分展露「參差不齊」、「無漸」的特性，乃因「〈乾〉〈坤〉通理皆在」，即全用之故。這樣的條理，才是太極的條理，也是天的條理。而〈序卦〉的相因、相成、相反，是人的條理：

> 蓋以化爲微著，以象爲虛盈，以數爲升降，太極之動靜，固然如此以成其條理。條理成，則天下之理自此而出。人以天之理爲理，而天非以人之理爲理者也。故曰相因，曰相成，曰相反，皆人之理也。《易》本天以治人，而不強天以從人。觀於六十二卦之相次，可以亡疑已。（1096）

簡言之，「天之條理」，即人所不能完全掌握的；「人之條理」，則是人所能掌握者。〔註 10〕但人是以「天之理爲理」，而非天以「人之理爲理」。若如此，即把《易》本天以治人，變成強天以從人了。簡言之，船山要強調當《易》

〔註 10〕又《外傳·序卦傳》（1104-5）談到卦之名義後起等，亦人之理。其文可參見〈卦變二種〉（下）第四節。

之條理成爲「人之理」時，變化神妙也就不見了。那時人就是完全可以掌握這個天地，無有「隱」存身的餘地。

船山概括上述不息與不測的關聯，曾說：「惟其不貳，是以不測」（《正蒙注・大易》292）。所謂「不貳」，即專一、不中斷。《外傳・說卦傳》說得更清楚：「不貳則無端委之殊，不息則無作止之分，不測則無漸次之差。故曰『神無方而易無體』」（1078）。「不貳」即無始終（端委）的差別；「不息」就沒有動、止之分；「不測」就是無漸次之差，統名之爲「神」。「不貳」、「不息」其實是同義的：無始終之別，自然是一直在動中才能如此，於是才能產生「無漸」、「不測」的結果。

肆、全用：錯綜皆捷而用綜

至此，我們知道由全用之不息，才能有不測之神妙。不過，船山強調變化之「捷」，亦屬神妙範圍。捷主要與不息聯結一起。雖然乍看捷與不息，沒有必然關聯，譬如一條溪流不管緩慢或迅疾，溪流還是連續的。陰陽二氣的流動變化，與水的情況，可以等觀。不過，緩慢雖連續，卻有滯礙的疑慮，也有易爲人看清水流動態的可能。因此依船山之設想，不息實已自然包含「捷」在內。至於乍看單一卦與不息無關——必然要從卦爻的連續才能看出不息——但若一卦變化不捷，不息亦不可能，所以，船山要強調卦爻每分每秒的運動變化，都極之迅捷，以至無法掌握其斷點，此方是其「不息」所指。以此突顯了太極之圓轉不滯，也提高其神妙的層次。

當然，關鍵仍在全用而不息，於是有隱顯，無漸於焉而成。若「有序」，即使再如何捷往捷來，也無法達到船山之「無漸」。正如前一小節之火車，以時速五十或三百公里行駛，不會改變被完全掌握的事實。由此可知，船山把全用——不息——捷——無漸，環環扣合，不能拆開來論。故若說變化無既定順序，即使不連續、不捷，也可以達到無漸的效果——不能成立。

如是，全用（無留、無待）是首出的：不息是全用的主要功能；捷是對不息的強化，或包含於不息之內者；無漸、不測則從人所掌握到的結果來看。從隱顯角度說，隱顯的交互出現，就是無漸、不測、神妙。由全用、不息、捷，始終讓人無法掌握，方有「隱顯」的發生。這就完整說明了全用之所以神妙的緣故。而選擇「隱顯」作爲論述的角度，只因它切近人的掌握罷了，即它是從人的角度而始有者，稱爲「用」。至於全用、不息、捷，則是隸屬於

「體」，離人較遠，所以隱顯才成爲船山論述的重點。

接下來要探討的是，幾乎每個談論船山錯綜者，都會提到、卻都沒有充分釐清的問題。那就是：六十四卦若都是如此不息而捷，自然可以神妙不測，但船山在著述中，卻頻頻強調卦變是「用綜不用錯（顯）」。然而，錯綜都是六畫卦，而且都在全用籠罩之下，如此強調的緣故何在呢？我們要從這個問題，進一步看到船山對神妙不測的釐定，所達到的縝密的程度。

六十四卦中，不是綜卦才捷，錯卦（顯）亦是捷的。他既說「〈乾〉〈坤〉並建而捷立」（1091、1094），也提「錯者捷錯，綜者捷綜」（1094、1095），然說錯卦（顯）之捷，大約《外傳・序卦傳》提到較多，其他較少說及，最常提的是由綜卦角度，強調卦變之「捷往捷來」，「《易》以綜爲用」的觀點。我們要討論的是既然錯綜皆捷，而用綜不用錯之因，以及它與神妙的關聯。

（1）凡綜卦有錯，用綜不用錯者，以大化方來方往，其機甚捷，而非必相爲對待，如京氏、邵子之說也。故曰「《易》圓而神」，「神」以言乎其捷也。「圓」以言乎其不必相爲對待也。（1104）

（2）用綜不用錯，陰陽不宅其中，則以捷往捷來見運行之神。（1097）

錯卦雖捷，但卻相爲對待，這是用綜主因。

六十四卦中有八個錯卦（顯），那就是〈乾〉䷀、〈坤〉䷁、〈坎〉䷜、〈離〉䷝、〈頤〉䷚、〈大過〉䷛、〈中孚〉䷼、〈小過〉䷽。此八錯卦其實也具備參差不齊（無漸）的特色，也可以「錯者捷錯」（捷），總之綜卦所具的神妙，它都有。正如他說的：「〈乾〉、〈坤〉、〈坎〉、〈離〉、〈頤〉、〈大過〉、〈中孚〉、〈小過〉之錯也，捷反捷復，而不期以漸次。」（《外傳・繫辭上》第4，1000）那麼用綜主因，是否是六十四卦原如此，船山只是順說？因六十四卦中，錯而不綜者八卦，綜卦有五十六。若依原有卦序，六十四卦以綜卦兩兩並列畢竟佔多數。

船山的答案是：不盡然。重點在「卦之相錯者，理亦對待」（《內傳・雜卦傳》647）。兩個錯卦成對，陰陽爻性一正一反，相對綜卦而言，錯卦的變化比較制式化。倘若把六十四卦按兩兩相錯的方式排列，爻性之陰陽變化，雖非遞增或遞減，但一樣無不測可言，因我們可以輕易知曉下一卦即是上一卦之反，故不爲船山所取。上引《外傳・繫辭上》第4（1000）說八錯卦可以「不期以漸次」（即「無漸」），畢竟它們只佔六十四卦八分之一的比例，與六十四卦皆按錯卦排列不同。

所謂「無漸」，不僅指爻性之陰陽數量，遞增或遞減而已，舉凡可以令人輕易預知下一卦情況者皆然。那麼，船山卦變二種，以綜卦兩兩成對排列，不也一樣讓人預知上一卦爲某，下一卦必其「綜」？

綜卦相續是否可被預知的解答，涉及綜卦與卦序兩個層面。綜卦與《易經》卦序的搭配，至少可有三種可能，一是既按《易經》卦序，綜卦又成對出現，一如船山卦變二種所述。二是不按《易經》卦序，但綜卦仍是成對出現。三是既不按《易經》卦序，亦完全不讓綜卦成對出現。乍看第三種最符合船山太極觀所述，因最無定限，一如我們在〈卦變二種〉（下）所述，只要能藉「分屬」顯示人可以掌握的某些規律，不必然以綜卦相續。但我們要瞭解，船山雖說神妙，卻非要禁止人無法掌握某些規律，若如此即否定人可以瞭解、掌握道了。因此，即使是第三種，亦須透過「分屬」，以見有某些規律可循。但船山以第一種述其卦變，其實一樣可以達到不測的效果，關鍵便在綜卦的特性上。以下即針對此討論。

綜卦卦形的對比爲兩卦倒反，不如錯卦（顯）兩卦相反簡易可辨。綜卦是成對出現，在第一對綜卦之後，將出現那一對綜卦，可以不一定。若錯卦（顯）成對，情況相同——即第三個將出現的錯卦（顯），也無從得知——因此或有人以爲，重點當在卦序之無定，而非綜卦或錯卦（顯）本身的特性。但實際上，關鍵仍是綜卦與錯卦（顯）本身的差異。由此差異，綜卦之成對出現，才可以看成只是人們掌握規律的「線索」，不等於它們完全可被預知。此外，由於船山按《易經》卦序，其序爲已知，故船山此舉似乎表示卦變可被預知。這一併要透過錯卦（顯）與綜卦的對比，才能得到解答。

一般認爲綜卦可被預知，是從卦符看。然而，卦爻畢竟是與現實世界的對應，因此若轉換卦符爲我們耳聞目睹、所掌握的世界實況，則不是如此一目了然。錯卦（顯）之情況，對應到世界的情況是：我們看到、掌握到世界（顯）爲錯卦甲，接下來必見其爲相反之錯卦非甲。綜卦之倒，其變化即不如此固定，如〈屯〉䷂〈蒙〉䷃。從人所掌握之顯看，我們不能說〈蒙〉表示人所掌握之顯，與〈屯〉倒反（錯卦是相反），因這沒有現實的意義。倒反的指涉，比較是屬於空間、位置的倒反，用以描述概念，限制頗大。

而更重要的是，若強要顛倒的掌握、描述事物，它可以被相反包含。如說顛倒的看這個世界：我們現在頭下腳上（倒）看事物——這只是說明與平常頭上腳下相反。說世界很亂時，我們會說世界顛倒過來了——這種說法，屬感性的比喻，非客觀描述。而且是與正常世界之不顛倒相反，亦屬相反範圍。

顛倒在空間上的情況與相反可相合，卻不能用以描述、指涉所有事物，除非把顛倒完全解爲相反，但這是不合理的。反之，相反幾乎可以描述任何具體與抽象的事、物。因此，若說事物之呈顯每每顛倒，即等同於可被預知，其不合理處，主要即在不是任何事物都可以被顛倒之故。因此綜卦雖成對，可是對應現實世界時，我們只能說〈蒙〉表示的是與〈屯〉卦不同的顯，卻不能從〈屯〉而預知〈蒙〉之顯在現實世界中表現爲何。錯卦爲相反，而現實世界可以映照出相反的事實來。倘若世界依此而被人掌握，則世界運行的軌則就是不神妙。其評京房、邵雍，亦不外此「相對待」、有漸罷了。

若以錯卦（顯）連續，在第一個錯卦（顯）出現時，即知第二卦爲其相反。接著，第三卦將爲何卦，可以不一定。但第三卦確定之後，第四卦必然是其相反。如此，錯卦（顯）連續，總是比綜卦連續呈顯出更確定的相反之特質。那麼，至少在二、四、六、八等偶數卦時，都將看到「相對待」的情況出現。它的機率是六十四卦的一半，即三十二次。相對綜卦而言，這個機率就高出太多了；讓人可以輕易掌握卦爻相續的變化。

因此，船山按《易經》卦序，不表示可被預知，必須從卦符所對應的現實世界來考量。學者論船山之「《易》以綜爲用」，往往只從捷入手，對錯卦亦捷，則視而不見，對綜卦的特性，亦未嘗分析，這是非常不足的。至於說爲了人用半的緣故，以錯卦（顯）相續，亦是用半，並不能構成用綜的理由。其言「《周易》以綜爲主，不可綜而後從錯」（《內傳・雜卦傳》638），其「錯」，是指八錯卦（顯），而非陰陽十二之錯（隱顯合）。學者於此不審，故誤以爲《易》之用綜，其一在捷，其二在人只能用半，而不能用全，但其實錯卦（顯）都具有這兩種特質。〔註 11〕

而今我們知道，船山選綜而不選錯（顯），眞正原因是與神妙不測的考量有關。如此，不但對船山以錯綜爲其《易》學核心學說之一，可有較充分的理解，同時更能體會船山爲了突顯太極神妙所下的苦心。因此，面對類似「其綜卦相次者，以捷往捷來，著化機之不滯」（1104）的文句，即知不單是捷往

〔註 11〕這樣的看法，包括蕭漢明《船山易學研究》20-21、陳玉森、陳憲猷《周易外傳鏡銓》1052 等都如此。「捷」部分，若不能關聯著全用來看，則皆屬外圍論述。

捷來方不滯，而要加上綜卦不相對待的特性；更關鍵處，當然在於全用而不息。

以下，再從隱顯的角度，更深入說明太極之所以神妙。

第四節　全用而不全顯

就道（天之道）本身而言，它是整全的，即使六十二卦人僅見其爲六畫卦，從道的角度看，它們實即陰陽十二：

> 夫一闔一闢而情動，則皆道之不容已。故其動也極而正，不極而亦正。因材以起萬變，則無有不正者矣。〈乾〉〈坤〉極而正者也。六十二卦不極而亦正者也。何也？皆以其全用而無留無待者並建而捷立者也。（1094）

《易》既全用而不能全顯，乃因人類自身的限制：天地（〈乾〉〈坤〉）廣大，而人只能隨其隱顯（這是被動的說），酌量取用（此乃主動說法）：

> 天地自然，而人之用天地者；隨其隱見以爲之量。天地所以資人用之量者，廣矣，大矣。伸於彼者詘於此，乃以無私；節其過者防其不及，乃以不測。故有長有消，有來有往，以運行於隱見之殊，而人覺其嚮背。《易》以前民用，皆言其所嚮者也，則六位著而消長往來，無私而不測者行焉。消長有幾，往來有跡，而條理亦可得而紀矣。（1095）

人無法窮究天地之全，但可以窺知其運行有隱有顯。《易》所言，皆是「嚮」者，即顯者。由顯之六爻，見消長往來，因此「消長有幾，往來有跡，而條理亦可得而紀」，「幾」、「跡」皆指人可察覺、掌握之顯，由此可歸納出若干條理。「條理」依上下文有時指《易》之無漸（參上文），這裡指「人之條理」，即「規律」。這是可爲人所用的部分。

至於人用顯的方式，船山在反對〈序卦〉相反說時、所提出的一段話，可作爲極佳的註腳：

> 陰陽各六，具足於〈乾〉〈坤〉，而往來以盡變。變之必盡，往來無期。無期者，惟其無心也。天地之既無心矣，淫亢孤虛，行乎衡委，而不辭其過。故六十四象有險有駁而不廢，一隆世之有頑讒，豐年之有莠稗也。險而險用以見功，駁而駁用以見德，胥此二氣之亭毒。險易純駁，於此於彼，不待相救而過自寡。（1093）

「盡變」，就是全用的結果，是以無期。無期，乃因陰陽之變，純乎自然，出於無心，非私心安排。「淫亢」，陰陽消長過盛；「孤虛」，陰陽消長不足。「衝」，當、配。「委」，蓄。指陰陽之相配、相蓄。例如〈乾〉卦爲老陽，但隱其後者六陰與之配。當〈乾〉之老陽欲轉化爲少陰時，由於其後已隱六陰，則少陰早委蓄其中。〈坤〉卦情況亦相似。隱之六陽與之配，少陽早委蓄其中。說明陰陽相互倚伏的道理（參《周易外傳鏡銓》939），其實——只是隱顯的另一種說法罷了。

引文重點指出：當其時，自有相應的用《易》（即「用顯」）之道。因此六十四卦象亦有險阻、駁雜的情況，正如世道隆盛亦存愚妄奸佞，豐年之際也有荑稗二草（似禾，實比穀小，亦可食）。險阻之時、駁雜之世，皆可用《易》，以見功、顯德。〔註 12〕因爲這也是陰陽二氣之化育所必有，不必如〈序卦〉所云乃相救互補。而所謂「當其時」，其實就是人所面臨、遇見的「顯」，同時也是我們可以掌握的顯。但時世之爲險、爲駁這一部分，有些非我們所能掌握。如一出生，即處於險阻、駁雜之世，這時能掌握的是如何自處、處世或轉化時世，而不能避開降生此時世。簡言之，用顯有其被動的，亦有其主動的成分（下詳）。

談論至此，或許有人質疑：如上所述，綜卦既屬顯，就是爲人所掌握，爲何之前還說綜卦神妙不測呢？

可見之六畫卦相對於陰陽十二之純而言，爲雜變。雜變固是變化，然由其可見，故它同時是憑藉：人們可從中歸納某些變化的規律，成爲被確定下來的「顯」。不過，完全掌握雜變，則人所未能。因顯的背後，隱的存在不曾消失。因此，在變化過程中，一部分被掌握變成規律；一部分卻不易或不能（暫時或永久之不能）爲人掌握，它即是神妙、不測之所由來。如此，可見之參差、無漸，即可以是構成神妙的環節之一。

所以，乍看隱所構成的神妙，與可見之顯的神妙有差別，但二者實是一體之兩面。隱之神妙，就是不可知，不知其所以然之理。故綜卦之所以構成「無漸」，亦因不能全知其後之隱的緣故。但我們是憑藉綜卦顯之「無漸」，

〔註 12〕《大象解》亦有相似語句：「故《易》者聖學之大用，非極深研幾以通志成務，其孰能與哉？純而純用之，雜而雜用之，隆而隆用之，污而污用之。天地有此象，則有此道，君子以此道而應此理，各體其宜，而後同歸一致，非執一而廢百，斯聖學所以善用天德也。」（697）

知道背後所以然之理，是我們所不知的。沒有這個顯，無從知道隱的存在，則「神妙」之名，亦不得有。而隱一旦全為人所知，每一次變化，我們看到的將是六陰六陽之全，無漸即不存在，變成有漸，成為「人之條理」——它表示了隱無所遁形的狀態。

因此，用顯的情況，就如人面對一條流水，明確知曉其水流寬度、方向；計算其流速、流量；測量水的化學成分、生物總量——總之其物理、化學、生物等各方面的內容。納入計量的項目越多，看似掌握更多，但不能忽略的是，所掌握到的變數相應增多的事實。因這些看似可量化部分，會因應周遭的變化而改變。也就是說，倘若看待每天的計量，將會看到各個項目不同的變化。我們只是找出這些變化數據的平均值，於是認為掌握到一條水流。但隱，其實永遠都在，只是在量化的態度下，被我們不自覺忽略，或刻意摒棄罷了。

若隱不存在，情況則如一列火車以六十公里時速，行駛於固定的鐵軌；每天只乘載一定數量的旅客，譬如一百位；按既定的時刻出發、停靠。相對於水流，它是可被完全掌握者。當然，這是與水流對比時說「它被完全掌握」。摒除這層對比，其實隱完全不存在的情況不會發生，即使這樣一列火車，仍有人所不知的隱。同樣的原因只是：我們刻意摒棄了那些我們所不在意的變化罷了（參第八章第二節）。

因此，可以概括地說，神妙之所以神妙，乃因人不知其所以然之故。由全用不息而捷，始有不測、無漸之效，於是人不能完全掌握。概括言之，在顯的基礎上，神妙即屬隱的範疇。所以，嚴格而言，船山說神妙，不是就已見者言。即使乍看指顯（綜卦）說，實際指涉的，仍是顯後之隱。所以說：「圜而可規，方而可矩，皆人為之巧，自然生物未有如此者也。《易》曰『周流六虛，不可為典要。』可典可要，則形窮于視，聲窮于聽，即不能體物而不遺矣。」（《思問錄外篇》440），可典可要，即是有漸、是顯，可被感官、心智完全掌握，則隱就消失了。

在此，必須再次強調這樣一種區別，那就是顯為可見——即可被眼目所掌握——但卻不等於可被「完全」掌握。顯之後的隱，是永遠存在的。可以耳聞目睹，只是掌握了一部分，不等於全部。六畫卦可見，其後恆有不可見，即非常清楚表明這個道理。

此外，隱不單指不可見的「形象」，同時包含不可見的「作用」。隱之六爻易被看成僅是不可見的形象，卻不知就船山而言，凡不可見即「隱」，而主要包括不可見之形象及其作用兩者。因此，如果以爲隱之六爻，僅象徵不可見的「形象」，是不充分的理解。而神妙是變化的一環，自屬不可見之作用。因此船山以一「幽」（即「隱」）字概括《易》之神。他說「《易》本天道不測之神；神，幽矣。」（《內傳・繫辭上》第 12，570）。

此外，上文已有約略提到神妙是隱與顯相互作用的結果，即可見之顯與不可見之隱，是相互依存而有的：「幽者明之藏，明者幽之顯也。」（《思問錄內篇》405）說得更清楚的，就是：

> 天文則有隱有見，地理則有榮有落。見而榮者明也，隱而落者幽也。其故則明以達幽，而幽者所以養明；明非外襲，幽非永息。於《易》之六陰六陽互見於六位，以乘時而成文理者，可以知幽明之爲一物，而但以時爲顯藏也。（《內傳・繫辭上》第 4，519-520）

「明以達幽」，就是綜卦的作用，讓我們由顯而知隱，知神妙肇生之由，故顯是知隱的憑藉。而由於有隱，才讓我們知曉此顯，不是全顯。於是理解耳目所聞睹，不是世界的全貌。「幽以養明」一詞，不止恰當說明不可見的形象，同時也兼及神妙的作用：它們雖不可見，對顯卻有決定性的影響。

沒有顯爲憑藉，無從知曉神妙的存在；有了顯爲基礎之後，神妙的發生，隱是惟一的根源。由此可知，隱顯是相互依存的，有這層依存，神妙不測才能被人覺知。而由於隱顯的區別，是隨掌握而有，其本然之體永遠是一太極。所以說「明非外襲，幽非永息」。至於有此掌握之不同，則因「時」故。「時」，簡言之，即是人在主客觀條件限制下，所面臨、掌握到的「顯」。

太極至大無極，相對其渾無涯涘，人永遠只是一個點，僅能佔據某一時空，受其主客條件所限，無法完全掌握全體。因此船山認爲，隱永遠存在。隱永遠存在，神妙即永遠存在——隱是神妙存在的保証。於是就僅見顯不斷變化出新，而其所以日新之故，永遠是待人發掘的隱。努力讓隱成爲顯，就成爲人的使命、天職。聖人是人這方面的代表。聖人之知，是在這方面的知。

然而，神妙既不測，聖人從何而知呢？原來船山認爲所謂的隱，其實亦是一理耳，隱是理，即「所以然」。既然稱「理」，便可以爲人所瞭解。故其雖不可見，不表示不能爲人所理解。聖人從神所化成之跡，即「化」，窺知不可見的形象、神妙作用的存在。因此他說：

> 凡有其理而未形，待人而明之者，皆幽也。聖人知化之有神，存乎

變合而化可顯，故能助天地而終其用。(《正蒙注》317)

所謂掌握，從最粗淺的感官覺知，至心智上的理解，以至於達到以感應爲主的體知，由是而知利用，即「人用天地」。理解與利用，都還可再分深淺、廣狹，即「隨其隱見以爲之量」(俱見上引，1095)。這句話從另一角度理解，指隱之可成爲顯，乃隨其人之掌握能力高低而其量不一。舉例言之，不同兩人在同一時空處境，其所掌握的隱顯之量即有小大之別。此差異，是隨其人掌握能力高低而呈現的。

聖人在這些方面，都是掌握最好的人。而眾人對於顯，一般僅從耳目聞見去感知，不是透過心思作用，是以必須仰賴聖人之知。然而，聖人可以透過心思作用，完全理解、利用「顯」，對「隱顯之際」的互動，也有最深廣的瞭解，但完全理解、利用「隱」，則聖人所未能。隱是人所不能完全掌握的天，天人的分際、界限，在船山理論中是一直存在的。〔註 13〕即使聖人沒有主觀的限制，擁有看見隱顯最寬廣的視野，但客觀的限制一樣存在，只是聖人可以主觀能力，減低客觀的限制至最大的程度罷了。因此，看見隱顯之全(知)，與完全左右隱顯(行)仍舊是不同的：

> 《周易》以綜爲主，不可綜而後從錯。蓋以天有全象，事有全理，而人之用之者但得其半，天道備而人用精，是以六爻之中，陰陽多寡，即就此而往復焉，則已足備一剛一柔之用，善一進一退之幾，成一仁一義之德矣。雜卦者，言其道同，而易地則憂樂安危、出處語默，各因往復循環之理數，而無不可體之以爲道也。故伯夷、太公同避紂惡，而所行異；顏淵、季路同效聖志，而所願殊。知其異乃可以統其同，用其半即可以會其全，故略於錯而專於綜。實則錯綜皆雜也，錯者幽明之迭用，綜皆用其明者也。《周易》六十四卦，爲三十二對耦之旨也，而傳爲言其性情功效之別焉。(《內傳・雜卦傳》639)

「知其異」、「用其半」之「異」、「半」，皆謂以顯爲憑藉，以掌握更多的隱。「可以統其同」、「可以會其全」的「可以」一詞，指的就是這種憑藉作用，而非完成詞，這是我們必須強調、區分的。此如人登山，必有途徑，有路則走，無則開路，卻不保證必登峰頂，一覽眾山小。「可以」指的就是途徑、路這個憑藉。而讓隱成爲顯，卻是一永無止境的歷程(有關知隱的部分，在此

〔註 13〕天人之分的觀點，可參許冠三《王船山的致知論》第一章(1-14)、曾昭旭《王船山哲學》第三編第三章(354-405)、陳贇《回歸眞實的存在》第六章(188-244)。

只略作提點，第八章第三節有全面論述，不贅）。

以上，我們由船山反對〈序卦傳〉相因、相成、相反，帶出其太極全用的觀點，並藉著錯綜的卦爻結構，對太極最重要的性能——神妙，有了更具體、深入的分析。由此瞭解神妙由「全用——不息（捷）——隱顯——不測」的路徑構成，各點之間，皆有因果的聯繫。依隱顯視角說，在隱的探索上，顯是首出的；顯是隱的憑藉。而在顯的基礎上，隱是神妙的根源。而貫穿它們的——從體用角度看，是太極之體全用的緣故。至於表現出以上所有這些道理的，就是錯綜的卦爻結構：錯是全用，綜是全用的結果。由錯到綜，中間有著不息、捷的過程，都一一以卦爻說明了。

於是，體全用而不息的重要性，不言而喻：原來體要如此規定，才有隱顯，遂有神妙不測。由此可知，船山把〈乾〉〈坤〉健順不息的道理，發揮到卦爻上，達到「神無方而《易》無體」的結果，使健順不息與神妙有了巧妙的聯結。其實，這樣的變化觀點，從天地或陰陽二氣到卦爻的論述，都展現了高度的一致性。這是非常不容易的。若以此爲基礎，談論其氣化方面的神妙莫測，將發現它若合符契；以此檢視各家對其神妙的論述，是否正確，亦是可行。以下試以朱伯崑先生的論點爲例，作爲本章的結束。

談論神妙，大多數學者是從氣上論，朱伯崑先生即有長篇的專節談論（《易學哲學史》（四）155-185）。然而從體之全用（不息、捷）、而人有隱顯這一點，說神妙來由，朱先生卻未及此。故其總括船山神化說的綱領時謂：「神作爲一切變化的動因，其特點爲不測；它表現爲變化的過程與形式，又有其法則；神作爲動因即在變化的形跡及其條理之中，二者不可分離。此是王氏神化說的綱領，也是其陰陽變易說的基本原則。」（158）這些論點都有再斟酌的餘地。

「神作爲動因」這一說法，或類似的神「支配著萬物化生的全部過程，成就其『不行而至』、『陰陽不測』之功」，「氣之神爲推動氣之化的起點與歸宿」（蕭漢明《船山易學研究》137），是大陸學者慣常用以描述「神」的方式。但其實都可再斟酌，因變化的惟一動因，只能是氣，無有其餘。二氣交感，無有止息；氣以無形，人未之見，難窺其變化之妙（隱），乃謂之「神」。至於「它表現爲變化的過程與形式，又有其法則」，指的是「化」。按朱先生說法，神都是動態的（動因）。然而上述說神在化中，「化」廣泛的說，即指可見之萬物；可見之萬物都有「神」，萬物卻不盡皆是能動的。石頭有神乎？有。

但石頭卻不能動。

化是神所爲——船山的確有這類說法，但氣仍是惟一的動因，因神並不等於實有的氣。神與氣之所以常聯結一起，正因氣既無形不可見，又是萬物之所從出，其生化之妙人所不能窺知；當物生而有形，氣又含蘊其中，亦屬不可見者；故氣乃人們日常面對最大的「隱」，這是神與氣時相聯結的主因。朱先生有見於此（氣之與神常合），卻未見於彼（氣之與神當分）。

因此，神本即從人掌握不到的界限處（隱）論。離開氣無有神，它附屬於氣，本身非一實有之物可爲動因。當然，船山有時直接以神稱「某物」，「某物」卻非「氣」，但氣其實仍是背後的終極指涉。例如其注張載「天下之動，神鼓之也」云：

> 天以神御氣而時行物生，人以神感物而移風易俗。神者，所以感物之神而類應者也。（《正蒙注・神化》78）

天、人皆有神。但所謂神，他緊接說是「陰陽實有之性，名不能施，象不能別，則所謂神也」（《正蒙注・神化》80），即神因不可見之氣而有。天之神以氣來表現，人之神以心來表現，但心一樣屬於氣（參第七章第二節）。同篇注「神爲不測，故緩辭不足以盡神」云：「不測者，有其象，無其形，非可以比類廣引而擬之。指其本體，曰誠，曰天，曰仁，一言而盡之矣。」（《正蒙注・神化》79）心性之本體，不管稱之爲誠、天或仁，實因有象無形，不能完全洞徹其所以然，故稱「不測」，不測即「神」。

故當船山說「天以神爲道，性者神之撰。性與天道，神而已矣。」（《正蒙注・神化》95）稱爲神者，即具變化之能，而其變化又無法讓人完全體會，只有氣能如此：「蓋氣之未分而能變合者即神，自其合一不測而謂之神爾，非氣之外有神也」（《正蒙注・神化》82）。又如「神者非他，二氣清通之理也」（《正蒙注・太和》16），清通故無礙，而能自在變化。天之生化，心性之變合，即是如此，故形軀不能以神稱。

因此，神其實是人對氣的變化、作用不能全知的名稱。而直接說明神的時候，都以虛靈、清通等語詞描述，即因此故。即使船山有把它當成主詞使用的情況，讀者當知不能把神當成動因。正如「心神」之類的複合詞，其實仍以心爲體，蓋「心本神之舍也」（《正蒙注・神化》95）。若強加分析，可說「心神」兼及神乃心之妙用的意味，卻不能說神是心發用的動因，發用的仍

是心。〔註 14〕

由此回到之前卦爻的討論——可知氣之體以全用的緣故，造成隱顯，以是令人觀察到、或體會了莫測之神。最後，我們同時發現從不同角度描述太極之性能時，都可還原到「神妙」。它們的底細相同，只是用不同語詞描述罷了：無漸、無期、不測、天之條理、神無方而《易》無體，或者簡潔一句「隱」等等；可証神妙是太極最根本、主要的性能。因此，有關太極神妙的部分，亦將於此告一段落，接下來我們將談論太極本身，這回，要暫時離開卦爻，從氣的角度開始。

〔註 14〕這裡主要談神之不測、神妙。神其他方面的內容，如神與理、氣等大問題，則非本文所能，不贅。可以稍補充的，是有關聖人之神的部分。《正蒙注・大心》注張載「故聖不可知謂神」（151）、注「大能成性之謂聖，天地同流、陰陽不測之謂神」（160）。船山注扣緊張載稱頌聖人之神之「不可知」、「不測」，故注皆從人們無從知聖人行事、妙運其神著眼。這時聖人成爲我們掌握的對象。前段注謂「盡性而無成心，則大人以下，有所執以爲善者，皆不測其時行時止、進退勸威之妙」。後段注云「神者，聖之大用也。合陰陽於一致，進退生殺乘乎時，而無非天理之自然，人不得以動靜、剛柔、仁義之跡測之，聖之神也。」但就聖人之神（心神）而言，其境界亦與凡人有別，「蓋聖人之神，超然知道之本原，以循理因時而已。」（151）有關神其他相關討論，可參第七章第二節、第八章第三節。

第七章　絪緼是生

第一節　絪緼的問題

前面篇章雖然都談到了太極，但多數側重從卦爻角度談論太極之用（神妙），本章是立足於太極的基本界定——「陰陽均衡，一隱一顯」——之上，去面對前輩學者所理解的船山太極，藉著釐清彼等之誤解的過程，同時達到拓展太極更豐富意涵的目的。澄清的步驟前半是從氣的角度，後半再回到卦爻；雖分爲兩截，不過後半實延續氣的談論視角，只是以卦爻做一具體展示罷了；畢竟卦爻的主要功能之一，就是具顯抽象的陰陽氣化之理。此外，第七、八兩章可說是對船山太極觀的總反省，故引述前輩學者之處較多。〔註1〕

說到太極，幾乎都會提到「絪緼」一詞，〔註2〕它與太極的關係，至少有兩種較普遍說法。一說認爲「絪緼就是渾淪之太極」，而且同時是對太極運動的描述（蕭漢明《船山易學研究》114）；另一說是「以『絪緼』爲陰陽二氣相互滲透的運動狀態，『絪緼』乃形容詞，非實體概念，其實體爲陰陽二氣」（158，又192）。絪緼非實體，卻是實體的運動狀態。此外，還有一說頗有綜合意味，以爲「絪緼成爲對『眞體』、『本體』的描述，這種描述與被描述者之間，甚至不可分二」（張立文《正學與開新：王船山哲學思想》290）。其隱含之意是，

〔註1〕朱伯崑先生在《易學哲學史》（四）中，用了230頁來論述船山《易》學，堪稱這方面的力作。由此引發的議題也最多，故自然是本論文提出異議的主要對象。在第七、八章皆引此書，爲避繁贅，僅注頁碼。

〔註2〕「絪緼」一語，原出《繫辭下》第5章，原文爲「天地絪緼，萬物化醇；男女搆精，萬物化生」。

絪縕不用於描述太極以外的對象，因此可說它即本體。〔註3〕

總之，絪縕作爲描述本體（太極）的運動狀態，爲上述三種說法所共同承認，差別只在有無把絪縕界定爲本體罷了。不過，船山述說絪縕不止與「太極」有關，甚至以絪縕描述「太虛」和「太和」的比例，其實比「太極」多得多。太虛、太和二者，學者大多視爲本體，與太極同。如朱伯崑先生：「一陰一陽之道，就其作爲世界的本原或本體說，稱爲太極。王氏認爲，此道乃陰陽二氣合一之實體，故稱太極爲太和」。又「太虛之氣作爲世界的本體」（189、195）。張立文先生以爲太極「是陰陽二氣的本然狀態」、「既是氣的一種狀態，亦是一實體」，而「無形的太虛，是氣的本然的狀態」（《正學與開新》116、126、127）。比照之下，太虛與太極初無二致。

作爲船山本體的，眾所皆知，是氣（詳下節）。要解答上述是否爲本體的問題，只要証明絪縕、太虛、太和等於宇宙之氣的總和，則它們皆爲本體。這是我們採取的方式。我們要証明的是，作爲「術語」，它們共同的指涉都是氣，只是表達氣不同的情態罷了。

雖然如此，倒有一點要注意的是，絪縕、太虛、太和的指涉，不是每次都是如此大範圍的使用，它亦可用以描述「物」、「心」。絪縕最根本的內涵是：陰陽二氣所構成的運動，無形無（有）象。凡船山認爲與此相似者，都可以「絪縕」描述。所以，絪縕可以描述物，如雲（《內傳・乾》52），或卦爻的快速動態，以致呈顯如氣絪縕一片的景況（《內傳・發例》第七，參〈錯綜神妙〉第二節）；或者「心」的狀態。太虛、太和亦在相類似情況下，用以描述「心」，與絪縕相同。這時，絪縕、太虛、太和自然不等於宇宙之氣的總和，不是本體。不過，即便如此，絪縕、太虛、太和主要還是談論氣的術語，雖然與「心」、物相關者僅佔少數，但嚴格言，仍著重指出「心」、「物」與氣的相關性，都歸屬於氣的範圍。這一點，倒是頗爲一致的。

最後一個問題是，當太虛、太和、絪縕爲本體，它們是否即等於太極呢？依照蕭、朱、張三先生看法，答案爲「是」。我們認爲，必須在一定條件才可成立。此因太極、太和、太虛三者之意義，有時等同，有時各有差異。我們要論証的是，太虛、太和、絪縕的意義，並非每次皆等同太極。簡言之，太極與太虛、太和等同的情況，只有在「太極絪縕」之時，因此時之太極爲氣。

〔註3〕其實張說不審，絪縕一詞，亦用以描述人、物，雖然次數不多，畢竟不能說完全無例外。詳下文。

此因某一語詞的使用，必有其殊義，即便以絪縕、太虛、太和三者同樣指涉一氣，亦指氣的不同情態。同樣的，太極之爲太極，必有其界義，即使作爲一氣之時，它仍以「陰陽均衡，一隱一顯」爲標界。這個意義自與絪縕、太虛、人和不同。在此情況下，太極是相對概念。換言之，「陰陽均衡，一隱一顯」可以指涉任何一物，自然包括「氣」在內。而絪縕、太虛、太和三者，卻大多是與虛空之氣有關的術語；即使可以描述人物，亦屬氣層面之事。

因此，太極與絪縕、太虛、太和三者的關係，簡單的說是：當絪縕、太虛、太和不完全等於太極時，它們大多作爲太極「隱」的一面被表述。而這必須到下一章時才會明朗，不贅。

以下，就由瞭解絪縕開始，証明它與太虛、太和同爲本體的情況。

第二節　絪縕、太虛、太和

從絪縕作爲太極、太和、太虛的描述來看，其性質有三：一、無形無（有）象。二、本質爲陰陽二氣。三、恆處運動狀態。下引兩文簡約，但已足以說明這三點：

（1）「絪縕」，二氣交相入而包孕以運動之貌。（《內傳・繫辭下》第 5，597）

（2）陰陽未分，二氣合一，絪縕，太和之眞體，非目力所及，不可得而見也。（《正蒙注・太和》35）

絪縕之本質爲陰陽二氣，但彼時二氣未分，非目力所及，故無從見其陰陽。此目所未見之二氣，相互激盪、推摩，交相包孕，運動不息。這種陰陽未分的情況，其他相類描述還有「陰陽之渾合……不可名之爲陰陽」（《內傳・繫辭上》第 11，561），所以論述絪縕時，「渾合」一語，不可認爲單純只說陰陽合一，而且更強調其不爲目見，未爲心感。最嚴格的說法有「陰陽合於太和，雖其實氣也，而未可名之爲氣」（《正蒙注・太和》32）——甚至連氣之名，都不一定可有。這一切都爲了強調絪縕無形無象的特質。

絪縕既然無形無象，如何得知實爲陰陽二氣處於未分狀態？無形無象之際，固然完全無法爲人感知；但絪縕有「無形有象」之時，即可爲人心所掌握。因此，船山對形與象，作出了區別。

在形與象對言，或從絪縕、太極、太和、太虛等物生之初的狀態談論形象時，形、象就有區別。形可輕易爲目所睹見，象則否。因此，掌握形與象，就分屬不同的能力。船山以爲，形爲感官所掌握，象爲心所覺察：「事無其形，心有其象」(《正蒙注・神化》93)。無形，乃感官不及之地；象未形，還沒到感官可掌握的地步，但已是陰或陽之「聚」，因此，人心可覺察它。不過，有時對言，則說「象者未聚而清，形者已聚而濁」(《正蒙注・參兩》46)。但基本上，形、象都是「已聚」，只是聚的程度深淺有別，可爲感官掌握或心所覺察而已（又參第八章第三節）。

因此，絪縕恆處運動狀態，是船山透過心的覺知而獲致的看法。而未判之陰陽二氣，即構成絪縕之質者，亦由此推論而得。以下且從船山論「太極」，說明這一點：

（1）「太」者極其大而無尚之辭。「極」，至也，語道至此而盡也；其實陰陽之渾合者而已，而不可名之爲陰陽，則但贊其極至而無以加，曰太極……陰陽之本體，絪縕相得，合同而化，充塞於兩間，此所謂太極也。(《內傳・繫辭上》第 11，561)

（2）若其在天而未成乎形者，但有其象，絪縕渾合，太極之本體，中函陰陽自然必有之實，則於太極之中，不昧陰陽之象，而陰陽未判，固即太極之象。(《正蒙注・參兩》46)

兩則咸云絪縕乃「陰陽未判」，但確定其爲陰陽二氣，只因雖無形卻有「象」，由於「但有其象」、「不昧陰陽之象」，遂爲心所察知。這可說是船山對人無法看見絪縕，卻「知」其實體爲陰陽二氣所提供的解釋。等到絪縕由無形無象而「成形具象」時，其陰陽、動靜即爲人耳目直接感知、掌握，由是更可逆知不可見之絪縕，「中函陰陽必有之實」了。

絪縕之無形無（有）象、陰陽未判、健動不息這三種性質，同樣表現在太虛、太和上，與上述之太極絪縕一致。下諸引文，確定了這個情況：

（1）絪縕，太和未分之本然。(《正蒙注・太和》15)

（2）太和之氣，陰陽渾合。(《正蒙注・參兩》54)

絪縕，亦是太和未分之本然，故太和之氣，也是陰陽渾合——即陰陽未判——之氣。太虛的情況亦類似：

（1）太虛之爲體，氣也，氣未成象，人見其虛，充周無間者皆氣也。(《正蒙注・可狀》377)

（2）太虛之氣，無同無異，妙合而爲一，人之所受即此氣也。(《正蒙

注・誠明》123）

（3）太虛，至清之郛郭，固無體而不動；而块然太虛之中，虛空即氣，氣則動者也。（《正蒙注・參兩》50）

以上依序顯示太虛不可見、陰陽未判，以及運動不息的性質，「块然」之意，「猶言滃然，充滿盛動貌」（《正蒙注・太和》26）。

太極、太虛、太和之絪縕，同時是萬物之所從出。因此，船山強調絪縕之運動不息，主要是指其生生不息，令萬物化生：

（1）絪縕之中，陰陽具足，而變易以出，萬物不相肖而各成形色，並育於其中，隨感而出，無能越此二端。（《正蒙注・太和》43）

（2）人物之生，皆絪縕一氣之伸聚。（《正蒙注・太和》44）

也有從太虛、太和之絪縕、無形無象，而談萬物由斯成形的言論，如「太和絪縕之氣，爲萬物所資始」（《正蒙注・參兩》50）。「陰陽具於太虛絪縕之中……乘其時位以著其功能，五行萬物之融結流止、飛潛動植，各自成其條理而不妄」（《正蒙注・太和》32）。這時，船山頗以「本體」一詞稱之。太極之稱爲本體（見上引《正蒙注・參兩》46），亦以此故（但次數相對少得多，詳第八章第四節）。

本體一般有二義：（1）某物本然之體，指其本然秉性、性質。（2）本體論意義的本體，宇宙萬物的本原、存在依據。就第一義而言，任何一物皆可使用本體一詞，它沒有本體論的意義。但太虛、太和之稱爲體、本體，不能單純認作第一義，因它必然包含了第二義。因此，以太虛、太和爲主詞者，即使只用一「體」字，亦當以本體的意義來看。而絪縕、太虛、太和之氣，其實質是陰陽二氣，故稱陰陽爲「體」的例子亦不少，其義與太虛、太和同。以下稍作辨析。

船山在《正蒙注》中，提到體者，除「體」、「本體」外，還有「實體」，但不是所有體，都屬本體論意義，包括用「本體」一詞者，亦不盡是，還須依上下文辨。該「本體」一詞，主要有二義，一指體性，即秉性、德性義。二指其形，即形體。

稱「本體」，而非氣之本體義者，最典型例子是其注張載「氣之爲物，散入無形，適得吾體；聚爲有象，不失吾常」時謂：「散而歸於太虛，復其絪縕之本體，非消滅也。聚而爲庶物之生，自絪縕之常性，非幻成也。」（《正蒙注・太和》19）乃一物化爲氣後，復其本然之體性，故此「本體」，當指本有之秉性、德性。指「形體」者，如「既感而成象，漸以成形，靈蠢、太小、流峙、死生之散殊，雖各肖其所生而各自有體，不可以數計，而神皆行乎其間。」（《正蒙注·可狀》377-8）萬物各肖其所生之「形」，此一例之體，亦可隱含體性義，因某一形，即具某體性故。

以體稱陰陽，有稱「本體」的，如注「氣有陰陽」云：「此動靜之先，陰陽之本體也。」（《正蒙注·可狀》377）有稱「實體」的，因氣爲實有，不是虛無，故稱「陰陽實體，〈乾〉〈坤〉其德也。體立於未形之中，而德各效焉，所性也。」（《正蒙注·可狀》363）而陰陽又是兩種不同性質之氣，故又稱兩體，謂各有其本然之體性：「陰陽各有其體，而動靜者乃陰陽之動靜也。靜則陰氣聚以函陽，動則陽氣伸以盪陰，陰陽之非因動靜而始有，明矣。故曰兩體，不曰兩用。」（《正蒙注·大易》275-6）〔註4〕

太虛、太和稱體、本體、實體之例不少，要確定「本體」是第一或第二義，必經辨析。我們要達到的結論是，即使是第一義的使用，第二義的意義仍在其中，不會消失。這猶如當我們說「波浪」，而水的意義自然隱含其中一般。換言之，那時使用第一義的本體，只爲說明作爲本體論意義的太虛、太和，具有某種本然之體（秉性、性質）的意思罷了。所以要確定的是，它們作爲本體論意義的本體。我們的論証，就從釐清一些對太虛的誤解開始，由此及於太和、絪縕。

朱伯崑先生認爲，船山於《正蒙注》使用的太虛一詞，其涵意有三：一是指廣大虛空；二是指氣無形體或氣尚未成形；三是指太和之氣（194-5）。這三點的不準確，在於把一個完整意義的太虛，一分爲三，彷彿它在不同時候，分別具有這三種意義。這就好像說「海」一詞，有時它指廣大水面，有時指水型態之無定、可變化，有時指水一樣。但海不就是包含這些性質嗎？換言之，它是一涵三，而不是如朱先生把它一切爲三。以下大致依朱先生的順序，要証成太虛本來就具有這三點特質，而不是太虛有這三方面的意涵。

首先，是太虛之爲廣大虛空。朱先生主要引兩文以証：「陰陽二氣充滿太

〔註4〕陰陽各有體性，如注「感者，性之神；性者，感之體」謂「健順，性也；動靜，感也；陰陽合於太和而相容，爲物不貳，然而陰陽已自成乎其體性，待感而後合以起用。天之生物，人之成能，非有陰陽之體，感無從生，非乘乎感以動靜，則體中槁而不能起無窮之體。體生神，神復立體，繇神之復立體，說者遂謂初無陰陽，靜乃生陰，動乃生陽，是徒知感後之體，而不知性在動靜之先本有其體也。」（《正蒙注·可狀》366）

虛，此外更無他物」（《正蒙注・太和》26）、「虛者，太虛之量；實者，氣之充周也」（《正蒙注・太和》27）。第一段引文中，似有把太虛與氣分開談論的意思，於是太虛遂成爲廣大虛空，而氣是外加者。然而，之前已知在太虛狀態中，陰陽二氣是未分的，故也是不可見的，這裡這麼說，只是說明其實質罷了。仍以前譬爲例，如說水充滿於海，不能說海就是一廣大空間。

第二段引文，或許更易令人誤以爲太虛果然就是廣大虛空。然而仔細一看，他說的是「虛」是太虛之量——量作容量或容器解，皆通——虛在此指空間，可以確定；此言太虛以廣大空間爲其量，卻不是說太虛就是這個空間，這是有區別的。依船山看法，一個不充滿氣的空間是不存在的，氣既充滿空間且氣爲實有：「氣，其所有之實也」（《正蒙注・神化》76），之所以不爲人見，只是掌握能力的不足，不等於它是一空間。如此，那有空虛之虛空可言？猶如一個盲人看不見海，聽人述其廣邈，不會以爲海所佔有的廣大空間，就是海一樣。

船山這一句「虛空者，氣之量；氣彌綸無涯而希微不形，則人見虛空而不見氣。」（《正蒙注・太和》23），更能釐清問題。「虛空」在此即等於廣大空間，但它只是氣之容器（「量」於此當如此解），不等於太虛。可見他對廣大虛空、廣大空間，與太虛的區分，頗爲清楚。所以「以太虛爲空間概念，所謂『虛者，太虛之量』」（朱伯崑，194），不符合船山的論斷。

這不是說船山否定空間，或不能談論空間義的議題，而是就太虛一詞言，乍看有偏向空間義，也只是它易與虛、虛空等詞的習慣用法聯繫罷了。因論及虛，人們總是傾向於有無思考模式的「空無」，故才有「空無」義的「虛」可言。然而，船山不否定「虛」、「虛空」爲廣大空間，卻否定太虛等於虛空。船山處處強調氣之實有，豈有可能反犯太虛等於虛空的錯誤？把看不見的太虛解成廣大虛空，這是以有無模式——而非隱顯模式——看待不可見的情形，恰好是船山所一直反對的：「老莊之徒，於所不能見聞而決言之曰無，陋甚矣」（《正蒙注・大易》272）。倘若要從廣大空間界定太虛，最簡單明瞭的說法就是：「空間就是氣，是謂太虛。」至於像「太虛就是充滿氣的空間」等類似說法，不免有把太虛偏向「單純空間」之嫌，不夠準確。總之，界定太虛，氣與空間是不能割離而論的。我們要強調的，就是這一點。

其次，朱先生謂太虛指氣無形體或氣尚未成形——其實，氣從來都是不可見的，當氣聚而成象，彼時不以氣名，而以某象稱。最典型的例子如天，天是象，不能說天純然一氣。風亦是象，而不再是純然的氣。說太虛指氣無形，預設了有「成形之氣」或「可見之氣」的存在，但成象成形、可見者，都以「物」名：「成乎形象者皆謂『物』」（《內傳・繫辭上》第4，520），不再是、也不稱爲氣。其第二點的理解不止不準確，也是不必要的。

第三點，朱先生謂太虛指太和之氣。他引了兩段「太和絪縕爲太虛，以有體無形爲性，可以資廣生大生而無所倚，道之本體也。」（《正蒙注・太和》40）及「太虛即氣，絪縕之本體，陰陽合於太和，雖其實氣也，而未可名之爲氣；其升降飛揚，莫之爲而爲萬物之資始者，於此言之則謂之天。」（《正蒙注・太和》32）

就第一段引文，朱先生解釋「太和絪縕之氣，就其爲萬象的本體說，不凝滯於某一形體，故以太虛稱之。」（195）這是先把太虛解爲虛靈不滯，再套用到太和之氣身上。第二段引文，他把「太虛即氣」解爲「指太虛之氣」，「王氏以爲，此氣即是太和絪縕之氣，其氣化的過程，升降飛揚，爲萬物之資始，故稱爲天。」（195）

然而，這兩段詮釋，其實都作了不必要的添加。第一段說「太和絪縕『爲』太虛」，這不是說太虛與太和絪縕是兩碼子事，而是此「爲」字，就是「是」字；「絪縕」在此作動詞用，不是名詞，此句即「太和絪縕是太虛」。當然，「爲」可作「變成」解，就是「太和絪縕變成太虛」（至於太和爲何與太虛結合，後文將有解釋，不贅）。

若此意不夠明顯，則請看第二段之「太虛即氣」。船山分明說「太虛就是氣」，是「絪縕之本體」。朱先生爲何解爲「太虛之氣」呢？「即」從來不作「之」解。這樣的解釋，其實是延續把太虛當成空間的結果，於是不能正視太虛本身就是氣，總要繞個圈子來解釋。

解成「太虛之氣」，就是先把太虛想成空間，再想到此空間中所充滿的氣。其最後達到的結論「太虛之氣作爲世界的本體，即非混沌之氣，亦非清虛之氣，而是太和絪縕之氣」（195），同樣把太虛當成空間的意思。於是太和成爲「太虛之氣」的內容，因爲太虛本身不是氣，而是空間。朱先生在第一點的辨析過程中，也持這樣的理解：「以上皆以太虛爲虛空即太空，並同太和絪縕之氣區別開來」（194），顯然把太虛當廣大虛空，太和之氣爲其內容。這樣的理解明顯不正確。

然而，對以下引文中的「太虛」，或許有人會確鑿的說，太虛就是指廣大虛空：「人之所見爲太虛者，氣也，非虛也。虛涵氣，氣充虛，無有所謂無者。」（《正蒙注・太和》30）船山說人之所見「太虛」，顯然太虛指廣大虛空，因惟此空無一物之虛空，可爲眼目所見。若依此，似乎可說太虛有虛空義。可是假設某人面對一座海，卻看不見水；這時旁觀者的回答應該是：「他所看到的海，水也，非虛也」。回話中的「海」一詞，顯然不能直接解釋成它所佔有的「空間」。

另一易致誤解的例子，是朱先生在第一點曾引的「陰陽二氣充滿太虛，此外更無他物，亦無間隙。」（《正蒙注・太和》26）換成與海的類比，是「水充滿海」，而不是水充滿一廣大虛空。因此同樣的，不能說太虛就是虛空。像這樣容易引起誤解的例子其實不多，但由此解析，可完全確定：虛空是自然涵蘊於太虛的性質，但太虛不能被說成廣大虛空。

倘若還有疑問，下引二例更清楚，船山說「氣在空中，空無非氣，通一而無二者也」（《正蒙注》23）；「太虛之爲體，氣也，氣未成象，人見其虛，充周無間者皆氣也。」（《正蒙注・可狀》377）空即是氣，氣即是空，氣即太虛之體。沒有氣爲體，太虛還能成爲太虛嗎？顯然不能。可見太虛不止不等於廣大虛空，而且前說太虛即三種性質合一的論點，是正確的。

其實太虛、太和乃至絪緼，都是指廣大虛空中的氣，都是氣的同義詞，只是偏重點不同罷了。綜合來看，不管絪緼、太虛、太和，除了都是陰陽二氣爲實質外，都具有無形無象，運動不息的特點。但名詞既異，自有殊義，因此分析的說，絪緼著重在無形之氣運動不息的樣子。絪緼雖多與太和、太虛結合使用，但單獨使用時，亦不時見「絪緼不息」（《正蒙注》74、76、364）的說法，正強調此。它與太虛、太和結合，亦往往爲動詞，點出其運動不息之狀。

太虛偏重在氣看似虛（不可見）之狀；自不待言。而太和則強調氣之均、和狀態，如云：「太和，和之至也」（《正蒙注・太和》15）；「太和之中，有氣有神……陰與陽和，氣與神和，是謂太和。」（《正蒙注・太和》16）這些詞語，是從不同角度強調氣某一面特性，其實質卻都是氣。這三方面，是氣最重要的特質：（1）均和；（2）運動不息；（3）不可見。

而陰陽之氣均和而健動不息，是氣兩大實質的功能。健動不息即聚散不息、生生不息，萬物得以成形具象以此，萬物散而復歸爲氣亦以此。簡言之，即萬物之生化——這是氣運動不息的主要功用。但變化之多寡、疾緩，無損於二氣之均和。這又是氣的另一特質。因此，在《正蒙注》中「太和」與「絪緼」結合之例最多，成爲「太和絪緼」或「絪緼太和」一詞，其實就爲強調這兩點。

至於無形無象不可見，與氣的實質功能無關，只是從人之目不可掌握的角度提出的性質罷了。而且，嚴格而言，氣之不可見，並非氣的優點，反是要說明氣爲實有最大的障礙。人們過度依賴感官，總是單憑耳目去確認或否定眞實的存在，於是都從「有無」而非「隱顯」視角看待事物。若人具顯微的眼力，能肉眼見氣，船山何必大費周章，去破除有無的謬見，強調隱顯的眞實？太虛的大量出現，正是對應肉眼之不足的緣故。亦因此故，它與氣的實質關聯，關係較遠。它是作爲船山必須面對、克服的最大現實障礙而出現的。這樣說不表示它不重要，相反的，在破除有無、突顯隱顯上，反要不斷強調它，以袪除人們過度依賴感官的弊端，其重要性不言而喻。

此外，太虛與太和兩詞之異，還在資生與資終的不同呈顯出來。那就是就萬物資生而言，船山多用太和；而就萬物形毀返於虛而言，船山多用太虛。物形毀則化爲氣，而太虛一詞偏於不可見，故稱物毀幾乎皆謂其返於太虛（《正蒙注》30、120、377 等）。太和用於資生，其故在於萬物之生，皆「保合太和」。萬物所領受於天之氣的陰陽比例不同，但若限制在此種類中來看，其比例都是和合於一而恰如其分的。如果跨越種類來對比的話，則人是陰陽比例最佳者，故說得陰陽之精（《正蒙注・參兩》55）。當然，若就人來比較的話，其陰陽比例，又可再分清濁。但不管萬物屬於那一種，單就其專屬一種言，其陰陽比例都恰如其分，使其能表現其種類的特色，卻是相同的；都是透過太和均和的作用所達臻的成就。

基於上述原因，絪緼、太虛、太和三大狀擬氣不同情態的用詞，交替互換，穿插出現，相互修飾。絪緼大部分是動詞，尤其與太虛、太和結合時，更是如此。因此不止有「太和絪緼」，也有「太虛絪緼」，或「絪緼太虛」、「絪緼太和」結合例。單獨作動詞者亦有「其絪緼於太虛之中」句（《正蒙注・太和》15）。此外，亦不乏「以合絪緼一氣和合之體」、「合同於絪緼」、「絪緼渾合」（《正蒙注》37、39、45）等例，可以單獨看成是絪緼（名詞），亦可說是暗地結合了絪緼與太和二者。甚至在一段短短注文中，不乏三者並列的情形：「太虛之體，絪緼太和，是以聚散無恆而不窮於運」（《蒙》137，又參本節所引，不贅）。

這都是爲了強調氣上述三種特質：均和、健動不息、不可見。如此，船山方可自由、全面地描述氣之活動。《正蒙注》一書，氣的三特質出現頻率極高，若沒有這些術語，直接點出氣的不同情態，而單純只用「氣」一詞論述，每次不免要多花文字、多作解釋。

雖然不會有人反對氣是本體，可當我們不確定太虛、太和、絪縕等於氣時，就會產生它們不是本體的結論。所以朱伯崑先生說太虛是本體，又謂它是廣大虛空，以太和之氣爲實體。換言之，以爲太虛、太和，是與氣相關，卻不完全等於氣。於是認爲只有「氣」才是船山之本體、宇宙的根據。這情況就好比某人趙仁德，暱稱阿德，英文名叫彼得，卻被誤爲不同的三個人一般。對於絪縕，學者多不以之爲本體，亦因此故。其實，當絪縕、太虛、太和用於指涉宇宙之氣時——不管作爲動詞或名詞——理應都是本體。

當然，相對太極而言，太虛、太和、絪縕即使是本體，只有在「太極絪縕」所描述的狀況裡頭，太極與它們相等；除此之外，它們大多作爲太極隱的一面，而不等於太極。「太極絪縕」僅是可以用「太極」描述的某一物，但太極不限於只描述此一物。當太虛、太和之無形無象（隱），與成形具象的萬物（顯）對揚時，隱與顯結合，就構成了太極。在此，它們屬於太極隱的一面。這是七、八兩章要証成的一個重點。

然而，稍微麻煩的是，有些關於太虛、太和的描述，似乎也包含了萬物在內，因此必須分辨清楚，証明太虛、太和的內涵爲氣，並不包含萬物。於是，自然會談到太虛、太和乃至絪縕被運用到人身上的情形。因爲人有形有象，卻與太虛、太和有關係，易被誤解爲太虛、太和包含萬物，遂謂太極等同於太虛、太和，這是我們不願見到的。因爲太極之所以等同彼等，只有在太極絪縕——這特定情況下而不是任何時刻都是。

上述對太虛的論述，大致讓人掌握虛空即氣的結論：虛空之中，目所不見處，都是氣。雖然如此，但就這一點言，還有可補充、加強之處。因爲有些注文，似乎太虛、太和也涵括了氣以外之「物」。最明顯的是下兩例，太和、太虛各一：

（1）太和，和之至也。道者，天地人物之通理，即所謂太極也。陰陽異撰，而其絪縕於太虛之中，合同而不相悖害，渾淪無間，和之至矣。未有形器之先，本無不和，既有形器之後，其和不失，故曰太和。(《正蒙注・太和》15）

（2）陰陽二氣充滿太虛，此外更無他物，亦無間隙，天之象，地之

> 形，皆其所範圍也。散入無形而適得氣之體，聚爲有形而不失氣之常，通乎生死猶晝夜也。（《正蒙注・太和》26）

前一太和易致誤會之處，在於「未有形器之先，本無不和，既有形器之後，其和不失，故曰太和」；後一太虛在於「天之象，地之形，皆其所範圍」。事實上，此二者還是從氣說的。所謂既有形器之後的太和，不是指成形具象者之太和，而是一直處於氣狀態的太和。太虛範圍天地的情況，是從氣所充滿的範圍言，太虛包含萬物，也只是因爲氣無所不在。這種包含，以海爲喻即海中生物皆在海中，卻不等於海，牠們與海是不同之物。

簡言之，太虛永遠是屬於隱的那一面，凡成形具象之物即不是，只是萬物皆在太虛的籠罩下罷了。畢竟萬物皆由氣成、都在氣中，但萬物不等於氣。雖然源於太虛之氣，可是其陰陽剛柔之體已經有別，只有最基本的構成同一源。例如，天以太虛爲體（參第八章第四節），因天只有象而無形，仍屬太虛範圍，但以土構成的地之實質，並不屬於太虛。所以船山說：

> 天下之物，皆天命所流行，太和所屈伸之化，既有形而又各成其陰陽剛柔之體，故一而異。（《正蒙注・可狀》365）

爲了進一步說明這一點，必須引用到太虛、太和、絪縕用來描述人物的情況，証明它們雖運用於人身上，其實還是從虛處、隱處說，而不是從實處、顯處。不管它們與何物有關，它們都是氣，屬隱——這完全符合我們所認爲的太虛、太和等屬於隱的範圍的說法。以下即論証這一點。

船山在注《正蒙》「太虛爲清，清則無礙，無礙故神；反清爲濁，濁則礙，礙則形」時說的一段話，說明形礙、神虛的道理，可說是絕佳的分析資料。文長，且依形礙、神虛分爲二小段：

> （1）氣之未聚於太虛，希微而不可見，故清；清則有形有象者皆可入於中，而抑可入於形象之中，不行而至神也。反者，屈伸聚散相對之謂，氣聚於太虛之中則重而濁，物不能入，不能入物，拘礙於一而不相通，形之凝滯然也。
>
> （2）其在於人，太虛者，心涵神也；濁而礙者，耳目口體之各成其形也。礙而不能相通，故嗜欲止於其所便利，而人己不相爲謀；官骸不相易，而目不取聲，耳不取色；物我不相知，則利其所利，私其所私；聰明不相及，則執其所見，疑其所罔。聖人知氣之聚散無恒而神通於一，故存神以盡性，復健順之本體，同於太虛，

知周萬物而仁覆天下矣。(《正蒙注・太和》31)

「氣之未聚於太虛」，不是說太虛中沒有氣，必待聚而後有；而是說氣本在，但形象之成，是氣特地聚集的結果，使由氣之虛（不可見）而臻形之實（可見）。故形象是重而濁，不再是氣。形一旦成形，則有滯礙。人之有形亦是如此：耳目口體是形，礙而不能相通。可是心卻如太虛，是虛的；神是心的作用，亦虛靈不昧。故人雖具形軀，可是其神則與太虛同一。只要此神不爲耳目口體的欲望所窒礙，則神與太虛同體。聖人知此理，故存其神，以盡其性，乃能同於太虛。

在此，心和神的關係，與氣和神的關係是對應的：「氣之所生，神皆至焉。氣充塞而無間，神亦無間，明無不徹，用無不利，神之爲德莫有盛焉矣。」(《正蒙注・神化》78)，故說「太虛者，心涵神也」。太虛是氣，而氣在則神在，二者不可分離。簡言之，氣雖生化萬物，但其理不爲人知，故以「神」稱之。有時即直接說神是氣的作用，標示氣不爲人所掌握、不測的性質。因此船山說「心函絪縕之全體而特微爾，其虛靈本一」(《正蒙注・太和》43)，心虛靈之妙用，就是神。職是之故，心之神屬氣，不屬於形：

> 神者，不可測也。不滯則虛，善變則靈，太和之氣，於陰而在，於陽而在。其於人也，含於虛而行於耳目口體膚髮之中，皆觸之而靈，不能測其所在。(《正蒙注・參兩》46)
>
> 心之神，是凡人皆具者。但凡人之心，不能時時神妙，故無法與太虛之神相比擬，蓋其心猶有滯礙之故，「流俗滯於物以爲實，逐於動而不反，異端虛則喪實，靜則廢動，皆違性而失其神也」(《正蒙注・可狀》367)。

聖人所謂「存神」，意即保存此神虛靈不滯的特性，不爲形礙，即勿爲物欲蒙蔽，就能達到無私，故恆虛；而所行皆理，理則實；無欲故靜，但其靜也不廢動，故能感，感而通，則動，但其動，卻不是像俗人「動而不反」，蓋其心恆處虛故靈動無已；這是一個心的循環。因此聖人既不同於俗人，亦有別於異端：

> 在天者和氣絪縕於太虛，充塞無間，中函神妙，隨形賦生而不滯。在聖人無私而虛，虛以體理，無理不實；無欲而靜，靜以應感，無感不通。(《正蒙注・可狀》367)

時時能如此，無處不如此，乃謂盡性。故存神盡性常並舉，即以此故。能盡性，則表示其心與太虛之不滯完全一致，這時即說他與太和之本體，完全相合。如其注「然則聖人盡道其間，兼體而不累者，存神其至矣」時謂：

存者，不為物欲所遷，而學以聚之，問以辨之，寬以居之，仁以守之，使與太和絪縕之本體相合而無間，則生以盡人道而無歉，死以返太虛而無累，全而生之，全而歸之，斯聖人之至德矣。(《正蒙注・太和》20)

這些道理，在第一則較長引文(〈太和〉31)中其實都已涵括了。依照這些分析，可見太虛與人的關係，仍是在虛處見，而不在實處顯。即使聖人與凡俗之心境界有別——凡俗之心易逐於物而喪其虛靈，遂流於濁——聖人則恒保其清：「不為形礙，則有形者昭明寧靜以聽心之用而清極矣。」(《正蒙注・太和》31)但心之虛靈、屬氣這一節，凡聖皆同，非有本質之異，而是恒虛(恒清)或常實(常濁)之別，這是工夫、境界的高低使然(存神又參第八章第三節)。

有時說心如太虛，是強調其虛靈不滯；偶謂合於太和本體，乃突顯心之和合(這是修養義的太和，與天生本有者異，參上文)；謂「心函絪縕之全體而特微」，則側重心之運動，無損其「虛靈本一」。顯然，這些術語的特色，與描述虛空之氣的情況是相同的，都從三大角度詮明心之作用。因此，以上引文，不管是太虛、太和或絪縕，都引到了，結果顯示它們皆屬隱的一面，而非顯的一方。

除了從心的角度，說人與太虛等關聯，還有從形軀角度說明與太虛等關聯，此即生理之氣。生理之氣的交流，亦屬不可見，只能心有所覺知而已。這部分不為船山所強調，不贅。〔註5〕他比較強調的是，形體毀散之後、返歸太虛這一點。乍看人之能否復其絪縕之本體，似乎單純形毀即可。如其注「氣之為物，散入無形，適得吾體；聚為有象，不失吾常」時說：

散而歸於太虛，復其絪縕之本體，非消滅也。聚而為庶物之生，自絪縕之常性，非幻成也。(《正蒙注・太和》19)

雖然形毀即為氣，但船山還要講究所復歸之氣是清是濁。簡言之，生能盡性者，死方屬清虛之氣；反之則為濁氣。故人之死，必返太虛，其氣之清濁則

〔註5〕如《正蒙注・動物》云：「魄麗於形，鬼之屬；魂營於氣，神之屬；此鬼神之在物者也。魄主受，魂主施，鬼神之性情也。物各為一物，而神氣之往來於虛者，原通一於絪縕之氣，故施者不吝施，受者樂得其受，所以同聲相應，同氣相求，琥珀拾芥，磁石引鐵，不知其所以然而感。」(105)

不一（《正蒙注・太和》19、22、23）。以清虛之氣，回歸太虛，自然涉及生前道德實踐的努力。因此，「善吾生者所以善吾死」——這是船山常強調的，他注重的是生時存神盡性的修養，下面是三例與此有關的引文，以見一斑（不詳論，畢竟關聯較遠）：〔註6〕

（1）聖人之存神，本合乎至一之太虛……聖人成天下之盛德大業於感通之後，而以合絪縕一氣和合之體，修人事即以肖天德，知生即以知死，存神即以養氣，惟於二氣之實，兼體而以時用之爾。（《正蒙注・太和》37）

（2）〔聖人〕至誠體太虛至和之實理，與絪縕未分之道通一不二，是得天之所以爲天也。其所存之神，不行而至，與太虛妙應以生人物之良能一矣。如此，則生而不失吾常，死而適得吾體，跡有屈伸，而神無損益也。（《正蒙注・太和》34）

（3）太虛即氣，絪縕之本體，陰陽合於太和，雖其實氣也，而未可名之爲氣；其升降飛揚，莫之爲而爲萬物之資始者，於此言之則謂之天……惟其理本一原，故人心即天，而盡心知性，則存事沒寧，死而全歸於太虛之本體，不以客感雜滯遺造化以疵纇，聖學所以天人合一，而非異端之所可溷也。（《正蒙注・太和》32-33）

總言之，以上証明太虛、太和、絪縕都從虛處論，皆用於描述氣——之所以運用於人身上，亦是由氣上說。萬物之初生也，由太虛等絪縕之氣而生；當其在世，皆在生理上以氣與本體相接；而萬物之秀出者——人，更須不斷修養，讓心亦與本體之虛靈相合無間；萬物形毀復歸本體，成天地之氣，而人更被要求以清氣返歸。可見，太虛等不止爲萬物資生、資終之處，同時就人言，亦是人生修養、實踐的鵠的。故以太虛描述人之境界，強調人須與本體相同、合一。

這在在說明太虛等確實是宇宙之氣，是本體。不過，作爲本體，不管氣的範圍多大、功能如何，它就是在氣這一點上，與萬物相連接而已。當物（有形有體）仍在而未毀，只能透過不可見的氣（血氣、心神等），與本體相連接，而其有形之體，卻不等於氣：

〔註6〕這種全而歸之的思想，詳細可參陳來《詮釋與重建：王船山的哲學精神》第十章。

> 太和絪縕爲太虛，以有體無形爲性，可以資廣生大生而無所倚，道之本體也。二氣之動，交感而生，凝滯而成物我之萬象，雖即太和不容已之大用，而與本體之虛湛異矣。(《正蒙注・太和》40-41)

只有物散形毀時，回復到最原初、基本的構成：氣，物又與本體合一。但物毀形散時，也不能稱爲物了，它乃是以氣的形態，回歸到氣。簡言之，氣讓萬物化生，也構成萬物之形質，可是與有形有象之物不同，它永遠是無形無（有）象的。這樣就可以確認，即使把本體解爲「本然之體」，太虛等仍舊是本體論義的本體，因它與宇宙之氣同義。因此上引文，不止說明形象之物與本體別，而且同時點出太虛、太和即是「道之本體」。這是船山在《正蒙注》最明確的指陳。下引兩例以概其餘：

> （1）於太虛之中具有而未成乎形，氣自足也，聚散變化，而其本體不爲之損益。(《正蒙注・太和》17)
>
> （2）太虛之氣，無同無異，妙合而爲一，人之所受即此氣也。故其爲體，湛定而合一，湛則物無可撓，一則無不可受。(《正蒙注・誠明》123)

《正蒙注》中明言太虛、太和之體者，不下十例，〔註7〕即使有的可解爲本然之體，但不應僅僅如此，而是必然的本體。氣的兩大特性是均和與絪縕聚散，不管是太虛、太和皆是如此，若限制在就氣論氣，自可說此乃氣的本然體性。但若由此論萬物之始、終，氣自然是萬物的本體。故氣之本然體性，與氣爲萬物之本體，本是一體兩面，端視從那個角度描述罷了。

第三節　太極生兩儀

由上述可知太虛、太和，永屬於隱；由氣聚而成之萬物，則不屬太虛、太和。太極含括隱顯，所以與彼等不同。上一節的太極絪縕，即屬太極隱的一面。那時，它與太虛、太和是等同的。設想原初之時，未有形象之先，於萬物未生、初生之處、之際說太極；這是太極絪縕與太虛、太和等同的地方。

不過，按照朱伯崑、蕭漢明（《船山易學研究》50-51）二先生看法，以上分析，不合船山理論。因爲這樣說，預設船山看待天地萬物的化生，是有先後的：先有無形無象之太極絪縕，接著才有成形具象的萬物。這其中，朱伯

〔註7〕除正文所引，餘散見於《正蒙注》17、18、20、32、36、66、137、377等。

崑先生的觀點，最值得探討。他一方面說，船山認爲先後是從人掌握角度而始有，天地原無先後；一方面又認爲，船山否定世界的形成有先後，天地是一時俱成的。前一個說法，朱先生僅一筆帶過（172-173），後一個說法，他則把它提升到船山否定宇宙發生論的高度，加以闡述（198、206、213-215）。其結論是：

近人關於王夫之哲學的研究中，有一種觀點，認爲其「絪縕生化」說，從太極到萬物的氣化過程，是一時間的展開過程，所謂從合到分，由分又到合，有一先後的程序。此大概是依西方黑格爾的理念論的邏輯思維解釋王夫之的氣化論。此種解釋，並不符合中國傳統哲學中體用一原的思維方式，也不符合王夫之《易》學中的〈乾〉〈坤〉並建說。(214-5)

朱伯崑先生否定先後的論述，在詮解船山論太極生兩儀，兩儀生四象，四象生八卦的情況最明顯。他以爲船山謂太極是固有兩儀、四象、八卦，故無先後，亦無邵雍先天、後天之可說。遂謂兩儀、四象、八卦乃至六十四卦，是「邏輯涵縕」於太極之中，不分先後。

這種說法其實嚴重誤解了太極。因爲太極之所以成立，或之所以有太極，從來不是離開人的掌握來談的。太極自然不論先後，但講「掌握」，而太極生兩儀、四象、八卦之「生」，則是透過先後的順序，爲人所掌握；於是兩儀、四象、八卦各各自成一太極。這樣說不是表示太極有先後，因太極之成立與先不先後，一點關係都沒有，只與隱顯有關，而隱顯又僅與掌握之不全（半顯）有關。因此，以太極生兩儀、兩儀生四象、四象生八卦來說明太極無先後，是風馬牛不相及的。或許我們要問：掌握萬物，不是自然有先後嗎？太極既然與掌握有關，爲何可以無先後？

這一節，就來解答這個問題。

壹、太極與人面

以下先從太極之生兩儀、四象、八卦的情況開始，看船山界定「生」的意義。他第一次詳細說明，是在《稗疏》解釋「兩儀生四象」條目之時：

生者，非所生者爲子，生之者爲父之謂。使然，則有有太極無兩儀，有兩儀無四象，有四象無八卦之日矣。生者，於上發生也，如人面生耳、目、口、鼻，自然賅具，分而言之，謂之生耳……四象者，

> 通之象二，〈乾〉〈坤〉也；變之象二，陰陽六錯，〈震〉、〈坎〉、〈艮〉一象也，〈巽〉、〈離〉、〈兌〉一象也，故又曰「《易》有四象。」若以二畫之象爲四象，則《易》所本無，不得言有矣。要而言之：太極即兩儀，兩儀即四象，四象即八卦，猶人面即耳目口鼻；特於其上所生而固有者分言之，則爲兩、爲四、爲八耳。（《稗疏》789）

他認爲生是「固有」之生，非父生子之生，而是如臉之有耳目之「發生」。因此，太極即兩儀，兩儀即四象，四象即八卦。由固有之生爲因，才有太極即兩儀，兩儀即四象等關係爲果。這是船山頻頻試圖釐清的觀點。船山分別以父生子與臉的比喻說明，我們就透過此談談兩種「生」的差別。

若生是父生子之生，則父即太極，子是兩儀，孫爲四象，曾孫乃八卦。船山說「有太極無兩儀，有兩儀無四象，有四象無八卦之日」，意謂男子之稱爲父，自當是有子之後。當其生子，太極爲父，兩儀爲子。兩儀爲父，生子爲四象。四象爲父，生子爲八卦。然而，這種生法，會發生男子爲父，而有兩儀，卻未有孫子（四象）；有孫子卻未有曾孫（八卦）的情況。因每代之間，至少有十幾年時間差；而當某後代未出生之前，他是完全不存在的。船山藉此類比太極、兩儀、四象、八卦之存在有時間差（當然，這個時間不必然等於十幾年），即先後順序。

臉與五官的比喻與之不同，強調自然俱在。臉由五官組成，沒有五官，不稱爲臉；既稱臉，自然有五官。依此類比，太極即臉，兩儀、四象、八卦即五官。既稱太極，自然有兩儀、四象、八卦。五官是臉自然俱在、固有的；就臉上所生而固有的五官，一一分說，方以兩、四、八稱五官之數。它與父生子最大不同是，不存在「有太極無兩儀」之類的狀況。臉與五官之譬，十分明快的說明其「固有」的意思，但卻是引起最大誤解的部分。因爲說者解此喻，多重「固有」而略「分言」，於是解析似是而非，誤解船山太極之生。

船山既認定父生子之「生」，將產生「有太極無兩儀」的情況，於是臉與五官自然俱在的說法，被認爲無有時間先後的毛病。朱伯崑先生把它強化爲「同時」，頻言：「總之，從太極到八卦，其中並沒有先後相生的順序即是說，太極本來具有兩儀之象，其散開則爲四象和八卦」（198），「太極之用爲兩儀，不是陰陽。陰陽顯現爲儀象卦爻，即是太極顯現爲儀象卦爻。這樣，便拋棄了任何形式的『太極生陰陽』說，不僅否定了時間在先說，也否認了邏輯在先說。」（203）簡言之，就是太極、兩儀、四象、八卦是「同時俱在」的（下稱「同時」）。

船山反對有順序先後，請再以臉與五官爲譬；由於臉與五官同時俱在，確實會讓人誤會船山看法既與被評者相反，其論點自然就是「同時」。再加上下述引文，常被引用，以証「同時」：

(1)「《易》有太極」，固有之也，同有之也。太極生兩儀，兩儀生四象，四象生八卦，固有之則生，同有之則俱生矣。故曰「是生」。「是生」者，立於此而生，非待推於彼而生之，則明魄同輪，而源流一水也。(《外傳・繫辭上》第11，1023)

(2)故太極之於河圖，未有象也，於《易》未有數也，於筮未有策也，於卦未有占也。象皆其象，數皆其數，策皆其策，占皆其占。有於《易》以有《易》，莫得而先後之。(《外傳・繫辭上》第11，1023)

文中說到太極與兩儀、四象、八卦，是「同有」。同有故俱生，即一時並起。此外，象、數、筮、占，皆隸屬太極，於《易》自然而有，亦不得分先後。這更加深了誤解。然而，船山所常做的是批評別人之生有先後，並無明言其「生」無先後。即使上引第二則有「莫得而先後之」句，它不是從「生」說，而是從「固有」說。就其固有言，確是「自然賅俱」，無須分先後。而太極生兩儀，兩儀生四象，四象生八卦之「生」，則是「分而言之，謂生」。「生」是從「分言之」的角度才有的，它從「分言」的角度被嚴格界定。換言之，說明「生」不能脫離「分言」來談。

這一點非常重要，卻受到忽略，以爲若「分言」而有先後，固有、同有就不存在了。依朱先生看法，就是如此。誠如之前所說，他的誤解來自於把「固有」看得太僵，以致忽略「分言」的重要性，同時也受到船山批評別人有時間先後影響，最後強化成「同時」。這就是誤解的開始。

惟依船山論點，「固有」與「分言」不止不衝突，反要結合一致，才能各自發揮說明的作用。如此才能以「分言」，說明「固有」，而「固有」不因物生有先後之故而消失。朱先生不知要解釋「固有」，必然使用「分言」的道理。因爲能「分言」，表示該物已被掌握，該物此時爲「有」。由其「有」，而知它之前的無形無象，並非「無」，而是以氣的型態「固有」。如此，「固有」之爲「固有」，是從「分言」得到証明的。

所以，固有或「同有」，是與「氣」有關的術語。「分言」則涉及對形象的掌握，它是與形象、隱顯有關的名詞。以下分以「固有與分言」、「氣與形

（象）」爲對比項目（上下行對照），簡略概括如下：

（1）固有：氣：同有（同時）　（2）氣：固有、同有（同時）

分言：形象：隱顯（先後）　形象：分言、隱顯（先後）

兩儀、四象、八卦之固有，是指氣之固有。在氣的狀態中，彼此無有先後之別（故可說同時），又稱「同有」（同時而有）。但兩儀、四象、八卦由隱而顯，呈露形象，即「生」。「生」與「分言」聯繫，而非與「同時」聯結——這一點非常重要——自然有先後之序。

若我們要向人解釋，臉所「固有」之五官，必須「分言」；這不成問題。問題是在逐一分說時，被提到的五官屬「有形有象」之物，而尚未被提到的其餘五官，是否亦以形象型態存在呢？嚴格言：不必然。這道理頗爲隱微，也是誤解的根源，以下詳盡說明。

我們必須知道，臉的譬喻只在說明「固有」、「同有」的意義，卻不表示固有、同有者，同時以形象的型態存在。這好比說到兩儀時，四象還未生，仍屬氣型態，耳目不可聞睹、心知不能掌握一般。臉的比喻，恰似對一個完全不知臉有五官的聽者，逐一說臉上有甚麼。就聽者而言，他不知臉有形無形，當他知道臉上有雙目，此時只有雙目是顯，而雙耳乃至其他口鼻，是在見聞以外的「隱」。換言之，它以形象型態存在，可以不包含在譬喻之內。所以，其「分言」，只就有提到的形象言，不表示未提到者，亦屬形象（顯）。

然就知曉臉上有五官者而言，在「分言」臉所「固有」的過程中，若先提二耳，此時，其餘的目口鼻，乃以形象（顯）的型態，存在於我們腦海或理解裡。於是，我們以爲，這就是船山與其所評者不同之處，因其餘的目口鼻，已經俱在，只是我們還未提到它罷了。同樣的，太極之兩儀、四象、八卦亦屬可見形象。「分言」之時，它們是以形象的型態，存在於我們腦海。這種「形象」的存在，成爲一般理解的「固有」、「同有」的基礎。

這樣理解「固有」、「同有」不正確；由此認爲它們「同時」以形象方式存在，更是錯誤的。簡言之，凡從形象層面詮解「固有」、「同有」，或者以「同時」、「無先後」描述兩儀、四象、八卦的出現，都顯示他把藉五官說明「固有」、「分言」的譬喻解錯了。因而對太極、兩儀等「固有」的理解，自然差之毫釐，失之千里。

所以，「太極即兩儀」句式〔註8〕中，兩儀、四象等作爲形象，它們必然

〔註8〕以下稱「某甲即某乙」的句型，以此句式代表。至於「太極即兩儀」系列，

「不同時」而俱在。「同時」並沒有必然包涵在內，只是乍看易讓人誤認罷了。當然，不能否認，船山以臉爲譬，臉有形有象，是造成誤判最直接的原因之一。不過，應該瞭解設喻本多以具象之物爲譬，罕以抽象之喻比擬一抽象之理，此乃修辭通則，不能苛求船山。

爲了更深入說明這一點誤解的根源，以下且依「太極即兩儀」系列，設定一組與臉相應的句式，透視其中癥結，証明船山只是以具象之喻，說明抽象的固有、同有之理，卻不表示固有者以形象的型態存在。解開癥結的同時，我們要對太極的涵義，有更透徹的瞭解與應用。我們踏出的第一步，即不再單純以六陰六陽的卦爻爲展示太極的主體，只擷取其「陰陽均衡，一隱一顯」的界義，開始運用到其他非六陰六陽的卦爻或事物上。因此，這個誤解的根源，原本在上述辨析中已大體說明清楚，卻還有長篇大論的下文，其故在此。

依照「太極即兩儀，兩儀即四象，四象即八卦」——「即」訓「是」、「就是」——置換爲臉與五官的比喻，可以成爲「臉即二目，二目即二耳，二耳即一鼻一口」。或許，可以把數字配對一點，如「臉即二目，二目即二耳一鼻一口，二耳一鼻一口即五官」。然不管把兩儀、四象、八卦，置換爲五官中的任一或任幾個，隨意搭配，各自間的相等，似乎都令人覺得不恰切。

此非純因「太極即兩儀」系列（二、四、八）與「臉即二目」系列（二、二、一、一、一。五官爲耳目口鼻形，形可解爲貌。故其數爲二目、二耳、一鼻、一口，一形）在數目上的差別之故。因爲，從簡單數學等式看，若 A＝B，B＝C，C＝D，ABCD 如非數學公式，而是具體之物，此具體之物爲何不重要，只要擇其某方面對等，加以比較，這些等式就成立。那些具體之物，可以是人，譬如之前曾舉的趙仁德，暱稱阿德，英文名叫彼得，綽號蒙面俠。此四者作爲「同一人」是對等的。又如 10 盆牡丹花＝5 件圓領衫＝40 包泡麵，物之形象、數目完全不同，但它們都等於兩千元，所以是「同價格」。因此，等式之成立與數目、形象無關，而是與要「對比的內容」密切關聯，上述兩例對比項目分別爲「同一人」、「同價格」。而船山要對比的「同」是甚麼呢？

所以，「臉即二目」問題，不是數字不等，或以具體形象爲譬之故，而是其內容出了狀況。——臉畢竟不是二目，這要如何解釋呢？若說此乃分言之時，不得不然的情況，卻又不盡然。因若要逐一分說臉的構成，我們會說「臉

指由太極至八卦、六十四卦、三百八十四爻的等式。與之對應的人面之譬，即以「臉即二目」句式及「臉即二目」系列表示。

有二目」、「臉還有二耳」之類，而對等句式當爲「太極有兩儀」。一旦寫成與「太極即兩儀」同類句式，對任何知道臉具備五官的人，這句話是錯的。這種說法若不成立，那麼，「太極即兩儀」句式，應該也是不對的，因太極不即是兩儀——已知它又是四象，又是八卦的。倘若太極爲八卦，「太極即兩儀」又如何是正確的呢？正如臉即五官，「臉即二目」難以成立一般。

貳、兩儀即四象

不過，更重要的是，「臉即二目」其實又不一定是錯的——只要對它做出符合船山說法的解釋。船山設臉與耳目之譬，是爲正確傳達其觀點，這個譬喻基本無誤。因此，如希望把「太極即兩儀」系列解對，就必須反省「臉即二目」系列正確的緣故。之前只是透過反問：「臉即二目」可能爲誤，引起反省：「臉即二目」爲何、如何是正確的？只有找出可以同時正確解讀「太極即兩儀」、「臉即二目」的方式，才見船山眞意。「臉即二目」句式，刺激我們思考：「太極即兩儀」是否如此輕易成立？以下先把「太極即兩儀，兩儀即四象，四象即八卦」系列，以符號代表，分出兩種等式，由此看清此系列所蘊涵的問題。

第一種（按上面系列直接切換）是：A＝B，B＝C，C＝D。它也可寫成A＝B＝C＝D：太極＝兩儀＝四象＝八卦。由此可以得出第二種，乃置太極於首位：A＝B，A＝C，A＝D：太極＝兩儀，太極＝四象，太極＝八卦。這兩種等式，雖然形式有別，但在眞正數學運算中，形式之別，沒有太大意義。不過，切換成具象之物，情況稍有不同。

若所有的對等關係都要証明，就可以看出它們的異同。第一種要証明兩儀、四象、八卦，兩個「不同項目」之間相等。這個過程，將顯示：它們之間的等同，其實是透過太極而相等。因此，第二種只是特地標舉太極作爲首位的角色，說明形象、內涵都不同之兩儀、四象、八卦，都等於太極。不管那一種，証明的重點，是要闡明在那一個價值取向上，它們是等同的——如前舉例之同在「同一人」、「同價格」之類——而且兩種都能互通。這個互通的部分，即是「本質」，而本質就是「太極」。

我們從船山對四象的特別詮釋切入，作爲辨析「固有」的開始。整個過程，自然涉及上述兩種証明方式。現在就來看看「固有」、「同有」如何解，才眞正突顯船山與被評者之差異。

邵雍認爲四象是少陰⚎、少陽⚍、老陰⚏、老陽⚌。船山棄其說，「以二畫之象爲四象，則《易》所本無」（《稗疏》789）。他認爲「四象」，當從通、變來解：通有二象，變有二象。通之二象即是〈乾〉☰、〈坤〉☷。變之二象即〈震〉☳、〈坎〉☵、〈艮〉☶，以及〈巽〉☴、〈離〉☲、〈兌〉☱。〔註9〕這一直是船山對卦爻「變通」的界定，「變」，指爻陰陽相間的情況；「通」，指爻性之陰陽相同者聚於一處（見第一、二章第三節）。由於陰陽爻的組成不同，故變與通分別有兩類。〈乾〉〈坤〉屬「通」，純陰一象，純陽又一象；六子卦屬「變」，二陰一陽爲一象，二陽一陰爲另一象；總共四象。

船山如此解釋四象，四象自然等於八卦；這不成問題。不止卦畫（皆三畫卦），而且數量（都等於八個卦）——這些外在形象，完全等同。之前的太極＝兩儀，兩儀＝四象；除名稱異，外在形象也不全等。「四象即八卦」情況不一樣，撇開名稱之異不計，它們其實是 A＝A 的型式。於是「四象即八卦」，似乎得到完滿的解釋——四象與八卦成爲「同實異名」。可是「兩儀即四象」，在卦畫、數量（形象）上卻無法如此相等。

兩儀：一畫之陰（⚋）與一畫之陽（⚊），要等於通、變之四象（三畫卦），屬於第一種証明，即兩個「不同項目」之間的對等。

兩儀要等同四象，只能屏除由外在形象尋求相似，逕自從本質上說。按照「本質論証」（參〈陰陽十二〉第四節）的結論：卦爻（顯）之陰陽比例不一，但其本質則是「陰陽均衡，一隱一顯」。例如六子卦屬變之二象，每一卦

〔註9〕不過在第二節中船山曾說人見陰陽之用，乃知陰陽的存在。這顯示，陰與陽以卦爻表示，不可能是兩儀⚋、⚊，因「太極即兩儀」指一陰一陽有隱有顯，而非全顯。然而，人見陰陽，至少是一陰一陽全顯。這個情況或須以少陰、少陽、老陰、老陽的方式表現，因它們都是二畫卦：⚎、⚍、⚏、⚌，可恰如其分表達陰與陽「同顯」之意。其隱顯情況，則各爲⚎ ⚍、⚍ ⚎、⚏ ⚌、⚌ ⚏。且依其通變理論，老陰、老陽即是「通」，少陰、少陽就是「變」，並無衝突。不過，船山不承認「四象」爲少陰、少陽、老陰、老陽，固然因邵雍以特定四個卦，限制了卦爻「通」、「變」的全面性。但《易》所本無這一點，才是他批評邵雍的主要理由（《內傳・繫辭上》第 11，564）。所以，乍看船山反對少陰、少陽等爲四象，理由似不充分，因它們一樣可以表現出「通」、「變」四象的情況，一如他以八卦所表示那樣。而且以船山的處理，讓四象與八卦成了「異名同實」（詳本小節），似有小疵。不過，他的論點其實頗爲一貫，他說六十四卦亦不外此通變四象（同上，564），而今把四象之稱特地冠於八卦之上，其故在六十四卦乃由八卦重卦而得，故通變之理亦貫通彼等。因此，除非對上述陰陽皆顯，不苛刻要求它是一陰一陽皆顯（如二畫卦），那麼三畫卦，亦可表示人同時見到陰、看到陽的情況。

恆有一錯卦處於隱，如顯爲☳（〈震〉），則隱有☴（〈巽〉）；☴（〈巽〉）爲顯，則☳（〈震〉）爲隱之類。同樣的，〈乾〉〈坤〉爲通之二象，〈乾〉之陰、〈坤〉之陽處於隱，由此構成陰陽均衡。

在這一點上，兩儀亦是如此，兩儀爲一陰--、一陽—，一陰之後隱有一陽，即--，一陽之後隱有一陰，即--。換言之，一與三爻畫之不等，無損其「一隱一顯」與「陰陽均衡」的共性。這兩點共性，就構成了「太極」。如此，「兩儀」之所以「即四象」，是透過太極而等同的。這個等同，不從外在的質、量上去對比，而單純由「陰陽均衡」、「一隱一顯」（太極）達成。所以B＝C（兩儀＝四象）是因爲 A＝B（太極＝兩儀），A＝C（太極＝四象）；A是太極，也是本質。

必須注意的是：從本質上說「兩儀」等於「四象」，與船山直接從卦畫、數量上讓「四象」等於「八卦」（A＝A）方式不同。或許有人以爲，A＝A的方式，才是船山眞正的等式。爲此，且看船山把太極的範疇擴衍到六十四卦、三百八十四爻、四千九十六，皆有太極時，他是如何說的：

（1）乃自一畫以至八卦，自八卦以至六十四卦，極於三百八十四爻，無一非太極之全體，乘時而利用其出入。（《內傳・繫辭上》第11，561）

（2）是故〈乾〉純陽而非無陰，〈乾〉有太極也；〈坤〉純陰而非無陽，〈坤〉有太極也。〈剝〉不陽孤，〈夬〉不陰虛，〈姤〉不陰弱，〈復〉不陽寡，無所變而無太極也。卦成於八，往來於六十四，動於三百八十四，之於四千九十六，而皆有太極。策備於五十，用於四十九，揲於七八九六，變於十有八，各盡於百九十六，而皆有太極。故曰「《易》有太極」，不謂「太極有《易》」也。唯《易》有太極，故太極有《易》。（《外傳・繫辭上》第11，1023）

我們把八、六十四、三八四、四零九六等依「太極即兩儀」句式，關聯起來看彼此對等的情況。「六十四卦即三百八十四爻」，在爻數上相等，看似A＝A，但意義不同。「六十四卦」是以一卦六爻爲單位，每一卦皆有太極；「三百八十四爻」是一爻爲單位，任一爻皆有太極。而「八卦即六十四卦」、「三百八十四爻即四千九十六」之類的敘述，卻再怎麼樣都無法在卦畫、數量上等同。而且揲蓍占筮過程中皆有太極，更非數量所能範限。該過程中任何形象之顯，恆有一相對之隱，此即皆有太極之正解，如下所言：

其在於蓍，則大衍五十，陰陽具其中，而七、八、九、六不出於此，太極也；分而爲兩，奇耦無定，而必各成乎奇耦，兩儀也；三變之策，或純奇，或純耦，或奇間耦，或耦間奇，四象具焉；進退無恆，九變之中，八卦成焉，繇是而十有八變，要不離乎八卦也；無心隨感以通，而皆合於卦體，所謂蓍之德圓也。乃自一畫以至八卦，自八卦以至六十四卦，極於三百八十四爻，無一非太極之全體，乘時而利用其出入。其爲儀、爲象、爲卦者顯矣；其原於太極至足之和以起變化者密也，非聖人莫能洗心而與者也。（《內傳・繫辭上》第11，562）（《外傳・繫辭上》第11，1023）

因此，A＝A 方式，只是特例，只是依船山特殊的四象解釋，恰好等於八卦罷了；船山不從外在形象尋求相同。

上述「兩儀即四象」，其証成是從本質立論。彼時只關注其共性部分，即作爲本質或太極的「一隱一顯」、「陰陽均衡」，至於彼等外在形象之異，則無所措意，彷彿是不重要的。事實不是如此。從 A＝B（太極＝兩儀）、A＝C（太極＝四象），即第二種証明方式，可見形象之異非無足輕重，而是在太極共性之下，仍得以保全。換言之，太極並沒有消泯形象之別，它只是闡明各物的共性，而外形之異，不受本質共性影響，始終直接憑肉眼即可睹見、辨別，故差異一直存在；只因本質論証偏重共性，故造成輕視形象的錯覺罷了。

當 A＝B，A＝C 並列，可以明確看到差異性與共性同時並存：B 與 C 形象不同（差異存在），可是皆等於太極（共性）。當然，B＝C（兩儀＝四象）等式，亦可呈現差異與共性，二者共性同，形象不同，然它畢竟偏重於共性。換言之，從等式看二者相等，乃因共性故，因此，差異相對不被「看見」。A＝B（太極＝兩儀），A＝C（太極＝四象）較能同時看出 B、C 之所異與所同，清楚呈顯了「物物一太極」之理：任何一物，不管其外形如何，皆具太極。

此外，這個等式另一優越處是，它可以讓人看到太極「內涵」的變動，而不失其爲太極的「過程」。換言之，它可以呈顯處於過程中的太極之內涵變化，但太極的共性仍被維持。所以，太極的內涵在過程中既是變動的，而在那些特定點上，它又是「完滿」、「完全」的，即不因變動而損益其爲太極的特性。我們將從以下「臉即二目」系列的討論，更眞切體認到這一點。同時瞭解「固有」的涵義就是指「氣」之固有。

參、固有與分言

之前曾說過，由於先知道臉有五官，所以「臉即二目」句式是錯的，「臉即二目」系列不倫不類，其故亦在此。而且我們說運用「分言」，應當用「臉有二目」「臉還有二耳」類似句式，但船山卻採用「臉即二目」句式，顯見他的意思與我們所理解不同。要運用「分言」，同時又要讓「臉即二目」句式成立，只有回歸船山本意。其本意即是之前所說的，不能設想臉先具五官形象，而是就其顯現者即稱爲「臉」，至於未顯者，則一概歸於無形無象或「隱」，而非先有形象。

「臉即二目」系列作爲「太極即兩儀」系列的比喻，它的意思應與所比者相同。倘若一人掌握到的臉只有二目，那是因爲彼時二目爲顯，而其餘五官爲隱，因此「臉即二目」成立。若知還有一鼻，則臉即二目一鼻。若知還有口，則臉即二目一鼻一口。依此類推，顯示人所掌握到的顯（形象）增加了。

當僅知臉只二目，則「臉即二目」不爲錯；知臉爲二目一鼻，則「臉即二目一鼻」不爲錯。以此類推，可知臉的內涵是變化的，該變化之所以產生，與我們的掌握之多寡有關。至於之前「臉即二目，二目即二耳一鼻一口，二耳一鼻一口即五官」系列，它們之互等是「皆等於臉」。換言之，在不同階段的掌握中，它們都曾經是我們所認爲的「臉」。

由此看來，上述論証與 A＝B（太極即兩儀），A＝C（太極即四象）的方式相同。在此它等於：「臉即二目」，「臉即二目一鼻」等等。臉比喻太極，而二目、二目一鼻等比喻兩儀、四象等。所以當「二目」等於「二目一鼻」，即 B＝C（兩儀即四象）時，二者相等是透過同爲一「臉」的緣故。這就是二者之間的共性。在此，對於臉之譬，必須知道其比喻的限度到那裡，不能把卦爻的共性特徵：「陰陽均衡，一隱一顯」，加諸於「臉」。「臉」直接就是「太極」，這才是船山以五官之譬說明「太極生兩儀」的眞義。

因此，臉是與太極對等的比喻。今若以爲一張面皮上分布五官，就是太極，這是錯誤的說法，因太極是永遠有隱顯的。太極無隱，即非太極。當然，若跳開臉與太極對等的比喻，把臉單純當作臉看，已知的五官（顯）背後，藏有吾等所未知的各種方面的隱——合此隱顯才是太極。亦可說右目、左目皆爲顯，亦各有我等所不知隱者在，乃各成太極。這就是物物有太極。物物有太極不是先驗的，是被人掌握而始有（詳第八章）。

接下來要說明的是：由臉之譬如何說明船山之「固有」，在卦爻的情況上是指氣，而非形象。

若已知臉有五官（形象），「臉即二目」系列即不可能成立，可見未被「分言」提到者，是未被主體感知的「隱」。而「固有」可以透過五官之譬，得到正確說明，只有當我們看清臉有五官時，才知臉上固有、同時而有五官。按照五官之譬，知其固有必須在五官呈顯之後。然而，太極是一張超大的臉，兩儀、四象等，只是其中小部分，而六十四卦、三百八十四爻都是固有。六十四卦象徵天地萬物，這表示在實存世界中萬物都是固有。可是人能夠像看到五官般，清楚看到、而後才知道萬事萬物固有嗎？顯然是不可能的。因此，船山所說固有，最後必然推到由氣的實有，來保証其固有。

我們知道，太極絪縕之時無形無（有）象，因此，由太極至兩儀，是由隱至顯的過程。任一物在太極絪縕之時，只是陰陽二氣，只因人目不能見，故僅見氣交相入的絪縕運動狀態，未見陰陽。至兩儀，人方由心、眼見陰陽之象，而知陰陽（詳第二節）。形象未定之時，隱而未顯；形象已定之後，顯而可見。絪縕變化，形象不斷增生（即由氣的型態成爲有形有象），因此，兩儀至四象，描述的是形象之增加。從隱顯言，即顯之增加。

當然，或許可以質疑：氣未成形象之時，豈非與船山批評「有太極無兩儀之時」病同？然而別人「有太極無兩儀之時」之「無」是虛無，船山之無，不是虛空、虛無，只是氣還未形成形、象，故目不見，乃「無形無象」之無，但其內涵爲氣，是實有。氣能創成萬物。故兩儀已顯，而四象未形之時，不能說成「有兩儀而無四象」，蓋因氣之實有，具備了所有呈顯四象元素之故。

簡言之，絪縕之中，非形象本具，而是氣本具。由氣之實有，船山保証了將顯之形象爲「固有」，也同時保証其「同有」，無有先後：

> 惟從無至有者，先靜後動而靜非其靜；從有益有，則無有先後而動要以先。（《外傳・繫辭上》第9，1016）

「從無至有」之「無」，指氣之不可見；「有」指形象之生。「先靜後動」句，蓋因氣無形，其內在變化人無由見，從表面看，似乎是處於「靜」的狀態。但實際不然，故謂「靜非其靜」。「從有益有」句，謂若從氣爲「有」看，則萬物亦「有」，在此「有」上無有先後之別。只因物非動不能生（顯），故曰「動要以先」。總言之，「『易有太極』……而實有太極，亦以明夫無所謂無，而人見爲無者皆有也。」（《正蒙注・大易》272）

而即使以臉爲譬，船山自始至終說的「生」，是從「分言之」立論，中間要經過隱顯過程。這個比喻，揭示的是「固有」與「分言」兩大重點，不是用以闡明形象「同時俱在」。於是，「固有」是在氣上言，「同時」或「無先後」亦然。因此上引說「『是生者』，立於此而生，非待推於彼而生之，則明魄同輪，而源流一水也」（《外傳・繫辭上》第 11，1024）。立於此之「此」即氣，所以才能說兩儀、四象等，都是「明魄同輪」、「源流一水」，出自共同的本源。

因此，就形象的顯現而言，「固有」是從「分言」得到証明的，即固有不是瞬間全體朗現，而是逐一呈顯；逐一呈顯，方能逐一「分言」。當諸多形象逐一顯現時，方知此形象以氣的型態固有，不是由「無」中憑空生出「有」來。正如耳目逐一顯現，才知五官固有一般。如此，「分言」自然就先後而論。

現在我們可以總括朱伯崑先生的解釋爲兩大問題：一是對體用相函的理解；二是顯密與體用關聯的疏失。第二問題，其實是順連著第一點誤解而有的。朱先生把不能分先後的理由，提升到體用相函的層次來說明。他說：

> 王氏認爲，從太極到八卦，〈繫辭〉稱之爲「生」，所謂「生」，是說八卦本來具有太極，同有太極，表示卦爻象共同生起在太極之上，即同有而俱生，「立於此而生」，並非先有一個太極實體而後生出兩儀、四象和八卦……每一卦每一爻甚至每一策皆有太極之全體。如〈乾〉卦有陰的一面，即〈乾〉有太極。〈剝〉卦雖五陰一陽，但其後面又隱藏著五陽一陰，所以亦有太極。因爲任何象數皆具有太極陽奇和陰偶之全體，或者說，卦爻象皆爲太極自身的顯現，所以說「「《易》有太極」，不能說「太極有《易》」。後一句是說，先有個太極實體而後生出兩儀、四象、八卦。王氏認爲此是違背體用相函的原則的。（201-202）

按：此是朱先生對船山《外傳・繫辭上》第十一章（1024）「《易》有太極」的解說（見本章引）。有體必有用，故「體用同時而有，不分先後」（201）。所以不能說「先有一個太極實體而後生出兩儀、四象和八卦」，若是，在太極爲體、卦爻象爲用之間，出現時間差，就不符合體用相函的原則了。這是朱先生否定兩儀、四象、八卦有先後的主要觀點。

然而按照我們分析，這種說法不正確。因爲「固有」而無時間差，只能在氣型態時可有，一旦氣由隱化爲兩儀、四象等形象之顯，自然必須「分言」，不能不有時間差。朱生生之所以解析錯誤，與他看待太極本體爲密，而卦爻象爲顯有莫大關聯。他在解《內傳・繫辭上》第十一章（562）（見本章引）認爲：

> 每一爻每一卦皆是太極之全體，由於陽奇陰偶因時出入不同，所以其表現形式，有兩儀、四象、八卦的差別。太極乃卦爻象的本原，故爲密；卦爻象乃太極的表現形式，故爲顯。所以聖人就爻象而知太極之理即陽健陰順合一之性，此即「即顯知密」。王氏此解指出，太極同兩儀、四象和八卦，乃顯密關係，不是父子關係。即是說，六十四卦以及三百八十四爻乃太極自身的顯現，不是太極所生出。（200）

其言「六十四卦以及三百八十四爻乃太極自身的顯現，不是太極所生出」是正確的，類似說法頗爲他所強調。然而，很可惜的是，他把太極理解爲體，歸屬於隱的一方，而卦爻象是顯的一面，這卻不是太極。在陰陽十二中，我們不會把隱的那一卦，當成太極；太極是合隱顯而始有。太極之體，就是陰陽十二，而六爲其用，蓋只有六是人所能見罷了。所以船山才說：

> 六陽六陰各處於至足以儲用，而十二位之半隱半見，唯見者爲形象之可用也……所發見而利用者，約略得其六耳。（《內傳・繫辭上》第1，509-510）

換言之，用之所以成立，是由人的掌握而始有的。但體不是背後隱藏的那一半，倘若體就是那一半，用的那一半如何顯呢？在〈錯綜神妙〉中，已完整說明體用依存的關聯。由是可知，朱先生提到「如〈乾〉卦有陰的一面，即〈乾〉有太極。〈剝〉卦雖五陰一陽，但其後面又隱藏著五陽一陰，所以亦有太極。」（201）其太極之意，實指隱的那一卦。從卦爻結構談陰陽十二時，可以沒有錯誤，因彼時只要談隱顯即可。錯卦一隱一顯，在船山論述中是頗明晰的，一般不會有太大誤解，不過套上「太極」一詞，就出現誤差了。以是最後當他把體用、顯密關聯得更密切、作爲總結時，就離得更遠了：

> 太極和《易》即儀象卦爻之總合，並無先後之分。王氏此論進一步表明，太極與卦爻象乃邏輯上的涵蘊關係，即太極作爲本體蘊藏著一切卦爻象，此爲密；其展開爲卦爻象，即表現爲現象，此爲顯。密和顯，即體和用，相互涵蘊，故無時間上先後的順序。（202）

從太極絪縕作爲氣，含蘊一切萬物，自然可說「太極與卦爻象乃邏輯上的涵蘊關係」。那時只有體，但用未見——用是從人之可見處說的（體用可參〈陰陽十二〉第一節）。而當物由隱而顯，乃從人之角度掌握，自然有時間差。朱先生企圖把體用、顯密結合起來，卻把體用看成兩截，而把密歸於體，顯歸於用，此體就是一半，而非全了。不知就天地而言，天地是全用的：全用是體，全體是用。可是人所能掌握的，只是顯的部分，隱則其所未能。於是才有分隱顯之事，才有就人之掌握言分體用一事。上一章第四節說「全用而不全顯」，就是這個道理。若「全用是體，全體是用」時，體用是沒有分別的。例如天是全用，因此「天無自體，盡出其用以行四時、生百物，無體不用，無用非其體」（《內傳・乾》58）。

朱先生把太極歸屬於隱，最後直接把太極定位爲太和之氣（203），去解釋其他的太極相關方面，自然都出現相似問題。此因絪縕而生化出兩儀、四象者，固然是氣。不過，它被稱爲太極，是有一定條件的。但直接把太極等同於氣，則太極之成立，與隱顯一無關係，即不符合船山太極的界義。其實太極有多元的層次——不是等於太和之氣即一了百了——像絪縕之所以可成爲太極等等，都是可以再詳細辨析的問題（詳下章）。

第四節　太極的內涵變化

理解了「固有」，回頭看「太極即兩儀」系列，可知若不知兩儀後有四象，四象後有八卦，八卦後有六十四卦等，太極即是兩儀，因那時只掌握到兩儀之故。若進而掌握到四象、八卦、六十四卦，所掌握到的形象不斷增加，則「太極即兩儀」已轉變成掌握過程之一。

然而，這卻不表示已知「太極即六十四卦」，太極即兩儀、四象、八卦等即是錯的。因「太極即某某」句式，永遠只是表明掌握的「階段性結果」。正如已知「臉即五官」時，「臉即二目」、「臉即二耳一鼻一口」等在階段過程中仍然正確一樣。亦如論証一數學式，不是最後的答案才正確，過程任一步驟，都是運算者逐一掌握的展示，同時也必須是正確的。此因掌握任何東西，永遠只能由少到多，由淺而深，由狹至廣，這是必然通則。舉例如對甲的掌握深廣度皆足，有如掌握到「太極即六十四卦」；但掌握最新的乙，還得從「太極即兩儀」，即初步的、粗淺的階段開始。「太極即某某」句式，具備這種通則的特質。

因此，不管被掌握之形象，其質、量（顯）有何變化，「太極即某某」句式皆可成立。其故在太極之界義必然是「陰陽均衡」，「一隱一顯」。質、量多寡，與是否爲太極無關，但質量的不同，則可顯示太極內涵的變化。質、量的變動，由兩儀增生至四象、八卦、六十四卦等來變示。所增生者，表示被掌握的質（深度）、量（廣度）之增加。由於增生之後太極的內涵，與之前者不同，確鑿可見，遂可說質、量的變動，顯示太極內涵的變動，或太極內涵（質、量）是隨掌握而變動的。因此，從太極界義看，它似僅具形式意義，可是由於它由掌握而始有——質、量本身就是實質的內容——故又不單徒具形式。

此外，必須注意的是，質、量增加的關係，不是呆板的。例如，質的增加，不代表量必然增加。如對一截木頭之肌理、質性、內涵等理解越深，表示質的掌握提昇，可是木頭之量固定，沒有增加。同樣的，量的增加也不必然增加質的理解。如一堆木頭，對於不理解其肌理、質性、內涵者而言，不會有質的提昇。當然，有些情況是量的增加，同時增加了理解，例如從臉的二目到五官即是，讓人知道臉的內涵爲何。有些情況是質的增加，增加了量的掌握，例如透過理解一截木頭，以此爲基礎，瞭解更多不同的木頭。

卦爻表現這種質量的變動，還可以四象做一更細的示範。

四象之顯有八個卦：☰〈乾〉☷〈坤〉；☳〈震〉☴〈巽〉；☵〈坎〉☲〈離〉；☶〈艮〉☱〈兌〉。每卦，又各自有隱，共有十六卦。從質、量變動的觀點看，一畫卦、三畫卦兩者，表示了質、量的不同，這是很清楚的。不過，加入隱顯的視角，卻可產生另一種質、量的變動。例如乍看〈乾〉☰☷〈坤〉與〈坤〉☷☰〈乾〉這兩對是相同的（每對前卦爲顯，後卦爲隱），只順序有別。不過，一旦分隱顯：〈乾〉爲顯而被掌握，與〈坤〉爲顯而被掌握，內容卻截然相反，質、量並不同。即使兩儀只有一陰一陽，隱顯不同的情況也是如此。

順序不同代表了隱顯的分別，關係到被掌握的質、量差異，意義重大。所以，卦爻不止可由爻數之多少、陰陽爻排列之不同，表示掌握質量的多寡；同時，亦可從其隱顯的順序，區分質量的差異。

不過，在此對「質」與「量」語詞的運用，只爲說明方便，故暫時以「卦爻數量」（皆三畫卦）相同，表示量相同；以「卦符」之不同，表示質的差異。倘若徹底瞭解一陰一陽、一隱一顯之理，則不必然要由一連串的卦爻，才能表示質量的變化，單由一個卦即可如此，不管這個卦是一畫卦、三畫卦或六畫卦（參第八章第一節「隱顯均衡」部分）。

所以，卦爻數量、卦符不同，表示質量的差異，這種用法是相對的，並非必然。在「太極即某某」與「某某皆有太極」的句式差別裡，亦可見這種情況。前者上文多次提到，後者在〈兩儀即四象〉小節中約略有引述（見《內傳・繫辭上》第 11，562 及《外傳・繫辭上》第 11，1023）。按照「太極即某某」句式，它可以從「太極即兩儀」，擴衍到太極即六十四卦、三百八十四爻、四千九十六。這似乎與六十四卦、三百八十四爻、四千九十六「皆有太極」相同。其實可以有不同處。「某某皆有太極」如「六十四卦皆有太極」，是就每卦皆有而言；「太極即某某」如「太極即六十四卦」，表示以六十四卦之顯及隱爲整全之太極（〈錯綜神妙〉第二節曾提到的「全體太極」）。然而，二者之別，其實亦可以只是相對的，關鍵在要把卦爻等同於何物。這是下一章要深入分析的議題。

總括而言，我們可說船山所發揮的太極理論——即所有有關太極的論述——其實，就是他個人所掌握到的太極。而按照上述理論，太極的存在，本來、而且永遠是由掌握者角度說的，遂可允許太極的範疇有大有小，依個人掌握程度而定。而在本章中，暫以兩儀、四象、八卦乃至六十四卦、三百八十四爻、四千九十六等不同，象徵式的表達所掌握之顯的多寡；同時突顯不管兩、四、八、三十二、六十四等，必然皆各有太極的道理。

第八章　物物太極

第一節　隱顯均衡與掌握之無窮

上一章提到由兩儀至八卦、六十四卦，是說明形象由無形到有形（不是從無到有）、由少到多的「過程」。而兩儀、四象、八卦等不同，既象徵物物一太極，又表示有形有象之物，存在著質量的差異。本章即先試圖釐清卦爻表徵質量的不同方式，以闡明質量與「隱顯之理」深一層的關聯。如此，才能眞正突出隱顯眞義，就在掌握之無窮盡。

而就掌握對象而言，氣無形象，它是耳目隱之大宗。可是船山卻宣稱氣爲實有，他確定這一點的方式，即是以存神的工夫。存神即是體知，可以掌握氣之本體，化隱而成顯，而知天人同源之理。由存神方知：稱氣爲太極，乃因存神可以掌握氣，使氣不全然是隱，而是有隱有顯。換言之，正如任一物之所以有太極，乃因隱顯、均衡之故一般，氣在人的掌握之中，亦呈現同樣的特色。此所以稱氣爲太極。

由於萬事萬物皆氣所創造、形成，物物在掌握中皆有隱顯，氣亦是如此，乃証成天下無一物不有太極，即物物一太極。就人而論，其心性亦有隱顯，人的掌握、實踐在於化隱成顯，可是卻無法持恆地保有全顯，也就是說，隱永遠無法被窮盡，君子的實踐也就沒有終點。隱必然的存在，就同時保証了神妙（《易》）的必然。如此，神妙不止是君子道德實踐的基礎，同時，神妙確定了道德實踐之路，沒有終點，而是恆在一無止境的歷程之中。

上述都是本章要詳談的問題。以下先從卦爻所代表的質量與隱顯的關聯說起。

卦爻代表質量的模式，可依序分爲三種，那就是一、由兩儀、四象、八卦至六十四卦代表的連續過程；二、由六畫卦構成的六十四卦；三、一卦（含一畫卦、三畫卦、六畫卦）。區別這三種代表質量的模式，不止可知「一卦太極」與「全體太極」所以相通之故，卦爻呈現「隱顯」之理較深入的部分，也將更明朗。於是明瞭船山以卦爻表示隱顯，其方式頗爲靈活，並不僵固。

以下先從第一與第二種模式的「區別」開始，最後才論第三種。因第三種的特色，就在於它是第一與第二種的「共同」點；它調和了前二者的「區別」部分。

第一與第二種的差別是，由六畫卦所組成的六十四卦，一般象徵變化之無盡；這是常聽說的。而由兩儀至六十四卦的情況，通常並無此義。上一章僅以之表達對某物的初始瞭解到較深的掌握。在這種運用中，卦爻沒有表徵無窮盡的意思。

我們知道，所謂「變化」，必須從卦的「連續」去看才能產生；六十四卦的變化即是如此。照理，兩儀至六十四卦也是一「連續」過程，牽涉到質量的增加，其中主要是八卦藉「重卦」方式，成爲六十四卦：八卦僅有八，增加到六十四；八卦爲三畫卦，六十四卦是六畫卦。不過，質量增加自屬變化，卻不是「無窮變化」。因質量的變化過程，是限制在一個卦來談的，亦即：我們逐一專注在每個三畫卦上，看它漸增爲四、五、六畫卦。由於每卦獨立，故雖有質量變化，卻不能從整體上把卦爻聯結一氣，用以指涉「無窮變化」。

倘退一步，說八卦重卦成爲六十四卦是同時進行——不是第一個三畫卦成六畫卦後，接著第二個三畫卦再漸增而六——兩儀至六十四卦的「連續」，表示的仍是「大量」的質量變化。而且在一卦之第六爻未定之前，前五爻相同者不在少數，例如由初至五爻皆陰者，〈坤〉䷁或〈剝〉䷖即有五爻相同的情況，即表示以排列組合窮盡所有變化，仍未實現。反之，立足於六十四卦，一卦一卦檢視，方見窮盡所有六畫卦爻的排列組合，表徵變化無窮之意；二者區別在此。

此亦船山常說的「六十四卦窮其變」（《內傳・繫辭上》第 9，547）、「《易》有六十四象，三百八十四變，變化極矣」（《正蒙注・神化》93）、「六十四卦，天道、人事、物理備矣，可因是以極其賾也。」（《內傳・繫辭上》第 12，570）之所指。然而，六十四卦窮盡所有變化，我們可以理解；但由於都屬六畫卦，僅有陰陽爻排列組合的不同，其變化似乎只由質的差別（卦符不同）產生，而無法呈現量的變異，不能如兩儀之增至四象，或三畫卦之增至六畫卦，同時兼具質量的變化。

的確，單從一卦看，不見量的差異。這卻不表示，六畫卦只是窮盡質方面的變化，而不包含量的。因爲，「六十四」這個數字，就是「量」的表示。六十四卦是從整體去看的，第二個六畫卦，即第一個六畫卦的量的增加，以此類推。每卦不同，因此「六十四」表徵囊括了所有的量。船山上述「窮其變」等語即此意。

至於「六十四」所表示的是甚麼東西的「無窮」，自然依對應的情況而有分別。一般而言，六十四卦以其排列組合窮盡所有可能，主要代表了兩方面的「無窮」：（一）天地萬物：它包含所有質量的差異，從靜態角度說，叫「天地萬物」——天地萬物的量無窮盡。（二）天地萬物的變化：從動態看，天地萬物的質量，隨時間而有差異，表示變化不斷。其連續性被人所觀察、掌握，統稱之，就是「天地萬物的無窮變化」。第一與第二點兩種意思，通常是連帶一起的。

上述由兩儀、四象、八卦到六十四卦，與六十四卦對比的差異，確實符合船山的《易》學觀點。不過，船山的隱顯理論，卻同時指出：表現「無窮變化」，不必然要經由六十四卦之連續，一卦即可如此——此一卦不限一畫卦、三畫卦或六畫卦。上述二者連續所導致的「無窮」與「非無窮」的分別，乃由個別卦的差異——前者之一畫卦、三畫卦與後者六畫卦之別——所產生；然而，依照船山以「陰陽均衡，一隱一顯」（太極）看待一卦，可藉一卦之隱顯，表徵「無窮變化」，那麼，那些由連續所見個別卦之異，就消泯了。此即第三種模式：一畫卦、三畫卦、六畫卦都可以表徵「無窮變化」。

這個道理，已隱含在船山深刻闡發的「均衡」、「隱顯」觀點裡頭，它同時也是對物物一太極再深一層的論述。而這，必須先約略說明卦爻所指涉之「物」，在船山界定中的意義，接下來的論述才會明朗。

我們知道六十四卦代表萬物，一卦自然可以代表一物。但由於「物」的詞義指涉廣狹小大不同，「狹」者指具體某物，「廣」者泛指萬物；「大」者如山岳一物，「小」者秋毫亦一物。物亦指相對抽象的事情、事務：「物，謂事也；事不成之謂無物」（《正蒙注・誠明》115）。其「物」涵蓋極廣，幾乎無所不包：

> 天之風霆雨露亦物也，地之山陵原隰亦物也；則其爲陰陽、爲柔剛者皆物也。物之飛潛動植亦物也，民之厚生利用亦物也；其爲得失、爲善惡皆物也。凡民之父子兄弟亦物也，往聖之嘉言懿行亦物也；

> 則其爲仁義禮樂者皆物也。(《尚書引義・堯典一》241-2)

那麼，日月星辰，天地雷風水火山澤，其實都可以「物」稱。因爲「成乎形象者皆謂『物』」(《內傳・繫辭上》第4，520)、「可見可聞者謂之物」(《大全・孟子》1092)，〔註1〕地固然有形，天亦無非一象。天地亦屬一物，那麼單卦即可代表萬事萬物。此因當我們稱呼天地時，它們自然包含時空、萬物乃至節候等組成天地內涵者在內。這種情況，正與稱呼一座山或一草澤相似。一座具體的山，不盡然是一座光禿禿的泥土、石頭，還包含了樹林、鳥獸、溪流、風雲等。具體的草澤亦不止是水，還有叢雜的野草，澤中之魚蝦。當一卦表徵天地時，它幾乎是「物」最大的指涉（詳第四節），要完全掌握它，是一無窮盡的過程，自不待言。不過，必須辨明的是，這不全因天、地之大的緣故，船山認爲，即使是小者，亦神妙莫測：

> 天地之化，至精至密。一卉一木，一禽一蟲，察於至小者皆以不測而妙盡其理；或寒或暑，或雨或晴，應以其候者抑不可豫測其候。(《內傳・發例》668)

卉木禽蟲與天地之四時節候是擺在一起對照的。可見在「不測」、「妙」——即「隱」這一點上，它們沒有甚麼分別，同樣具有被無窮掌握的可能。天地之間，物類廣博，至大至小「皆以不測」，以其不測，所以無窮盡——這是人們掌握世界不可迴避的宿命。

由上述討論，「物」與卦爻的關聯，可以得到兩方面的意涵：

第一、前已知六十四卦一般代表萬事萬物，由此寓有「無窮」之意，而若按上述「皆以不測」的說法，卻可以六十四卦表示對「同一事物」無窮盡的掌握。每一卦，表徵掌握此事物日新月異的情況。是以「六十四卦」表示

〔註1〕船山對物的觀點主要有三大方面，其原點是「以我爲人而乃有物」(《外傳・咸》905)、「無一物不自我成也」(《正蒙注・大心》144)。進一步是得我所用者爲物，故有「物各自物，而非我所得用，非物矣」(《正蒙注・動物》106)、「天下之物皆用也，吾心之理其體也」(《正蒙注・大心》143)；由是引伸，而有事成謂之「物」的說法。第三即是有象、有形謂之物。這個界定，亦不離「我」，若無形無象，人無法感知、掌握，即不以物稱。而必須注意的是，此「我」非一般之「我」，而是一道德主體，即能成就道德的「我」。而「物」即是能成爲道德實踐之物。當然，儒者亦可稱「無我」，但此「無我」其實是「大我」，仍是道德之我，船山說：「而云無我者，我，謂私意私欲也……無我者，德全於心，天下之務皆可成，天下之志皆可通，萬物備於我，安土而無不樂，斯乃以爲大人。」(《正蒙注・神化》88)。物與理有密切關係；物的成立，不能離開理來說。嚴格的說，物與理是相互指涉、相互証成的。就此請參第九章第二節。

何物之「無窮」，可視所掌握對象而定——非必是至大或繁多之物，可以僅僅是卉木禽蟲，極小單一之「物」。此因客觀世界的「無窮」，無法離開主觀的掌握來看待。因此，天地萬物所展現的「量」的無窮，不是惟一的無窮之所指。「無窮」——其實，是從人掌握不盡處而始有；而人所掌握不盡者，「量」不是惟一的，還有「質」方面的問題。「無窮」須與掌握結合來看，這就是有必要闡明「質量」的原因。

第二、當質量之無窮，是繫諸掌握者而論，不是偏向客觀世界來說；〔註2〕加上一卦可以表徵任何至大、至小之物——那麼，就可以把第一點反過來，不是以六十四卦表徵無窮，而是以一卦代表。如船山所說的：「盡無窮於一象」〔註3〕（《外傳・繫辭下》第 12，1069）——單從一卦之象，即見無窮之理。然之所以「無窮」，不是該卦所代表之物至大如天地，關鍵在一卦之顯，恆有其隱。「隱」——象徵質量掌握之無有窮盡，以是乃能「皆以不測」。於是，我們知道六十四卦所表徵的「無窮」，換個說詞，就是「隱」。

〔註2〕一般來說，客觀世界的量自是無窮的。不過，客觀世界之無窮，不是船山主要關心的地方，他強調的是人如何面對自己的無窮，作無止境的探尋、追求，表現健順不息之德。此實即船山常言「天人之分」，其詳可參許冠三《王船山的致知論》第一章、曾昭旭《王船山哲學》第三編第三章、陳贇《回歸眞實的存在》第六章。

〔註3〕原文爲「老陽之積，老陰爲衡，少陰爲委。老陰之積，老陽爲衡，少陽爲委。其衡也，道以配而相制；其委也，道以漸而不窮。故用九用六之餘於爻外，輸其委也；八錯五十六綜，反其衡也。有所可輸，有所必反。是陰陽本至，而一日、一事無或歉縮矣。一日無縮，一事無歉，故可盡無窮於一象，而皆其健順之至。用其往者以待其來，居其來者以聽其往，故陰陽無極盛不復之理，恆用其半以運於無窮。」老陽指六爻皆陽，老陰謂六爻皆陰。沖是「配」之意。此實即〈乾〉爲顯，〈坤〉爲隱，合爲陰陽十二。至於「少陰爲委」，「委」是蓄之意。是說顯之六爻皆陽，即將因隱之陰爻的參入而成少陰，這就好像顯現爲老陽時，少陰已蓄於其後一般。這裡的少陰，不等於⚍（因船山不採邵雍四象的說法，見第七章註解 9），只是表明老陽的轉換，不是一變即成老陰，而是有一或數陰爻的參入罷了。老陰的情況亦仿此。至於說老陽老陰爲衡（相互制約），是因爲彼時陰陽對立積至頂點，同時表示變化已窮。少陰、少陽之蓄，就是解除此制約而產生變化。故有此蓄，才有道之漸變而無窮。〈乾〉〈坤〉在六爻之外之上，還有用九用六，這正如陰陽的轉化，猶有餘裕一般。錯綜卦的對立相配，也是如此。若從這一點看，則任一卦之顯，都是全（無歉、無縮），因其後恆有待轉化的陰陽委蓄其中。以其全，故「可盡無窮於一象」，卦爻「恆用其半以運於無窮」。換言之，有無窮的變化，藏蓄於顯之後。其實，這樣表述的核心道理，就是隱顯，只是用了稍微不同的文字描述罷了。又這段引文的解釋，亦可參陳玉森、陳憲猷《周易外傳鏡銓》（938-9）。

從這裡說明上一章第四節所提到的「某某皆有太極」（物物太極）與「太極即某某」（全體太極）相通之處，就比較明朗了。「某某皆有太極」之「某某」，不管指一卦或一爻，由其必有隱在，乃寓有掌握之無窮。「太極即某某」，範圍最大者爲「太極即六十四卦」，一般表示天地萬物（變化）之無窮。由於「無窮」（隱）是繫屬於掌握者而有；一卦一爻與六十四卦的外在分別，自然在「無窮」這一共通點上消泯了。

這就是船山以第三種模式，調合了第一、第二種的情況。而只有依照船山隱顯的講法，才會出現兩種既互通又表現無窮盡的方式，充分展現其《易》學特色。當然，話雖如此，一卦常用以表一物，六十四卦多展現物類之廣，這種一般用法上的差異還是存在的；以此差異鋪陳說理，也有其必要。

接下來，可以繼續追問的是：六十四卦通常用以說明萬物之廣外，亦指萬物之「變化」，一卦則多指涉一物，當此一物不盡是天地、山川等至大之物（有變化可說），而只是靜止之一物，它能指涉變化嗎？似乎，一卦只能說掌握之無窮，而不能如六十四卦指涉萬物有無窮「變化」。

其實，所謂外物的變化，在人的掌握中自屬「變化」，但看似固定之物如木頭等，在掌握過程中也是變化的。換言之，被掌握的「對象」是動態或靜態，與「掌握本身」有區別。從「掌握」角度而言，重點不在對象爲動爲靜，而在掌握本身即是一過程，即是變化的。船山論掌握，眞正強調的是「理」（詳第三節），而非物相層次。所以，萬物等外在變化，初始只由耳目感官所攫取，屬於最表面變化，不一定到達「理」這一層。而在「理」這一層，變化指掌握的深度、廣度方面的變化。此二者的變化，卻不盡等於外物表相的變動。也就是說，外物之變化，可以和我心中所掌握的「理」之變動無關，因彼時我只以耳目捕捉到外物的變化，未成乎「理」。「理」與「物」任何表相的部分（形狀、數量、變化等）固然有關係，卻不完全對應（等）。

簡言之，物相的變化，是耳目所睹聞的變化，進而進入「理」的層次，引起掌握的深廣度變化。這是最順暢的一種情況。但物相的變化，不必然進到理的層次。此外，物相無變化，所掌握的物相之理，卻可有深廣度的變化。這方面的探討，有助於更深入闡明船山隱顯之理；而提出卦爻作爲質量的代表，正爲了這個目的。以下即依此論述。

在陰陽十二中，顯之六爻，表示人所掌握；而卦符不同，表示掌握的差異性。不過，不能把六畫卦代表意義看得太死。例如某人所掌握，以〈乾〉

卦表示，另一人則以〈坤〉；或許有人以爲，彼等之掌握只有質的差別，量則相同，因同樣是六畫卦。

確實，由兩儀、四象、八卦至六十四卦過程，上一章曾言爻數增加，表示質量增加。當時這樣說，是有道理的。因船山談論的，是從無形到有形的過程。如此，理應納入考量的是，以卦爻爻數（一畫卦、三畫卦或六畫卦）及卦爻總數（由兩儀至四象，或由兩儀至八卦，或由兩儀至六十四卦，卦爻總數不同）表示人掌握的「量」由少至多；以卦符之不同，表示被掌握的「質」之差異。這符合船山「絪縕是生」的情況。因若以六畫卦演示「絪縕是生」之理，就「從無形到有形」而言，應無問題；但模擬「由少至多」，六畫卦較難形象地傳達這一點。

不過，單從卦爻數之「多寡」、卦符之「差異」，來區分量之「多寡」、質之「淺深」的做法，必須限制在「絪縕是生」或類似情況，因這樣做符合船山的論說。跳開這種情況，加上從「物與一卦無窮的對應」中更理解卦爻的象徵作用，那麼，同是六畫卦，理應表示掌握的量相同、質有異的說法，就不是固定不移的了。以下即以「絪縕是生」的卦爻代表意義，和「物與一卦無窮的對應」交互對照，從中詮明卦爻所代表的質量，如何與隱顯發生更深刻的關係。我們先從「絪縕是生」的情況說起，從質量的討論中，帶出深度、廣度的概念，以說明問題。

上一章舉木頭爲例時，「量」實際上有兩方面意義，一謂耳目所睹聞的形象之量，即「物的數量」；二指透過形象所掌握的「理之數量」，或認知、體知的「廣度」。

區辨此二者，並非故作繁難，而是在隱顯的討論中，「顯」的增加本即是「量」的表現，但「顯」不只限於耳目所聞睹之「物」，還包括心所曉喻的「道理」。此二者層次不同，卻皆可「量」計。心所曉喻之理，其量增加，以通俗話說，即「知識」（認知）、「修養」（體知）的增廣。而由兩儀、四象、八卦至六十四卦過程所展示的，含括這兩方面意思，故不能只說一面。而這兩方面又確實可以區別。譬如耳目知曉物之「量」，可是並不知其「理」；只見表象，不明其理，即歸屬於「物的數量」。以上一章的「臉即二目」之譬來說，則「二目」是所見之量，而「臉」是所知之理。依船山的區分，此理可以是形下的認知之理，或形上的體知的理（又參本章第三節、第九章第二節）。

至於「質」，則由卦符不同來表示。若卦符不同指被掌握者的「外在差異」，即屬前云「物相」層次，是不被注重的。因此，卦符之不一，指掌握的「理」其質（深度）有異較佳。認知與體知的理，都各有深度的不同。於是，可以量與質來說理；或說理有量與質的不同。簡言之，認知之理與體知之理同時各有深度與廣度的分別。

深度是對同一物本身的掌握更深入；廣度是對同一物的相關部分掌握更廣博。前者是縱深之理的累積，後者乃平鋪之理的集合。例如，從認知角度瞭解一個人——「深度」指對其性格、思想的深入掌握；「廣度」是對其身家背景、親友關係、工作、健康等方面的瞭解。當然，這樣區分並非絕對，只爲幫助說明卦爻作爲象徵，有其多樣的對應。所以，深度、廣度是相互影響、互相加強的。例如瞭解其家庭，有助於掌握其性格，反之亦然——等等，但基本上可說有聯繫又有區別。所以，如有人問：(一) 若對某人身家背景等廣度部分掌握更深，豈非亦屬深度？(二) 從深度來看，瞭解某人越深入，即屬「顯」或「理」的增加，它應該也是一種「量」。

第一點是從各各平鋪的道理去看，再分各個道理有深度的不同。例如身家背景本屬廣度，若對之掌握更深，即是深度的不同。這是把深度運用於廣度的各個點上。這種運用當然是合法的，只要守住分析的原則項目——即維持點（深）與線（廣）的區隔——而交叉運用，二者並無衝突。

第二點回答是，「理之數量」的提出，原本要與「物的數量」區別。深度，若從具體的度量來談，自然也可以量計；且「學問高深」、「修養深厚」等習慣說法，也似把知識、修養以量的方式表達。不過，之前談「理之數量」時，特指廣度。而深度之所以稱「質」不稱「量」，其故在皆以量計，有些差別無法析出，將影響下文隱顯的分析，故理必須建立深、廣的區隔。

或謂可把「物」部分作爲「量」，「理」部分作爲「質」，無須分深度、廣度。這當然是合理的歸納；畢竟不管如何聯繫「質」「量」與「物」「理」四者，所謂掌握的「內涵」，其原點仍是：耳目和心共同掌握到的、質量或物理之總和。問題在只從深度或廣度擇一看待「理」，不足於涵蓋船山藉卦爻表示掌握的涵義。「卦爻」有爻數、卦符、一個卦或連續卦的不同；「掌握」則有耳目與心的差異。而卦爻與掌握若要密契對應，讓認知和體知皆具深度與廣度之別，其實，不止是一簡便方式，同時也頗合常識做法。〔註 4〕

〔註 4〕 在此，我們不是要專門探討船山的「理」，只是要找到一個以卦爻爲基礎，再深入闡發其隱顯之道的入口。不過，船山亦曾以深度、廣度對「思」作區分。

職是之故，僅在「絪縕是生」或類似情況下，可以卦爻爻數、卦符等外在之異，代表物的數量、質量之多寡深淺。跳開那種情境，卦爻的象徵意義就有了變化，不能再以卦爻爻數、卦符等外在之異，判別掌握內涵的不同。因爲在「物與一卦無窮的對應」的情況中，物的數量、深度、廣度就不能從外在之異看出。彼時，一畫卦不等於量少，六畫卦不即是量多。同樣的，一畫卦不等於其所代表的深度、廣度，就比六畫卦淺、狹，相反的情況也不成立。關鍵仍在於「隱顯」，以及我們以一卦「對應」何物。乍看這是回到之前「物與一卦無窮的對應」的說法，但詳細辨析物與理的數量、以及理的深廣度之後，確實與單從一卦無窮來說明，清晰許多，這個不同點，將在下面的討論更清楚反映出來。

秉持以上論點，甚至可以說：兩人之掌握同樣以〈乾〉卦表示，也不代表掌握內涵相同，而要看以一卦「對應」何物。倘若〈乾〉之對象爲天，甚麼情況下兩人對天的掌握是相同的呢？好，是對天上的廿八宿的名稱，兩人所知相同。〈乾〉的代表意義也就僅止於此。至於星宿的客觀運行、乃至個人對星宿主觀感受等等，即在〈乾〉卦代表意義之外。

以上之所以不厭其煩，反覆舉例，主要是爲了提醒，卦爻是以象徵方式出現的，擁有很廣的外延與內涵；然既以「一定」的爻數、卦符爲象徵，自難免在形式上有僵固的可能。不過我們更應牢記在〈卦變二種〉中，船山反覆強調太極神妙、反對僵固的言論。因此，我們的原則是，只要依據船山「陰陽均衡，一隱一顯」之論可發揮處，一以靈活運用其理論爲主，不把道理說得太死。

現在即依以上討論爲基礎，進一步闡發隱顯之理。先從僵固看待卦爻象徵的可能例子開始。

我們知道，不管是一、三或六畫卦，顯之一卦正好與隱之一卦恆處對半的狀態——以下且以六畫卦爲例——倘以百分比表示，一卦六爻，應該指掌握了百分之五十，還有百分之五十爲隱。若是如此，則不管是那一卦，所有

「思」屬於「體知」。其論賢者之「思」有過與不及的情況云：「其有所過思也必有所不及思，或極思之深而不能致思之大，或致思之大而不能極思之深，則亦有所不思而不得爾。深者大以廣之，大者深以致之，而抑以學輔之，畢竟思爲主。以善其用，而後心之官乃盡也學亦藉思。」（《大全・孟子》1095）文中「深」「大」，同本章的「深度」、「廣度」。至於船山有關「理」、「思」部分，請參第九章第二節。

人掌握的都是百分之五十。而卦所對應的，不管是天地，是石頭，是一本書等等，一旦以卦爻表示，都說你掌握了百分之五十的內涵。天下無有是理——這就是僵固的運用船山太極的理論。

破除六畫卦等於百分之五十的迷思——正確理解隱顯的意義，應該是：顯之一卦表示某特定百分比之「顯」，而隱之一卦即與該百分比完全相應之「隱」。舉例而言，若顯是百分之二十，隱也就有百分之二十；顯增加到百分之四十，隱也是四十。由是遞增，而隱也步步相隨。至掌握百分百的顯，隱也增至百分百。這也是一種半，但此半與顯之掌握成對應，正是「均衡」的表現，符合船山太極的理論。若所有掌握自動等於百分之五十，則與掌握的主動性缺乏關聯，其內涵也無變化的可能。

至此，重要的是，對太極「陰陽均衡，一隱一顯」的界定，可有「分開」或「結合」兩種看待方式。「分開」：均衡指一卦爻數與陰陽爻性的均衡；隱顯指此卦的被分爲兩半，一隱一顯。「結合」：均衡實即隱顯，隱顯就是均衡。所謂均衡，即一卦的「一隱」與「一顯」的均衡；而要展現此隱顯均衡之結構，自然要以爻數、爻性的均衡來表示。

當然，即使如此，還可以追問的是：依據一般觀點，掌握到百分之一百，隱理應消失，隱顯均衡不該存在。然而顯增至一百，而隱亦然的說法，突顯了甚麼意義呢？

其實，此正是隱顯均衡的深意所在：掌握世界或任何物事，都是一永無止境掌握、實踐的過程。總有一些面向，一些層次，會受到限制，是我們所不知、無法知曉的。從認知角度看，即使對一物事，瞭解非常透徹，可以有十個角度去說明，但總有第十一個角度，是我們的隱——隱永遠不會消失。倘不是如此，任何新的想法、觀念、知識、技藝都不可能。依體知的觀點言，君子成己成物是永無止境的歷程，沒有一個類似豁然貫通、証成果位的終點。因此，上述掌握到百分之百，只是假設性問題，在船山而言那是一個永不能達到的夢想。以下再偏由一般格物角度，進一步闡明隱顯均衡的底蘊。

當我們掌握越多，越至頂點（在某特定時間點言），顯越增加，看到的世界越大。但這個越大的世界，不等於即是全顯的，而正好一樣有對應的隱。正如近距離面對一朵薔微，周匝三百六十度似已看個徹底，但在顯微鏡下，肉眼未見者尚多。又譬如登上世界高峰，看到的世界比薔微大得多，顯擴大了，相應的隱卻同樣增加。一個原本不曾見的、大世界的輪廓固然呈顯目前，同樣的，我們發現了未達峰頂前更多更遠的模糊，無法看清、更遑論看透。等到了外太空，地球可被小小的瞳仁掌握，可是我們同時看到它飄浮在星系之中、無邊的宇宙之內——，一個塵埃般小小的角落。角落之外，是無邊無際的隱。

或許，隱——實際應該說成是「相應之隱」——不一定要用百分比。不過，量化的表達，可以避免被誤以爲隱會因顯之增加而減少。而且，從質量的討論中，我們知道卦爻不止代表物的數量，還包含了深度、廣度。

因此，今天某一確定的一卉一木，對我們而言是顯；但若把深度、廣度都包含在瞭解一卉一木的範圍之內，則是一大片的隱。若只知它是薔薇，其形象、名目爲顯，與之對應的隱，是少得可憐的。此因以有限之顯，以爲未知的不過是其植物（園藝）學方面粗略的部分，譬如它所適合的土壤、溫度、光照，而不知其他關聯，此即廣度嚴重不足。於是，很多相關方面、層次不會進入考量之內。等到從植物學上，對它任一層面都有一定瞭解時，發現與薔薇有關的，不僅限於植物學，任何方面：它的歷史（演化史，文化史）、人文意涵、醫療價值等各層面，都是可被深度、廣度概括進來的項目，方知一物之爲一物，眞的無法窮盡。

此外，從體知角度說，船山認爲：「如一株柳，其爲枝、爲葉可見矣，其生而非死，亦可見矣。所以體之而使枝爲枝，葉爲葉，如此而生，如彼而死者，夫豈可得而見聞哉？」這是因爲爲枝爲葉是「形而下者，可見可聞也」（顯）；而其生死之理，則是形而上，「弗見弗聞也」（隱）。物皆有其隱而未顯之理。而可使隱而顯，則是心思的作用，故云：「『弗見』、『弗聞』，微也；『體物不可遺』，顯也。」「體物不可遺」，即是化隱爲顯。但「所以體夫物者，則分明是形以上那一層事」。這是說能體物而不遺的，是心思的作用，故明言「體物則是形而上」（上引俱見《大全．中庸》504-5）。

這裡是以柳爲例，說明體物的道理。「體物」一詞，說明這不是認知的事。掌握形上之理並不靠認知，而是「體知」。可見可聞是認知，而不見不聞，則歸於體知。由體知方能知物生死之理。由此可知，乍看對象是一株柳，與心性無關；但對物的掌握，其實不盡是認知的發揮，同時是體知的發用。這點是非常重要的。因爲船山對柳的補充是，並不是只有柳樹才有形而上，而是「此不可聞見者，物物而有」（《大全．中庸》505）。換言之，即物物皆有隱。

於是回頭看之前船山言：「一卉一木，一禽一蟲，察於至小者皆以不測而妙盡其理；或寒或暑，或雨或晴，應以其候者抑不可豫測其候」（《內傳・發例》668），我們明白，這些事物同樣需要認知與體知兩個方面，去瞭解掌握。在船山思想系統中，物不單屬於認知層面事。因爲體物的極致，即是體知萬物一源，或者說「知大始」：即知其性理之源，也即同時知萬物之源。〔註5〕此二者是二而一，一而二事。若有人以爲純屬認知，那是他對實踐的理解錯了。所以，體物自然內蘊於君子的實踐範圍，聖人就是達到知大始境界的惟一代表：「聖人之神，超然知道之本原，以循理因時而已」（《正蒙注・大心》151）。

而當我們知道得越多，正好發現我們不瞭解的更多，或同時知道不知道的更多。這種階段性的體悟，亦頗合常人的學習、實踐的經驗。因爲不管是認知或體知，知道越多，都將帶出更多的實際數量、深度、廣度方面的關聯。因此，之前所以要從卦爻的代表意義帶出深度、廣度，其故即在可以較明確傳達隱永遠「相應」存在的道理。

接下來，可以更詳細指出：有時我們所自認爲的完全掌握，只因有某個、某些角度，是我們還未發現或刻意摒棄罷了。而它們或本應屬於深度、廣度的範圍，但在「自認完全掌握」或「刻意摒棄」的心理下，不被納入考量。船山並不贊同這樣的觀點。

例如，與我們關係親密的人，譬如說父親——我們瞭解其性格、想法，生活作息，大部分習癖、嗜好等等。可他並不等於是透明的。上班時他對待上司、下屬；他與陌生客戶打交道，也許與在家相處時迥異，這部分不爲我們所知。此外，他還有一些隱密的念頭、想法、創意，針對某人、某事或某物。獨處的時候，有些怪癖不足爲外人道。這些念頭、怪癖，平常也許不會造成他生命的改變，但若有突發狀況，也許會爆發出意想不到的結果，或許也不。

不過，上述不爲所知部分，不在考慮範圍內，所以我們自認瞭解他。

若是如此，我們從另一角度問：我們瞭解他的身體嗎？嗯，他身高一七○，體重在七十與七十五之間搖擺。他有高血壓、糖尿病，而且第四腰椎長

〔註5〕「大始」與「原」同義，其例如「德性之知，循理而反其原，廓然於天地萬物大始之理，乃吾所得於天而即所得以自喻者也」，「舉而與天地萬物所從出之理合，而知其大始，則天下之物與我同源，而待我以應以成。」（《正蒙注・大心》144-5）因此，「吾之性，本天之理，而天下之物理，亦同此理也。天下之理無不窮，則吾心之理無不現矣。」（《大全・孟子》1105）人之知，即體知氣爲本體，天下萬物皆出於此，知此即知天理。以此體知，人——萬物之秀者——方能化成萬物。

了骨刺。至於其他生理構造的狀況、數據，他的基因圖等，等等等，無關緊要。那麼，接下來，也許有人要問：等等，呃……你們瞭解——他的心靈嗎？

——總之，一個人不可能是完全透明的……。

船山認為，這些瞭解（顯），其實都隱含了諸多的「隱」。簡單的說，主治醫師對他骨刺的瞭解，就比我們詳盡；我們的瞭解背後，其實是一大片的「隱」。所以，倘若盡可能思考所有掌握他的角度——不管是生理的、心理的、社會的——自然發現，他不被掌握的，遠比被掌握的來得多。只是很多部分，不在考慮之內，於是，遂認定這個人是顯的，是被掌握的罷了。

此外，還有一種隱顯關係，是日常生活中不被看重的。那就是當他在我們身邊時，對我們而言他是「顯」。一旦他去上班，你去上課，暫時看不到他了；從耳目可聞可見的角度，他成了「隱」。幾點幾分他在何處，他在想甚麼、做甚麼、遇到甚麼，都是不透明的。倘若今天他遇到一件足以改變一生的事，對當下的我而言，仍屬於隱。可是憑藉著心知對他的瞭解，大部分人覺得，上班中的他是顯的；雖然，我們自覺掌握到的他，其實停留在今早上班前對他印象的總和。

而倘若有一天他因病過世，這份憑心知累積的印象，雖然依舊存在，隱的成分明顯增加了，因他已無形無象，與子孫的交流嘎然而止，不知從何掌握。然後把他記載於文字，流傳於家族。第五代後裔趙仁看到時，他的樣貌、言行以及一生經歷等，是一篇三千字的記載。然後，歷經連綿兵燹，記載全毀，至第十代趙德，已不知此先祖矣。

上述所述父親生前部分，可以單純看成是認知的，但船山之意顯然不如此。

偏認知來說，其實等於子女所知的「事親之道」；依體知來看，是子女如何體貼父親的一個盡孝歷程。因此，船山以為「人道中既有仁，則義自顯也。仁義之施，有其必不容不為之等殺者，則禮以貫仁義而生起此仁義之大用也。仁與義如首之應尾，呼之應吸，故下云『思事親不可以不知人』。」（《大全・中庸》516-7）。從根源上說，仁義之用，有不得不客觀化——即「不容不為之等殺」——而為禮的情況。但另一方面，「禮以貫仁義而生起此仁義之大用」——客觀之禮一旦形成，則經由它可生仁義之用。前者可說仁義為體，禮為用；後者是禮為體，而仁義為用。換言之，即仁義與禮，在某一層次上互為體用。

而在「思事親不可以不知人」句中，「事親」指客觀之禮；「知人」謂仁義之用。「知人者，智、仁之同流者也」（同上，517），它屬智、仁範圍。「事親」與「知人」，並非二途。更明確的說法是：

> 事親亦須智以知之，仁以守之，勇以作之。知人亦然，知天亦然。如郭公善善而不能用，仁勇不給，則亦無以知人。又事親亦須好學以明其理，力行以盡其道，知恥以遠於非。（《大全・中庸》519）

事親（客觀面），必須結合智、仁、勇三者（主觀面）。概括言之，可說盡可能瞭解父親各個方面，即「智以知之」、「好學以明其理」—— 這是偏向認知的視角——並加上能夠守之以仁，作之以勇；這是偏向體知的角度。如此，在客觀面上，才算盡到了事親之道。當然，這裡的主客觀用法，只是分析地說；在實存情境中，不能截然二分，而是相融爲一的過程。而智、仁、勇之知、守、作，都是一明確的化隱爲顯的行動；而非停留在我們所知的、父親昨日之「顯」而已。因爲道德的圓成，不單純靠一片仁心（體知），其發用亦不保証事物被妥善地完成。它還涉及到對客觀面體貼地認識。

因此，船山嘗從格物與致知兩面論，云：「唯夫事親之道，有在經爲宜，在變爲權者，其或私意自用，則且如申生、匡章之陷於不孝，乃藉格物以推致其理，使無纖毫之疑似，而後可用其誠。此則格致相因，而致知在格物者，但謂此也。」（《大全・大學》403）

曾昭旭先生有精闢的說解：「按所謂『在經爲宜』者，即此心根本一念之誠也，此誠即是仁義，即是孝慈，乃無往而不有者，故爲經也。然一念之誠必眞實及於物而有其功，然後始爲道德實踐之圓成。而於此即須對道德實踐所及之對象有如實之瞭解，權衡種種情況而有不同之善應而後可。如其不然，但憑一心之誠而昧於行事之宜，則此誠即有問題，即變作只管一己德性之表現而或不免以他人他物爲犧牲矣。如申生之累父以不義，匡章之反賊以親恩，皆是也。則如此之誠，乃始於誠而終於僞，而實爲私意，亦即良知之疑似。故必藉格物以推致其誠於物，使物實受其功，然後誠始眞可得而用，使內外本末俱是誠也。」（《王船山哲學》472-473）

簡言之，在不偏離體知、實踐的主軸下，知識的確有助於更好地成就道德，二者恆兩行而相濟。

第二節　隱　顯

隱顯至少可分爲三大方面，以上關於「他」的敘述，至少都說到了。

（一）是耳目聞睹該物爲實爲「顯」，但該物仍有爲人所不知處。如人之形軀爲顯；驅動形軀之神，則爲虛爲「隱」（《正蒙注・參兩》46）。又上第一節末引一株柳之有形而上之類亦然；「此不可聞見者，物物而有」（《大全・中庸》505）。故「物」至大或至小，無妨其皆有隱顯的事實。

（二）時空所造成的隔閡，使某有形有象之物（顯），在此時此刻成爲「隱」。對僅能佔據時空座標某一點的我而言，這是無法避免的限制。空間或時間皆可分別造成隔閡，時間與空間亦能同時造成隔閡。空間所造成者，意謂該物與我同在一時間點上，只因空間隔閡而成隱；上例去上班的他之於我即是。時間所造成者，如參訪杜甫曾住過的草堂——空間相同，而杜甫已杳——時間有隔。時空皆有隔閡者，如人既不在該地，而時亦非往古。這些情況的共同點是，若此物昔不曾聞見，它永是個「隱」。倘過往有印象，這時掌握的「顯」，即是憑藉記憶而心所知曉者。上述之「他」的亡逝，埋入黃土或付之烈焰，形毀而無，亦屬此。我們對他的掌握（顯），透過疇昔的記憶。

若他的時代，我們不曾躬逢其盛，他的「顯」如何呈現呢？趙德憑藉的，就是文字記載。歷史——其實即屬這一類的「隱」。它透過口傳、文字、古物或任何具體的媒介，使人掌握到一定的事實（顯）。這正如陳贇所說的「歷史領域仍然是一個以隱顯和往來而不是以有無和生滅爲基本語詞的領域，而隱顯和往來則意味著時間本質性的參與。」（《回歸眞實的存在》483）

（三）是無形無象之「隱」。這裡特指氣。〔註 6〕這是第十代後裔趙德的情況。「他」在天地間沒留下丁點痕跡，後人固不知此先祖，世間亦未聞此君。他即成了無，是百分百的「隱」。這種完全的無形無象之隱，與船山頻頻批評的、倚耳目之見聞者，以爲虛空之氣不可見屬「無」是相同的。船山認爲，形毀後他只是返歸於氣，在再度來到世間之前，從氣的角度來說，他一直都是存在的。只是趙德倚於耳目聞見，不知其有罷了。當然，這裡的問題是，即使趙德相信祖先死後化爲氣，這與確知某一特定人物爲祖先還是不同。兩者的區別，下文還會辨析，不贅。這裡只是要點出無形無象爲隱罷了。

而以上船山所認爲的「有」，就是前一章所討論的氣之「固有」。他的「顯」，就是憑藉對氣爲「實有」的瞭解而得到保証。在這點上，推論「氣」之實有

〔註 6〕因時空隔閡之故，歷史之於後人，亦是無形無象，但畢竟有文字等資料爲媒介，故與氣目見爲隱的情況稍有不同。前者是面對人文世界，後者是直接面對世界。

與「他」的歷史之實有，其實是相同的，可以得到很好的結合。船山在《外傳・咸》中說：

> 人之所自始者，其混沌而開闢也。而其現以爲量，體以爲性者，則唯陰陽之感。故溯乎父而天下之陽盡此，溯乎母而天下之陰盡此。（903）

人之由無形而肇有，溯其根源來自父母。父陽母陰，陰陽相互交感而生我。這是人之始。人之始，其實就是人之「有」。〔註 7〕「有」是具體的實有，非妄、非無。由我從陰陽之感而始「有」，我知道：

> 由身以上，父、祖、高、曾，以及乎綿邈不可知之祖，而皆感之以爲始；由身以下，子、孫、曾、玄，以及乎綿邈不可知之裔，而皆感之以爲始。故感者，終始之無窮，而要居其最始者也。(903-4）

從我之有，而推論我之上的祖輩、我之下的孫輩，一皆以感爲始。於是下了結論：陰陽之感，是人之最始者。由於從「始」方肇「有」，故強調感之始，其實隱含之意是陰陽（氣）恆實有。換一個語詞，我之始、我之有，即我之生。所以船山又說「昉我之生，洎我之亡，禰祖而上，子孫而下，觀變於天地而見其生。」(《外傳・大有》861）從這裡可以肯定，禰祖子孫皆同此感而始、而生，則盡皆實有。等到形軀消毀，而神返太虛，實有並沒有消失，只是換了新的型態，而非從有變無。他在注解張載「聚亦吾體，散亦吾體，知死之不亡者，可與言性矣」時，肯定的說：

> 聚而成形，散而歸於太虛，氣猶是氣也。神者，氣之靈，不離乎氣而相與爲體，則神猶是神也。聚而可見，散而不可見爾，其體豈有不順而妄者乎。(《正蒙注・太和》22-3）

人死之後，其神不散，成爲氣的型態，只是耳目無從掌握而已。不止人如此，萬物之消毀莫不皆然：

> 車薪之火，一烈而盡，而爲燄，爲煙，爲燼，木者仍歸木，水者仍歸水，土者仍歸土，特希微而人不見爾。一甑之炊，濕熱之氣，蓬蓬勃勃，必有所歸；若盦蓋嚴密，則鬱而不散。汞見火則飛，不知何往，而究歸於地……未嘗有辛勤歲月之積一旦悉化爲烏有，明矣。故曰往來，曰屈伸，曰聚散，曰幽明，而不曰生滅。(《正蒙注・太

〔註 7〕「始」與「有」意思是相類的，故船山有云：「始者，形象之所由生也」(《正蒙注・太和》27)。

和》21-2）

所以，船山的世界觀是「從有益有」的實有，不是「從無至有」的有無（《外傳・繫辭上》第9，1016）。不管有形、無形，皆不離陰陽二氣，而二氣即實有：

> 「陰陽」者，太極所有之實也。凡兩間之有，為形為象，為精為氣，為清為濁；自雷風水火山澤以至蜎孑萌芽之小；自成形而上，以至未有成形——相與絪縕以待用之初，皆此二者之充塞無間。（《內傳・繫辭上》第5，524）

氣雖不可見，但心可掌握一定之「顯」，讓看似無有的，透顯出其「有」來。總言之，無形無象之「顯」，一方面是心透過類比、推理、歸納等認知作用（見上我之始有以及柴薪等例），但還有更重要的「體知」部分（詳下節），從而有了一定的掌握，肯定它為有。它類似掌握到某個媒介，而拼湊出過往片段，使歷史因之而「顯」。

船山的基礎，就是從「有」而來。肯定「有之來」，是「有從有生」、「從有益有」，故「有之往」，亦屬有，只是由顯而隱，型態有了轉換罷了。最後斷定無形無象之氣，是有的肇始與歸宿。就此，他明顯受到張載「《大易》不言有無；言有無，諸子之陋也。」（《正蒙注・大易》272）的啟發。不過，隱顯理論的深度與廣度，足與有無模式抗衡，可說在他手上才眞正奠定，卻是不爭的事實（參陳贇《回歸眞實的存在》第一章，17-65）。

而隱顯模式要取信於人的最大難題，自然是上述隱顯情況的第三點：如何說無形無象之隱，可以有顯的一面。船山上述論証，只能相對証明我、我之上、我之下之「實有」，卻難以証明形軀消亡後，神仍然實有。這個情況，就像趙德——甚至每個人——相信自己之「有」，是從祖先之「有」綿延而來；卻不等於湮遠時間長河中，確定某個「他」是我的祖先一樣。即使我相信祖先死後都化為氣，存在於天地之間，亦無法確認某一人為我的祖先。因為「他」對我而言，是無形無象，完全沒有憑藉的。除非後來考古發掘，挖出有關「他」的証明，趙德於是確定了，也相信了。可是如何對「氣」做相應的發掘，以明其實有呢？

其實，上述船山論証氣之實有，固然涉及類比、推論、歸納等認知作用。但認知心只是船山証明無形之隱有其顯的依據之一，還有體知部分。綜合言之，即是依靠心的功能、作用，可以不完全受耳目耳目的束縛，而掌握隱中之顯、隱中有顯，具備掌握氣之性質、功能的能力。由心掌握了氣的性質與功能，再以之解釋這個世界。這個能力，猶如趙德知道祖先已化爲氣，可他有能力知曉某一特定者爲祖先一般。雖然，趙德看到考古發現的「他」，也許僅僅只是藉貫、身世的破簡殘篇，零落資料，對「他」的掌握是那麼的少，但畢竟讓人肯定了、相信了。

當然，對氣的掌握絕對不是透明的，只是一些有關陰陽二氣的性質、功能的「原則」，它們與萬物的基本關聯等等。他留下一大片的隱，以神妙、不測等詞語稱呼它，作爲我們永無止境追尋、探索的動力。因此，「氣」的整體內涵，宛如零落資料所顯示的歷史片段，不可能完全掌握，只能依心之知，推知、感知某些性質、功用。而那些拼湊出來有關「他」的歷史解釋，對應的就是以氣這種原則性的理解，解釋世界。

因此，接下來要談的，就是有關掌握氣的方式，以及掌握限度方面的議題。

第三節　存神之知

船山對掌握方式的區分，主要有二，一是耳目；二是心。耳目即耳目聞見（心知）〔註 8〕之知；聞見一詞，代表耳目所攫取的任何訊息。認知心主要依靠耳目的經驗積累而有。在此，必須注意船山對「耳目」一語的運用，有時有所偏重。一般固指認知心，有時亦指「目見」、「耳聞」這種感官方面的能力、還未到認知層次者。本文爲區別此，將以耳目「感官」標示。若單純用「耳目」，則指認知心。

〔註 8〕心知與存神之知不同。船山把一般人透過耳目聞見來運用其心智的方式，有時統稱爲「心知」，如云：「心知者，緣見聞而生，其知非眞知也。」（《正蒙注・大心》148）「存神」一詞大量出現於《正蒙注》，而與存神之知相同的術語，同書使用者有「窮神知化」之「知」，如言「盡心思以窮神知化，則方其可見而知其必有所歸往，則明之中具幽之理；方其不可見而知其必且相感以聚，則幽之中具明之理。此聖人所以知幽明之故而不言有無也。」（《正蒙注・太和》29）與他書相較，則在《大全》指「心之官則思」的「思」，以及格物致知的「致知」。依本文的使用，它即是「實踐之知」、「體知」。若稍作概括，存神之所知與思、致知的小差異是，成爲思、致知對象的，大體偏倫常之物。而存神所知，主要指氣。由於船山以氣爲心、物之肇始，因此涉及到的隱——或概括爲形上之理、所以然之理——等等，終極言之，都屬於氣。故其論說不是偏向於倫常德目，重點在說明由存神而知本心之至虛而誠有，於此同時，自然知道太虛或氣亦虛靈而誠有，由此「知大始」——即了知天人同原。由於本章要說明太極與氣問題，故由存神論。

心則是虛靈不昧之良能。在《正蒙注》中又多以「存神」來表示存此心神的工夫或境界。〔註9〕心屬於氣，其性與氣同。船山注張載「氣之性本虛而神，則神與性乃氣所固有」謂：「性，謂其自然之良能，未聚則虛，虛而能有，故神。虛則入萬象之中而不礙，神則生萬變之質而不窮。」於是「氣之所至，神必行焉，性必凝焉，故物莫不含神而具性，人得其秀而最靈者爾。耳目官骸亦可狀之象，凝滯之質；而良知良能之靈無不貫徹，蓋氣在而神與性偕也。」（《正蒙注・可狀》358）

在此，耳目官骸是可狀之象、凝滯之質；而良知良能即指心、性，具無不貫徹之靈。不過，船山承繼張載「心能盡性」、「性不能檢其心」（《正蒙注・誠明》124）之說，以爲惟有通過心才能實現性，所以「盡性」即是「極吾心虛靈不昧之良能」（《正蒙注・大心》144）。「虛靈不昧」指其不滯之神；「良能」謂其具道德仁義之實，即孟子所說「人之所不學而能者，其良能也。」之謂（《孟子・盡心上》）。

船山有時也以「至虛而誠有」（《正蒙注・至當》218）稱述這種心性的特質：「至虛」謂心之虛靈不昧；「誠有」指心具仁義之實。其注張載「知德之難言，知之至也」說：

> 天下之所言者，道而已。德則通極於天，存之以神，和之於氣，至虛而誠有，體一而用兩；若倚於一事一念之所得而暢言之，則非德也。知已至，乃知其言之難（《正蒙注・至當》218）。

文中的德是性之德，知是德性之知。德之所以難言，蓋因它是體驗乃知之事。惟有體知到極致，方知談論它的困難。「至虛而誠有」句，恰當說明性虛而實（仁義之實）的特質。又其注「有無虛實通爲一物者，性也」云：

〔註9〕存、存神較重要引文，如右：（1）「存，謂識其理於心而不忘也」；「常存之於心，而靜不忘，動不迷，不倚見聞言論而德皆實矣」（《正蒙注・天道》71、72）。（2）「存者，不爲物欲所遷，而學以聚之，問以辨之，寬以居之，仁以守之，使與太和絪縕之本體相合而無間，則生以盡人道而無歉，死以返太虛而無累，全而生之，全而歸之，斯聖人之至德矣」（《正蒙注・太和》20）。（3）「心思之貞明貞觀，即神之動幾也，存之則神存矣」（《正蒙注・神化》90）。（4）「聖人之存神，本合乎至一之太虛……聖人成天下之盛德大業於感通之後，而以合絪縕一氣和合之體，修人事即以肖天德，知生即以知死，存神即以養氣，惟於二氣之實，兼體而以時用之爾」（《正蒙注・太和》37）。（5）「〔聖人〕至誠體太虛至和之實理，與絪縕未分之道通一不二，是得天之所以爲天也。其所存之神，不行而至，與太虛妙應以生人物之良能一矣。如此，則生而不失吾常，死而適得吾體，跡有屈伸，而神無損益也。」（《正蒙注・太和》34）

> 此理體驗乃知之。於有而可不礙其未有，於未有而可以爲有，非見見聞聞之所能逮。惟性則無無不有，無虛不實，有而不拘，實而不滯。故仁義禮智，求其形體，皆無也，虛也；而定爲體，發爲用，則皆有也，實也。耳之聰，目之明，心之睿，麗於事物者，皆有也，實也；而用之不測，則無也，虛也。至誠者，無而有，虛而實者也。此性之體撰爲然也。（《正蒙注・可狀》361）

同樣以「至虛而誠有」說心性。文中之「實」、「有」，是道德本具之實（性具此實），道德創造之有（經由心而顯此道德之有）。「實」、「有」可互爲對文，即性本具之實，亦「有」；心所創造的道德之有，亦是一「實」。至於「虛」、「無」，指其不滯之神，以此不滯，方能不斷創造，而又不留滯爲心累。

必須注意的是，這裡的「無」只是指形體之無、從耳目去看爲「無」，不表示船山認爲其本體爲無。以是，能「性命之理不失而神恒爲主」即是「存神之至」，聖人是達到這種境界的人：

> 心本神之舍也，馳神外徇，以從小體而趨合於外物，則神去心而心喪其主。知道者凝心之靈以存神，不溢喜，不遷怒，外物之順逆，如其分以應之，乃不留滯以爲心累，則物過吾前而吾已化之，性命之理不失而神恒爲主。舜之飯糗茹草與天子無以異，存神之至也。（《正蒙注・神化》95）

因此，「存神」即是強調保有心「至虛而誠有」這兩方面的特質，令其無往而皆虛，無處而不實；這就是「盡心」，盡心則盡其性。而對君子而言，這兩方面同時也是工夫論所在，船山指點說：

> 澄心攝氣，莊敬以養之，則意欲不生，虛而自啓其明；以涵泳義理而熟之，不使間斷，心得恒存而久矣。此二者，所以存神也。（《正蒙注・神化》91）

値得注意的是，上兩則引文都提到可爲心神之滯礙者，即是「小體」、「意欲」；這些皆屬耳目、聞見（認知）層面上事。它們是阻礙心神之虛靈良能發揮的主要障礙。然而，存神之知不是要廢除耳目聞見，而是要統攝、轉化聞見之知，使人知性理之原，道之大本：

> 形則限於其材，故耳目雖靈，而目不能聽，耳不能視。且見聞之知，止於已見已聞，而窮於所以然之理。神則內周貫於五官，外泛應於萬物，不可見聞之理無不燭焉，天以神施，地以形應，道如是也。

> 地順乎天，則行無疆；耳目從心，則大而能化；施者爲主，受者爲役。明乎此，則窮神合天之學得其要矣。（《正蒙注・參兩》60）

簡單的說，心是統合耳目者，化認知爲體知，亦即化耳目一得之知，爲全體大用之知。此時之「知」，統合於一道德心。因此，「感」、「應」、「通」是船山頻常描述存神之知的主要用語（參下諸引文），這是必須注意的。在「過程描述」上，一般謂主體能「感」，而後有客體之「應」，以是而能主客相「通」；有時則直接由「感」即跳到「通」。就「實存狀況」而言，感、應、通是當下即完成者。爲充分點出體知這種特色，下文有時即用「感知」一詞表示；而以「覺知」表述耳目的知覺。

耳目覺知的限度，是顯而易見的；而存神之知的限度，則在天人之分的界限上。不管耳目或心，掌握的限度就是「隱」之所在、神妙之所以不測。然而相較於耳目，存神畢竟可以最大限度打破主客兩層限制，因此是君子所當追求的方向與目標。當然，全面談論掌握，詳辨各種差異等有關認知、體知方面的議題，不在本章設定內，本節所述乃與太極有關者，故下擇其專者論。

船山注《正蒙・可狀》「若聖人，則不專以聞見爲心，故能不專以聞見爲用」云：

> 流俗以逐聞見爲用，釋、老以滅聞見爲用，皆以聞見爲心故也。昧其有無通一之性，則不知無之本有，而有者正所以載太虛之理。此盡心存神之功，唯聖人能純體之，超乎聞見，而聞見皆資以備道也。（364）

存神之知與聞見之知最大區別之一，在於知曉「有無通一」、「無之本有」的道理。船山千言萬語，闡述存神之知，批評聞見之知（把釋、道歸於此），這是最關鍵的一點。在船山論述中，「聖人」就是這類掌握者。當然，這不過是船山藉彼之名，表述他對世界的理解罷了。因此，我們可以說，所有與「無之本有」有關的掌握，都是透過存神獲致，例如氣之實有、太極絪緼等皆是，它們不屬聞見之知，這是必須強調的。因爲氣無形而實有的特質，與心性的「至虛而誠有」是一致的。因此，發現氣無形而實有，與肯定心性的含蘊仁義——仁義爲隱（參第九章第二節）——亦無形而實有相同，在鍛鍊上使隱而成顯，是一時並起的工夫。

不過，聖人的掌握，其實與一般人有相通的地方；一般人的掌握，亦與聖人有相合之處：

> 雖愚不肖，苟非二氏之徒愚於所不見，則於見聞之外，亦不昧其有理，人倫庶物之中，亦不昧其有不可見之理而不可滅，此有無之一，庸之同於聖也。既已爲人，則感必因乎其類，目合於色，口合於食，苟非二氏之愚，欲閉內而滅外，使不得合，則雖聖人不能舍此而生其知覺，但即此而得其理爾。此內外之合，聖之同於庸也。（《正蒙注・可狀》363-4）

釋道或其信徒，他們的世界觀受釋道理論的限制，否定不可見的可能，故言空、無：「莊、老言虛無，言體之無也；浮屠言寂滅，言用之無也；而浮屠所云眞空者，則亦銷用以歸於無體」（《正蒙注・可狀》362）。

一般人對於不可見，卻有不昧其有者。庸人與聖人在此有了共通點。對耳目之有，聖人亦不以爲無，這與庸人無異；只是他從這深入，而知耳目合於天理的地方——釋道則以滅形色爲用，這就比一般人離聖人更遠了——故由耳目經驗所積累的知識，亦是道的一個片面：

> 乍然見聞所得，未必非道之一曲，而不能通其感於萬變，徇同毀異，強異求同，成乎己私；違大公之理，恃之而不忘，則執一善以守之，終身不復進矣。萬世不易之常經，通萬變而隨時得中，學者即未能至，而不恃其習成之見，知有未至之境，則可與適道，而所未至者，皆其可至者也。（《正蒙注・大心》150）

至於能夠通萬變於一，不「徇同毀異」、「強異求同」，不依恃它，亦不執一善而守，這就不單純是感官經驗所能了，而是心虛靈不滯的功夫。一般人雖或可知「有無之一」，卻受到感官誘惑，於是「逐聞見爲用」，其心便無法虛靈：「流俗滯於物以爲實，逐於動而不反，異端虛則喪實，靜則廢動，皆違性而失其神也」（《正蒙注・可狀》367）。惟心虛靈不滯，才能不仗恃習見，知有未至之境，則可與道合流，而所未至之境，盡皆可至。他甚至說「楊之義，墨之仁，申之名，韓之法，莫非道之所可」；只不過他們「惟挾之以爲成心，而不能極道之深，充道之廣」（《正蒙注・大心》151）罷了。

所以聖人的學習，其實亦循「多聞而擇，多見而識，乃以啓發其心思而會歸於一，又非徒恃存神而置格物窮理之學也」（《正蒙注・大心》147）。話雖如此，聖人之所以能「超乎聞見，而聞見之知皆以備道」（見上引），其關鍵當在存神，此因「耳目見聞皆其所發之一曲，而函其全於心以爲四應之眞知。知此，則見聞不足以累其心，而適爲獲心之助，廣大不測之神化無不達矣。」(《正蒙注・大心》147）心是全體大用之知，聞見則是一曲之得。當心能以虛靈不滯涵容、消融了任何耳目聞見，不受其滯泥，反擴大體知的深廣度，此之謂「四應之眞知」、「啓發心思而會歸於一」。

因此，聖人深切明白「心量窮於大，耳目之力窮於小」(《正蒙注・太和》)的道理。「蓋耳目止於聞見，唯心之神徹於六合，周於百世。所存在此，則猶曠窅之墟，空洞之籟，無所礙而風行聲達矣。」(《正蒙注・太和》32）心所能掌握，幾乎是無限的。這是聖人要存神的理由，保持心之靈澈，聖人才能感萬物之神，而能盡萬物之用。其注張載「物之所以相感者，利用出入，莫知其嚮，一萬物之妙者與」云：

> 此言聖人存神之妙，物無不相感應之理。其出而加乎物，物入而應乎己，用無不利，皆有不知其所以然而然之妙。蓋緜萬物之生成，俱神爲之變易，而各含絪緼太和之一氣，是以聖狂異趣，靈蠢異情，而感之自通，有不測之化焉。萬物之妙，神也；其形象，糟粕也；糟粕異而神同，感之以神而神應矣。(《正蒙・太和》43）

「感之以神而神應」是本段關鍵。「天以神御氣而時行物生，人以神感物而移風易俗。神者，所以感物之神而類應者也。」(《正蒙注・神化》78）可見所存之神，是以感爲用，而非以察爲用。〔註 10〕感而後能通，通而體知其「所以然」之理。由於萬物皆氣之神所化成，其生理之呼吸，心之靈用乃至形上之理等，皆是絪緼太和一氣之所指，這也就是萬物之神：「物莫不含神而具性，人得其秀而最靈者爾」(《正蒙注・可狀》358)。

因爲聖人以其神能感萬物，所感即萬物之神，故咸以應。若是如此，外在世界的神妙還存在嗎？由於這似與本文神妙之旨牴牾，以下稍作澄清。

確實，船山曾提到外在世界的變化，非神妙不測之說，主要見右二則。其注張載「天之不測謂神，神而有常謂天」說：「天自有其至常，人以私意度之則不可測。神，非變幻無恒也，天自不可以情識計度，據之爲常，誠而已矣」(《正蒙注・天道》68)。又注「已誠而明，故能『不見而章，不動而變，無爲而成』」謂：「神，非變幻不測之謂，實得其鼓動萬物之理也」(《正蒙注・

〔註 10〕察有時是與感相對的用語，它屬於聞見的範圍。如「法象中之文理，唯目能察之，而所察者止於此；因而窮之，知其動靜之機，陰陽之始，屈伸聚散之通，非心思不著。」(《正蒙注・太和》29）又「太虛不滯於形，故大明而秩敘不紊；君子不滯於意欲，故貞明而事理不迷。照鑒者，不假審察而自知之謂。」(《正蒙注・神化》77)「照鑒」是以神照之鑒之，屬感的範圍。

天道》70）。餘如「天德良能，太和之氣健順，動止時行而爲理之所自出也，熟則自知之。大人以下，立心求之，則不知其從心不踰之矩爾，非有變幻不測，絕乎人而不可測」（《正蒙注・神化》92）、「人見其不測，不知其有定而謂之神」（《正蒙注・可狀》377）等等。

神之所以並非不可測，而能據之爲常，重點在人之「誠」。誠如何能感知外在世界之神妙呢？誠的涵義爲實有、不息（見第一章註解第 9）。此實與本節所引氣、心性的「至虛而誠有」同義，現將之前引文再節引如下：

> 惟性則無無不有，無虛不實，有而不拘，實而不滯。故仁義禮智，求其形體，皆無也，虛也；而定爲體，發爲用，則皆有也，實也……至誠者，無而有，虛而實者也。此性之體撰爲然也。（《正蒙注・可狀》361）

「至虛」即對應「不息」；「誠有」即是「實有」。「至虛」謂其不滯於任一點，故能恆動不止（不息）；「誠有」謂其生化、創造之實（實有）。〔註 11〕「實有」與「不息」之分，是言說如此，在實存上是合一的。

誠的內涵與「至虛而誠有」義合，那麼，存神與誠是一回事嗎？其實，這涉及心、誠、神三者之間的辨析。我們先從下述引文做爲討論開端：

> 心之爲天下之大本者有三，三者貫於一，而體用之差等固不可泯也：誠也，幾也，神也。幾則有善惡矣，而非但免於惡之即善，則幾固不可遏而息也。神則不測矣，於此於彼而皆神，是人之天也，非天之以命人而爲其宅者也。故幾者受裁於誠，而神者依誠以凝於人者也。（《尚書引義》367）

文中的「幾」，主觀地說，指心念善惡之幾兆：在實存情境中，一念之善屬道心，一念之惡則爲人心。而神則指心之用的神妙，非謂天之命人以不測者。換言之，這裡的「神」與「幾」一樣，不即是道德本心，而是寬泛的說心之用有如此不測的性能。而誠即是對幾、神的貞定，令心之發用，皆屬道心。這時心之神用，與天之所命合，天之所命也者，就是「性」，此神才是道心，也是本章所說「存神」之神。

〔註 11〕誠「至虛而誠有」的類似說法，又如：「誠，以言其實有爾，非有一象可名之爲誠也」（《正蒙注・天道》74）、「不測者，有其象，無其形，非可以比類廣引而擬之。指其本體，曰誠，曰天，曰仁，一言而盡之矣」（《正蒙注・神化》79）等。

而當此心爲本體（道心），心、誠、神三者內涵是一致的，但對應的層面，其間仍小有差異，以下試爲辨析。

心的稱呼（此特指「道心」），指道德的本體或實體。但單「道心」一語，並未揭露道心的內涵。誠、神是進一步的揭示——當然，道心的內涵可有多角度界說，如仁心、仁義或仁義禮智等——誠、神不過是其中之二罷了。此誠、神實即等於心體、性體，因誠、神只用於描述道心的內涵、狀態。嚴格而言，神不應用於「人心」，因人心是滯溺於物欲者，喪失心的靈動，不屬神，〔註12〕故上《尚書引義》所引之神爲寬泛說法，在船山著述中較屬特例。

神作爲動詞指「神妙」，即不黏滯於任一物，是由心「至虛」而有的性能。作爲名詞，神即「道心」，同時點出道心神妙的特質。而誠之「不息」除上「不滯」之意外，同時突顯一較恆定的工夫或境界，與當前一幾的仁心發用稍有不同。故船山會說人心有惻然之動爲仁心、道心，卻不會特地強調此即是誠，即使有，此當下仁心之爲誠，是偏道德創造的「實有」義而言。但誠的重點，更在於此實有之恆定。換言之，它是作爲一較恆定的方面被突顯的。誠即是有恆，如：「『恆』者何也？曰誠也。誠神誠幾，於物胥動；誠通誠復，於己皆眞；斯以屈伸變化，終始弗離，而莫不有『恆』矣。」（《尚書引義》295）。

就這一點看，也可說神之不滯（能保虛靈，方有不滯），就是有恆——畢竟說心爲神，就含有它不滯的內涵在內，否則不能說神——只是其有恆之義，不如誠說個「不息」直接。而誠之「不息」，雖是因心之至虛而有的不測靈能，但畢竟不如用「神」點出其神妙來得乾脆。這些小細節，大約就是心、神、誠之間差別所在。

如此，誠「不息而實有」，與心、存神的「至虛而誠有」都是一樣意思，所以說「存神以存誠，知天地之道唯此爾」（《正蒙注・天道》75），都是心之所以能化不測爲有定的緣故。那麼，外在世界的神妙變化，一感則知，這是聖人肖天之本體的境界嗎？若是，則神妙不存，隱亦隨滅，《易》不成其爲《易》，而與船山所評京房、邵雍同流矣。事實顯然不如此。然則，聖人對世

〔註12〕此處之人心，指與道心相對者而言。有時憑空說個人心，而不與道心對，就是純粹「人的心」之意，如「朱子曰：『人心之妙，其動靜如此。』人心者，性之具於虛靈者；靜而無不實，故動而無不靈，靈斯神矣。」（《內傳・繫辭上》第10，555）這裡描述的人心，實是道心。

界的變化，能「據之爲常」，知其有定的意思，要如何理解呢？

聖人能完全體知天德良能出於天，故「動止時行而爲理之所自出，熟則自知之」（《正蒙注・神化》92），「熟」指「義精仁熟」，此爲大人以上事。「理之所自出」即指「天理」，萬物所以然之理、天人同一之理。此理實即天創生之理（「實得其鼓動萬物之理」）、道德創造之理。所以，「據之爲常」的「常」，嚴格而言，指體知天道本體的「常」。故誠或存神感知的客觀世界之神，主要指對天道本體創造、生化之理的感應，亦即聖人對於天理，有一「原則」性的感知，而非落於現象，對一一事物無限量地擁有徹底無遺的感應（詳下）。這正如對所謂自然變化之常：風雷雨露、四季遞嬗等規律，人有一定的掌握一般。是在這個點上，說神非變幻無恒，乃有定、有常。這種常，不管是對自然變化或天理（現象之所以然），都不表示變化被全然徹底的掌握，世界完全透明。此因時空之大、物類之博，聖人不能一一咸有應感。

換言之，聖人有感應的本事，但其應感有其限度。這限度表現在無法於質、量上，完全與天地同大：從量上，感應有限量，不能每分每秒同時感應所有事物；從質上，感應有深淺，無法徹底無遺地感通宇宙所有變化。雖然「至虛而誠有」者，即是本體：天之本體（從心性視角統言之，謂天；就其實質，指氣）或心之本體（曰性體、心體、道心）。氣因虛而神妙，而其動必有生化（萬物之創造、成形）之實。心神爲虛，故恆動而不滯；以其具仁義之實，故其動必爲道德之創造。這兩者的對應，使聖人具備以神感神的能力。然而，天大人小的限制卻不能取消，此即「心函絪緼之全體而特微爾」（《正蒙注・太和》43），「特微」之所指。

聖人因是不能自外於天之大、道之廣，全然與天同體；故非全知全能，盡悉自然化變之神。聖人存神以肖天之本體，所達到的最高境界，簡單說就是如此。而更深入之研究，則非目前所能，不贅（其餘相關討論，散見本節、第五節及第一章第三節）。

至於存神之知與理的關聯是這樣的：一旦以存神而感通外物，吾心皆有其理：

> 天下之物相感而可通者，吾心皆有其理，惟意欲蔽之則小爾。繇其法象，推其神化，達之於萬物一源之本，則所以知明處當者，條理無不見矣。天下之物皆用也，吾心之理其體也；盡心以循之而不違，則體立而用自無窮。（《正蒙注・大心》143）

不以意欲遮蔽存神的妙用，則由物直接感知其神化，〔註 13〕而通達萬物本源爲一之理。從實存面來說，此一本指氣。由心性視角看，指天；即體知性之來自於天，皆備天所有之理（見下一段）。換言之，經由感通，人們才能發現性中之理，與天之理一。這個理，是所以然之理，又稱天理、天必然之理、天理之固然等。只要體知此理，「盡心以循之而不違」——即立達用之體——則天下之物皆可爲心體無盡的運用。

所以他下結論說「知其性之無不有而感以動，感則明，不感則幽，未嘗無也」（《正蒙注・可狀》363）。耳目聞見不感此理：「耳目之限，爲幽明之隔，豈足以知大化之神乎？」（《外傳・說卦傳》1081）因此，「若君子瞬有存，息有養，晨乾夕惕，以趨時而應物，則即所感以見天地萬物之情，無物非性所皆備，即無感而非天道之流行矣。」（《正蒙注・可狀》366）君子之感萬物，即是「感則明」；「明」，即是顯。這是因爲物是由陰陽二氣相感而始有，而君子之感而有，並非使物由無而有，而是道德創造之「有」，就是即物而顯發仁義之謂。由此做到極致，即是盡心而盡性，所謂盡性，亦即體知吾心之理與天理同，明萬物同出一原，由是知萬物待我之道德創造應之以成就之：「盡性者，極吾心虛靈不昧之良能，舉而與天地萬物所從出之理合，而知其大始，則天下之物與我同源，而待我以應以成。」（《正蒙注・大心》144）

經由「相感而可通者，吾心皆有其理」，船山進一步把二者關係強化有其理即「有」，不可謂無：

> 盡心思以窮神知化，則方其可見而知其必有所歸往，則明之中具幽之理；方其不可見而知其必且相感以聚，則幽之中具明之理。此聖人所以知幽明之故而不言有無也。言有無者，徇目而已；不斥言目而言離者，目其靜之形，離其動之用也。蓋天下惡有所謂無者哉！於物或未有，於事非無；於事或未有，於理非無；尋求而不得，怠惰而不求，

〔註 13〕「神化」一詞在此指法象（顯）背後的形上之理（隱）。如「神化雖隱，變合雖賾，而皆本物理之固然」（《正蒙注・大易》273）、「神化，形而上者也，跡不顯」（〈神化〉79）。神化所顯除「法象」外，一般以「跡」泛言之，如上第二句。餘如「神化者，氣之聚散不測之妙，然而有跡可見」（《正蒙注・太和》23）、「蕭文與禮，一皆神化所顯著之跡」（《正蒙注・中正》159）等。當「神」與「化」分立時，「神」指形而上；「化」指形而下，即「跡」，屬於可見之「有」。如「〔氣〕絪縕而含健順之性，以升降屈伸，條理必信者，神也。神之所爲聚而成象成形以生萬變者，化也」、「化見於物，著也」（《正蒙注・神化》76-77、83）、「天之有四時，其化可見，其爲化者不可見」（《大全・孟子》1045）等是。

則曰無而已矣。甚矣，言無之陋也。(《正蒙注·太和》29)

按他這樣說「有」，「天下惡有所謂無者哉！於物或未有，於事非無；於事或未有，於理非無」，確實沒有「無」存在餘地。其下「尋求而不得，怠惰而不求，則曰無而已矣」，就耳目視之爲無的氣而言，確實有其道理。以前認爲那是「無」，確實是「尋求而不得，怠惰而不求」罷了。所以船山說：

(1)吾目之所不見，不可謂之無色；吾耳之所不聞，不可謂之無聲；吾心之所未思，不可謂之無理。以其不見不聞不思也而謂之隱。(《船山經義》666)

(2)凡言隱者，必實有之而特未發見耳。(《大全·中庸》490)

這樣的理論籠罩性在於，只要有理存在，不止是「有」，亦是「顯」。而上第二則言「凡言隱，必實有之而特未發見」，更是完全否定了有虛無存在的可能，保証了耳目所未聞睹之物、心所未知之隱的實有性。此因他從氣界定理的作法，「盡天下無非理者；只有氣處，便有理在。」(《大全·孟子》1131)、「凡氣皆有理在」(《大全·論語》727)，於是所有的「隱」，所有的「氣」，在皆實有的基礎上一旦被掌握而知其理，即是「顯」。因此萬物之可感，而吾心皆有其理，乃因得到氣實有的保証的緣故。

在上一節中曾提到「始」即「有」，而「始」來自於「感」，「感者，終始之無窮，而要居其最始者也」(《外傳·咸》904)。但惟有氣是先在的，感才能發生：「天之生物，人之成能，非有陰陽之體，感無從生。」(《正蒙注·可狀》366)這樣說，強調惟有透過「感」、「應」、「通」之體知，對氣之理的掌握才是眞知。換言之，由認知而知道氣的相關道理，須經體知的轉化，才是眞正掌握氣之有理。

於是，萬物皆可感，則萬物皆實有，而可感者皆理；那麼，這不止是一個實有的世界，同時是有理的世界，非釋道虛無、空幻的世界。能夠承認這個道理，即使事物不爲我親耳所聞、親目所見，但其理確在，在我而言，掌握其理，該事物即非「隱」：

以此爲知，則聞之見之而知之審，不聞不見而理不亡，事即不隱，此存神之妙也。(《正蒙注·大心》146)

以上之知指感知、體知。「不聞不見而理不亡，事即不隱」，是與隱顯有關、非常重要的一句話。這裡雖從存神講，可是在一般情況中，即以耳聞目睹，亦可覺知此理部分的呈顯。

譬如陰陽二氣不可見，可是確實有其象，最明確的就是天。如天是「寥然虛清」，看似無有，可是「目之所遇，心之所覺，則固然廣大者先見之」，即立於世間，先爲我等所覺知而顯（《外傳・說卦傳》1076）。「風雷無形而有象」（《正蒙注・誠明》134），無形即目不能見，可是心有覺，故依此而可有其象，此即「事無其形，心有其象」（《正蒙注・神化》93）。之所以能如此，以下且從船山依見聞的角度提出說明，同時再點出耳目覺知的限制：

> 風雷無形而有象，心無象而有覺，故一舉念而千里之境事現於俄頃，速於風雷矣。心之情才雖無形無象，而必依所嘗見聞者以爲影質，見聞所不習者，心不能現其象。性則純乎神理，凡理之所有，皆性之所函，寂然不動之中，萬化賅存，無能禦也。是以天之命，物之性，本非志意所與；而能盡其性，則物性盡，天命至，有不知其所以然者而無不通。蓋心者翕闢之幾，無定者也；性者合一之誠，皆備者也。（《正蒙注・誠明》134）

耳目依據所嘗見聞而生起某象，它的限制是見聞所不習者，則不能現起該象。而象的生起，目見固然是最大宗，卻不必然依目才能有其象，「聞」亦可有象；只要曾爲感官所經驗，通過耳目的覺知皆可，所以才能「一舉念而千里之境事現於俄頃」。這裡把心與性做了對比，表示性遠比心具有更大的容量，「凡理之所有，皆性之所函」。此與上曾引「天下之物相感而可通者，吾心皆有其理，惟意欲蔽之則小爾」（《正蒙注・大心》143），並無衝突。因與性對比的心，不是已盡性之心，而是仍以聞見爲主者。〈大心〉所說的，是往盡性方向努力的心，當其盡性，則心即是性，具有性所本有的「萬化賅存」的容量。

總之，耳目心知，其實多少具有「事無其形，心有其象」的能力。對虛湛之天，氣的作用產生之風、雷等，皆能覺知，有一定程度的感應，這可以說是之前曾提的「雖愚不肖，苟非二氏之徒愚於所不見，則於見聞之外，亦不昧其有理……此有無之一，庸之同於聖也。」（《正蒙注・可狀》363-4）也就是說，船山認爲俗人憑藉耳目，對無形之象多少能覺知其實有；〔註 14〕能

〔註 14〕在此，有必要說明「無形無象」、「無形有象」兩個詞句的運用，與耳目感官、認知、存神之間的關聯。耳目感官對天、風雷的「無形有象」，有一定的掌握能力；認知亦經由此而形成。此外，心在感官經驗的基礎上，就未發生的事，能作摹畫，亦謂之象。「象者心所設，法者事所著……凡人未有事而心先有其始終規畫之成象」（《正蒙注・有德》256）。又「象，心有其成事之象也」（《正蒙注・樂器》317）。這類的象，不是當下目見耳聞者，而是認知心藉由經驗累

知其實有，即知有其理。

當然，相對耳目所覺知，存神在這方面掌握得更遠、更廣、更深。那就是對所有無形之物，傾向於認爲只是耳目心知無法明確掌握，但從道理來看，仍是實有，只是型態有了轉變罷了。早年曾云：

> 男女搆精而生，所以生者誠有自來；形氣進叛而死，所以死者誠有自往。聖人與異端，胥言此矣。乃欲知其所自來，請驗之於其所自往。氣往而合於杳冥，猶炊熱之上爲濕也；形往而合於土壤，猶薪炭之委爲塵也。所以生者何往乎？形陰氣陽，陰與陽合，則道後以均和而主持之。分而各就所部，則無所施和，而莫適爲主。杳冥有則，土壤有實，則往固可以復來。然則歸其往者，所以給其來也。(《外傳・繫辭下》第5，1043)

與之前所引「車薪之火，一烈而盡」例子對照，可以明確呈顯船山的觀點，一路如此，沒有改變。於是乃有上述他對耳目聞見能力的懷疑，而認爲要確實掌握世界，應該以虛靈之心作爲根本。由於存神亦不能使所有無形無象之物成爲有形，其所掌握的最終極之物，就是事物「所以然」之理。當此理浮現，事物雖無形，心卻有其象，它屬顯，而不歸於隱。這就是「不聞不見而理不亡，事即不隱」的眞正有力所在。這個道理，其實與「天下之物相感而可通者，吾心皆有其理」(《正蒙注・大心》143) 是相通的，只是它突顯了隱顯的角度與掌握的關係，讓人有豁然開朗之感。

有了這個說法爲依據，只要知萬事萬物之理，就不會是隱，而是顯的。而因爲以隱顯爲事物呈顯的兩端，由顯感知其隱，遂有了對立的思維。其注張載「兩體者，虛實也，動靜也，聚散也，清濁也，其究一也」云：

> 虛必成實，實中有虛，一也。而來則實於此，虛於彼，往則虛於此，實於彼，其體分矣。止而行之，動動也；行而止之，靜亦動也；一

積而調動之象。此心象之積累，雖經耳目感官而來，卻不爲耳目感官所見，而屬內心的活動。故從感官來說，可說無形無象；就認知心來說，是無形而有象。存神之所知，則是對耳目、心知都是無形之象：即它所知的對象，或亦與耳目同，如天、風雷，可是它所掌握的象，卻更深、更廣；耳目感官、認知所不逮，是耳目、感官以爲無形的部分。這是它與耳目感官、心知的差異所在。因此，無形之爲無形，有象之爲有象，有程度的不同。也就是說，耳目以爲無形者，認知可以有象；認知以爲無形者，存神可有其象。相同的，從有象角度來看，耳目以爲無形有象者，心知自然更有其象，存神則掌握得最透徹。因此，「事無其形，心有其象」，不單用於認知心，就存神言此語同樣正確。

> 也。而動有動之用，靜有靜之質，其體分矣。聚者聚所散，散者散所聚，一也。而聚則顯，散則微，其體分矣。清以爲濁，濁固有清，一也。而清者通，濁者礙，其體分矣。使無一虛一實，一動一靜，一聚一散，一清一濁，則可疑太虛之本無有，而何者爲一？惟兩端迭用，遂成對立之象，於是可知所動所靜，所聚所散，爲虛爲實，爲清爲濁，皆取給於太和絪縕之實體。一之體立，故兩之用行；如水唯一體，則寒可爲冰，熱可爲湯，於冰湯之異，足知水之常體。（《正蒙注・太和》36）

「兩體」即陰陽二氣，亦即「絪縕二氣」（《內傳・繫辭下》第1，578）。陰陽二氣有虛實、動靜、聚散、清濁的差異。它們是氣的兩種作用，其作用恆相對立，足以造成辨認的指標，故稱兩體或陰陽二物；但無妨二者本質爲同一氣。這猶如水寒可爲冰，熱可爲湯，寒熱的作用不同而且對立，但寒熱的本質都是水，卻沒有差別。從本體來說僅一氣，從作用之殊致，則分爲陰陽兩體。

此外，船山認爲若沒有這些對立之象，則可以懷疑「太虛之本無有」。這是甚麼意思呢？關鍵在「其體分矣」這一點上。「其體分」就是氣之本體，分而爲二。分而爲二的「二」，指虛實動靜等對立之象；此象能被人觀察、感知得到。這正是張載所說的「兩不立，則一不可見；一不可見，則兩之用息」（《正蒙・太和》35）。船山分別註解兩句云：

> （1）陰陽未分，二氣合一，絪縕太和之眞體，非目力所及，不可得而見也。
>
> （2）其合一而爲太和者，當其未成乎法象，陰陽之用固息也。

「陰陽未分，二氣合一」，不是從本質上說氣沒有陰陽兩體，氣一直都是陰陽兩體。只是當陰陽兩體的作用，不爲人感知時，氣只是絪縕。「絪縕」即「陰陽未分」、「未成乎法象」，或叫做「合一」的氣狀態。此時，陰陽作用（虛實、動靜等）不夠明顯，人無法覺知、感知，因此陰陽恰似完全沒有作用一般，故說「陰陽之用固息也」。

在此必須注意，「兩」是指對立之象的「兩」，「一」是指同一氣的「一」。陰陽二氣的「二氣」，不是「兩」之所指。上述「兩」、「一」情況，陰陽二氣被歸入「一」，即同一氣。因此，「兩」、「一」是「象」與「氣」的對立。「兩不立」，即對立之象不顯；「則一不可見」，即不知有氣的存在。「一不可見」，氣不被感知，等於「兩之用息」，即象無法呈顯。可被感知，即兩立而一可見；不被感知，則兩之用息，一亦不可見。感知到兩、一，是一時並起，不分先後的。

船山所理解的陰陽二氣，是以體異之故，才開啓「通」的可能，其通即經由「感」。二氣之有異，不是感通的阻礙，反而是感通的可能。這種看法，承繼自張載，其注張載「感而後有通，不有兩，則無一」云：

> 陰陽合於太和，而性情不能不異；惟異生感，故交相訢合於既感之後，而法象以著。藉令本無陰陽兩體虛實清濁之實，則無所容其感通，而謂未感之先初無太和，亦可矣；今既兩體各立，則溯其所從來，太和之有一實，顯矣。（《正蒙注・太和》36）

要說到這裡——談到感通的觀念，才可以明確知道先前提出「使無一虛一實，一動一靜，一聚一散，一清一濁，則可疑太虛之本無有」，正因感通乃透過兩體之異而始有的緣故。未感之前，陰陽二氣無形無象（隱），感通之後，虛實、動靜等法象才呈顯而被掌握。此時，人們不止於其有象，方知太虛（一氣）本有，同時由此象之對立，而知一氣之有兩體。這兩方面，是同時被掌握的，一時並起。因此，產生作用的「異」，不是虛與實、動與靜之異，而是陰陽兩體之「異」:「氣有陰陽二殊，故以異而相感」（《正蒙注・可狀》377）。虛實、動靜等，是感通之後呈顯的「法象之異」。當然，氣兩體之異與法象之異，有直接關聯。從本體與現象來說，是陰陽兩體之異，才形成了諸多法象之異。由掌握來談，則由法象之異，才能感知陰陽有兩體之異。

所以，當法象已顯，則「法象中之文理，唯目能察之，而所察者止於此；因而窮之，知其動靜之機，陰陽之始，屈伸聚散之通，非心思不著」（《正蒙注・太和》29）。知道各種方面的對立之象，雖或經由耳目，但更深入而全面掌握氣兩相對立的情況與作用等等，惟有透過存神，體知其「屈伸聚散之通」。「通」，即體知萬般變化不過是一氣之理。陰陽變化而成萬事萬物，蕃息不止，若僅知追逐變化之已然，則易失所主，難體大道。所以聖人存神的本領，就是可以「由兩而見一」：

> 聖人之存神，本合乎至一之太虛；而立教之本，必因陰陽已分、剛柔成象之體，蓋以繇兩而見一也……聖人成天下之盛德大業於感通之後，而以合絪縕一氣和合之體，修人事即以肖天德，知生即以知死，存神即以養氣，惟於二氣之實，兼體而以時用之爾。（《正蒙注・太和》37）

我們知道，船山是善於把事物分爲兩相對立的高手，在其著作中，分由兩方面論述，再求其合，是他擅長的本領，在《周易外傳》即顯露無遺。陰陽在他手上，分化爲繁多的兩相對立情況，《外傳・說卦傳》可說是這種知分知合的經典著述之一。但這裡強調的「由兩見一」，不是認知型態的，而是體知的結果。

不過，聯繫著主體的「由兩見一」，「兩」固然是「異」，爲「感」的基礎；「一」即感而「通」的境況，但「由兩見一」從主客來看，其「兩」即是以心神爲一端，而感客體之一端。「感」發生的當下，即「顯」（「感而明」）、即「通而爲一」。這種兩、一，似乎與法象對立之「兩」，以及同一氣之「一」，並不相同。然而，卻有內在的聯繫。截至目前爲止，其實有三種不同層次的兩、一。（一）一氣之合一，陰陽之兩體。（二）法象之兩，一氣之一。（三）心物爲兩，感通爲一。

氣之所以能感、感而可通，由是創造、形成萬物，乃因一氣有陰陽兩體之異。這是天之所以具創造性的緣故。於是，人掌握事物或人的道德創造，也與此合轍。存神而感通萬物，完全符合、相應於氣這種運行的條理。如此，感通成爲心掌握世界的必然，也才能眞正探觸事物核心之理（「知大始」）。此是船山以天之創造，類比道德創造的過程。

而第（一）或第（二）種兩、一，乍看，都是從客觀視角說。但若從體知角度看虛實、動靜等，其實必有一端是主體。其注張載「以萬物本一，故一能合異；以其能合異，故謂之感；若非有異，則無合」分從天與人角度說「感」：

> 天下之物，皆天命所流行，太和所屈伸之化，既有形而又各成其陰陽剛柔之體，故一而異。惟其本一，故能合；惟其異，故必相須以成而有合。然則感而合者，所以化物之異而適於太和者也；非合人倫庶物之異而統於無異，則仁義不行。資天下之有以用吾之虛，〈咸〉之〈彖辭〉曰：「觀其所感而天地萬物之情見矣。」見其情乃得其理，則盡性以合天者，必利用此幾而不容滅矣。（《正蒙注・可狀》365）

從氣的客觀視角看「感」，兩端自與人無涉；而萬物之合一，是合於氣之太和。可是人心之感，是「資天下之有以用吾之虛」。「吾之虛」即心性「至虛而誠有」的「虛」。因此，必然有一端是主體，作爲「感」之生發。此即之前所說，人由法象之兩，感知陰陽之兩；由法象之一，感知陰陽之一。就氣之有虛實、動靜、清濁等來說，心爲一端，感知另一端的氣有諸多對立之象。所以，看似客觀者，其實永有一掌握者在。客觀世界諸多法象，實不能外於人的感知

（又參第一章第三節第參小節「『神妙』與『掌握』」）。於是，嚴格來說，最首出的，應當是心感應物的兩、一。（一）、（二）只是把體知的經驗，歸納而成認知型態的言說罷了。

最後，兩、一也可說「兩」是顯與隱的對立，而「一」則是全顯之 ·。就體知來說，心物交感發生於當下，「顯」即心性發用之顯，亦是物所以然之理的顯。若從理看，則可說「同隱」與「同顯」：心、物所以然之理本隱，於此感通，心、物所以然之理當下方顯。該物即成爲我之道德實踐物，而非無我之物矣。以是，存神能由顯而感隱，自然處處有天理的存在。

第四節　物物一太極

以上談了這許多，最後仍要回到對船山太極的認識這一點上。不過，這回要談的不是物物太極，而是所謂「宇宙一太極」的太極。這個說法，朱伯崑、蕭漢明先生都曾提過。以下先引述他們的說法，再依先前的理解，指陳其說法可能有問題的部分。

朱伯崑先生探討「太極作爲宇宙本體與天地萬物的關係」時，對太極所持的主要觀點是，太極即太和絪縕之氣，即是「宇宙本體」（203）。物物一太極以及宇宙一太極的論述，都從太極作爲太和絪縕之氣的角度予以界定。簡言之，即是「天地萬物如儀象卦爻一樣，乃太極即太和絪縕之氣自身的顯現，天地萬物皆具有太和之氣，故太和之氣又擁有天地萬物。」（203）「不僅僅物物有一太極，人人有一太極，而且整個世界包括時空在內，皆在太極之中。」（211）其論述基礎是，由於任一事物，都有太和之氣，故物物有太極。由於宇宙萬物都在太和之氣包涵之內，故宇宙一太極。

朱先生順此談到同一性與差異性的問題，同時把同一性與差異性分別歸屬爲本體與現象的關係。他認爲，船山「以太極即太和之氣爲本體，以天地萬物各具有太極本體說世界的同一性；以有形有象的個體事物爲現象，以其所稟有的太和之氣分劑不一說明世界的差異性，而同一性即寓于差異性之中，進而論証現象之外無本體，本體即存於現象之中。」（204）

接著，朱先生以宇宙一太極作爲太極與萬物關係的結束，謂「宇宙中的一切現象皆太極自身之顯現。如果稱宇宙爲大全，按王氏的觀點，自然導出太極即大全，宇宙即太極的結論。此種太極觀將太極同宇宙合而爲一，充分表現了本體論的理論思維的特色，是王夫之的陰陽二氣說的結晶，也是其《易》學中的〈乾〉〈坤〉並建說在哲學中的表現。」（212）

朱先生最大問題在於，按照他的說法，太極純然一氣，此外無他。張立文、蕭漢明二先生觀點亦同。張先生談論太極文字不多，但同樣把太極單純視爲「氣的一種狀態，亦是一實體」（《正學與開新：王船山哲學思想》104-106、126-130）。

蕭先生則謂「太極是『一渾天之全體』，是一沒有邊際的『理氣充凝』的實體」、「『陰陽未分』、『理氣充凝』的『絪縕太和』（即「太極」）成爲萬物的起始與歸宿」（《船山易學研究》16、49）。

然而，倘若回頭去看朱先生花了極大篇幅談陰陽十二、六幽六明而成太極，與此對照，太極卻變成了單純屬於幽的部分。換言之，所謂隱之六幽，即構成了太極；顯是不算在太極之內的。其誤解的根源，來自於他常言「太極乃陰陽合一之實體」（206），〔註15〕卻不知此非太極最明確界定。

船山常說「陰陽之外無太極」（《內傳・繫辭下》第1，578）；「太極非孤立於陰陽之上者也」（《內傳・繫辭上》第11，562）；「太極不可與陰陽析處而並列」（《外傳・繫辭上》第9，1019）等等，這是較寬泛的說法，只表明太極不在陰陽之外。但太極與陰陽更明確的關係，卻不能由此見，而當看諸如「太極者，〈乾〉〈坤〉之合撰，健則極健，順則極順，無不極而無專極者也」（《外傳・繫辭上》第1，990）；「〈乾〉〈坤〉之外無太極」（《內傳・發例》659）等句，才知太極是要從陰陽十二見，而在陰陽十二的結構中，陰陽是均衡而有隱有顯的。顯然，這樣的太極，非朱氏「陰陽合一」所能含括。

因爲，合一與均衡，並不等同。「合一」只講到「相合爲一」而已，正如六畫卦（雜）是陰陽合一、萬物都是陰陽合一，但陰陽之分劑並不均衡一樣。而且，從氣談合一，與就物談合一，並不相同。如云：「陰陽之始本一也，而因動靜分而爲兩，迨其成又合陰陽於一也。如男陽也而非無陰，女陰也而非無陽。以至於草木魚鳥，無孤陽之物，無孤陰之物」（《正蒙注・太和》37）。從氣論，合一自然是指均衡。這是船山常有的說法。但在此說法中，他引而未發的是就人掌握而言，此合一必有隱有顯。而「合一」用在氣以外之物，就不一定均衡了；上引可見。這都是朱先生未詳察之處。

〔註15〕關於把太極只說成「陰陽合一」，見朱先生討論太極的集中篇幅「（4）太極有于以有易」（185-215）。又其探討太極與天地萬物的關係，則見頁203-215。

因此，任何一個雜卦，都是「陰陽合一」的——船山本認爲天下無有孤陰或孤陽之物，然而——太極強調的是，作爲純狀態的陰陽十二，而非作爲雜狀態的六畫卦。就此，則在船山理論中，不曾見以雜卦爲太極，或單以雜卦之隱爲太極。從氣的角度看，船山亦不曾視陰陽二氣爲不對等，而是相互抗衡、吸引，雖有因時因地產生局部之強弱，但整體而言，陰陽是氣均衡的兩種作用（蕭漢明《船山易學研究》106）。這一點朱先生亦同意（214）。因此卦爻表現陰陽十二，基本上遵循、突顯氣之均衡性質。但依朱氏說法，太極卻成爲半隱半顯中的「半隱」。

此外，蕭漢明先生亦有把船山太極當成宇宙模型，再拆解成時間、空間、物質三大方面主要議題，加以詳論。他所談的是船山對這些方面的理解，這基本上即是船山以存神之知所掌握的太極，是太極顯的一面，與朱伯崑先生只說太極爲氣（基本屬隱），面向恰好相反。因此其篇章雖標明「太極」，亦和隱顯沒有關係。〔註 16〕

然而，不管專注那一面去理解，說那是船山之太極，自然都有商榷的餘地。在第七章中曾提到萬物既有之後，太極絪縕即是宇宙間氣，或稱爲太虛、太和之氣。相對於太和、太虛、絪縕的使用頻繁，「太極絪縕」即使在《正蒙注》這部講論氣化最集中的著作，都很少使用。船山較常用、而與「太極絪縕」相近的詞語是「太極渾淪」;「渾淪」與「絪縕」有基本上的區別（詳下）。所以，「太極絪縕」從來就不是惟一的「太極」。而按朱伯崑先生的理解，太極爲氣，氣無所不在，萬物身上之氣，與虛空之氣，是同一氣，故物物一太極。這種太極是由氣自動賦予的，不須從人的掌握來談。雖說是物物一太極，都只是太極絪縕之氣的引伸。這種太極，可說只有特定的一個，那就是惟一的太和之氣罷了。

然而，我們認爲，太極始終是與掌握之隱顯有關的；隱顯，就是相應於掌握而出現的詞語；沒有隱顯，「太極」一詞不存在。因此，對以下學者恆常引用、幾乎作爲船山太極根本界定的文字，我們就必須做出恰當的解釋。船山注「是故《易》有太極，是生兩儀，兩儀生四象，四象生八卦」（《內傳・繫辭上》第 11，561-3）時說：

> 「太」者極其大而無尚之辭。「極」，至也，語道至此而盡也；其實

〔註 16〕見蕭漢明《船山易學研究》第六章〈船山宇宙觀的太極模型〉、第七章〈太極之爲「太和」說〉。

> 陰陽之渾合者而已，而不可名之爲陰陽，則但贊其極至而無以加，曰太極。太極者，無有不極也，無有一極也。唯無有一極，則無所不極。故周子又從而贊之曰：「無極而太極。」陰陽之本體，絪縕相得，合同而化，充塞於兩間，此所謂太極也，張子謂之「太和」……「兩儀」，太極中所具足之陰陽也。「儀」者，自有其恆度，自成其規範，秩然表見之謂。「兩」者，自各爲一物，森然迥別而不紊。爲氣爲質，爲神爲精，體異矣。爲清爲濁，爲明爲暗，爲生爲殺，用異矣……「四象」：純陽純陰，通之二象也；陰錯陽，陽錯陰，變之二象也……其在於《易》，則〈乾〉一象，〈坤〉一象，〈震〉、〈坎〉、〈艮〉一象；〈巽〉、〈兌〉、〈離〉一象，皆即兩儀所因而生者也。（《內傳・繫辭上》第11，561）

首先，毫無疑問文中的太極，即絪縕之氣。其次，他從太極乃一團混沌之氣，而後有兩儀、四象、八卦依序談下來。這表示，在兩儀未顯之前，它是不可明確感知、掌握的，也就是「未成乎法象」、「陰陽之用固息也」（《正蒙注・太和》35）的景況。〔註17〕那時沒有萬物與之相對，他談的太極絪縕，不是萬物既有之後，不可見之虛空中那個太極絪縕，而是萬物未有之時的情況；接著逐漸出現的兩儀、四象、八卦，代表物（形象）的出現。換言之，這是一個「無形」到「有形」的過程。

從這看，太極之作爲氣，是在未有形象之時。形象既有之後，誠如他所說：「使儀象既有之後遂非太極，是材窮於一用，而情盡於一往矣。又何以云『〈乾〉〈坤〉毀則無以見《易》也乎？』」（《外傳・繫辭上》第11，1025）「材」指陰陽，「情」指陰陽之往來——太極並未消隱。但這個太極，可能指兩儀、四象等之太極（即物物一太極之太極），至於氣狀態之太極呢？

按理說：未有形象之時，太極既是氣；有了儀象之後，氣不可能消失。而且，兩儀、四象等之物物一太極，與作爲氣的太極沒有衝突。因此，太極應該

〔註17〕有時，又見船山說絪縕之中有象。典型例子如注張載「地所以兩，分剛柔男女而效之，法也；天所以參，一太極兩儀而象之，性也。」謂：「若其在天而未成乎形者，但有其象，絪縕渾合，太極之本體，中函陰陽自然必有之實，則於太極之中，不昧陰陽之象。而陰陽未判，固即太極之象，合而言之則一，擬而議之則三，象之固然也……象者未聚而清，形者已聚而濁，清者爲性爲神，濁者爲形爲法。」（《正蒙注・參兩》45-46）此處「但有其象」或「太極之象」，非耳目所能，乃存神之所知。絪縕之象，都是如此。因此，象有時針對耳目說，如說「法象」即是；有時純就存神論。總之，必須注意其對應的情況。

仍可以指太虛。誠然。不過，我們所持理由與之不同。絪縕之氣之所以爲太極，是船山透過存神的掌握，對一般人根本無法感知的絪縕，提出種種性質的界定，這就是存神所掌握的「顯」。存神掌握不到處，即其「隱」，稱以神妙、不測。聖人體知氣（本體）之人始，知世界實有，並不等於完全看透氣。這是天對聖人的客觀限制，以是聖人一樣在天（《易》）的神妙籠罩之下。

所以，可以說，人極絪縕或虛空之氣，在此只是作爲一可被掌握之「物」（詳上第一節「物」）。當心體知無形而實有之理（顯），則知絪縕之「象」，即是一物：「物之有象，理即在焉。心有其理，取象而証之，無不通矣。」（《正蒙注・大心》145）既是一物，人之掌握必有隱有顯。此物在實存上，被定爲陰陽二氣恆處均衡；而人所掌握之「顯」的背後，恆有對應之「隱」，則是另一種均衡。設若船山所描述的絪縕，沒有這些性質，則太極之名無以立。以下一段，即是以存神看待「太虛」，而以之爲「太極」的情況。非常明確表示，太極——是透過存神、由明其「有」（「顯」）而存在。「太極」一詞與「太虛」也不相同：

> 太虛之中，無極而太極，充滿兩間，皆一實之府。特視不可見，聽不可聞爾。存神以窮之，則其富有而非無者自見。緣小體視聽之知，則但見聲色俱泯之爲無極，而不知無極之爲太極。（《正蒙注・大心》153）

「太虛」一詞明顯指涉氣不可見之性質。「太極」則是透過存神而知其「富有」。「富有」即「顯」，但並不妨礙其後有不測之神妙（隱）爲我等所不知。此外，亦可知「無極」一語，船山並不把它當術語，而是形容氣無所不極的情況而已。上引《內傳・繫辭上》第 11 章的「無極」亦然。故緣耳目者所掌握的氣，是「聲色俱泯」的，完全沒有「顯」存在。船山可以稱他們所知爲「無極」而非「太極」，蓋知太極，是要既知隱又明顯故。

不過，絪縕其大無極或「無所不極」，是謂太極之類，亦存神所知之「顯」。〔註 18〕存神所掌握的對象若指太極絪縕，它自然無所不極，因氣就是被如此認定充滿整個宇宙。可是太極之爲太極，不單因其在時空上「無所不極」、「無

〔註 18〕在此必須分辨的是，知氣「至大無極」，可以是認知的。或者甚至說，任何對氣的掌握，都可以是認知的。這類認知的拓展，不代表可以感知氣。同樣的，「感知」宇宙之大，不代表人可與宇宙同大，只是感知比認知有更深更廣的掌握罷了。因爲依船山理論，天、人之間的分界是永遠存在的。因此，這裡體知氣「無所不極」、「至大無極」，雖屬「顯」，卻非謂宇宙讓人一覽無遺，無「隱」可言。

有一極」，故叫太極。若「無所不極」是成爲太極的必要條件，則太極只能有這麼一個，儀象何太極之有？而且，最重要的是「無所不極」一詞，不是專屬於氣化絪縕的形容：

（1）〈乾〉極乎陽，〈坤〉極乎陰，而陰陽之極皆顯；四象八卦、三十六象六十四卦摩盪於中，無所不極，故謂之太極。（《內傳・發例》658-9）

（2）是故《易》有太極，無極而太極。無所不極，無可循之以爲極，故曰無極。往來者，往來於十二位之中也。消長者，消長於六陰六陽之內也。於〈乾〉、〈坤〉皆備也，於六子皆備也，於〈泰〉、〈否〉、〈臨〉、〈觀〉、〈剝〉、〈復〉、〈遯〉、〈大壯〉、〈夬〉、〈姤〉皆備也。於八錯卦皆備也，於二十八綜之卦皆備也。錯之綜之，兩卦而一成，渾淪摩盪於太極之全：合而見其純焉，分而見其雜焉，純有雜而雜不失純，孰有知其終始者乎？故曰：「太極無端，陰陽無始。」（《外傳・序卦傳》1110）

此二則引文中，六十四卦代表有象有形之物，在有儀象卦爻之後，仍可以「無所不極」，這其實是萬物既有之後的太極。因此，太極不僅是指氣。第二則出自《外傳・序卦傳》，是船山總結卦變二種時的論述，說錯綜卦如何消長、往來而形成多方的變化，其中特別強調了「皆備」，即太極、陰陽恆十二的論點。此時，他用了渾淪一詞，描述萬物既有之後太極之全。渾淪是形容「周遍」、「圓滿」，或「全」的意思。〔註 19〕所以不管錯之綜之，「兩卦而一成，渾淪摩盪於太極之全」。換言之，渾淪是指某種隱顯交替的運動狀態。因此，太極是隱與顯結合的情況，而非單指不可見之隱。

朱先生曾引船山《內傳・發例》第 8（660）的一段引文，「陰陽之實有二物，明矣。自其氣之沖微而未凝者，則陰陽皆不可見；自其成象成形者言之，則各有成質而不相紊；自其合同而化者，則渾淪於太極之中而爲一；自其清

〔註 19〕通常提到「渾淪」，皆指卦爻處於某種隱顯交替的運動狀態，主要與六十四卦摩盪、或占筮有關；有時亦以形容陰陽合同而化的情況。總之，不會偏向隱來說。《外傳・序卦傳》曾多處提到，有時其後接無畛（1099）、無垠（1103）等形容詞，概指其至大、無限之意。又《內傳》則見 562、578、660、668 等，不贅。《外傳・繫辭上》第 9，言大衍之數五十，未動則合五十爲一，「合而爲一者，太極渾淪周遍之體」（1019）。太極之指涉，不是單指五十之數，而是合五十及四營、十八變等規則（顯，屬人謀），與得出之數之多寡的變化（隱，屬鬼謀）合爲一。其周遍之意，即指隱與顯合之全。

濁虛實大小之殊異，則固爲二；就其二而統言其性情功效，則曰剛曰柔。」把渾淪解成不可見的太和之氣，顯則自動消失（203）。「渾淪於太極」之「太極」不是隱，而是隱顯。因此，此「一」不是單純的陰陽合一，而是隱顯、均衡合一之「一」。

這種情況，我們可以找一個看似最易被誤解的例子，來解析一番，以見太極始終是「隱顯合一」的特性，而非單純「陰陽合一」。船山注解「一陰一陽之謂道」，曾提到一般人對陰陽二氣之動靜的誤解是：因動靜始有陰陽。他澄清說「『陰陽無始』，言其有在動靜之先也」。所謂動靜是從人可感知的角度說，當陰陽之動靜太過細微，不被人所掌握時，其「實有」一直都在，惟不被人感知罷了。他接著說：

> 陽輕清以健，而恆爲動先，乃以動乎陰，而陰亦動。陰重濁以順，非感不動，恆處乎靜；陽既麗乎陰，則陽亦靜。靜而陰之體見焉，非無陽也；動而陽之用章焉，非無陰也……故可謂之靜生陰，動生陽，而非本無而始生，尤非動之謂陽、靜之謂陰也。合之則爲太極，分之則謂之陰陽，不可強同而不相悖害，謂之太和，皆以言乎陰陽靜存之體，而動發亦不失也。（《內傳‧繫辭上》第5，525）

在此，「合之則爲太極，分之則謂之陰陽」句，易致人誤解。以爲動靜即是可被感知者，屬顯；那麼，太極就是不被感知的，屬隱。因此，上述我們對太極爲隱顯合一的看法不正確。

然必須明辨的是，這裡的「合」不是以陰陽二氣爲主，而是以二氣之動靜爲主，結合陰陽來論述之合。「動者陰陽之動，靜者陰陽之靜」，所以動是合陰陽言，靜亦合陰陽言，從這個合而謂太極。換言之，陰可以有動有靜，陽亦可有動有靜；不可以爲動必屬陽，靜必屬陰，即「尤非動之謂陽、靜之謂陰也」。不管專注在動或靜，「靜而陰之體見焉，非無陽也；動而陽之用章焉，非無陰也」。

只不過是在靜之時，見陰之體（顯），而陽爲隱，合之則爲太極。若靜之時只有陰，則天下有孤陰之物，故必得說陽爲隱，只是不爲人所感知。同樣的，在動之時，陽之體見（顯），而陰爲隱，合之則爲太極。若動之時只有陽，則天下有孤陽之物，故必說陰爲隱，不爲人所感知。天下之物首先必是陰陽合一之物，然後方依此說動靜，從無形無象之氣，到有象有形之物莫不如此。因此，才不能說「動之謂陽，靜之謂陰」。「分之則謂之陰陽」，「分」指可被感知的情況。分開說時，靜爲顯，陰被感知了，故知有陰。動爲顯時，陽被感知了，故知有陽。總之，不管是靜是動，皆有陰有陽，只是隱顯有別。結合動靜、陰陽之隱顯，那麼，靜是一太極，動亦是一太極，此之謂「合之則爲太極」。

回頭去看太極之爲氣的情況。我們知道太虛、太和、絪縕皆指氣不同的情態。若太極爲氣，它與太虛等有何差別呢？可以肯定，太極不是單表氣之陰陽合一，因一氣有陰陽兩體，早就在論述氣的實有之際，已經這樣說了，何須以太極辭費？太和指氣實存上的均衡，不涉及隱顯。太虛著重指出氣不可見，即「隱」的特質，卻沒有「顯」的意思。而太極表明對氣掌握上有隱顯的均衡。其均衡特指掌握上、隱與顯的均衡；換言之，其均衡是從掌握上而非實存上界定的。這才是太極一詞獨特之處。

至於對太極「無所不極」的涵義，其實可從兩方面作恰當的理解。(一) 就其指涉氣，可作爲與太虛之「不可見」、太和之「均和」等詞對比時的區隔，表示氣「至大無極」之義。(二) 太極指涉氣時可說「至大無極」、「無所不極」、「無有一極」，固然恰當；但也可從掌握的角度看，指掌握的無窮盡。如船山注張載「《易》有太極」所說：「〈乾〉、〈坤〉合於太和而富有日新之無所缺也。若周子之言無極者，言道無適主，化無定則，不可名之爲極。」(《正蒙注》272) 這正是從神妙，即隱的角度所說的「無極」。〔註20〕因此，「太極」一詞有兩義：主要意義指「陰陽均衡，一隱一顯」。引伸義是「無有一極、無有不極」。

於是可說：太極之爲虛空之氣，只是太極「其中一種面貌」，當此太極與氣同義時，它自然是本體，與太虛、太和之爲本體相同。然而，不是只有這一個，才叫太極。更重要的是，不能誤認成爲太極的首要條件，必須是氣。眞正構成太極的，只是其隱顯之均衡。渾淪的說明，對此已有澄清。以下再

〔註20〕又船山曾說「性情相需者也，始終相成者也，體用相函者也。性以發情，情以充性。始以肇終，終以集始。體以致用，用以備體。陽動而喜，陰動而怒，故曰性以發情。喜以獎善，怒以止惡，故曰情以性。三時有待，春開必先，故曰始以肇終。四序所登，春功乃備，故曰終以集始。無車何乘？無器何貯？故曰體以致用。不貯非器，不乘非車，故曰用以備體。六者異撰而同有，同有而無不至。至，則極；無不至，則太極矣」(《外傳・繫辭上》第11，1023)。性情、始終、體用三組，是對立的二元概念。每一組之所以「無不至」(即無所不極)，乃因彼等是一封閉系統內相互窮盡之二元概念，由人歸納而得。以是，始終、體用皆可以不同的內容充實之，作反覆論述。性情範圍較狹，但情性之間的雙向變化，也是不窮的。因此，它們之「無不至」，乃是從掌握角度表明無法窮盡，故謂「太極」。

從卦爻代表天地的部分，証明天地之隱顯亦是太極，不是絪縕之氣才是太極。

在《外傳．序卦傳》中，船山幾乎是從天地的變化，來談卦爻變化。換言之，其談論卦爻變化，主要從卦爻代表天地的角度來說（詳參〈卦變二種〉）。之前曾提一卦代表一物，此物可大可小，可廣可狹。當一卦代表我們所面對之天地萬物，它的隱顯是如何的呢？以下《外傳．序卦傳》所說可謂典型論述：

> 天地自然，而人之用天地者，隨其隱見以爲之量。天地之所以資人用者，廣矣，大矣。伸於彼者詘於此，乃以無私；節其過者防其不及，乃以不測。故有長有消，有來有往，以運行於隱見之殊，而人覺其嚮背。《易》以前民用，皆言其所嚮者也，則六位著而消長往來，無私而不測者行焉。消長有幾，往來有跡，而條理亦可得而紀矣。（1095）

這其中，那些是隱，那些是顯呢？左右隱顯的，較主要的因素有兩方面。一是「時位異而知覺殊」，二是「時位同而知覺異」。前者是船山原用語，其注張載「心所以萬殊者，感外物爲不一也」云：

> 心函絪縕之全體而特微爾，其虛靈本一。而情識意見成乎萬殊者，物之相感，有同異，有攻取，時位異而知覺殊，亦猶萬物爲陰陽之偶聚而不相肖也。（《正蒙注．太和》43）

萬物之交相感通有同有異，相互排斥或相互吸引，不一而足，時位不同，其樣態形貌變化萬殊；人心應物而感，自然產生不一樣的知覺。有感知者即是顯，無感知的，就成了隱。

至於第二點「時位同而知覺異」，則是從前面談論耳目、存神之掌握的引伸。之前說「掌握」時，已談到知識隨時日增益，存神隨修養日進而有不同（見第一節）；這種不同自然反饋到習常生活上，令日常事物有了不一樣的內涵。因爲掌握不是單純客觀的，而是主客交融的結果。

這兩個因素，使天地之隱顯，似乎是以變化來呈顯的。這是屬於變化的部分。不過，天地變化亦有其常。如四時之更迭、日之運、月之盈虧等，可爲人大致掌握，這就是「消長有幾，往來有跡」中的「幾」「跡」，皆屬「顯」者，人們由此歸納，記錄下相對穩定的規律。這種規律的掌握，猶如本文在〈卦變二種〉末尾所談的「分屬」；「分屬」屬常，卻不表示神妙不測不見了。因爲比「分屬」稍細些、再細些的種種變化，仍在掌握之外。而且，所謂常、顯，亦恆常處於變化之中，只是相對於大變化，其變化較小，以致被有意無意地忽略。

此如一年四季是常，但今年的春天，不管下雨日期、雨量多寡、風勢大小等等，皆與去歲不同。只因春天如常來到，所以沒人去理會這些小變化罷了。

總之，面對眼前這個天地、這個世界，倘若掌握不到存神之知那裡，那麼在當下與萬物之顯相對而爲隱的，大部分應是虛空之氣。因船山所說有關太極絪縕、太虛等內容，其實是屬於聖人、君子境界上事，凡夫所能至者是「《易》以前民用，皆言其所嚮者也」，他們瞭解的，是比較明顯可見的部分。

一般人所理解的「天」，大約以日月星辰等星象，四時變化等更迭，雲行雨施澤潤萬物，構成它主要內容。不過，就船山對天界定而言，天更大的部分，是其廣大虛空之氣。因此，所謂虛空之氣、太虛等，其主體實即一般人所稱的「天」。雖然此氣的來源，實即來自地氣，「凡氣皆地氣也，出乎地上則謂之天氣，一升一降，皆天地之間以絪縕者耳。」（《思問錄外篇》450）但天之爲天，主要由其最重要的功能來界定，那就是絪縕之氣，化生萬物。天，其實是陰陽二氣化生萬物的通稱。這樣的說法頗多：

> 太虛即氣，絪縕之本體，陰陽合於太和，雖其實氣也，而未可名之爲氣；其升降飛揚，莫之爲而爲萬物之資始者，於此言之則謂之天。（《正蒙注・太和》32）

其餘諸如「天以太虛爲體，而太和之絪縕充滿焉，故無物不體之以爲性命。」（《正蒙注・天道》66）由於太虛不可見，故有時又說天無體：「天無體，用即其體」（《正蒙注・大心》154），其用即其可見可感的生化作用：「天無體，太和絪縕之氣，爲萬物所資始，屈伸變化，無跡而不可測，萬物之神所資也。」（《正蒙注・參兩》50）等等。

這是天最重要的功用，也是天之爲天的主因。然而，對大多數之人言，天之虛湛卻是隱而非顯的，對其生物之功能表現，雖有概念，但諸如虛實、動靜、清濁等等（依船山之詳述）卻難以窺知，瞭解得少；直接成爲顯者，自然是目前眼見耳聞之萬物。在此情況下，一卦代表眼前的天地，它有隱有顯，而成其太極；形成大部分之隱的，不消說，自是眼前這片虛空之境。

所以，是天地之間的顯與隱，構成了太極（隱顯）。顯不單是耳目可聞見，同時指心可感知、掌握的理；隱則指耳目不可聞見之物、心所不知之理。耳目與心構成了總和的隱與顯，這就是太極。這時，可不能說太極只是那一片絪縕不可見之氣（隱）而已，如《內傳・繫辭上》第11（561）所述。即便是聖人，他亦是即顯而知密：「唯聖人即顯知密，上溯之太極之理，至健而不息，至順而無彊，即圓而求方，爲不踰之矩，爲能與於其深，而下此者，日用而不知也。」(《內傳・繫辭上》第 11，563）而聖人所瞭解的太極，是有其理在者，有其理即「顯」，故云「太極之理」。這是在隱顯對照下才有的說法。

此外，船山論述卦之有「六幽六明，而位亦十二也」時，曾說：「十二者，象天十二次之位，爲大圓之體。太極一渾天之全體，見者半，隱者半，陰陽寓於其位，故轂轉而恆見其六」(《內傳・發例》658）。太極雖是「渾天之全體」，但「見者半，隱者半」，它即不是全然的隱，亦非純粹的顯，而是有隱有顯。這種以隱顯論太極之例，比談「太極絪緼」來得多。所以，從卦爻連帶到萬物萬事的方向去說時，他一樣強調這個道理：

(1）唯其〈乾〉〈坤〉並見，六陽六陰各處於至足以儲用，而十二位之半隱半見，唯見者爲形象之可用也。在天則十二次之經星迭出迭沒，在地則百昌之生成迭榮迭悴，在人物則靈蠢動植、聖狂義利、君臣治亂之分體而各乘其時，所發見而利用者，約略得其六耳。(《內傳・繫辭上》第 1，509-510）

(2）陰陽之撰各六，其位亦十有二，半隱半見，見者爲明，而非忽有，隱者爲幽，而非竟無，天道人事，無不皆然，體之充實，所謂誠也。十二位之陰陽，隱見各半，其發用者，皆其見而明者也。時所偶值，情所偶動，事所偶起，天運之循環，事物之往來，人心之應感，當其際而發見。(《內傳・復》225）

上引都是談論太極最明確的資料之一。可是學者論述太極，固然在卦爻上言陰陽十二、半隱半現爲太極；談到氣化、萬物層面，則似全然與隱顯無涉，太極成爲純然一氣，卦爻半隱半現的情況就無法恰切說明了。若按這種方式理解船山太極，則太極是斷成兩截的，因爲他在卦爻上苦心孤旨建立的〈乾〉〈坤〉並建體系，到氣化層面時，只是淪爲陰陽合一而已，隱顯的模式完全消失了。然而，陰陽合一不是船山〈乾〉〈坤〉並建理論最終極的層次，他最終要標舉的是太極，太極是在合一的基礎上，所呈顯的陰陽均衡，有隱有顯。這在卦爻上表現得非常明確。

而以上引文重點，之前已重複多次：那就是人受到自身限制，永遠無法完全掌握這個世界。事物不管大小，都有隱顯，而且隱顯的界限永不會消失，太極因此必然存在，乃有「神無方而《易》無體」之論。

簡言之，太極是從人的掌握角度才有的限制概念。它與純然的太和之氣不同，太和一詞，不強調掌握多寡、有無隱顯。但就掌握論，面對任一對象（物），宇宙之大固是一太極，萬事萬物小至秋毫芥子，皆有隱顯，故物物太極。嚴格而言，宇宙一太極仍屬物物一太極——天地不過是一物，宇宙亦然——因此，它仍在物物太極涵蘊之下。這樣層層構築而成的太極，自然是無所不極，無有一極的。那裡有感知、有道理，就有顯，自然有隱，太極惡乎不在？這就是船山所說的：

> 太極之在兩間，無初無終而不可間也，無彼無此而不可破也，自大至細而象皆其象，自一至萬而數皆其數。故空不流而實不窒，靈不私而頑不遺，亦靜不先而動不後矣。夫惟從無至有者，先靜後動而靜非其靜；從有益有，則無有先後而動要以先……要此太極者混淪皆備，不可析也，不可聚也。以其成天下之聚，不可析也；以其入天下之析，不可聚也。(《外傳・繫辭上》第 9，1016)

第五節　無窮實踐：化隱爲顯

倘若物物太極直接由氣來保証，這將導致太極與道德實踐無關的困境。實踐——簡言之——就是化隱爲顯。而若太極直接由氣保証，則化隱爲顯的實踐歷程，即被取消。惟有把太極與掌握聯結，才能充分表達道德實踐的必然。這一節核心在此。

物物太極是說事物不管大小，對其掌握都無有窮盡。而作爲一個人，事物之無窮盡所對應的，正是抉發自身性體之隱而成顯——這個無盡的歷程。一如事物皆有隱顯，人的心性亦有隱有顯。那就是心爲顯，而性爲隱：

> 天理之自然，爲太和之氣所體物不遺者爲性；凝之於人而函於形中，因形發用以起知能者爲心。性者天道，心者人道，天道隱而人道顯；顯，故充惻隱之心而仁盡，推羞惡之心而義盡。弘道者，資心以效其能。性則與天同其無爲，不知制其心也；故心放而不存，不可以咎性之不善。(《正蒙注・誠明》124)

心還要分人心、道心。人心之顯，無以抉發性體之隱，惟道心可。因此，其解「顯諸仁，藏諸用」(《內傳・繫辭上》第 5，528)，即云「仁」本爲隱。仁心即道心，仁隱，即謂道心爲隱。若仁顯，則人心轉爲道心：

> 此言一陰一陽之道，爲《易》之全體，而於人性之中，爲德業所自

> 立，以見盡性者之不可離也。性函於心，心之體；處於至靜而惻然有動者，仁也。性之能，麗於事物而不窮於其所施，用也。仁函於心，本隱也，而天理者未動而不測其所在，雖或聞見有得，而終不與己相親；惻然內動，乃以知吾心之有此，而條緒昭察於心目之前，則唯仁爲道之所顯也。

從心性角度，多方區分隱顯的目的之　，是要君了使隱者呈顯。但這個過程——即君子之成己——不是單憑一個虛懸的心，而是成己必然包含了成物在內。反過來，亦可說「成物皆成己之事」（《正蒙注・神化》87）。故凡實踐不離物，離物則無實踐，成己成物一時並起。至其極致，則謂「以身爲物而爲道所用」、「視聽言動，無非道也，則耳目口體全爲道用，而道外無徇物自恣之身，合天德而廣大肆應矣。」（《正蒙注・大心篇》149）換言之，無實踐之外的物，亦無實踐之外的「身」，視聽言動，即道之所顯。

然而，回到學《易》的基本，船山所強調在深切知曉物之神妙不測，它是實踐的基礎：

> 天地之化，至精至密。一卉一木，一禽一蟲，察於至小者皆以不測而妙盡其理；或寒或暑，或雨或晴，應以其候者抑不可豫測其候。故《易》體之，以使人行法俟命，無時不懼，以受天之祐。故〈乾〉〈坤〉並建，即繼之以〈屯〉：陰陽交而難生，險阻在易簡之中，示天命之靡常也。〈泰〉而旋〈否〉，〈剝〉而旋〈復〉，有〈恆〉而〈遯〉，明已夷而可閑於有家：神之格不可度，而矧可射也？故曰百物不廢，懼以終始。君子之學《易》，學此焉耳；有疑焉而以問，問此焉耳；固法象自然必有之變化也。（《內傳・發例》第13，668）

一卉一木，一禽一蟲皆以不測，充分說明了神妙存在的必然。以是才能「百物不廢，懼以終始。君子之學《易》，學此焉耳；有疑焉而以問，問此焉耳；固法象自然必有之變化也。」若依「方圓圖方位次序之餖飣鋪排者，可以崇德廣業邪？可以爲師保父母，使人懼邪？可以通志成務，不疾而速，不行而至邪？」（《內傳・發例》第2，651）。這個反問充分表明崇德廣業（道德事業）的關鍵，就在神妙的存在，它正是知憂知懼的基礎，由此方能成就德業。

君子能知神妙，即是藉由物之有象有形。故船山謂其《大象解》是純乎學《易》之理，是盡人之事。而筮是知天之事，二者不同。對於知天，人只能俟命而立命。但學《易》則必須能洞察陰陽之法象，以求合於天德。其云：

> 〈大象〉純乎學《易》之理，而不與筮。蓋筮者，知天之事也；知天者，以俟命而立命也。樂天知命而不憂以俟命，安土敦仁而能愛以立命……若夫學《易》者，盡人之事也。盡人而求合乎天德，則在天者即爲理。天下無窮之變，陰陽雜用之幾，察乎至小、至險、至逆，而皆天道之所必察。苟精其義、窮其理，但爲一陰一陽所繼而成象者，君子無不可用之以爲靜存動察、修己治人、撥亂反正之道……乃以精義入神，而隨時處中，天無不可學，物無不可用，事無不可爲，由是以上達，則聖人耳順從心之德也。（《內傳・發例》674-5）

象換個說詞，即是「物」。象爲學《易》的根本，無象則無《易》。就〈乾〉〈坤〉並建模式看，顯的卦爻，即代表具體物象。因此，學《易》的歷程即是：物象（顯）——神妙（隱）——知憂知懼——崇德廣業。但象之所以爲根本，不單因其實有，緣故仍在它有無法窮盡的隱。物都有其不可知而待知，隱而待顯的地方；惟有經由實踐方能顯之、成之，不能單由認知而把握。因此，人所掌握之物兼具顯與隱的特質，是實踐的基礎，同時亦造就實踐之無盡。

然而，在存神討論中提到，「由兩見一」只是從顯而感其隱，當下全顯爲一。而物作爲客體，其顯一般確然可見——聖人「立教之本，必因陰陽已分、剛柔成象之體」，已分、成象，都是可見之法象——而其所以然之理（隱），則由心感知即能呈顯。以存神感之，似乎沒有太大難處，何以說隱無法窮盡呢？

其實，事物之所以無法窮盡，固因其量無窮及有甚深奧處，以致不易掌握。但從道德實踐的立場看，主因卻不在此，而是在實存情境中，人即使面對同一物，亦無法每次隨感而應，感物而通；更何況處於存亡進退、局勢詭譎之際？簡言之，「無法窮盡」主因之一是心物皆處於無窮變合之中所導致的，心遂於繼善成性上有了滯留、斷隙。〔註21〕

就第一點來說，所謂物，若從倫常範疇舉例，如忠孝。船山說：「盡孝而後父爲吾父，盡忠而後君爲吾君，無一物不自我成也。」（《正蒙注・大心》144）問題是對於忠孝，並不是知父、知君，即隨時能孝、能忠。今天能忠、孝，不表示明天一樣做得。平順之時可以，亂離之際未必能夠。因此，忠孝之心不是一旦朗現即可不斷持續。因爲心恆處於與物（欲）交接之中，其應合之際，不盡然是善而是有所滯溺；必須不斷存其神，才能恆保虛靈。

〔註21〕參曾昭旭《王船山哲學》人道有斷的論述，頁368-378。

其次，存亡進退、局勢詭譎之際，其仁義得失更形幽微，往往差之毫釐謬以千里，如下船山所言：

> 唯夫得失者，統此一仁義爲立人之道，而差之毫釐者謬以千里，雖聖人且有疑焉。一介之從違，生天下之險阻，其初幾也隱，其後應也不測，誠之必幾，神之不可度也。故曰：「明於憂患與故。」又曰：「憂悔吝者存乎介。」一剛一柔，一進一退，一屈一伸，陰陽之動機；不疾而速、不行而至者，造化之權衡；操之於微芒，而吉凶分塗之後，人尚莫測其所自致……故聖人作《易》，以鬼謀助人謀之不逮，百姓可用，而君子不敢不度外內以知懼，此則筮者筮吉凶於得失之幾也。（《內傳・發例》第 4，654）

文中的「介」、「幾」、「芒」強調得失之幾的幽微。「隱」、「不測」、「莫測」、「神」標出其難知。「進退」、「屈伸」、「疾速」突顯其變化。而「憂患」、「憂悔」、「知懼」刻劃聖人、君子面臨的態度。雖然不過是得失、善惡兩端，但要知幾而決，並不容易，有時甚至非常艱難。因此，不管君子立於朝、僻處野，若從時時能「顯」——即存神——去要求，平日倫常之物，欲朗顯之固非隨時而可；存亡之際，事態龐雜，時間緊迫，往往更考驗工夫。

而在存神討論中，說明心顯物所以然之理，多以聖人爲例，因此看來境界得來恁易。但當此工夫被言說呈顯，它便成爲一種掌握「原則」，知道原則，不等於擁有實際掌握的本事；認知與體知之間，頗有距離。綜言之，事物之無法窮盡，其實是心與物皆處於變動之中——即之前所言「時位異而知覺殊」與「時位同而知覺異」——造成了無窮變化的實存處境。因此，道德實踐生發於人心與物交接之幾，雖往往取決於當下一念——「初心之發，善惡兩端而已」（《正蒙注・神化》88）——但存神之要求，不只在前念爲善；後念、乃至千念萬念皆須如此。這是君子必須終生以致之的無盡歷程。

因此，從本心看，實踐甚爲簡易；但從持恆言，則透露出實踐的艱難與莊嚴；此是不同層面上事。可以說，除聖人外，任何體知，都是在工夫的歷程之內，而非境界的保証。大致的緣故，固然如上述，即仁心不能隨時全顯；另一原因，則是有些部分能藉學（知識）來達到更好的成物之效，因此認知的進步空間亦大。由其必經體知來統攝，而實踐又既無盡，那麼學亦無止境。簡言之，知識與道德在深度、廣度以及持續度（不息）方面，都是需要不斷要求的。第一節中談事親之道，就很好的說明了這一點。單有孝心，不能保証合乎事親之義；更何況君子立於朝野，面對天下國家大事？因此，一方面要學，即「不廢格物窮理」；一方面要鍛鍊存神工夫，二者皆須不斷積累，與時俱進。

從這個地方看，船山強調太極、神妙、隱之永在，正是同時突出顯之無盡、實踐綿延的莊嚴。以聖人無法自外神妙，標出天人界限，更是非常鮮明有力的例子。那麼，君子應學太極全用之體，效法天地、〈乾〉〈坤〉健順之大德（參〈乾坤並建〉第二節），永無終始，自然是他反覆強調的。其「無終始」之論，發揮精闢，爲人稱道，實與此同調。說「事物有終始，心無終始」（《正蒙注・大易》306）；更細的分解，則謂「既生以後，刻刻有所成，則刻刻有所終；刻刻有所生於未有，則刻刻有所始」（《大全・論語》752）等等。其實，「乃以肖天地之無先無後，而純乎其天」（《外傳・說卦傳》1078）。〔註22〕此外，存神而至與太虛絪縕之本體「至虛而誠有」相合無間等等，在在著重從不間斷、不息（誠）的層面來要求。

職是之故，化隱爲顯的描述，以不同的面貌，隨處出現；即同時表示實踐之無盡，亦如影隨形。且用以下引文，作一小結：

> 天之生斯人也，道以爲用，一陰一陽以爲體。其用不滯，其體不偏。嚮背之間，相錯者皆備也；往來之際，相綜者皆實也。跡若相詭，性奚在而非善？勢若相左，變奚往而非時？以生以死，以榮以賤，以今以古，以治以亂，無不見之天心，無不可合之道符。（《外傳・雜卦傳》1114）

從初始的認知來看，生死、榮賤、今古、治亂等是對立的，君子處身其間，往往只能見到某一方之顯，如生爲顯，則死爲隱；榮爲顯，則賤爲隱等等。君子之學，是要經由知行之不息，在實踐上消解了認知上的對立，貫通彼等。

依體用而言，則從用處體知一陰一陽之體，知用之虛靈，體之全備。以卦爻表示，指藉外在物象之雜（綜、顯），而待我心感其隱、通體之純（錯、全）。從隱顯來說，由性體、外物所以然之理的「同隱」，而隨時達到心、物所以然之理的「同顯」；亦即每時每刻，其心神皆「至虛而誠有」，與太虛絪縕之本體合一，無往而不「全顯」其性之本體，化成萬物。用修辭的講法，

〔註22〕就此，可參陳贇《回歸眞實的存在》第七章〈天地之始終與性日生日成〉。船山著名的「性日生日成」之論，亦由天地無終始而生發。其詳見上陳書，又曾昭旭《王船山哲學》第三編第五章（531-541）。

那就是天心、道符。從人爲內、天爲外合一來概括，即是「充天地之位，皆我性也；試天地之化，皆我時也」，以是而隨時以天地之隱見，而用天地；雖歷憂患而健順恆動，而人道以立，天道以成，終成天地之大用：

> 是以君子樂觀其雜以學《易》，廣矣，大矣，言乎天地之間則備矣。充天地之位，皆我性也；試天地之化，皆我時也。是故歷憂患而不窮，處死生而不亂，故人極立而道術正。（《外傳．雜卦傳》1114）

因此，一方面說隱、神妙，一方面談存神，其故在神妙的存在，讓君子知憂知懼，而審思動靜語默、出處進退之得失，遂堅持存神之實踐，以保仁義不失。在隱與顯兩端無窮反覆的動態過程裡，道德事業乃能綿延成就。這——就是君子學《易》的目的；此目的不擺在有一可達臻的終點之上，而是置於一無止境的歷程之中。聖人「以陰交陽，以陽濟陰，以陰應陰，以陽應陽，以吾性之健順應固有之陰陽，則出處語默，刑賞治教，道運於心，自感通於天下」（《正蒙注．神化》81），這種隨感而應，處處成化的境界，遂成爲君子終生的追求。

於是，太極（隱顯）永在，神妙恆存，《易》乃成其爲《易》。

第九章　結　論

第一節　隱顯與「一陰一陽之謂道」

經由〈乾〉〈坤〉並建隱顯之理，本文終於說明了太極，以及神妙之所由生。不過，更細部的問題並未釐清。主要是隱顯與「一陰一陽之謂道」可能的聯繫；以及有關「顯」或「理」的界定問題。本章就此做一些補充，並期許將來發展的可能。

「陰陽」一詞通常指氣之兩體。然嚴格而言，陰陽雖具體指涉二氣，亦可說船山使用「陰陽」一詞，只是一種屬性用法。說它是「屬性用法」，不表示它無實質內涵；「屬性」一詞，意味著它是從人的掌握給出的。我們掌握任一對對反的性質即可以陰陽名之，而此一對不必然是固定不變的一對。譬如陰陽不必然只限於指氣兩種對反的性質，性可以爲陽，情可以爲陰；動是陽，靜屬陰等等。船山的陰陽用法，亦大致如此。

依此，可把隱與顯的相反，以「顯爲陽，隱爲陰」稱述。於是，隱顯與「一陰一陽之謂道」，可有進一步的關聯。而對於〈陰陽十二〉第四節談到的本質與結構之論，亦可於此進一解。以下引文，即是下文論述的主軸：

> 《易》云「一陰一陽之謂道」，是大概須如此說。實則可云三陰三陽之謂道，亦可云六陰六陽之謂道，亦可云百九十二陰、百九十二陽，乃至五千七百六十陰、五千七百六十陽之謂道。而〈乾〉之純陽，亦一陽也；〈坤〉之純陰，亦一陰也；〈夬〉、〈姤〉之五陽，亦一陰也；〈剝〉、〈復〉之五陰，亦一陽也。〈師〉、〈比〉、〈同人〉、〈大有〉

等皆然。(《大全・中庸》第12章,496)

文中一陰一陽、三陰三陽、六陰六陽,甚至百九十二陰、百九十二陽等,不同的卦爻爻數、卦爻排列,甚至三百八十四爻、揲蓍總策數等,都依陰陽均衡劃分,而皆謂「道」。從所舉例,可知卦爻的陰陽爻數、排列等相對不重要。如〈坤〉爲六陰,其實一陰;〈夬〉䷪、〈姤〉䷫之一陰,亦是一陰,沒有差別。〈乾〉之六陽,是一陽;〈剝〉䷖、〈復〉䷗之一陽,亦是一陽,不分同異。其他諸卦之陰陽亦如此。這即是〈陰陽十二〉第四節所說,從本質論,任一爻、卦之陰都是〈坤〉,陽都是〈乾〉。以上引文只是直接說,謂任一爻、卦之陰陽,其實與其餘卦爻之陰陽無異。

不過,〈陰陽十二〉同時指出,若按「本質論証」,則任一雜卦,都應當是〈乾〉〈坤〉並建,無須陰陽十二。因此,引文謂陰陽在任一卦爻都無差別,並不等於陰陽十二。若要以卦爻表徵有陰有陽,雜卦即顯示此意,不須藉一陰一陽來表達;一陰一陽要傳達的毋寧是隱顯。所以引文才不是單提一卦(如一畫卦、三畫卦、六畫卦),而是一一、三三、六六等雙雙並提。

或問:以〈乾〉〈坤〉爲例時,單就一卦論,〈乾〉〈坤〉皆爲純陰、純陽,並非有陰有陽——又如何解釋?確實,〈乾〉、〈坤〉要兩卦並建(陰陽十二)才有陰有陽。但由於單一雜卦本即有陰有陽,而今以純陰、純陽並建,正好讓人看出,它不單爲表徵有陰有陽的情況,而是強調陰陽均衡的特質(參〈陰陽十二〉第四節),而均衡即「隱顯」之均衡,非他物之均衡(見〈物物太極〉第一節)。

因此,〈乾〉〈坤〉並建要同時說明三個相關重點:(一)天下無有孤陰、孤陽之物。(二)不止無孤陰、孤陽,而且一物之陰陽,本質恆均衡。(三)〈乾〉〈坤〉並建是「全」,但總體之「全」屬天道,在人掌握之外;能爲人掌握的總是一隱一顯。其中二、三兩點是船山《易》學重點所在;它們是無有孤陰、孤陽情況的具體展示。

以是〈乾〉〈坤〉並建中的「〈乾〉〈坤〉」,或「一陰一陽之謂道」的「一陰一陽」,其實最終皆象徵「隱顯」。不管是一一、三三、六六等,就其皆有隱顯是相同的,只著眼於此共性,卦爻結構的不同自然可以忽略。並建之卦爻,遂單純成爲「隱顯」的象徵,即「顯爲陽,隱爲陰」。而〈乾〉〈坤〉又是「陰陽」的象徵,於是任一錯卦對照,都可以說是〈乾〉〈坤〉並建。而一一、三三等不同,無損「陰陽均衡,一隱一顯」的共性(太極)。而一一、三三之不同，又表徵太極內涵的差異（參〈絪縕是生〉第三、四節）。〈陰陽十二〉中各個不同的「錯卦對照」，也是差異的表現；於是結構差異，亦得以保存。

簡言之，從太極看〈陰陽十二〉第四節船山忽視結構差異、導致理論有瑕疵處，其實可以得到比較恰當而完整的彌補。從共性看陰陽十二，是就隱顯均衡（太極）說，此時可以忽視結構差異——亦即不管結構如何不同，隱顯均衡（太極）都是彼等之所同。從結構差異看，表示太極的內涵有異，而又無損皆爲太極（隱顯均衡）的事實。由此可知，「一陰一陽之謂道」是最簡要的、以卦爻結構表達隱顯的方式——比〈乾〉〈坤〉並建以六畫卦表示，精簡得多——許之爲「道」，實至名歸。如是——扣緊這一點而言——右列等式遂成立:「〈乾〉〈坤〉並建」＝「隱顯均衡」＝「太極」＝「一陰一陽」＝「道」。

此外，這句話的表述，並不忽略陰陽二氣爲創造、終成萬物的實質。一陰一陽的卦爻表達，即是兩儀方式之並列：⚊⚋，而陰陽二氣的或動或靜、相互作用，是以交互隱顯的情況呈現的。

「一陰一陽之謂道」句，原出《繫辭上傳》第 5 章，但從隱顯加以詮釋，相對於「太極」、「〈乾〉〈坤〉並建」，可見其殊勝。它把陰陽與道作了完整的聯結。「太極」與「〈乾〉〈坤〉並建」亦不外於陰陽，但要花較大力氣，才能解釋清楚它們與陰陽、道的關係。畢竟它們與陰陽中間隔了一層。當我們瞭解經由〈乾〉〈坤〉並建、太極所要詮明的道理是隱顯；天道是全顯，人道是一隱一顯，而隱顯又附屬陰陽之下——那麼「一陰一陽之謂道」，就是最佳的表述句。

陰陽是實體的氣，構成宇宙萬事萬物；同時也是船山用以建構人文世界的主要語詞，亦即他以陰陽作爲分析、解釋世界的主要工具（詳下）。而以陰陽指隱顯，「一陰一陽之謂道」既說明隱顯之爲道，同時也區隔了天道（隱顯合之全）、人道（顯）。〈乾〉〈坤〉並建與太極無法同時表述這兩點。其注「一陰一陽之謂道」云：

> 「一陰一陽之謂道」，推性之所自出而言之。「道」謂天道也。「陰陽」者太極所有之實也。凡兩間之所有，爲形爲象，爲精爲氣，爲清爲濁，自雷風水火山澤以至蜎孓萌芽之小，自成形而上以至未有成形，相與絪縕以待用之初，皆此二者之充塞無間，而判然各爲一物，其性情才質功效，皆不可強之而同……盈天地間唯陰陽而已矣。「一一」

> 云者，相合以成，主持分劑之謂也。無有陰而無陽，無有陽而無陰，兩相倚而不離也。隨其隱見，一彼一此之互相往來，雖多寡之不齊，必交待以成也。一形之成，必起一事；一精之用，必載一氣。濁以清而靈，清以濁而定。若經營之，若摶捖之，不見其爲，而巧無以踰，此則分劑之之密，主持之之定，合同之之和也。此太極之所以出成萬物，成萬理而起萬事者也，資始資生之本體也，故謂之「道」，亙古今，統天人，攝人物，皆受成於此。其在人也，則自此而善，自此而性矣。夫一陰一陽，《易》之全體大用也。乃泝善與性之所從出，統宗於道者，固即此理。（《內傳・繫辭上》第 5，524-5）

引文中之陰陽，涵括了二氣、太極、萬物、萬物的性質（性情才質功效）、隱顯、善、性等等描述。簡言之，萬物皆由氣而成，而氣可分陰陽兩種性質、作用，以是任一事物、以及它們的性質等等，都可由此兩面分析、談論。因此，陰陽不僅指氣，同時亦指隱顯，這只是「一陰一陽之謂道」中之陰陽，其屬性用法之一端。前引《大全・中庸》第 12 章即如此。上引又自然談到隱顯，可見以「一陰一陽之謂道」說隱顯，不是孤例。

之前說解此句，看似屬靜態，實是暫時受限於言說使然。就實存而言，它是動態的，或動靜兼含的（詳下）。因爲「一陰一陽」的「一之一之」說的是氣化過程：「《周易》『陰陽』二字是說氣，著兩『一』字，方是說化。故朱子曰：『一陰而又一陽，一陽而又一陰者，氣之化也。』」（《大全・孟子》1109）氣化指氣之成化，即氣生化萬物：

> 氣化者，氣之化也。陰陽具於太虛絪縕之中，其一陰一陽，或動或靜，相與摩盪，乘其時位以著其功能，五行萬物之融結流止、飛潛動植，各自成其條理而不妄，則物有物之道，人有人之道，鬼神有鬼神之道，而知之必明，處之必當，皆循此以爲當然之則，於此言之則謂之道。（《正蒙注・太和》32-33）

氣未聚爲隱；聚而有形，始顯爲萬物；形散復歸於隱。整個過程，或動或靜，是隱顯交替的。精簡的說，即「氣化者，一陰一陽，動靜之幾，品彙之節具焉」（《正蒙注・太和》33）。從卦爻來說，即是〈陰陽十二〉章所談論的〈乾〉〈坤〉藉或隱或顯，而成六十二卦：「六十四卦具而〈乾〉〈坤〉之能事畢，變通之動幾盡焉。要其實，則一陰一陽之用而已。」（《內傳・繫辭下》第 6，599）。

心性與氣的情況亦相應。心性的發用，不能離內外動靜之幾。當其惻然內動，即由隱而顯：

> 此言一陰一陽之道，爲《易》之全體，而於人性之中，爲德業所自立，以見盡性者之不可離也。性函於心，心之體；處於至靜而惻然有動者，仁也。性之能，麗於事物而不窮於其所施，用也。仁函於心，本隱也，而天理者未動而不測其所在，雖或聞見有得，而終不與己相親；惻然內動，乃以知吾心之有此，而條緒昭察於心目之前，則唯仁爲道之所顯也……顯而微，藏而著，此陰陽配合參伍之妙，「一之一之」之道也。以其顯者鼓之，使惻然而興；以其藏者鼓之，而不匱於用……一陰一陽之道爲《易》之蘊，而具於人性之中也如此，誠至極而無可尚矣。（《內傳・繫辭上》第5，528）

重點在於如何能夠「以其顯者鼓之，使惻然而興；以其藏者鼓之，而不匱於用」。「顯」者指心；「藏」（隱）者謂性。心動而性靜，性是體，心爲用，故以心盡性，化隱爲顯。但性雖不動，卻能使心之用不虞匱乏，蓋性來自天，爲心所含藏之故。因此人倫道德之成，亦在此一隱一顯之中。

不過，除了「一陰一陽之謂道」的「陰陽」指隱顯之外，船山運用「陰陽」描述事物，大部分指涉被確定下來的「顯」（物）。所有事物、性質，諸如虛實、動靜、清濁（任一兩端）等皆是。就事態言，此一確定指某一特定情況、時代等之規律、規範。就事物言，此一確定指事物「固然之理」。而所謂「確定」，我們亦可以「常」指稱它。「常」不表示它們處於靜止、不動的狀態，它們仍是變化的，只是變化大致以某一觀點、某一理解掌握，遂暫時被確定下來。

「常」不管是固然之理或規律，仍是不充分的掌握，只是足以應付當下，或一時一世的情況，而且通常是在刻意摒棄一些看似不必要的觀點、作爲下，它們才成立。是以固然之理、規律的存在，不代表隱消失。於是，討論船山「常變觀」，說「變」爲偶然性，較無問題；「常」卻不能被界定爲必然性，因船山之「常」沒有被強化到那種地步。此因掌握隨人、隨時而異，不管是事態或事物，隱與顯乃是一條變動的界線，「常」自然也處於變化之中。只是相較之下，常的變化是可掌握的；常以外的變化，相對可被忽略。此外，常的改變，通常是小幅度的，故較具恆久性罷了。

這個道理，其實即是隱顯所要表達的。「一陰一陽之謂道」，道指「隱顯合」，乃天之「全」（見上引「『道』謂天道也」）。相對天之全爲人所不能，人能用者「顯」——「顯」在此特指物象——方是人道所能。這不是否定人不能化隱爲顯，而是化隱之前，必須以顯爲基礎。由顯而感隱之全，則屬道德實踐之全，並不能跨越客觀面上天人之間的限制。這些觀點，都可以很恰當的由船山詮釋「一陰一陽之謂道」之中推繹出來。

第二節 「理即顯」的問題

本文花了極大篇幅談論隱顯，最後達成凡有理處即是「顯」的結論。但對「理」在甚麼界線下才成立、可稱爲「理」，上一章並無較詳細、嚴格的說明。這裡略作原則性談論，以清眉目。

人對事物的理解、掌握，分屬「耳目」與「心」。「耳目」指耳目所覺知的經驗，經由認知心統合而形成的知。船山稱爲耳目之知或聞見之知，有時稱「心知」等；本文簡稱認知。「心」即道德創造之知，亦稱實踐之知、德性之知、存神之知、思（「心之官則思」）等；本文簡稱體知。若皆以心立名，前者屬人心，後者稱道心；若依物起論，傳統上前者稱格物，後者謂致知。然而，體知不廢認知，而是統攝知識爲道德，這是二者基本關係，故上述只是分析地說如此。船山在不同地方面對這些相似議題，分立彼等爲兩端，例如：「聞見之知與德性之知」、「格物與致知」、「人心與道心」、「思與不思」等，但結論皆採兩行而相濟的基本觀點（參曾昭旭《王船山哲學》，405-508）。

那麼，若先區隔認知、體知，其隱顯情況的分合如何，與理又有何關係？

隱顯情況之劃分，首先是指耳目能覺知的「顯」，或不能覺知的「隱」。其次，指心所掌握的「顯」，或不能掌握的「隱」。而耳目所覺知的顯，不完全等於心所掌握的顯；同樣的，耳目所不能覺知的隱，也不完全等於心所不能掌握的隱。耳目所覺知的顯，如天上之星辰可見，屬顯；但它不成爲道德對象時，此星辰爲隱。耳目所不能覺知的隱，如虛空之氣不可見；但心可掌握它的實有。

耳目或心相同的問題是，理解、掌握到何種程度方叫「顯」？或在甚麼情況下，隱才是隱的問題。若依有「理」即顯來看，問題就是：到甚麼程度，才叫有理？就此，且先從船山就「理」批評佛老的小小兩例，略見一斑，作爲後續討論的開端。先從船山批評莊子談起。

船山曾評莊子「莊生以意智測物，而不窮物理」(《思問錄外篇》457)，以莊子〈逍遙遊〉謂大鵬必厚積其風，始能負其大翼。船山以為非：

> 天地所蒸，漸上則漸清，漸下則漸濁。氣濁以重，則風力亦鷙；氣清以微，則風力亦緩。然則微霄之上，雖或有風，微颸而已，安所得積而厚哉！鷽、鳩之飛不能高，翼小力弱，須有憑以舉，能乘重而不能乘輕也。鵬之高也，翼廣力大，不必重有所感而亦能乘也。(456-7)

靠近地面之氣濁，濁則重，重則風力猛；越往上氣越清，最上者只有微風之動。故非如莊子所言可厚積風力至九萬里之高。而且鵬之力大，亦不必資厚氣以舉。若須厚積方可，則初飛之際未積，如何振地而起？莊子不審，故評之。

這個評語，雖從鵬飛而談氣之清濁引出，但其實適用於釋老莊，只是「不窮物理」有程度深淺的差別罷了。其中以釋最空幻，而莊子與儒學僅差一線；故釋氏與儒學相通者，較老莊尤少。〔註1〕

船山對釋氏的看法，且引一則較易誤認釋氏亦有理的例子，以見船山辨析之嚴。引文與形色欲求有關，同時提到釋氏之理，乍看有肯定釋氏之意，其實不然。其言謂：

> 乃又或疑思食色、思利害者之必為小體所奪，固已；如異端之徒，所思亦理也，而詖、淫、邪、遁以充塞仁義，此豈耳目之過哉！愚固曰：釋氏之耳為圓通，前五識為性境者，亦樂用其不勞而獲之聰明，與小人懷土便安之情同也。(《大全・孟子》1095)

我們要談的是「如異端之徒，所思亦理也」句(此處異端指釋氏)。此句頗有歧義，並非說釋氏「其思為理」，而是「所思者也是理」。「所思者也是理」，指所思的問題、所思的方面——這裡指食色、利害——可以是「理」，但其思、以及所得之見，畢竟不是「理」。

「其思非理」之故，在於船山運用「思」，有較嚴格界定：「思」是與仁

〔註1〕船山對佛老莊評述，曾昭旭先生以為其斥佛最嚴，其次老氏，莊子則最得船山認可。曾氏所述船山的批評，主要從體用的角度發出，其總評為佛老「立體廢用而體亦廢」，並以為佛老莊都有可借以通儒的部分(《王船山哲學》第二編第二章〈船山之佛老莊學〉215-251)。曾文之論與本文要談「理」有些距離，但仍可恰切借用，以闡明問題。此因儒家之體用，本建立在實有的基礎上；實有指肯定世界眞實不虛，非空非無。世界實有即與下文討論理、物有關。

義直接對應的語詞。從初始而言，「思因仁義之心而有」，「只思義理便是思，便是心之官」。不過，「今竟說此思字便是仁義之心，則固不能」，但「此仁義爲本而生乎思也」。思以仁義爲本而生發，但「思」不即是仁義之心，因心在此特指全體朗現、持續發用、思之不息者。而人之思仁思義，當其生發，固然是仁義之心的全顯，但畢竟不能持續如此；故不能說思字便是仁義之心。但凡思必屬仁義，卻表達得非常明確，故云「唯思仁義者爲思，而思食色等非思也」（本段所引見《大全・孟子》1091-1093）。

不過，在敘述過程中，思與食色、利害相連的情況也無法避免，如上引「思食色、思利害」句。換言之，思雖有嚴格用法，但在企圖解開思食色、利害不是「思」的過程中，畢竟仍套用此「思」字。因此，上述說「如異端之徒，所思亦理也」的「思」，非船山嚴格定義的「思」。釋氏之「思」，船山認爲與思食色、利害之「思」同，以此「思」思，怎能是理呢？由於是非思仁思義之「思」，故此句非謂彼等「所思亦理」即是「理」。

而釋氏之所以「所思亦理」的緣故，乃因釋氏之「思」與思利害、食色之「思」同，固然不即是理；可是「思利害而不悖乎理也，即仁義也。仁義未嘗不利也。若趨利避害之背乎理者，有一不因於耳目之欲者哉！」（《大全・孟子》1095）利害本質上不違背道德，而是可以成全道德的資具；食色亦然。船山以爲，形色欲求恰是道德實踐（天理）的根本，要即之而實踐道德，棄之則無道德。正是它成爲履踐道德的階梯，是呈顯道德不可或缺的表現形式。道德正是藉著提昇、轉化形色之欲求而達到的。〔註2〕釋氏反對食色，食色爲其「所思」的對象，而船山認爲「凡諸聲色臭味，皆理之所顯」（《大全・論語》763），故言釋氏「所思亦理」。

前一章本文只從一個最寬泛的標準，說明顯與理的關聯，談論的背景是「凡氣皆有理在」（《大全・論語》727），「盡天下無非理者；只有氣處，便有理在。」（《大全・孟子》1131）。在這種背景下如此論述，只能說到理成立的最低標準，自然不夠深入。可是，這個最寬泛的理由，卻也是評釋老的根本。因爲理氣不離，離氣無理。〔註3〕作爲本體的氣爲實有，氣推盪而成萬事萬物，

〔註2〕理欲問題，可參林安梧《王船山人性史哲學之研究》（106-118）、陳贇《回歸眞實的存在》第八章〈理欲合一：理性的開顯與感性的解放〉

〔註3〕理氣的論述可參朱伯崑《易學哲學史》（四）160-162；曾昭旭《王船山哲學》333 -339；林安梧《王船山人性史哲學研究》98-105、張立文《正學與開新：王船山哲學思想》209-218；陳贇《回歸眞實的存在》第三章等篇。

它們含蘊陰陽之氣，亦皆實有。於是，才有這有形有象的世界。人之形色、心性都從形上本體（氣）的實有，得到眞實不虛的保証。

釋老的本體論從有無、生滅看待世界之實有，不能肯定物。因此，他雖常批評彼等是耳目之知，不知氣之無形乃實有，或無之爲有（《正蒙注》153、155、272 等例）；但卻否定他們耳目所見之物爲顯、爲理。換言之，彼等雖亦憑耳目，有所聞亦有所見；但不肯定氣、萬物實有，則所聞所見不許爲理。由此可知，必須肯定儒家實有的根本立場，才有理可說。只有肯定這一點，耳目所見之物，才叫做顯，認知所得能叫做理。俗人也是倚仗耳目，卻至少覺知萬物之「實有」，非「無」非「空」，反勝釋老。他們依靠一般人倫之教生活，「亦不昧其有不可見之理而不可滅」（《正蒙注・可狀》363）。此不可見之理，實即仁義（詳下）。

至於就莊子在大鵬與風力的描述這一點而言，評他「不窮物理」，不說他無理，乃因莊子做知識的描述，仍在肯定物理的範圍之內。「不窮物理」一詞，若從正反兩面表述，就是「有即事以窮理，無立理以限事」（《續春秋左氏傳博議・士文伯論日食》586）。前句肯定物是理的載體，即物方能窮理。後句則謂：若離物而先立理，則非船山所可；不能肯定物，則理無以立。「物」一詞置換爲「氣」，道理相同。就耳目之所見，有形有象爲「物」，那麼，物最大指涉指實存的世界。就心之所體，無形之氣亦是「物」，於是，氣的實有就是心體知的實有。「理即顯」的基礎，由此約略可知：理即「物理」。

甚麼叫物理呢？船山注張載「循天下之理之謂道，得天下之理之謂德」說：

> 理者，物之固然，事之所以然也，顯著於天下，循而得之，非若異端孤守一己之微明，離理氣以爲道德（《正蒙注・至當》194）

文中「物」「事」是對言，亦可說「事之固然」，「物之所以然」。因此，物理有兩層，一是「固然之理」，謂物本來如此之理，即物有形有象、具體存在的道理。這是顯而耳目可見者。二是「物之所以然」，謂物的所以然之理，這是形之上的道理；是隱而不爲耳目覺知者。

此二者分別對應耳目（認知、聞見、格物等）與心（體知、心思、致知、存神等）：「因理而體其所以然，知以大也；事物至而以所聞所見者證之，知以人也」（《正蒙注・誠明》113）、「見聞之知，止於已見已聞，而窮於所以然之理。神則內周貫於五官，外泛應於萬物，不可見聞之理無不燭焉」〔註4〕（《正蒙注・參兩》60）。由此，相應於「顯」區分為耳目和心的「顯」，理亦分為「認知的理」與「體知的理」。

從認知言，由物之形象（顯），知其固然之理；就體知論，有形之物是體知其隱（所以然之理）；無形有象之物（如氣）的掌握，亦屬「所以然之理」。簡言之，凡窮其隱的行為，即屬「體知」。如言「思以窮其隱」（《尚書引義・說命中二》312）、「非存神者不能知其必然之理」（《正蒙注・大易》313）、「知者，洞見事物之所以然」。由於「神」屬形而上，故又謂「知所以求窮乎神」（《正蒙注・神化》80）、「盡心思以窮神知化」（《正蒙注・太和》29）等等。因此，事物所以然之理，是被體知而非被認知者。反過來也可說，致力於由隱而成顯，就是道德的實踐。而「窮神」、「窮神知化」、「窮理」，指窮物「所以然之理」。當然，「窮」不是窮盡無餘、無法重複再窮，只是表一極致之意。「窮」若表示窮盡，則無有「隱」；這不符合船山的世界觀。

相應於「認知」的「固然之理」，與相應於「體知」的「所以然之理」，除隱與顯外，餘如形上與形下、道與器等等，都是相似的議題，不同角度的說明。可簡單對比如下，以見一斑：

（1）固然之理：顯：形而下：器：化

（2）所以然之理：隱：形而上：道：神〔註5〕

〔註4〕稱物理，有時含括顯與隱兩者。若物理與天理對，則天理指所以然之理。天理又有右列說法，如：「理者，天之所必然者也」、「知天理之固然」、「知天理之自然」等（俱見《正蒙注》87、148、160）。其中「天理之固然」的「固然」，仍指物「所以然之理」，非謂物「固然之理」。其他就天理而論者，用詞不一，皆指所以然之理。

〔註5〕不管有形或無形之物，其神皆屬形而上、是隱，凡知神即可謂是「知形而上之神」（《正蒙注・至當》218）。無形之氣，其「神者非他，二氣清通之理也」（《正蒙注・太和》16）。對照同書21頁「形而上，即所謂清通而不可象者也」（〈太和〉），「清通之理」指神。此理不是認知之理，而是體知之理，「氣有陰陽二殊，故以異而相感，其感者即其神也。無所不感，故神不息而應無窮」（《正蒙注・可狀》377）。有形之跡統稱為「化」，化之隱即神，故屬形而上（參第八章註解13）。顯與隱又為道器。道為形而上，器為形而下，可參《內傳》、《外傳》〈繫辭上〉第12章。其要旨以為「『形而上』者：當其未形而隱然有不可踰之天則，天以之化，而人心以為心之作用，形之所由生，隱而未見者也」，「『形而下』者，即形之已成乎物而可見可循者也」（《內傳》568）。形而上之道不能離形（器）而有，卻屬隱。形而下之器是可見、可循。

簡言之，耳目的對象一般爲「有形有象」之物；耳目之隱，主要指「無形有象」和「無形無象」之物，其大宗者爲氣以及仁義（心性）。氣及仁義之本體固隱，而其作用亦然，通常以神、不測稱。氣爲隱，可是能以存神知其實有。而仁義屬形而上，可以「思」彰顯之。其注張載「有無虛實通爲一物者，性也」云：

> 此理體驗乃知之。於有而可不礙其未有，於未有而可以爲有，非見見聞聞之所能逮。惟性則無無不有，無虛不實，有而不拘，實而不滯。故仁義禮智，求其形體，皆無也，虛也；而定爲體，發爲用，則皆有也，實也……至誠者，無而有，虛而實者也。此性之體撰爲然也。（《正蒙注・可狀》361）

仁義禮智只能從發用之中顯，可是卻無形而虛，非耳目所能聞見，這是性體之神理、心體之神妙。就心性本體而言，其與氣之本體是對應的，皆「至虛而誠有」。如言誠、仁、天之本體：「不測者，有其象，無其形，非可以比類廣引而擬之。指其本體，曰誠，曰天，曰仁，一言而盡之矣。」（《正蒙注・神化》79）「誠，以言其實有爾，非有一象可名之爲誠也」（《正蒙注・天道》74）。

所以說：「可見可聞者謂之物，而仁義不可謂之物。以其自微至著，乃至功效已成，而終無成形。若夫食色等則皆物也。」（《大全・孟子》1092-3）。仁義雖不可說是物，卻不能否定仁義之發用，來自於形色之實有。形色即是可見之物，而仁義——其實即性、道心——便是含蘊於形色的所以然之理。

按這裡的「仁義」，不是仁義之舉、之事，而是指道德創造的性體、心體。心雖創造出仁義之舉、之事，卻不停留於此，恆保其虛靈不滯之神，由其發用至完成，都「無成形」；於此說它不是一物。至於仁義之舉、之事，即可說那是「物」，亦即上一章第一節曾引的「仁義禮樂皆物」的說法：「凡民之父子兄弟亦物也，往聖之嘉言懿行亦物也；則其爲仁義禮樂者皆物也。」（《尚書引義・堯典一》242）

不過，必須辨析的是，仁義之心不是物，是某一角度下的說法，它特指仁義之心在發用時的情況如此。它由微至顯，以至於完成發用，都是無形。當其時，並不能覺察、感知心的這種作用，因爲人全體即在此作用之中，無法跳開一層，把此仁心當成一對象看待。此時，仁心自不是一物。因爲「物」最低限度的定義是「無形有象」，而在仁心發用時，完全沒有形象方面的問題，因它無法成爲被掌握的對象。可是，一旦以言說談論時，不管人心、道心都是可被掌握的對象，因仁心雖無形，卻不代表無象，這時它自然也是一物。這是一種後設的談論，如下船山言：

> 健而動，其發浩然，陽之體性也；順而止，其情湛然，陰之體性也。清虛之中自有此分致之條理，此仁義禮知之神也，皆可名之爲氣而著其象。（《正蒙注・神化》82）

又如「性處於靜而未成法象」，顯然性是可成乎法象的，只是當其靜時無法顯現罷了，故須「盡其心以體認之」（《正蒙注・大心》144）。因此，上雖說耳目之隱，其大宗爲仁義與氣，但在此船山不止說它有象，且說仁義禮知之神（即仁義之心），亦屬氣。因此，氣才是一切隱的本源，正如曾昭旭先生所說：「船山之氣，即是包含了心、神、理、性」（《王船山哲學》339）。以是，把耳目之隱區分爲仁義與氣，只是分別說時如此罷了。

而就抉發性之隱來說，船山頗常使用的固定術語是孟子「心之官則思」的「思」：

> 心之官「思則得之」，原不倚於物而無涯量，即物而理可無窮，舉一隅則三隅可見。多學而識之者，一以貫之，不顯亦入，不聞亦式，物不足以盡之矣。若耳目之官，視盡於色，無色即無所視；聽盡於聲，無聲即無所聽；聰明盡於聞見之中，所聞所見之外便無聰明，與心之能徹乎形而上者不同。（《大全・孟子》1097）

只是一般談論時，較從心性論視角闡述此「思」。〔註 6〕而陳贇先生論述「思」如何溝通形上與形下時，著重指出「思所貫通的是隱顯，而不是本來不存在的『無』與『有』」（87）。此即上引「心之能徹乎形而上」，或船山自云「形而上之道，無可見，無可聞，則唯思爲獨效」（《大全・孟子》1092）。因此，他既談心性，又談隱顯，展示「思」某一方面的特色（《回歸眞實的存在》82-92）。

不管思或存神之知，同屬「心」。不過，存神之知與思的論述重點，似乎仍小有分別。那就是掌握、確定太虛之無形，只是隱而未顯，由是知氣之實有；大抵用「存神」一詞。而仁義之形而上，則由「思以窮其隱，所謂致知也」（《尚書引義・說命中二》312）。思是突顯仁義之「本體」（性），即「不因色起，不因聲起，不假於視，不假於聽，此心亭亭特特顯出他全體大用來」（《大全・孟子》1092）。就此，藉由思與食色對比，船山對思頗多深入、精

〔註 6〕就此，曾昭旭先生有深刻的分析與闡述，見《王船山哲學》，435-451。

關的論見。

而由於萬物之形色天性皆氣所成，心亦屬氣，不能離氣作用。所以，心、思、仁義等之爲實存，要氣之實有來保証。於是，就這一點而言，寬泛的說，存神對氣的掌握，是船山談論思的基礎，心性也才同時是誠、實，非空非無。

綜合上述，可知耳目與心的顯，都建立在同一個基礎上，實說可謂之「物」，虛說可謂之「實有」。而不管隱或顯，皆屬實有，都須肯定。在肯定儒家實有的情況下，耳目見聞方爲顯、爲實，故有「理」。少這一層肯定，即使憑藉耳目（如釋老），亦爲幻、爲無，故無理。惟有實有，方能保証道德之眞實不虛，不墮空無。因此，肯定實有，實爲保住道德。

於是，不管是對象爲何物，只要肯定世界實有，耳目所見就是物理之顯；一旦行仁踐義，心所體知即是物所以然之理顯。認知不斷積累，可以今日新知否定昔時舊聞，但無損皆爲物理的事實。體知亦不斷累積，往日有孝心而事親之道不浹，今日孝心與事親兩全；卻不能否定往日之體知爲隱，今者爲顯。其故在往日只是智不及，非仁不及。在肯定實有之下，人們在知識、道德上可有深度、廣度之進展，卻無損皆是顯、皆爲理的根本。這個根本不能從相對的角度來看待，即不能以目前擁有較深、較廣的知識與道德，以今日之顯、眼下之理，否定疇昔之爲非顯、非理。

相對於釋老莊無法肯定世界實有之病，船山所理解的儒家則由本貫末，綰合心物兩端。從此根本推衍，可分兩大方面，即曾昭旭先生所說：「聖學之全，乃是有體有用，立體以生用，用而還成其體者。至於其體，在人即形色之實，乃主觀之道德實踐所由生發；在國家即是禮樂刑政，乃客觀之道德事業所由推行。」（《王船山哲學》242-3）釋老於形色不能肯定形軀，包含形軀的欲求，以及欲求與道德實踐的關係。禮樂刑政部分，是不能肯定外物，由是無法窮物之理，作爲客觀道德事業所推行、因革的依據。

釋道之見，若可以爲「理」，則須經由「因而通之」的方式。船山比較明確提出此語見《莊子通》。其序以爲「凡莊生之說，皆可因以通君子之道……故不問莊生之能及此與否，而可以成其一說」，「因而通之，可以與心理不背」（《莊子通》493）。船山頗稱許莊子，其故即在莊子雖不言體，但未否定體，故體隱然而在，與佛老殊（曾昭旭《王船山哲學》243）。

於是，執此權柄，則諸子百家舉凡政治、經濟、社會等各層面可取處，即可作爲儒家對禮樂刑政等客觀知識的借鑒。楊、墨、申、韓之主張，船山所不贊成，乃謂「道之所可」(《正蒙注・大心》151)。這裡所謂道，應指天道；若要爲人道所可，顯然須在「因而通之」之後才是。彼等之論不即等於「理」，其故在於楊、墨、申、韓雖肯定實存世界，卻無法肯定道德；他們所肯定者是物固然之理，而非所以然之理。因此他接著說「性爲神之體而統萬善，若以私意爲成心，則性之廣大深微不能盡者多矣」，楊、墨、申、韓之所成，爲「性之偏，惟挾之以爲成心，而不能極道之深，充道之廣也」(同上，151)。於是，實有缺了「不可見」的那一層。

由此可知，因而通之的基礎，始終是徹頭徹尾、含括天人的實有。一個儒者，在把自然世界轉化爲道德世界的過程中，對諸子百家任何可以增進、完善這一進程的論見，都納入考量，但不偏離固然與所以然之理，就是「因而通之」的工作。經由這一關，才能成爲儒家之理。因此，理便只能在儒家脈絡下成立。

以上，是對「理即顯」初步的討論。

此外，上述雖似有意把理分爲兩方面，一是與心性、本體論有關的理；二是知識方面的理；但也只是原則性論述，沒有詳細鋪陳。而談論知識與義理，傳統上屬於格物致知的範圍；重點都在解析心性、格致誠正與物的關係。與知識有關的，大抵僅言船山亦重視知識即止，畢竟它是心性討論的邊緣。其實，船山知識與義理的界限，以及相互交融的「實存情況」之言論，頗可研究。由於本文主題所限，也只能說到這裡。〔註 7〕

最後，可以肯定，本文從隱顯論《易》之〈乾〉〈坤〉並建，雖然觸及心性論部分偏少，但與心性論述沒有隔閡，而正是可以相輔相成者。若從太極看心性，人以自身爲掌握對象，自身即一太極。其根本分內、外兩層：內之顯者爲心，隱者爲性；外之顯者爲物，隱者爲其形上之理。船山大抵以「思」求仁義之顯，以「存神」明氣之無形爲實有。

而太極之神妙不測，從內外看亦可有另一角度。那就是從內看，神妙大抵指存其虛靈，化隱爲顯，效法健順而能妙運其神。從外看，則指聖人境界，化物而不窮，其跡不能測，即其神妙表現無法完全被觀者掌握；此非君子所能。當然，撇開工夫與境界之別，著眼於心物交接之際，不管君子、聖人之成物，化隱爲顯，都是太極神妙之所指，蓋「內者，心之神；外者，物之法

〔註 7〕知識之「理」部分，曾昭旭先生相對有較多的論述，《王船山哲學》477-483。

象。法象非神不立，神非法象不顯」(《正蒙注・大心》147)。神妙，指心神能發揮成己、成物的作用，同時恆保虛靈，妙運不滯。而最終心、物之交相互成，呈顯的內容或行跡，則是君子崇德廣業的範疇。這個部分，卻非本文所能含括了，它是下一個可能的論題。〔註8〕

〔註8〕其實就君子之成己成物，曾昭旭與陳贇二先生都有精彩深入的論述，曾說較集中者見《王船山哲學》第三編第四章〈船山之人道論〉(405-433、470-484)。相關論點又散見第三編第三、第五章。陳說見《回歸眞實的存在》第二章第四節（92-102），而集中在第六章〈化「天之天」爲「人之天」：天道與人道的溝通〉、第九章〈在知行過程中回歸眞實的存在〉。不過，兩文並不以神妙爲主軸，論述神妙如何限制君子，同時促成君子的成德事業。當然，在談論化天之天爲人之天的過程，自會觸及隱作爲限制與開拓的部分，見曾書第三編第三章、陳書第六章。若以神妙爲主軸來探討君子《易》，不能保証必有新意，不過延續〈緒論〉船山重視神妙爲君子《易》的餘緒，加上本文有關的探討，通貫全《易》，或亦有可觀之處。

參考書目

壹、船山原典

據船山全書編輯委員會編校《船山全書》（長沙：嶽麓書社，1998初版二刷），下引標注全書冊數，確實參考者方列入，餘不贅。

《船山全書》（一）：1《周易內傳附發例》2《周易大象解》3《周易稗疏附考異》4《周易外傳》

《船山全書》（二）：1《尚書稗疏》2《尚書引義》

《船山全書》（三）：1《詩廣傳》

《船山全書》（六）：1《讀四書大全說》

《船山全書》（十二）：1《張子正蒙注》2《思問錄》3《俟解》4《黃書》5《噩夢》

《船山全書》（十五）：1《薑齋文集》2《薑齋詩集》3《薑齋詞集》

《船山全書》（十六）：1《傳記》2《年譜》3《雜錄》

《周易外傳鏡詮》（二冊），陳玉森．陳憲猷。北京：中華書局，2000年。

貳、船山研究相關著作

一、易學部分（專著、學位及單篇論文）

1. 《易學哲學史》（四）（第九章船山部分，共230頁），朱伯崑。北京：華夏出版社，1995年。
2. 《王船山易學闡微》，曾春海。台北：嘉新水泥公司文化基金會，1978年。
3. 《船山易學研究》，蕭漢明。北京：華夏出版社，1987年。

4. 《王夫之易學——以清初學術爲視角》，汪學群。北京：社會科學文獻出版社，2002 年。
5. 《論王船山易學與氣論並重的形上學進路》，杜保瑞。台北：國立台灣大學哲學研究所博士論文，1992 年。
6. 《船山易學研究》，林文彬。台北：國立台灣師範大學國文研究所博士論文，1994 年。
7. 《論船山易學之乾坤並建說》，金納德。台北：國立台灣大學哲學研究所碩士論文，2002 年。
8. 〈船山易學的原理與方法——《周易內傳發例》的解析〉，邱黃海。台北：《鵝湖學誌》28 期，2002 年。
9. 〈王船山論陰陽與太極的關係〉，陳祺助。台北：《哲學與文化》，2002 年 8 月。

二、年譜、資料及船山相關研究

1. 《王船山學譜》，張西堂。台北：商務印書館，1972 年。
2. 《船山學譜》，王孝魚編。台北：廣文書局，1975 年。
3. 《王夫之學行繫年》，劉春建。鄭州市：中州古籍出版社，1989 年。
4. 《王船山著作叢考》，劉志盛・劉萍。長沙：湖南人民出版社，1999 年。
5. 《王船山形上學思想》(《羅光全書》冊 18)，羅光。台北：學生書局，1996 年。
6. 《王船山哲學》，曾昭旭。台北：遠景出版社，1983 年。
7. 《王船山人性史哲學之研究》，林安梧。台北：東大圖書公司，1987 年。
8. 《王船山的致知論》，許冠三。香港：中文大學出版社，1981 年。
9. 《王船山學術論叢》，嵇文甫。台北：谷風出版社，1987 年。
10. 《正學與開新：王船山哲學思想》，張立文。北京：人民出版社，2001 年。
11. 《詮釋與重建：王船山的哲學精神》，陳來。北京：北京大學出版社，2004 年。
12. 《回歸眞實的存在：王船山哲學的闡釋》，陳贇。上海：復旦大學出版社，2002 年。
13. 《王夫之評傳》，蕭萐父、許蘇民。南京：南京大學出版社，2002 年。
14. 《王船山辯証法思想研究》，方克。湖南：湖南人民出版社，1984 年。
15. 《王夫之辯証法思想引論》，蕭箑父主編。湖北：人民出版社，1994 年。
16. 《船山佛道思想研究》，吳立民、徐蓀銘。長沙：湖南出版社，1992 年。
17. 《王船山學術研討會論文集》，輔仁大學學術交流室編輯。新莊：輔仁大學出版社，1993 年

18. 〈王船山的宇宙本體觀〉，鄧輝。台北：《鵝湖月刊》，2002 年 2 月。

參、易學類文獻及相關著作

一、民國以前文獻

1. 《周易正義》，〔魏〕王弼、〔晉〕韓康伯注，唐・孔穎達疏。台北：藝文印書館，1982 年。
2. 《周易集解》〔唐〕李鼎祚，李一忻點校。北京：九州出版社，2003 年初版。
3. 《周易集解纂疏》，〔清〕李道平纂疏，潘雨田點校。北京：中華書局，1998 年初版二刷。
4. 《王弼集》，〔魏〕王弼，樓宇烈校釋。台北：華正書局，1992 年。
5. 《易程傳》，〔宋〕程頤。台北：世界書局，1983 年。
6. 《張載集》，〔宋〕張載。台北：漢京文化事業，1983 年。
7. 《易本義》，〔宋〕朱熹。台北：世界書局，1983 年。
8. 《周易三極圖貫》，〔清〕馮道立，孫國中校理。北京：北京師大出版社，1992 年。
9. 《周易折中》，〔清〕李光地纂，劉大鈞整理。成都：巴蜀書社，1998 年。
10. 《易漢學》(《皇清經解續編》)，〔清〕惠棟。台北：漢京文化事業，1980 年。

二、近、當代論著

（一）《周易》經傳注釋、匯輯

1. 《周易古經今注》，高亨。濟南：齊魯書社，2000 年。
2. 《周易大傳今注》，高亨。濟南：齊魯書社，2000 年。
3. 《周易全解》，金景芳・呂紹綱。長春：吉林大學出版社，1989 年。
4. 《周易・繫辭傳新編詳解》，金景芳。沈陽：遼海出版社，1998 年。
5. 《周易今註今譯》，南懷瑾・徐芹庭。台北：商務印書館，1988 年四版。
6. 《周易大傳新注》，徐志銳。濟南：齊魯書社，1989 年初版四刷。
7. 《周易譯注》，黃壽祺・張善文。上海：上海古籍出版社，2000 年初版八刷。
8. 《周易注譯與研究》，陳鼓應・趙建偉。台北：商務印書館，1997 年。
9. 《周易帛書今注今譯》，張立文。台北：學生書局，1991 年。
10. 《帛書周易校釋》（增訂本），鄧球柏。長沙：湖南出版社，1996 年二版三刷。

11. 《出土簡帛周易疏証》，趙建偉。台北：萬卷樓圖書有限公司，2000 年。
12. 《周易古經白話解》，劉大鈞．林忠軍。濟南：山東友誼出版社，1998 年初版六刷。
13. 《易經繫辭傳解義》，吳怡。台北：三民書局，1993 年再版。
14. 《周易表解》，潘雨廷。上海：上海社會科學出版社，1993 年。
15. 《乾坤傳識》，林漢仕。台北：文史哲出版社，1988 年。
16. 《否泰輯眞》，林漢仕。台北：文史哲出版社，1988 年。
17. 《易傳評估》，林漢仕。台北：文史哲出版社，1988 年。
18. 《易傳綜理》，林漢仕。台北：文史哲出版社，1988 年。

（二）**易學史類**（通史與斷代史）

1. 《易學哲學史》，朱伯崑。北京：華夏出版社，1995 年。
2. 《象數易學發展史》（一），林忠軍。濟南：齊魯出版社，1994 年。
3. 《易學源流》，徐芹庭。台北：國立編譯館，1987 年。
4. 《先秦易學史》，高懷民。台北：中國學術著作獎助委員會，1990 年三版。
5. 《兩漢易學史》，高懷民。台北：中國學術著作獎助委員會，1983 年。

（三）**易圖、占筮**

1. 《周易八卦圖解》，施維。成都：巴蜀書社，2003 年。
2. 《易學圖解》，鄒學熹主編。成都：四川科學技術出版社，1996 年。
3. 《易經圖書大觀》，趙中偉。台北：洪葉文化事業有限公司，1999 年。
4. 《洛書．宇宙模式圖論》，王介南。杭州：浙江科學技術出版社，2000 年。
5. 《中華太極圖與太極文化》，束景南。蘇州：蘇州大學出版社，1994 年。
6. 《易圖新解》，歐陽紅。長沙：湖南文藝出版社，1997 年初版二刷。
7. 《易圖探秘》，張其成。北京：中國書店，2001 年。
8. 《易經圖解》，劉平。北京：文化藝術出版社，1992 年初版二刷。
9. 《周易占筮學》，章秋農。杭州：浙江古籍出版社，1999 年初版二刷。
10. 《納甲筮法》，劉大鈞。濟南：齊魯書社，1995 年。
11. 《易的占筮與義理》，〔日〕金谷治著、于時化譯。濟南：齊魯書社，1992 年初版二刷。

（四）**通論及其他**

1. 《實用易學辭典》，李樹政、周錫韓編著。海口：三環出版社，1993 年附〈易學現存書目，研究論文索引，外文論著選目〉。
2. 《周易辭典》，張善文。上海：上海古籍出版社，1995 年初版三刷。

3. 《易經應用大百科》，張其成主編。南京：東南大學出版社，1994 年。
4. 《周易尚氏學》，尚秉和。北京：中華書局，1998 年初版七刷。
5. 《周易古經通說》，高亨。台北：樂天出版社，1972 年。
6. 《周易探源》，李鏡池。北京：中華書局，1978 年。
7. 《學易四種》，金景芳。長春：吉林文史出版社，1987 年。
8. 《讀易三種》，屈萬里。台北：聯經出版社，1987 年。
9. 《談易》，戴君仁。台北：開明書店，1980 年。
10. 《周易的自然哲學道德函義》，牟宗三。台北：文津出版社，1998 年初版二刷。
11. 《周易哲學演講錄》，牟宗三。上海：華東師範大學出版社，2004 年。
12. 《易學新探》，程石泉。台北：文行出版社，1979 年。
13. 《易辭新詮》，程石泉。上海：上海古籍出版社，2000 年。
14. 《易學新論》，嚴靈峰。台北：正中書局，1971 年二版。
15. 《周易讀本》，黃慶萱。台北：三民書局，1992 年增訂初版。
16. 《周易縱橫談》，黃慶萱。台北：東大圖書公司，1995 年。
17. 《易傳之形成及其思想》，戴璉璋。台北：文津出版社，1997 年初版二刷。
18. 《周易經傳溯源》，李學勤。高雄：麗文出版社，1995 年。
19. 《周易知識通覽》，朱伯崑主編。濟南：齊魯出版社，1993 年。
20. 《周易概論》，劉大鈞。濟南：齊魯書社，1988 年。
21. 《易學乾坤》，黃沛榮。台北：大安出版社，1998 年。
22. 《周易彖象傳義理探微》，黃沛榮。台北：萬卷樓圖書有限公司，2001 年。
23. 《易學論著選集》，黃沛榮編。台北：大安出版社，1991 年。
24. 《周易闡微》，呂紹綱。長春：吉林大學出版社，1990 年。
25. 《周易陰陽八卦說解》，徐志銳。台北：里仁書局，2000 年。
26. 《漢易闡微》，徐芹庭。台北：五洲出版社，1975 年。
27. 《兩漢十六家易注闡微》，徐芹庭。台北：五洲出版社，1975 年。
28. 《兩漢象數易學研究》，劉玉建。南寧：廣西教育出版社，1997 年初版二刷。
29. 《象數與義理》，張善文。瀋陽：遼寧教育出版社，1993 年。
30. 《易傳道德的形上學》，范良光。台北：商務印書館，1982 年。
31. 《易經的哲學與原理》，曾春海。台北：文津出版社，2003 年。
32. 《易圖象與易詮釋》，鄭吉雄。台北：喜瑪拉雅研究發展基金會，2002 年。
33. 《周易新探》，李大用。北京：北京大學出版社，1992 年。

34. 《大衍新解》，王贛。濟南：濟南出版社，1992 年。
35. 《周易繫辭傳研究》，王新華。台北：文津出版社，1998 年。
36. 《周易的思維邏輯》，李廉。安徽：安徽人民出版社，1994 年。
37. 《周易六十四卦新探》，穆野。西安：三秦出版社，1994 年。
38. 《帛書周易研究》，邢文。北京：人民出版社，1998 年初版二刷。
39. 《周易：商周之交史事錄》，黃凡。汕頭：汕頭大學出版社，1995 年。
40. 《易經指南》，孫國中。北京：團結出版社，1992 年。
41. 《易學與道教思想關係研究》，詹石窗。廈門：廈門大學出版社，2001 年。
42. 《易學啓門鍵》，張漢。哈爾濱：北京文藝出版社，1993 年。
43. 《象數易學》，張其成。北京：中國書店，2003 年。
44. 《易與人類思維》，張祥平。重慶：重慶出版社，1996 年初版二刷。
45. 《周易——古代中國的世界圖式》，烏恩溥。長春：吉林文史出版社，1989 年。
46. 《易學新探》，林政華。台北：文津出版社，1987 年。
47. 《易學精要》，鄒學熹。成都：四川科學技術出版社，1996 年。
48. 《易經新探》，呂嘉戈。北京：中國文聯出版社，1994 年。
49. 《周易與中華文化》，王樹森。北京：中國工人出版社，1993 年。
50. 《大道之源——周易與中國文化》，郭樹森等主編。長沙：湖南師範大學出版社，1993 年。
51. 《易學新探》，蒙傳銘。香港：廣華書店，1978 年。
52. 《周易研究論文集》（1-5 輯），黃壽祺、張善文編。北京：北京師範大學出版社。
53. 《周易的數學原理》，歐陽維城。武漢：湖北教育出版社，1993 年。
54. 《周易非易》，劉坤生。台北：中天出版社，1998 年。
55. 《周易時義研究》，林文成。台北：國立編譯館，2002 年。
56. 《周易著述考》，黃尚信編。台北：國立編譯館，2002 年。
57. 《周易經傳與易學史新論》，廖名春。濟南：齊魯書社，2001 年。
58. 《周易符號思維模型論》，楊樹帆。成都：四川人民出版社，1998 年。

（四）其他相關論著

1. 《清代學術概論》，梁啓超。台北：中華書局。1987 年台十一版。
2. 《中國近三百年學術史》，梁啓超。太原：山西古籍出版社，2001 年。
3. 《中國近三百年學術史》，錢穆。台北：商務印書館，1995 年。
4. 《心體與性體》，牟宗三。台北：中正書局，1981 年。

5. 《中國哲學原論・原性篇》，唐君毅。台北：學生書局，1989年。
6. 《中國哲學原論・原教篇》，唐君毅。台北：學生書局，1977年。
7. 《中國思想史》，侯外盧主編。北京：人民出版社，1958年。
8. 《中國哲學思想史・清代篇》，羅光。台北：學生書局，1981年。
9. 《中國哲學史》，勞思光。台北：三民書局，1981年。
10. 《中國古代哲學的邏輯發展》，馮契。上海：上海人民出版社，1987年。
11. 《中國哲學範疇發展史》(天道論)，張立文。北京：中國人民大學出版社，1988年。
12. 《中國哲學範疇史》，葛榮晉。哈爾濱：黑龍江人民出版社，1987年。
13. 《中國哲學範疇導論》，葛榮晉。台北：萬卷樓圖書有限公司，1993年。
14. 《哲學範疇史》，童浩主編。河南：河南人民出版社，1987年。
15. 《中國系統思維》，劉長林。北京：中國社會科學出版社，1991年初版二刷。
16. 《中國古代哲學問題發展史》，方立天。北京：中華書局，1990年。
17. 《明遺民九大家哲學思想研究》，陶清。台北：洪葉文化事業有限公司，1997年。
18. 《明清啓蒙學術流變》，蕭萐父、許蘇民。瀋陽：遼寧出版社，1995年。
19. 《清代哲學》，王茂・蔣國保・余秉頤・陶清。安徽：安徽人民出版社，1992年。
20. 《第四屆清代學術研討會》，國立中山大學中國文學系編印。高雄，1995年。
21. 《中國近現代思想觀念史論》，林安梧。台北：學生書局，1995年。
22. 《道德與道德實踐》，曾昭旭。台北：漢光文化事業股份有限公司，1983年。
23. 《在說與不說之間——中國義理學之思維與實踐》，曾昭旭。台北：漢光文化事業股份有限公司，1992年。
24. 《存在感與歷史感——論儒學的實踐面相》，曾昭旭。台北：商務印書館，2003年。
25. 《思文之際論集——儒道思想的現代詮釋》，張亨。台北：允晨文化實業股份有限公司，1997年。
26. 《儒家傳統的現代轉化：杜維明新儒學論著輯要》，杜維明。北京：中國廣播電視出版社，1992年。
27. 《一陽來復》，杜維明。上海：上海文藝出版社，1998年初版二刷。
28. 《中國經典詮釋傳統（一）：通論篇》，黃俊傑編。台北：學生書局，2002

年。
29. 《經學今注初編》。瀋陽：遼寧出版社，2000 年。
30. 《本體論研究》，俞宣孟。上海：上海人民出版社，1999 年。
31. 《實在與過程：本體論哲學的探索與反思》，張華夏。番禺：廣東人民出版社，1997 年。
32. 《天人之際：中西哲學的困惑與選擇》，張世英。北京：人民出版社，1995 年。
33. 《氣論與傳統思維方式》，李志林。上海：學林出版社，1990 年。
34. 《中國氣論哲學研究》，曾振宇。濟南：山東大學出版社，2003 年初版二刷。
35. 《儒學與儒學史研究》，郭齊勇。台北：學生書局，2002 年。
36. 《道旨論》，王德有。濟南：齊魯書社，1987 年。
37. 《張載思想研究》，朱建民。台北：文津出版社，1989 年。
38. 《張載哲學與關學學派》，陳俊民。台北：學生書局，1990 年。
39. 《張載評傳》，龔杰。南京：南京大學出版社，1996 年。
40. 《京房評傳》，盧英。南京：南京大學出版社，1998 年。
41. 《邵雍評傳》，唐明邦。南京：南京大學出版社，1998 年。

（五）學位及單篇論文

1. 《易爻義例之研究——以下卦各爻爲例》，楊百菁。台北：國立台灣師範大學國文研究所碩士論文，1997 年。
2. 《由春秋時期的筮策占斷論易經之詮釋與應用》，李國璽。中壢：中央大學碩士論文，1988 年。
3. 〈明末清初關於格物致知的一些問題〉，林安梧。台北：《中國文哲研究集刊》15 期，1999 年。
4. 〈周易釋象〉，劉慧珍。花蓮：《國際人文年刊》第 5 期，1996 年。
5. 〈周易本經論象〉，劉慧珍。花蓮：《國際人文年刊》第 6 期，1997 年。
6. 〈談卦爻辭中的動物及象徵意義〉，黃忠天。台北：《中華學苑》52，1999 年。